J'ai eu le privilège d'enseigner le Dr Ngarsouledé à l'Ecole Supérieure de Théologie Evangélique Shalom au Tchad et à la Faculté de Théologie Evangélique de Bangui. Tout l'honneur était à moi de participer, comme membre du Jury, à la soutenance de la thèse qui fera l'objet d'une publication. En effet, la thèse aborde un sujet d'actualité en Théologie Systématique et en interaction avec les autres sciences bibliques, mais en particulier en Missiologie. C'est un sujet d'actualité surtout pour l'Afrique qui parfois accepte sans discernement la sécularisation de la société comme héritée de l'Occident. La thèse contribue à une réflexion du sujet dans le contexte africain. L'étude contextuelle par des interviews des membres de différentes confessions religieuses a aidé à proposer des pistes du vécu chrétien dans la société africaine en pleine mutation aujourd'hui.

Je remercie Langham Partnership d'avoir accepté de publier cette thèse qui pourra être utile à l'Église et aux institutions théologiques.

Dr Abel Ndjerareou,
Pasteur dans les Églises évangéliques du Tchad
Ancien Président de la Faculté de Théologie Évangélique de Bangui.

Enjeux sociologiques et théologiques de la sécularisation

Une étude de cas à N'Djaména en République du Tchad

Abel NGARSOULEDE

Langham

MONOGRAPHS

© Abel Ngarsoulede, 2016

Publié 2016 par Langham Monographs,
Une marque de Langham Creative Projects

Langham Partnership
PO Box 296, Carlisle, Cumbria CA3 9WZ, UK
www.langham.org

ISBNs:
978-1-783689-00-2 Print
978-1-783680-59-7 Mobi
978-1-783680-58-0 ePub
978-1-783680-60-3 PDF

Tous droits réservés. La reproduction, la transmission ou la saisie informatique du présent ouvrage, en totalité ou en partie, sous quelque forme ou par quelque procédé que ce soit, électronique, mécanique, photographique, est interdite sans l'autorisation préalable de l'éditeur ou de la Copyright Licensing Agency.

Sauf indication contraire, les citations bibliques sont tirées de la Bible à la Colombe (Segond révisée), copyright 1978, Société biblique française; de la version Louis Segond 1910 ; et de La Bible du Semeur, copyright © 2000, Société Biblique Internationale. Avec permission.

British Library Cataloguing in Publication Data
A catalogue record for this book is available from the British Library

ISBN: 978-1-783689-00-2

Cover & Book Design : projectluz.com

Langham Partnership soutient activement le dialogue théologique et le droit d'un chercheur de publier mais ne soutient pas nécessairement les opinions et avis avancés, et les travaux référencés dans cette publication ni ne garantit sa conformité grammaticale et technique. Langham Partnership se dégage de toute responsabilité auprès de personnes ou de biens en conséquence de la lecture, utilisation ou interprétation de son contenu publié.

Aux Assemblées Chrétiennes au Tchad (A.C.T.) pour leur ferme volonté de garantir la base doctrinale de la foi chrétienne dans le contexte de la modernité.

Résumé

Selon l'approche sociologique, la sécularisation est un phénomène d'évolution de sociétés humaines qui consiste en une diminution progressive de l'autorité de la religion dans la vie sociale. Elle concerne les domaines de la vie individuelle et les secteurs de la société par rapport à la religion et aux institutions qui incarnent son autorité.

Sous la plume de Weber et Berger au chapitre premier sur l'Occident, la sécularisation se manifeste sous plusieurs formes, à savoir le désenchantement du monde, la désacralisation, le changement social, l'émancipation, le déclin de la religion, la différentiation, la désécularisation du monde, la privatisation et la pluralisation.

L'étude de quelques travaux sur l'Afrique au chapitre deuxième permet de relever les mêmes aspects de la sécularisation présents dans le continent. Bien plus, hormis les aspects partagés avec l'Occident, l'indifférence religieuse et le sécularisme sont mentionnés par les auteurs africains. Ces aspects se manifestent sous la forme du rejet de l'autorité de la religion avec Dieu comme objet d'adoration.

Au chapitre troisième, l'analyse des données de l'enquête menée à N'Djaména relève l'existence de la sécularisation dans la vie des fonctionnaires de cette ville. Hormis le déclin de la religion identifié en Occident et dans d'autres pays d'Afrique, toutes les formes de la sécularisation mentionnées par les sociologues occidentaux et africains étudiés sont manifestes dans leur vie. À cette liste s'ajoute l'altération du contenu du croire comme spécificité de la sécularisation au Tchad.

Au chapitre quatrième, la discussion de la lecture théologique de la sécularisation chez Harvey Cox, Lesslie Newbigin et B. J. van der Walt relève la liberté de l'être humain comme point focal. Sous la plume de ces trois auteurs, la sécularisation apparaît tout à la fois comme une libération et un asservissement de l'homme. D'une part, elle éveille l'homme à la possibilité de s'accomplir en mettant en valeur ses facultés intellectuelles et ses aptitudes pratiques, et de s'affirmer par la maîtrise de son environnement. Comme telle, la sécularisation est la réponse responsable de l'homme à un processus mis en route dans le monde par Dieu et relayé par la religion chrétienne. D'autre part, la sécularisation inspire à l'homme une nouvelle manière de se voir, de penser le monde et de se conduire dans ce monde. Elle crée une distance entre l'homme et Dieu. En tant que puissance d'asservissement, elle équivaut à l'émergence de l'homme qui pense vivre autrement la plénitude de sa vie loin de Dieu, source de la vie.

Au regard des conclusions sociologiques et des positionnements théologiques de la sécularisation, l'approche trinitaire adoptée dans le cinquième chapitre permet d'évaluer théologiquement ce phénomène d'évolution des sociétés. Malgré l'émancipation humaine, Dieu ne laisse pas les hommes à leurs dépens. Il veut être plus proche des hommes afin de les amener à le connaître et qu'en le connaissant ils aient la vie éternelle. L'action de Dieu dans le monde et dans la vie de l'être humain en particulier couvre tous les domaines et a une portée eschatologique.

La richesse de cette approche inspire et détermine au sixième chapitre la proposition des jalons d'une théologie contextuelle pour l'Afrique en voie de sécularisation. Fort de cette approche, le christianisme est appelé à identifier les valeurs sécularisées des sociétés contemporaines pour en faire des points d'attache de la formulation et de la communication de son message. Cette théologie contextuelle consiste également dans l'ouverture du christianisme au dialogue avec l'islam et les Religions Traditionnelles Africaines, voire avec d'autres religions qui s'expriment sur le continent, afin d'affirmer devant elles la spécificité de sa position envers la sécularisation et les raisons de son attitude.

Une nouvelle lecture de la sécularisation à la lumière de l'approche trinitaire permet de valoriser deux paires d'attitude et d'action : identification-différence et identité-présence comme réponse théologique à cette évolution des sociétés.

Abstract

According to the sociological approach, secularization is a phenomenon of the evolution of human society, which consists in a progressive decrease of the authority of religion in social life. It affects the areas of individual life and of society in relation to religion and the institutions that embody its authority.

In chapter 1 on the West, which looks at the writings of Weber and Berger, secularization is manifested in several forms, namely the disenchantment of the world, the desecration, social change, emancipation, decline of religion, differentiation, the re-enchantment of the world, privatization, and pluralization.

In chapter 2, the study of some works on Africa shows that the same aspects of secularization are present on the continent. Moreover, apart from these shared aspects with the West, African authors also mention religious indifference and secularism. These aspects are manifested in the rejection of the authority of religion with God as the object of worship.

In chapter 3, the data analysis of the survey conducted in N'Djaména reveals the presence of secularization in the lives of employees of this city. Apart from the decline of religion identified in the West and other African countries, all other forms of secularization cited by Western and African social scientists studied are present in their lives. Added to this list is the alteration of the content of belief as specificity of the secularization in Chad.

The discussion of the theological approach of secularization in chapter 4 from the works of Harvey Cox, Lesslie Newbigin and B. J. van der Walt, shows the freedom of human beings as essential. In fact, secularization appears both as a liberation and an enslavement of man. On one hand, it educates and awakens the mind of man on the possibility of accomplishment by enhancing his intellectual capabilities and practical skills and to assert himself by understanding his environment. As such, secularization is man's responsible answer to a process initiated in the world by God and relayed by the Christian religion. On the other hand, secularization inspires man with a new way of seeing himself, of thinking about the world and of shaping his personality in this world. It creates a distance between man and God. It is equivalent to the man who wants to live his life differently, far from God.

In consideration of the sociological understanding and the theological appreciation of secularization, the Trinitarian approach adopted in chapter 5 allows the theological assessment of this evolution of society. Despite human emancipation, God does not leave humans on their own. He wants to be close to them in order to bring them to know him and that by knowing him they would have eternal life.

The richness of this approach inspires and determines in chapter 6 the proposition of foundations for a contextual theology for Africa in the process of secularization. Christianity is called to identify the secular values of modern societies in order to communicate its message effectively. This contextual theology also consists in Christianity, opening the dialogue with Islam, African Traditional Religions (ATR) and with other religions in the continent, in order to affirm their position regarding secularization.

A new interpretation of secularization in the light of the Trinitarian approach highlights two types of attitude (identification-difference) and action (identity-presence) as a theological response to this evolution of society.

Remerciements

À Dieu, notre Père, soit la gloire et l'honneur aux siècles des siècles, car cette thèse est le produit de sa grâce spéciale dans notre vie.

Nous exprimons ici notre sincère reconnaissance au Professeur Benno van den Toren pour la direction technique et la conduite nécessaire de cette thèse qu'il a assurées et pour avoir aiguisé notre esprit à la critique dogmatique.

Nous sommes également reconnaissant au Dr Jason Dean, notre codirecteur, pour avoir formé notre esprit à la méthodologie et à la réflexion sociologiques et pour avoir conduit l'élaboration de la première partie.

La réalisation de cette thèse a bénéficié du concours des professeurs réguliers et visiteurs de la FATEB. Nous leur exprimons donc notre gratitude pour leur soutien moral et leur contribution dans la mise en forme de ce travail. Nous sommes reconnaissant au Coordonnateur du programme de doctorat, le Professeur Isaac Zokoué, pour ses conseils et encouragements. Que nos frères aînés, Rév Daidanso ma Djongwé, Dr N'Djerareou L. Abel et Rév Abdalmasih Agouna Deciat trouvent ici l'expression de notre reconnaissance pour leur proximité, leur sollicitude et leurs encouragements dont nous avons joui pendant tout ce cursus.

Que notre épouse Nénodji Miamadena Ruth et nos enfants bien-aimés Dandé Grâce-Merveille, Bénodji Joachin, Njemadji Ethni, Allanaisem Elihu, Mbaiasra Jéhu soient sincèrement remerciés et bénis pour leur soutien manifeste, leurs encouragements, leurs prières et pour avoir enduré les chocs de la séparation. Que cette thèse soit l'objet de la fierté de toute notre famille et un défi pour nos enfants.

Nous exprimons notre gratitude à nos neveux, nièce et cousine sous notre tutelle, notamment Djimta der Monelmbaye, Demba Kodindo Jules, Nginemadji Georgine et Keimba Henriette pour leur proximité et encouragement, et pour leur service pratique durant le temps de l'élaboration de cette thèse.

Que nos frères, sœurs et parents trouvent ici nos sincères sentiments d'affection pour tout leur attachement indéfectible et leur soutien durant tout notre cursus doctoral.

Nous sommes redevable en reconnaissance à toutes les Assemblées Chrétiennes au Tchad et leurs partenaires d'Europe (ASMAF, MET) pour nous avoir recommandé à ce niveau de formation et assuré à tous égards notre soutien avec toute la famille. Que la grâce abondante et la bénédiction de Dieu soient en partage à tous. De même, nous témoignons notre gratitude sincère à Hilfe für Brüder et à Scholarleaders International pour avoir soutenu financièrement nos études. Nos remerciements vont à l'endroit de Wycliffe Hall Oxford, Barnabas Venture et Langham Partnership pour avoir supporté nos séjours de recherche en Europe. Que les couples amis, à savoir Celia/Michael Askwith en Angleterre et Marianne/Adolf Kuppler en Allemagne, soient remerciés pour leur soutien sensible.

Nous adressons nos remerciements aux étudiants, administrateurs, personnels d'appui et à toute la communauté de la Faculté de Théologie Évangélique de Bangui (FATEB) pour leurs encouragements et leurs prières pendant les moments de joie et d'épreuves. Que nos collègues Josaphat Krikaidja, Honoré Lomago et Dieudonné Djoubairou reçoivent nos remerciements pour leur amitié et leur encouragement dans les moments de joie et de frustration.

Que tous nos enquêtés, musulmans, catholiques et évangéliques, reçoivent l'expression de notre gratitude pour nous avoir accordé entretiens et interviews et pour nous avoir fourni des informations nécessaires à l'élaboration de ce travail.

Que les Églises de différentes dénominations membres de l'Alliance des Évangéliques en Centrafrique, en particulier l'Union Fraternelle des Églises Baptistes/Bataillon II et l'Union des Églises Évangéliques des Frères des Castors, reçoivent l'expression de notre gratitude pour nous avoir fraternellement accueilli et accordé en leur sein un cadre de vie spirituelle et de service pratique.

Remerciements

Nous adressons notre reconnaissance à l'Union des Chrétiens Tchadiens en Centrafrique pour son soutien moral, matériel et spirituel et pour ses encouragements dans toutes les circonstances pendant nos études à Bangui.

Nous témoignons notre reconnaissance sincère aux amis et collègues pasteurs du Tchad pour leurs encouragements et prières, et à tous ceux qui ont contribué directement ou indirectement à la réalisation de ce travail. Que vous soyez en retour bénis par Dieu selon sa puissance.

Sigles et abréviations

ACT : Assemblées Chrétiennes au Tchad
AEEP : Alliance des Eglises Evangéliques de la Pentecôte
AFER : African Ecclesial Review
AJET : African Journal for Evangelical Theology
ASSR : Archives de Sciences Sociales des Religions
ATALTRAB : Association Tchadienne pour la Linguistique, l'Alphabétisation et la Traduction de la Bible
BCR : Bureau Central de Recensement
CEFOD : Centre d'Etudes pour la Formation et le Développement
CERA : Centre d'Etudes des Religions Africaines
Cf. : Confer
Col. : Colonne
Coll. : Collection
CP1 : Cours préparatoire 1
CPE. Centre de Publications Evangéliques
Ed. : Editions
EEMET : Entente des Eglises et Missions Evangéliques au Tchad
Et al. : et autres
FATEB : Faculté de Théologie Evangélique de Bangui
GRIC : Groupe de Recherches Islamo-Chrétien
Ibid. : Ici même
IEB : Inspection de l'Enseignement de Base
IEE : Inspection de l'Enseignement Elémentaire
MJCS : Ministère de la Jeunesse, de la Culture et du Sport
MNRCS : Mouvement National pour la Révolution Culturelle et Sociale
MPTIC : Ministère des Postes et Technologies de l'Information et de la Communication

n : Numéro
p. : Page
PBU : Presse Biblique Universitaire
PR/MAT : Présidence de la République/Ministère de l'Administration du Territoire
PUF. : Presses Universitaires de France
RGPH : Recensement Général de la Population et de l'Habitat
RTA : Religions Traditionnelles Africaines
SC : Sources Chrétiennes
RNT : Radio Nationale Tchadienne
SIL : Société Internationale de Linguistique
Sotel : Société de Télécommunication
Sous dir. : Sous la direction de
S.v. : Sans ville
Trad. : Traduit
UCAC : Université Catholique d'Afrique Centrale
UJC : Union des Jeunes Chrétiens
VA : Valeur absolue
VR : Valeur relative
Vol. : Volume

Introduction générale

La sécularisation est un des concepts les plus féconds et les plus controversés de la sociologie des religions. Nous analyserons plus en détail ce concept dans la première partie de notre travail, mais pour les besoins de cette introduction, nous pouvons la définir succinctement comme la diminution progressive de l'emprise de la religion sur la société. De fait, le concept de sécularisation a surtout été appliqué jusqu'ici aux pays occidentaux. Mais l'on peut se demander si ce concept peut être mobilisé utilement pour rendre compte des évolutions en cours dans plusieurs pays de l'Afrique subsaharienne, en général, et plus particulièrement dans l'un d'entre eux, le Tchad. Tel sera l'objet de la première partie de ce travail qui est sociologique. Puis, dans une deuxième partie, théologique, nous nous interrogerons sur la manière dont les Églises doivent apprécier ces évolutions.

Justification du sujet

Les sociétés occidentales ont connu de grandes transformations culturelles, politiques, économiques et juridiques. Ces transformations ont eu des conséquences religieuses que les sociologues des religions ont identifiées et analysées. Sur le plan culturel, les Lumières ont entraîné une valorisation de la raison qui a eu des répercussions sur les plans scientifique et technologique. Sur le plan politique, le parlementarisme et la révolution française ont permis d'élaborer de nouvelles conceptions de la souveraineté éloignées de celles de la monarchie de droit divin. Puis, la séparation des Églises et de l'État a redéfini les domaines d'intervention de ces deux types d'institutions. Sur le plan économique, la rationalisation a permis le développement de nouveaux modes de production fondés sur la reproduction et la taylorisation du travail. Sur le plan juridique enfin, la conception de la responsabilité individuelle a contribué à l'essor de l'individualisme, caractéristique marquante de la civilisation occidentale, aux dépens des solidarités familiales. Prises dans leur ensemble, ces transformations sont constitutives de la sécularisation occidentale.

Qu'en est-il de l'Afrique ? Trouvons-nous dans ce continent des transformations analogues à celles que nous venons d'énumérer s'agissant du terrain occidental ? Le champ social et religieux africain présente-t-il un tableau comparable à celui de l'Occident moderne ? Si la thèse de la religiosité profonde des Africains soutenue par John Mbiti, Joseph Ngah et Tshimbulu[1] était avérée, alors il ne pourrait absolument pas y avoir de sécularisation sur le continent noir. Or, c'est le contraire que l'on constate.

Sur le plan social, la mondialisation conjuguée au phénomène de l'exode des cerveaux, mieux de l'expatriation des chercheurs vers les pays développés, met les Africains en contact avec d'autres cultures, contribuant ainsi à la diffusion des valeurs de la modernité. Elle crée une altération des comportements et habitudes, la conception du pouvoir et de l'autorité par rapport aux traditions des anciens. L'influence croissante de l'argent sur la jeunesse pousse celle-ci à négliger les traditions des parents. La jeunesse met de plus en plus sa confiance dans le pouvoir de l'argent dont elle suit plus l'orientation, rejetant ainsi la Parole de Dieu.

Bien plus, les domaines culturels autrefois tabous, tel le sexe, sont aujourd'hui désacralisés et exposés à l'exploitation inconsidérée d'hommes sans scrupules. La nouvelle génération brandit le droit de jouir chacun de sa liberté, y compris le droit de jouir librement de son sexe sans restriction. En effet, la jeunesse verse davantage dans l'immoralité et l'expérience du sexe sans retenue. Déjà au Moyen Âge Thomas Aquin fait observer à ce propos que l'usage désordonné de la liberté sexuelle est une espèce de luxure[2]. Pour Thomas, toutes ces pratiques s'opposent à la droite raison et contredisent en eux-mêmes l'ordre naturel de l'acte sexuel qui convient à l'espèce

---

1. John MBITI, *Religions et philosophies africaines,* Yaoundé, Clé, 1992, p. 9 et Joseph NGAH, *La rencontre entre la religion africaine et le christianisme africain,* Stavanger, Tello Editions, 2002, p. 11.
2. Thomas d'AQUIN, *Somme théologique,* tome 3, Paris Cerf, 1985, p. 881-882. Il s'agit entre autres, de la masturbation, de la bestialité, du vice de Sodome ou la sodomie, de l'emploi des pratiques monstrueuses ou bestiales pour s'accoupler.

humaine. Nous faisons remarquer que le contexte socio-économique et socioculturel contribue davantage à cet élan d'amour sans discipline.

Le point est qu'au nom de cette liberté, des usages et des comportements autrefois condamnés ou réprimés par les sociétés africaines sont de nos jours, tolérés, admis et quasiment intégrés dans les mœurs des mêmes sociétés. Ce qui est paradoxal, il n'y a ni reproche, ni code moral à l'égard de ces types de comportement sexuel en sorte que le corps de la femme devient un article sur le marché de la sensualité et constitue une industrie pour l'enrichissement de la famille ou d'autres entités. L'Église et les éducateurs scolaires assistent impuissants au développement de ce qu'on peut appeler vice. Ce qui déconcerte et consterne le plus l'homme de bon sens, c'est la course pour le gain au travers de l'expérience du désordre moral.

Concernant le domaine de l'éducation, l'école publique entre en concurrence avec les systèmes éducatifs traditionnels. Elle propose d'autres considérations de valeurs et modifie la conception de l'homme, voire du genre. De cette manière, elle contribue à déstructurer la société, désagrégeant les familles. Ses programmes imposent aux jeunes une scolarisation de plus en plus longue, retardant ainsi l'âge du mariage. Les jeunes diplômés de l'école républicaine portent un nouveau regard sur les normes et les valeurs traditionnelles et les autorités qui les incarnent.

S'agissant du champ religieux, nous constatons des évolutions paradoxales. D'une part, les représentants des Églises historiques sont de moins en moins écoutés. Hommes et femmes préfèrent écouter leur propre conscience en rejetant toute voix extérieure à eux-mêmes. Ce phénomène bien connu des pays occidentaux renvoie à une forme de sécularisation comprise comme déclin progressif du religieux. D'autre part, nous assistons à la pluralisation des groupes religieux, musulmans comme chrétiens, et à la multiplication des micros-entrepreneurs religieux (féticheurs, marabouts, devins, magiciens, 'prieurs' professionnels). Ces micros-entrepreneurs libellent à leurs clients des messages avec des explications convaincantes et des recettes perçues comme utiles et dignes d'être crues. De nouvelles formations religieuses émergent ici et là au nom de la prospérité et fonctionnent comme des marchands du nom de Jésus-Christ. Elles exercent parallèlement leur influence sur les travailleurs, les opérateurs économiques et les étudiants.

Face à la transformation rapide des sociétés africaines sous l'effet de la mondialisation, il semble raisonnable de suggérer que ces phénomènes peuvent être analysés au moyen du concept de sécularisation. Mais en même temps ce concept peut être ouvert à une forme africaine particulière du phénomène. Cette analyse sera développée dans la première partie. La gravité de ces problèmes appelle une appréciation et une réponse de la part de l'Église de Jésus-Christ; c'est pourquoi la deuxième partie de notre étude sera proprement théologique.

Problématique

Précisons à présent la manière dont nous allons utiliser le concept de sécularisation en formulant trois hypothèses.

Nous posons comme première hypothèse que des conditions historiques constitutives de la modernité ont induit des transformations au sein de la société tchadienne traditionnelle qui peuvent être analysées sous le vocable de sécularisation. Nous décrirons certaines de ces transformations.

Mais nous nous attendons, deuxième hypothèse, à ce que la sécularisation au Tchad présente des spécificités par rapport à la sécularisation européenne. Parmi ces spécificités, nous pouvons citer le fait que l'islam et le christianisme sont arrivés tardivement sur le territoire tchadien par l'intermédiaire d'agents extérieurs. Ces deux religions monothéistes, qui s'appuient sur un corpus de textes, se sont heurtées aux religions traditionnelles des populations autochtones sans écriture. Cette concurrence entre religions du Livre et religions traditionnelles rendrait complexe le processus de sécularisation.

Troisièmement, nous posons que la sécularisation n'est ni un processus linéaire et irréversible comme le prétend Weber ni une illusion comme a pu le penser Peter Berger dans la deuxième partie de sa carrière. Si la sécularisation a bien produit des effets observables et mesurables, elle n'a pas affecté tous les domaines de la vie ni toutes les couches de la population de la même manière. Nous nous attacherons donc à mettre en évidence les conséquences différenciées de la sécularisation.

Méthodologie

Les méthodes de recherche que nous adoptons sont fonction des exigences des deux disciplines, la sociologie et la théologie, que nous croisons. Dans la partie sociologique, nous menons une double enquête, bibliographique et sur le terrain. Dans la partie théologique, nos sources sont principalement livresques. Dans cette partie, la méthodologie consiste à exposer les pensées de quelques auteurs théologiens retenus comme nos interlocuteurs sur l'appréciation théologique de la sécularisation. Nous analysons et discutons leurs pensées et les évaluons à la lumière de la révélation biblique afin de mettre en relief leur contribution au débat sur le sujet de notre étude. Bien que la Bible parle directement et clairement de la sécularisation dans l'histoire de l'évolution des sociétés, nous choisissons cette méthodologie sans faire l'exégèse d'un texte biblique. L'approche trinitaire nous permet, par la suite, de recentrer la discussion des sociologues et des théologiens sur le message essentiel pour l'Église.

La recherche bibliographique en sociologie

La recherche au moyen de cet outil nous a amené à identifier en particulier deux auteurs avec lesquels nous sommes entré en dialogue. Il s'agit en premier lieu de Max Weber, fondateur de l'école allemande de sociologie, qui a développé dans une série d'ouvrages, une théorie de la sécularisation fondée sur la rationalisation et les exigences économiques de la vie quotidienne. En deuxième lieu, Peter L. Berger a retenu notre attention par le fait que ses écrits s'inscrivent dans deux périodes distinctes. Dans sa première période, Berger théorise la perte de plausibilité des cosmos sacrés. Alors que dans la deuxième partie de son œuvre, il décrit la montée des effervescences religieuses visant à réenchanter le monde.

Nous avons relevé les principales argumentations de ces auteurs et les avons transformées en hypothèses à vérifier sur le terrain, d'où l'enquête de terrain.

Enquête sur le terrain

Afin de tester les théories de la sécularisation, nous avons choisi d'enquêter auprès d'une sous-population de la population tchadienne, celle des fonctionnaires. Le choix des fonctionnaires se justifie par le fait que ces individus, recrutés sur leurs capacités intellectuelles et formés à l'école républicaine, sont particulièrement exposés aux demandes de la modernité. Ainsi, si sécularisation il y a eu, nous pouvons nous attendre à en trouver des manifestations dans cette sous-population. Inversement, à cause des ressources culturelles dont ils disposent, les fonctionnaires sont parmi ceux qui sont les plus à même d'opposer une résistance aux méfaits de l'hyper-modernité.

Nous avons constitué un échantillon représentatif des fonctionnaires tchadiens. Le lecteur pourra trouver dans le prochain chapitre les registres des enquêtes par âge, sexe, confession, niveau d'étude, poste et échelon dans la fonction publique. De septembre 2009 à janvier 2010, nous avons mené une série d'entretiens semi directifs d'une durée moyenne d'une demi-heure chacun. Le lecteur trouvera en annexe le questionnaire ayant servi de guide aux entretiens réalisés. La transcription de ces entretiens constitue le corpus de notre étude et la base des analyses qui seront proposées dans le troisième chapitre.

Recherche bibliographique en théologie

La sociologie des religions est une science empirique qui traite des valeurs comme des faits sociaux. Mais selon le principe de neutralité axiologique cher à Max Weber[3], elle ne porte pas de jugement sur ces valeurs. Ainsi, avec l'aide des méthodes de la sociologie, nous décrivons la sécularisation au Tchad, nous le faisons sans nous soucier des conséquences de cette évolution sur la vie spirituelle des Tchadiens. Toutefois, il convient de noter que les présuppositions de cette discipline indiquent l'évidence de sa relation avec la théologie. Berger le souligne dans son analyse lorsqu'il conclut que la sociologie soulève des questions reposant sur des présuppositions que la théologie est appelée à évaluer[4].

Une autre relation de la sociologie avec la théologie est observée dans le fait que l'Église vit dans un environnement social dont les problèmes

---

3. Julien FREUND, « L'éthique économique et les religions mondiales selon Max Weber », *ASSR* vol 26/26, 1968, p. 4.
4. BERGER, *The Social Reality of Religion*, Middlesex, Penguin University Books, 1973, p. 113.

externes ne constituent pas la préoccupation de la théologie. C'est à la sociologie de l'en instruire pour l'aider à élaborer son message à l'endroit de la société[5]. Nous considérons que c'est principalement dans le champ théologique qu'aboutira notre travail, ce qui justifie la responsabilité du théologien de dire quelles sont les conséquences de la sécularisation pour l'Église et de proposer des réponses à ce défi.

Théologien de formation, nous avons eu l'occasion d'approfondir nos lectures qui nous ont permis de retenir trois auteurs dont nous exposerons les positions dans la deuxième partie de la thèse. En effet, Harvey Cox est choisi en vertu de son identité occidentale (américaine), univers où la sécularisation a commencé pour s'étendre sous d'autres cieux. Il s'est appliqué à réfléchir théologiquement et de façon radicale sur cette question. Dans son analyse, Cox marque son originalité par l'affirmation selon laquelle Dieu lui-même est l'auteur du désenchantement du monde, de l'exode compris comme une désacralisation de la politique et de l'alliance au Sinaï comme une relativisation des valeurs, d'où l'appréciation positive portée sur la sécularisation. Le second auteur, Lesslie Newbigin, aussi occidental (européen), influencé par son arrière-plan missionnaire, est choisi en raison de sa vue mondiale sur les différentes manifestations de la sécularisation et sa problématique. Il défend une position apparentée à celle de Cox. Pour Newbigin, la désacralisation du monde est l'œuvre de Dieu qui a choisi d'intervenir dans l'histoire de l'homme par la révélation spéciale en Jésus-Christ jusqu'à la croix. Comparativement à Cox, il relève l'aspect positif de la sécularisation en situant son origine en Dieu. Le troisième auteur, Bennie J. van der Walt, quant à lui, est choisi pour deux raisons : (1) il est Européen de sang et Africain de naissance, donc témoin oculaire de l'évidence de la sécularisation en Afrique; (2) fort de sa double identité, il relève que la rencontre de la civilisation occidentale avec la culture africaine provoque un changement de mentalité et exige une nouvelle approche de l'humanité et du monde.

De fait, la sociologie nous aidera à faire le bilan de la sécularisation en Afrique subsaharienne en général et au Tchad en particulier. La théologie, quant à elle, nous permettra de nous prononcer sur la sécularisation au

---

5. *Ibid.*, p. 184-185.

Tchad. C'est pourquoi, la question principale devant diriger cette étude est ainsi formulée : *Comment comprendre et apprécier théologiquement la sécularisation au Tchad ?*

Plan

Notre travail se divise, comme nous l'avons dit, en deux grandes parties en fonction des deux approches disciplinaires que nous adoptons.

La partie sociologique est composée de trois chapitres. Le premier chapitre est consacré à la discussion de deux auteurs, à savoir Max Weber et Peter Berger ayant apporté des contributions importantes à la théorisation de la sécularisation. Dans les chapitres deux et trois, nous exposons les contributions de quelques auteurs qui ont porté leur regard sur la sécularisation en Afrique. Ensuite, nous présentons notre enquête sur le terrain en analysant les résultats en fonction des trois hypothèses que nous avons posées. Il s'agit de la pertinence du concept de sécularisation pour les sociétés africaines en général et pour la société tchadienne en particulier; de la spécificité de la sécularisation au Tchad, enfin, de la sécularisation différenciée au Tchad.

La partie théologique est aussi composée de trois chapitres (4-6). Le chapitre quatre discute le positionnement de trois auteurs qui donnent chacun son appréciation théologique de la sécularisation, à savoir Harvey Cox, Leslie Newbigin et B. J. van der Walt. Les deux derniers chapitres (5 et 6) posent un diagnostic théologique sur le processus de la sécularisation au Tchad et envisagent des réponses à apporter à cet état de fait.

Après avoir rassemblé les principaux points de notre travail, la conclusion suggère aux fonctionnaires une théologie du séculier afin de les aider à vivre la vie de disciple de Christ et aux Églises tchadiennes quelques pistes pour un message prophylactique par rapport aux enjeux de cette évolution des sociétés.

PREMIÈRE PARTIE

Analyse sociologique de la sécularisation

Cette partie est constituée de trois chapitres. Il convient de rappeler ici la question de recherche ainsi formulée dans l'introduction de la thèse : Comment comprendre théologiquement et apprécier la sécularisation en Afrique subsaharienne ? À la lumière de cette question, le premier chapitre consiste en une discussion de quelques théories classiques de la sécularisation chez deux auteurs occidentaux, notamment Max Weber et Peter Berger. Le choix de Weber s'explique par le fait qu'il est le premier auteur, du moins le premier sociologue, à parler de façon déterminante et très prononcée de la sécularisation; et tous les autres auteurs le citent sous un angle ou un autre pour élaborer leurs théories. Berger, quant à lui, est choisi pour sa particularité en ce sens qu'il est un sociologue qui donne deux différentes appréciations du même phénomène observé. C'est dire que dans la première période de sa carrière, il élabore quelques théories de la sécularisation dans la continuité et dans la complémentarité de Weber en termes de désenchantement du monde. Dans la deuxième période de sa carrière, il utilise le langage du réenchantement du monde pour désigner le processus contraire de la sécularisation

Lors des investigations dans le premier chapitre sur ce sujet, la lecture des ouvrages permet de relever une pluralité d'hypothèses qui décrivent le phénomène de « sécularisation ». Cependant, il a été relevé la fréquence de quelques thèmes qui traversent les discussions. Il s'agit du désenchantement du monde avec l'émancipation, la rationalisation comme éléments descriptifs. En même temps sous la plume de Berger, l'expression « réenchantement du monde » avec ses dérivés est mentionnée. En fait, la théorie classique de la sécularisation telle qu'elle a été élaborée par Max Weber suivi d'autres sociologues prévoit la disparition à long terme de la religion de la vie des humains. Pour la première fois, dans *L'éthique protestante et l'esprit du capitalisme*, Weber écrit : « Je crains que, partout où les richesses ont augmenté, le principe de la religion n'ait diminué à proportion[6]. » Cette opinion évoque clairement au moins trois éléments, notamment la décroissance de la religion, conséquence des changements sociaux engendrés par l'esprit du capitalisme sous l'influence et la bannière de la modernité.

Dans le premier chapitre, la mise en perspective de ces théories de la sécularisation dans les débats en Occident permet de formuler quelques hypothèses sur la sécularisation en Afrique. Les hypothèses énoncées dans le premier chapitre sont testées lors d'une enquête menée auprès d'une population circonscrite, celle des fonctionnaires de N'Djaména, capitale du Tchad. Le deuxième chapitre instruit sur les travaux de certains auteurs sur le même sujet d'étude en Afrique et présente les caractéristiques sociologiques des enquêtés. Le troisième chapitre analyse les résultats de l'enquête. Ce test permet de savoir comment la sécularisation en Occident influence la vie des Africains en général et celle des fonctionnaires tchadiens en particulier.

---

6. Max WEBER, *L'éthique protestante et l'esprit du capitalisme*, 2e éd., Agora n° 6, Paris, Plon, 1964, p. 72, 216.

CHAPITRE PREMIER

Compréhension sociologique de la sécularisation en Occident

Pour bien suivre ces discussions, il importe dans ce chapitre de comprendre le sens étymologique du mot sécularisation, objet principal de cette étude. Etymologiquement, le terme « sécularisation » dérive du latin *saeculum* qui signifie « génération, monde, âge ». Son emploi dans le latin chrétien le définit par le terme « monde » comme l'opposé de l'Église[1]. Ce qui est « séculier » n'est pas lié par les règles religieuses, il n'appartient pas à l'ordre des religieux; il appartient au monde et à ses affaires en tant que réalité distincte de l'Église et de la religion. Est aussi séculier ce qui appartient au monde présent ou matériel par opposition au monde éternel ou spirituel. Michael Foessel démontre que ce concept s'inscrit lui-même à l'intérieur d'un système d'opposition, une opposition massive entre Dieu et le monde[2].

Il ressort de cette définition étymologique que la sécularisation renferme une notion d'opposition. De ce sens étymologique naissent plusieurs compréhensions et définitions du concept de « sécularisation ». À la suite des historiens, les sociologues ont vite découvert que cette théorie ne rend pas compte d'un « processus unilinéaire et irréversible », mais bien plus d'un

---

[1]. Sur l'histoire sémantique et les usages du concept de sécularisation, voir Bryan WILSON, « Secularization », in *The Encyclopedia of Religion*. Vol. 13, p. 159-165 et *The New Shorter Oxford English Dictionary*, Vol. 2, p. 2753 ; Michael FOESSEL, *Modernité et sécularisation; Hans Blumenberg, Karl Lowith, Carl Schmitt, Leo Strauss*, Paris, CNRS, 2007, p. 25 ; Peter BERGER, *The Sacred Canopy: Elements of Sociological Theory of Religion*, New York, Doubleday & Company, 1967, p. 107s.
[2]. FOESSEL, *Modernité et sécularisation*, p. 11.

processus « complexe et ambigu³ ». Deux usages possibles se dégagent de cette diversité. Positivement, certains théologiens en font usage pour désigner l'avènement d'un christianisme « adulte », libéré de ses habillages religieux et rendu à l'authenticité de son message. Négativement, les Églises emploient le mot « sécularisation » pour stigmatiser la crise du sens religieux du monde moderne et la marginalisation culturelle et sociale de leur message qui en résulte⁴. Cette diversité des définitions est notée au début de chaque section traitant des opinions d'un nouvel auteur.

I. Max Weber : le désenchantement du monde et l'émancipation

Weber⁵ a écrit plusieurs ouvrages d'ordre politique, économique et sociologique. C'est dans *L'éthique protestante et l'esprit du capitalisme* qu'il traite de la question socio-économique de l'Occident avec en toile de fond le capitalisme calviniste ou le système de la rationalité économique. Weber cherche à expliquer la manière dont le système capitaliste apparaît en Europe au XIXᵉ siècle. Dans son analyse de la situation du religieux dans ce continent, l'auteur met l'accent sur trois thématiques principales, à savoir la prédestination, le contraste entre le protestantisme et le catholicisme, le *Beruf*.

Sous la plume de Weber, la principale cause de l'éthique calviniste dévouée à la cause sociale résulte de sa compréhension de la doctrine de la double prédestination. D'après cette doctrine, dans sa liberté souveraine, Dieu a prédestiné une partie de l'humanité au salut et une autre à la

---

3. Olivier TSCHANNEN, *Les théories de la sécularisation*, Genève/Paris, Droz, 1992, p. 293. Pour plus d'informations sur les différentes tentatives de définition du mot « sécularisation », voir Paul STEVENS, « Global Village », in Robert BANKS et Paul STEVENS, sous dir., *The Complete Book of Everyday Christianity*, p. 456-459. Charles TAYLOR, *A Secular Age*, Cambridge, The Belknap Press of Harvard University Press, 2007, p. 445 ; Voir Lesslie NEWBIGIN, *Honest Religion for Secular Man*, London, SCM Press, 1966, p. 11-12 et Henri PENA-RUIZ, *Histoire de la laïcité : genèse de l'idéal*, coll. Culture et société, Paris, Découvertes Gallimard, 2005, p. 49.

4. Danièle HERVIEU-LÉGER, « Sécularisation », in Pierre GISEL, sous dir., *Encyclopédie du protestantisme*, Paris, PUF, 2006, p. 1441.

5. Pour les informations biographiques de l'auteur, voir Denis MULLER, « Weber, Max », in Pierre GISEL, sous dir., *Encyclopédie du protestantisme*, Paris, PUF, 2006, p. 1658-1660.

damnation[6]. Et rien au monde, ni rite, ni magie, ni être vivant, ne pourrait aider l'homme à accomplir son salut. Seul l'engagement de chaque personne dans l'achèvement de son activité sociale, appelé *Beruf*, traduit par métier ou vocation, peut assurer l'individu de son salut. Pour parvenir à la conviction personnelle que l'on est sauvé, chaque personne doit encore s'attacher à un travail dans un métier. Ce dévouement au travail seul sera un témoignage public de son élection et assurera son intégration dans la vie active[7]. Par conséquent, sa conduite marquée par l'anxiété est désormais régulée par rapport au besoin du salut. Le prochain n'a pas de priorité dans le projet de vie de l'individu, d'où l'individualisme. Weber considère que ce manque d'assurance pour le salut induit une éthique sécularisée dans le christianisme.

S'agissant du contraste au sein des deux branches du christianisme, Weber distingue entre l'attitude de l'Église catholique et celle des Églises protestantes vis-à-vis de l'utilité sociale de la religion. Il fait remarquer que pendant longtemps l'Église catholique visait à libérer l'homme de sa dépendance à l'égard du monde et de la nature, voire de la vie matérielle[8]. Contrairement à l'Église catholique, dans son enseignement, le protestantisme rationalise et systématise la conduite des fidèles durant leur existence spécifiquement orientée vers le monde d'ici-bas. Il rend ainsi le salut compatible avec les exigences de la vie séculière[9]. Cette attitude amène Weber à soutenir l'idée selon laquelle les facteurs religieux ont contribué au développement de la civilisation moderne[10], c'est-à-dire qu'aux fondements dogmatiques de chaque confession religieuse correspondent des maximes éthiques spécifiques[11]. Il fait comprendre que seul l'éthos protestant fondé sur la valorisation des activités mondaines en perspective du salut éternel

---

6. WEBER, *L'éthique protestante*, p. 115.
7. *Ibid.*, p. 128. Weber cite Benjamin Franklin lorsqu'il dit : « Time is money » pour appuyer la nécessité pour l'homme de s'attacher à un travail rationnel dans un métier et de s'y montrer loyal. Voir William PENCAK, « Politics and ideology in Poor Richard's Almanach », *The Pennsylvania Magazine of History and Biography*, Vol. 116/2, 1992, p. 183-211.
8. WEBER, *L'éthique protestante*, p. 136-137.
9. *Ibid.*, p. 143-144.
10. *Ibid.*, p. 102.
11. *Ibid.*, p. 107.

a favorisé l'accumulation de capital, condition nécessaire mais non suffisante, à l'émergence d'un nouveau système économique, le capitalisme[12].

Au sujet du *Beruf* chez Weber, cette notion désigne la vocation ou la profession. Elle est fondamentale dans la mesure où il lui consacre plusieurs pages de son ouvrage[13]. Le *Beruf* embrasse une large sphère de la vie de la société humaine et requiert de l'homme un dévouement dans toutes les formes d'organisation générale, dans tous les domaines, en particulier le domaine politique, le domaine économique et le domaine religieux[14]. La notion du *Beruf* déterminée par l'éthique religieuse apparaît comme la caractéristique du protestantisme. Weber le fait observer : « Les chefs d'entreprise, les détenteurs des capitaux, aussi bien que les représentants des couches supérieures qualifiées de la main-d'œuvre et, plus encore, le personnel technique et commercial hautement éduqué des entreprises modernes, sont en grande majorité des protestants[15]. » Cette idée fait comprendre que la rationalité de l'économie occidentale découle d'un long processus de transformation des mentalités et de conception du monde affinée par l'éthique protestante. Weber fonde donc ses investigations sur le constat d'un esprit nouveau dans la société occidentale. Il cherche à comprendre les motivations profondes des actions sociales, le nouveau comportement des hommes dans la société et les conséquences qui en découlent.

Dans cette logique de l'auteur, il convient de présenter sa définition de la sécularisation, d'en établir les causes et de clarifier sa compréhension de la nouvelle évolution des sociétés.

A. Aspects de la sécularisation chez Weber

1. Sens et causes de la sécularisation

Selon Weber, la sécularisation est « l'émancipation à l'égard du traditionalisme économique[16] ». Le mot « émancipation », notion fondamentale

---

12. WEBER, *L'éthique protestante*, p. 18-19. Des sociologues comme Alain Touraine, Raymond Boudon, Emile Durkheim, Michel Crozier, et bien d'autres encore abondent dans la même perspective que Weber en soutenant les thèmes de la rationalité des comportements, des relations, des croyances et des pratiques.
13. *Ibid.*, p. 43-80.
14. *Ibid.*, p. 74.
15. *Ibid.*, p. 29.
16. *Ibid.*, p. 31.

ici, dénote une revendication du droit de disposer de soi-même et de ses biens sans contrainte ni contrôle, donc un affranchissement de la tutelle d'une autorité traditionnelle, fût-elle celle de la religion. Weber constate que les Européens aspirent à une autonomie vis-à-vis de la religion. Cette attitude mentale caractérisée par l'esprit de la révolution par rapport aux concepts et habitudes traditionnels se veut une disposition de l'esprit à remettre en question ce qui est considéré comme acquis. Weber pense que cette attitude « apparaît comme l'un des facteurs qui devaient fortifier la tendance à douter aussi de la tradition religieuse et à se soulever contre les autorités traditionnelles[17] ». Car, l'éducation religieuse administrée par les parents aux enfants leur a inculqué une certaine vision du monde et formé en eux une nouvelle conception du rapport individuel au monde avec ses biens[18].

Fort de cette pesanteur du traditionalisme religieux souligné par Weber, la sécularisation est donc cet affranchissement de l'individu et de ses biens du contrôle de la religion[19]. Elle véhicule la notion d'autonomie individuelle, et par extension d'autonomie collective. Cette attitude d'affranchissement, selon Weber, est causée par plusieurs éléments dont certains relèvent d'une longue tradition culturelle et religieuse; d'autres naissent de causes complexes. L'auteur indique entre autres : (1) le développement de la science moderne en Occident[20], tout spécialement des sciences de la nature, fondées sur les mathématiques, l'expérimentation rationnelle et le développement des technologies[21] ; (2) la rationalisation de tous les secteurs de la société et de tous les domaines de la vie ; en d'autres termes, il y a des formes de pensée plus systématisées ; (3) le rôle du christianisme dans le processus du désenchantement du monde.

Pour Weber, le judéo-christianisme a toujours assumé le rôle d'instructeur et d'éducateur des peuples à travers l'histoire en leur expliquant l'univers dans son propre langage. C'est dans ce sens par exemple que l'auteur met à l'actif du protestantisme calviniste le système rationnel du

---

17. WEBER, *L'éthique protestante*, p. 31.
18. *Ibid.*, p. 32.
19. *Ibid.*, p. 31.
20. *Ibid.*, p. 7, 18.
21. *Ibid.*, p. 18.

développement économique. Cependant, établissant une opposition entre l'Orient magique et l'Occident rationnel, Weber défend l'idée selon laquelle la modernité avec la rationalisation comme marque principale met en cause la crédibilité et l'utilité de la magie et de la tradition. La rationalisation de la sphère intellectuelle, dans le cas de l'Occident moderne, a alimenté le développement de l'éthique des Églises protestantes. Cette rationalité est à la base du développement de l'esprit capitaliste par le puritanisme.

En effet, d'après Weber, le désenchantement du monde est un processus à plusieurs causes réalisé au cours des millénaires de la civilisation occidentale[22]. Car il se compose d'une suite importante de phénomènes sociaux et culturels, tels que les migrations des peuples, le brassage des cultures, les guerres conduisant aux annexions des pays ou aux dominations[23]. Précisons que chez Weber, contrairement à d'autres auteurs que nous discuterons, l'expression « désenchantement du monde » n'est pas liée à la création. Weber pense que la religion a tenu l'univers pour un domaine enchanté pendant longtemps. Elle seule avait l'aptitude d'interpréter le monde pour les gens. Mais avec les outils de vérification apportés par la science et la technologie, il n'y a plus de mythes et de légendes depuis toujours entretenus dans les esprits par les religions. D'après Weber, le rôle déterminant de la religion dans le processus de la sécularisation s'observe dans le domaine économique en ce sens que certaines croyances religieuses déterminent l'« ethos » d'une forme d'économie. Weber l'exprime clairement dans l'avant-propos de l'*éthique protestante et l'esprit du capitalisme* en ces mots : « Les études qui suivent, sur l'éthique économique des grandes religions, visent à établir les relations des religions les plus importantes avec l'économie et la stratification[24]. » Toutes ces causes, mises ensemble, constituent le point de départ du processus de la sécularisation décrite ci-après en trois points.

---

22. WEBER, *Le savant et le politique*, Paris, Plon, 1959, p. 79. Concept propre à Weber, le désenchantement est un processus par lequel le monde se désillusionne de la réalité tenue longtemps cachée par les religions et à présent mise à découvert pour la connaissance de l'homme.
23. *Ibid.*, p. 117, 134.
24. *Ibid.*, p. 21.

2. Le désenchantement

D'après Weber, la modernité comme concept vaste voit le jour avec le processus du désenchantement du monde; alors s'ouvre une nouvelle ère. Il estime que l'essor de la modernité avec sa science positive et constructive et sa technologie en Occident engendre dans les esprits de nouvelles manières de concevoir le monde, la vie et les comportements[25]. Ensuite, le succès de la révolution industrielle et la rationalisation de la vie font que les hommes et les femmes développent des attitudes conséquentes et changent leur manière de vivre. Il s'agit de la distinction des classes sociales : bourgeoisie et prolétariat; la préoccupation des gens pour la vie socioprofessionnelle, l'individualisme. Enfin, ces changements qui se sont produits dans la nature et dans la société invalident la religion qui penche vers sa fin. Aussi, les questions d'ordre métaphysique n'ont pas droit de cité et les valeurs religieuses sont mutées. Les raisons d'ordre sociologique qui rendent la religion utile et nécessaire ont disparu et font place à la rationalité scientifique et au pragmatisme. Etre religieux devient un choix optionnel.

Tous les domaines de la vie des hommes sont rationalisés[26]. Le thème dominant qui émerge du concept de « modernité », chez Weber, est le désenchantement du monde avec l'émancipation comme son corollaire, la rationalisation des domaines de la vie et le succès de la science et de la technique sont les indicateurs. Il s'impose peu à peu et imprègne les mentalités en marquant une rupture avec le passé et en inspirant une nouvelle manière de vivre. À en croire Weber, avant l'ère moderne, le monde était enchanté, c'est-à-dire dans les illusions par rapport aux réalités, illusions entretenues par la magie et la religion, vues comme techniques de salut. Mais le désenchantement est le processus par lequel l'intellectualisation et la rationalité scientifique remettent en cause la magie et la religion comme autant de superstitions en recourant à la précision et aux preuves vérifiables. Weber écrit : « Il ne s'agit plus pour nous comme pour le sauvage qui croit à l'existence de ces puissances, de faire appel à des moyens magiques en vue de maîtriser les esprits ou de les implorer mais de recourir à la technique et à la prévision[27]. » Il décrit ainsi l'intellectualisation comme la capacité

---

25. WEBER, *L'éthique protestante*, p. 20.
26. *Ibid.*
27. WEBER, *Le savant et le politique*, p. 13.

d'invalider toute puissance mystérieuse et imprévisible qui interfère dans le cours de la vie et de maîtriser toute chose par la prévision[28]. « Mais cela revient à désenchanter le monde », s'exclame-t-il[29]. Le désenchantement du monde implique l'émancipation de l'homme.

a) L'émancipation

Le terme « émancipation[30] », dans son sens originel, désigne une décision judiciaire qui affranchit un(e) mineur(e) de la tutelle parentale et lui confère le droit de disposer de ses biens. L'initiative de l'affranchissement est prise par l'instance judiciaire, et le ou la bénéficiaire ne fait que jouir de ce qui lui est conféré. À la différence de ce sens, dans le contexte de la modernité, le mot « émancipation » est l'action d'affranchir ou de s'affranchir d'une autorité, de servitudes ou de préjugés[31]. Il revêt ainsi le sens d'auto libération, d'auto-affranchissement de l'autorité et dénote l'initiative personnelle de cette action. Il y a au moins trois directions de cette émancipation :

L'individu s'émancipe de la tradition ecclésiastique, d'après Weber. La religion a jusqu'alors entretenu dans le cœur et l'esprit de l'homme une confiance sereine dans les affirmations bibliques et théologiques, une forte espérance de la vie dans l'au-delà et un zèle pour la vie religieuse. Mais cette confiance éclairée par les dogmes religieux s'est effritée et cette disposition du cœur s'envole sur les ailes de la raison scientifique. En lieu et place de la confiance et de la foi s'installent le doute et le questionnement sur la véracité des dogmes. L'homme commence à réclamer les preuves des affirmations de la Bible avec sa théologie vue comme un cadre qui limite son épanouissement sur la terre. Il regarde dès lors comme non crédible la tradition de l'Église au sujet de la vie économique et glisse lui-même dans l'incrédulité[32].

En second lieu, l'individu s'émancipe de l'autorité de l'Église en tant qu'institution avec son système de contrôle sur les personnes et leurs biens. Les domaines de la vie humaine depuis toujours soumis au contrôle

---

28. *Ibid.*
29. *Ibid.*
30. Josette Rey-Debove, *Le Nouveau Petit Robert*, Dictionnaire alphabétique et analogique de la langue française, Paris, Dictionnaire Le Robert, 2004, p. 856.
31. *Ibid.*
32. Weber, *L'éthique protestante*, p. 31.

ecclésiastique prennent leur distance pour tendre vers l'indépendance vis-à-vis de ce regard ennuyeux de la religion. Sous la bannière de la modernité, les domaines de la vie de l'homme sont de plus en plus rationalisés au point que la discipline ecclésiastique devient caduque[33].

De fait, selon Weber, la modernité est décrite comme étant la nouvelle méthode de penser systématique, libératrice des potentiels humains. Elle dénote l'émancipation de l'individu s'exprimant sous de multiples facettes et à plusieurs niveaux; et surtout elle se conjugue avec des facteurs d'évolution. La volonté d'émancipation de l'individu marque une rupture certaine avec le passé. Elle est une réaction à la pression du groupe social.

L'individu s'émancipe, en troisième lieu, de l'autorité même de Dieu dont la Parole a jusqu'ici réglementé et orienté la vie des hommes. Les nouvelles mentalités conduisent l'homme à voir Dieu autrement, comme non crédible ou indifférent à la vie des hommes. Et le rejet de Dieu commence par son institution et se poursuit jusqu'au rejet de son autorité en passant par sa Parole qui est la norme en matière de foi et de conduite. La souveraineté de Dieu devient insaisissable et sa toute-puissance méconnue[34]. Ces nouvelles mentalités développées par le protestantisme culminent dans le système de penser rationnel.

b) Rationalisation

Weber affirme que la science apporte aux Occidentaux ce qui est rare, notamment « des méthodes de penser, c'est-à-dire des instruments et une discipline. Elle contribue à une œuvre de clarté[35] ». Il soutient que la rationalisation[36] de l'ensemble des sphères de l'agir social ayant caractérisé la modernité occidentale entre en confrontation avec certaines religions, tel le christianisme. La rationalisation est l'élément de différence entre la civilisation occidentale et les autres civilisations du monde.

Dans le contexte de l'Allemagne, la modernité résulte d'une éthique religieuse qui développe une différence de niveau culturel dans la société. Elle est l'exact opposé de la tradition établie depuis longtemps; sa nature

---

33. *Ibid.*, p. 72.
34. *Ibid.*, p. 217.
35. WEBER, *Le savant et le politique*, p. 98.
36. Julien FREUND, *Etudes sur Max Weber*, Genève, Librairie Droz, 1990, p. 73.

fait qu'elle est plus une pensée qu'une pratique. Weber écrit : « Le choix des occupations et, par là même, la carrière professionnelle, ont été déterminés par des particularités mentales que conditionne le milieu[37]. » D'après cette pensée, la modernité peut aussi être décrite comme usage de la pensée libre par la critique raisonnée et l'innovation créatrice. Ces dernières aboutissent à la remise en cause des fondements et acquis de la tradition au sein même de la société allemande. En d'autres termes, c'est la promotion de nouvelles dimensions des fonctions de la raison appliquée aux différents domaines de la vie. Cette manière de valoriser les capacités mentales de l'homme et de s'en servir diffère de la considération ancienne des valeurs. C'est alors que la préoccupation pour la vie terrestre se développe en l'homme.

Cette analyse de l'opinion wébérienne fait de la modernité la volonté humaine de faire prévaloir la raison comme principale norme sociale; elle est l'affirmation de l'individu. Et la thèse développée par Weber dans *L'éthique protestante et l'esprit du capitalisme*[38] démontre le rapport complexe et subtil entre la conduite du croyant et l'esprit du capitalisme, ou encore entre une culture des représentations protestantes et les mentalités ayant favorisé l'essor du capitalisme, surtout le capitalisme moderne. Il désigne ce rapport sous le nom d'« affinités électives[39] », mais sans le définir. Michael Lowy qui a étudié la notion d'« affinités électives » chez Weber propose la définition suivante, à partir de l'usage wébérien du terme :

> L'affinité élective est le processus par lequel deux formes culturelles – religieuses, intellectuelles, politiques ou économiques – entrent, à partir de certaines analogies significatives, parentés intimes ou affinités de sens, dans un rapport d'attraction et influence réciproques, choix mutuel, convergence active et renforcement mutuel[40].

---

37. Weber, *L'éthique protestante*, p. 34.
38. *Ibid.*, p. 10-11, 1-15. L'auteur y traite du capitalisme en termes d'innovation pour désigner le grand mouvement qui affecte les diverses sociétés européennes à partir du XVIe siècle.
39. *Ibid.*, p. 103-104.
40. Michael Lowy, « Le concept d'affinité élective chez Max Weber », *ASSR*, vol. 127/3, 2004, p. 93-103. Consulté le 22 Septembre 2010. En ligne : http ://assr.revues.org/1055?file=1.

Il ressort de cette définition que Weber décrit une influence mutuelle entre l'éthique protestante et le système économique occidental. Il note que les valeurs de l'éthique protestante semblent être en conformité avec celles du capitalisme. C'est dire que, d'après Weber, le capitalisme et la civilisation industrielle supposent une révolution dans les manières de penser et de sentir dans le système de valeurs de la société occidentale. L'homme est tenu de mettre ses facultés à l'œuvre afin de rationaliser tous les secteurs et les domaines de sa vie en vue de lui donner sens et orientation et de l'agrémenter par les moyens nécessaires dans ce monde[41]. Rationaliser de façon croissante l'ensemble des activités humaines requiert de lui une aptitude intellectuelle énergique et soutenue. Autrement dit, la production industrielle sera frappée de stérilité si la mentalité de l'homme ne correspond pas à l'instrument qu'il manie. Car c'est la capacité de concevoir une idée qui détermine aussi la possibilité de l'action à poser. Weber appelle cette révolution de l'esprit « un esprit nouveau[42] », parce qu'il se heurte à la conception traditionnelle de l'enrichissement et aux sentiments moraux d'époques entières[43]. D'après l'auteur, la rationalisation est une notion fondamentale qui comporte deux faces : l'une externe à l'homme qui porte sur les objets et les moyens matériels, l'autre interne concernant la conduite de la vie[44]. Chez Weber, l'esprit rationnel qui caractérise le système économique et modèle la civilisation de l'Occident est la marque du désenchantement, lui-même conducteur de la modernité.

Toutes ces mises en question trouvent leur cause principale dans les transformations scientifiques, techniques et industrielles. La connaissance scientifique se passe assez vite de la théologie. Le siècle des « Lumières » a rejeté tout fondement théologique à l'organisation de la société et considéré cette dernière comme une affaire humaine, qu'il s'agisse du pouvoir ou des rapports entre les hommes, de politique ou de morale. La modernisation de

---

41. WEBER, *L'éthique protestante*, p. 34. D'après Weber, le choix des occupations et, par là même, la carrière professionnelle, ont été déterminés par des particularités mentales que conditionne le milieu, c'est-à-dire, le type d'éducation qu'aura inculquée l'atmosphère religieuse de la communauté ou du milieu familial.
42. WEBER, *L'éthique protestante*, p. 71.
43. *Ibid.*, p. 75.
44. Pour plus d'informations sur la rationalisation chez Weber, voir FREUND, *Etudes sur Max Weber*, p. 71-92.

la société conduit à la séparation des sphères publique et privée. Par conséquent, la laïcisation porte enfin sur le futur, en ce sens que l'espérance d'un temps meilleur finira par être reportée d'un au-delà céleste à un monde terrestre. Comme résultat, la laïcisation met en cause les rôles des structures éducatives traditionnelles dans la transmission des valeurs et dans le processus du bien-être socio-économique. Cette nouvelle civilisation dite moderne vient avec un cortège de changements sociaux.

3. Le changement social

Les entrepreneurs d'origine calviniste ou puritaine deviennent des promoteurs du capitalisme moderne ou de la nouvelle économie par le moyen de la rationalisation. Le succès de cette rationalisation conduit les gens à changer non seulement leur manière de vivre, mais aussi leur conception du travail professionnel et de son organisation.

a) Différentiation

D'après Weber, la modernité en elle-même est une source de changements sociaux qui répondent plus aux demandes du nouveau contexte. Les mentalités nouvelles et séculières ayant pénétré la religion constituent le facteur majeur du changement social. Il s'agit en particulier de la distinction des classes sociales (bourgeoisie et prolétariat), de la préoccupation des gens pour la vie socioprofessionnelle et de l'individualisme. Le triomphe de la rationalité touche notamment le domaine économique, le développement du progrès technique, mais aussi bien des domaines de la vie en société. Contrairement à l'organisation des sociétés traditionnelles où la confusion ou la centralisation des rôles était observable, le développement de la rationalité s'accompagne de la séparation des rôles. Weber écrit : « La science met naturellement à notre disposition un certain nombre de connaissances qui nous permettent de dominer techniquement la vie par la prévision, aussi bien dans le domaine des choses extérieures que dans celui des activités des hommes[45]. » Dès lors, le système fondé sur l'accumulation méthodique des moyens de production et d'accroissement des profits va de pair avec des changements culturels[46]. Ainsi, la mise en place d'une

---

45. WEBER, *Le savant et le politique*, p. 98.
46. WEBER, *L'éthique protestante*, p. 34.

administration bureaucratique comme manifestation puissante de la rationalisation permet de renforcer ce système dans son expression pratique.

Weber poursuit son analyse en se penchant sur la différentiation et la laïcisation qu'entraînent le développement de la science, la technique et l'industrialisation. Il distingue entre les sociétés pré-industrielles, les sociétés industrielles et les sociétés post-industrielles. Il appelle sociétés pré-industrielles les sociétés traditionnelles. Ceci laisse entrevoir la distinction entre la société vivant dans un environnement enchanté et celle qui vit dans un environnement désenchanté ou transformé.

b) Transformation sociale

Dans son analyse de la situation du fait religieux en confrontation avec la modernité, Weber parvient à énoncer une théorie du changement social[47]. Selon l'auteur, le changement social est plus qu'un changement dans la société. Il s'agit du changement de société. Ces changements sont essentiellement dus à la rationalité capitaliste et à la mentalité protestante. Weber mentionne dans son analyse que la Réforme a provoqué un changement de société en Occident[48]. La nouvelle doctrine proposée par la Réforme du XVIe entraîne dans le monde anglosaxon le puritanisme. Il s'agit d'un nouveau mode de vie plus rationnel en ce sens que la vie personnelle du puritain qui cherche les signes de son élection doit être plus organisée et méthodique. Le puritain est un membre d'un mouvement des presbytériens rigoristes, une branche du calvinisme qui voulait pratiquer un christianisme plus pur, et dont beaucoup, après la persécution du XVIIe, émigrèrent en Amérique.

Mario Miegge qui a étudié l'éthique puritaine distingue entre l'ancienne doctrine du puritanisme et la nouvelle doctrine. Il écrit : « Tandis que l'ancien puritanisme mettait l'accent sur l'unité de la vie chrétienne, entièrement régie par l'idée du service rendu à la gloire de Dieu, le puritanisme tardif a tendance à fragmenter la vie religieuse en actes individuels de la piété (prières, médiations, etc.) et à séparer ces conduites de celles de la vie

---

47. *Ibid.*, p. 11-16.
48. Voir Jean-Pierre BASTIAN, sous dir., *La modernité religieuse en perspective comparée : Europe latine et Amérique latine*, Paris, Karthala, 2001, p. 309, pour son évaluation de la contribution de Weber dans la description de la sécularisation.

professionnelle[49]. » Weber estime que les motivations psychologiques ayant leur source dans les convictions et les pratiques religieuses tracent à l'individu sa conduite et l'y maintiennent[50]. Ainsi, le puritain doit lutter contre ses penchants et ses humeurs et adopter un comportement plus rationnel. Le résultat de cette rigueur est manifeste dans la réussite économique. Les richesses obtenues doivent être réinvesties dans une optique rationnelle et rigoureuse. C'est dire qu'entre l'économie et la conduite, pour Weber, existe une autre dimension essentielle de la construction du social.

Miegge confirme cette idée : « L'univers du métier s'intellectualise et se rationalise[51]. » Ailleurs, il précise : « Dans la plupart des livres édifiants de l'époque, l'éthique va dans la direction de l'utilitarisme et la vie religieuse elle-même prend les traits d'une conduite rationnelle qui s'adresse à l'acquisition des "biens de l'âme" – "marchandise céleste"[52]. » Weber pense que la rationalisation de la conduite entraîne la naissance de la classe bourgeoise avec ses traits distinctifs[53] dans la mesure où les rapports sociaux rationalisés correspondent pratiquement aux types d'activités. Cela veut dire que dans l'ère de l'industrialisation et de l'urbanisation, l'homme remet en cause les valeurs sacrales des choses et les conçoit différemment.

C'est pourquoi, d'après sa conception de la société en général, Weber estime que la relation entre religion et économie est la sphère des luttes et conflits latents ou patents entre les groupes et les couches sociales. Il indique que les exigences du système économique et celles de la religion créent des tensions dans les esprits et les conduites[54]. En fait, les phénomènes culturels, la rationalité économique et le développement de la technique créent de nouvelles sociétés qui se mettent en place avec de nouvelles valeurs, de nouvelles visions du monde, de la vie, de nouveaux critères d'appréciation

---

49. Mario MIEGGE, *Vocation et travail : essai sur l'éthique puritaine*, coll. Histoire et Société n°16, Genève, Labor et Fides, 1989, p. 96.
50. WEBER, *L'éthique protestante*, p. 108. Par son approche compréhensive, Weber démontre ainsi que le capitalisme et le protestantisme ont de nombreux caractères communs qui les rendent compatibles.
51. MIEGGE, *Vocation et travail*, p. 91.
52. *Ibid.*, p. 96.
53. WEBER, *L'éthique protestante*, p. 18.
54. Julien FREUND, « L'éthique économique et les religions mondiales », *ASSR* vol. 26/26, 1968, p. 14.

du sens et de l'importance des choses. L'ensemble influence les relations sociales dans la mesure où certaines couches affirment durablement leur domination, et d'autres sont contestées par d'autres groupes. L'affirmation de la domination ou la contestation de cette domination influencent les rapports de ces sociétés à la religion.

4. *Le déclin de la religion*

Avec le changement de société, les questions d'ordre métaphysique n'ont pas droit de cité et les valeurs traditionnelles déclinent. Les raisons d'ordre sociologique qui rendaient la religion utile et nécessaire ont disparu, elles ont fait place à la rationalité scientifique et au pragmatisme. Etre religieux devient un choix personnel. Pour mieux comprendre ce que Weber soutient ici, il importe de clarifier le sens du terme « religion[55] ». Ce mot « religion » signifie (1) la reconnaissance par l'être humain d'un pouvoir supérieur de qui dépend sa destinée et à qui obéissance et respect sont dus; (2) un système de croyances et de pratiques, impliquant les relations avec un principe supérieur, et propre à un groupe social; (3) un sentiment de respect, de vénération[56]. Virtuellement, le mot « religion » désigne les croyances et les pratiques rituelles qui définissent le rapport de l'homme avec le sacré.

a) **Explication de la théorie du déclin**

Sous la plume de Weber, le terme « déclin » et les expressions qui le décrivent se lisent en plusieurs endroits déjà mentionnés dans l'introduction de cette partie[57]. Cela signifie que le déclin renvoie à la perte de la fonction sociale de la religion, à la perte d'autorité des interprétations et des valeurs religieuses en proportion du bien-être social des hommes. Weber ne cache

---

55. Pour plus d'informations sur la définition de la religion, voir Danièle HERVIEU-LÉGER, « Faut-il définir la religion ? », *ASSR*, vol. 63/1, 1987, p. 13 ; Yves LAMBERT, *Dieu change en Bretagne*, Paris, Cerf, 1985, p. 402-404 ; Steve BRUCE, *Religion in the Modern World : from Cathedrals to Cults*, Oxford, Oxford University Press, 1996, p. 6-7 ; Peter BERGER, « Substantive Definitions of Religion » *Journal of Scientific Study of Religion*, n°13, 1974, p. 125-133.
56. Paul ROBERT, *Le Petit Robert 2011*, Paris, Le Robert, 2011, p. 2178.
57. WEBER, *L'éthique protestante*, p. 119, 216. Notons que l'univers religieux des fonctionnaires tchadiens ne développe pas cette doctrine ; par conséquent, elle est ignorée par notre public.

pas son opinion sur le déclin de la religion : pour lui, plus la richesse augmente, moins la religion a de place dans la vie de ceux qui la pratiquent. Il écrit : « L'ardeur de la quête du royaume de Dieu commençait à se diluer graduellement dans la froide vertu professionnelle ; la racine religieuse dépérissait, cédant place à la sécularisation utilitaire[58]. » Selon Weber, le zèle initial pour les choses spirituelles se dissipe au profit de nouvelles valeurs induites par la sécularisation. Par conséquent, à mesure que le développement de la rationalisation économique et de la science continue, l'être humain perd de plus en plus le contact direct avec le sacré et le Créateur. La conviction de Weber à ce sujet est que le déclin de la religion s'annonce irréversible. Il juge que le processus de la rationalisation de la technique et de l'économie détermine une part importante des idéaux de la société bourgeoise. Il écrit : « Les gens animés par l'esprit du capitalisme sont d'habitude indifférents, sinon hostiles à l'Église. Le pieux ennui du paradis a peu d'attraits pour ces natures actives ; la religion leur semble un moyen d'arracher les hommes aux travaux d'ici-bas[59]. »

Par cette opinion, Weber souligne clairement la thématique de l'« indifférence » au nom du développement selon lequel la question de la théodicée et conséquemment la religion sont peu préoccupantes. Cela se manifeste par la rupture avec les institutions religieuses. D'ailleurs, il ajoute : « Ceux qui adoptent cette attitude n'ont plus besoin du soutien d'aucune force religieuse[60]. » Selon cette idée, les intérêts commerciaux, sociaux et politiques influencent les opinions et les comportements des individus.

À ce niveau, le protestantisme calviniste diffère du puritanisme. Ce dernier s'impose la discipline d'une éthique distincte de la vie professionnelle afin de gagner le salut. De fait, pour le protestantisme calviniste, la question du salut est éloignée de l'individu qui se sent déjà protégé par son travail auquel il s'adonne entièrement en vue de rendre gloire à Dieu. Comme il est écrit : « Le travail sans relâche dans un métier est expressément recommandé comme le moyen meilleur[61]. » Effectuer un tel métier dans une

---

58. WEBER, *L'éthique protestante*, p. 217.
59. *Ibid.*, p. 72.
60. *Ibid.*, p. 75. Voir aussi p. 124 où Weber soutient que la confession privée comme moyen de soulagement de la conscience du pécheur était éliminée de la tradition religieuse.
61. *Ibid.*, p. 128.

telle disposition de l'esprit assure le puritain de sa sécurité et l'affranchit de l'angoisse.

b) Conclusion de l'analyse

En relevant une caractéristique de la piété luthérienne, Weber pense que la pénétration effective de l'âme humaine par le divin était exclue en vertu de la transcendance de Dieu par rapport aux créatures : *finitum non est capax infiniti*[62]. Cette distance entre Dieu et les hommes donne à ces derniers la latitude d'organiser eux-mêmes leur vie sans référence aux normes traditionnelles religieuses. Car « Dieu vient en aide à celui qui s'aide lui-même[63] ». En vertu de cela, l'homme cherche à tout prix à se libérer de sa dépendance des questions métaphysiques afin de prendre le contrôle actif de ses actions et de soi-même[64]. Le salut de l'âme humaine réside alors dans le succès du devoir accompli et dans le réinvestissement des résultats d'une manière méthodiquement organisée[65].

C'est pourquoi, Weber défend l'idée selon laquelle la vie du « saint » est exclusivement dirigée vers le salut et totalement rationalisée en ce monde[66]. À en croire Weber, la religion est dès lors vidée de son substrat initial qui est la croyance dans la vie de l'homme. Son côté spirituel et émotionnel est supprimé, faisant place à la rationalisation de l'existence, d'où l'indifférence et l'incroyance caractéristiques de la société moderne. Cette éthique embrasse toute la vie politique au sens large du terme, englobant les activités économiques et tous les rapports sociaux[67].

Pour Weber, ce qui avait une valeur profane dans le comportement de l'homme prend désormais une valeur sacrée dans la mesure où la réussite dans son métier devient le signe de sa vocation[68]. Quand un métier est perçu comme une vocation, ce qui était profane devient le lieu d'une

---

62. Weber, *L'éthique protestante*, p. 130.
63. *Ibid.*, p. 132. Cette idée trouve un écho dans l'adage populaire « Aide-toi et le ciel t'aidera ».
64. *Ibid.*, p. 136. Dans l'éthique protestante, surtout calviniste, telle que décrite par Weber, foi et action sont inséparables.
65. *Ibid.*, p. 135. Ce principe explique le nom de méthodiste donné au puritain du grand réveil au XVIIIe siècle.
66. *Ibid.*
67. *Ibid.*, p. 42, 47.
68. Cf. H. Duméry, « Déchristianisation », *Encyclopaedia Universalis*, vol. 5, p. 358-361.

expérience sacrale; mais inversement, lorsque ce qui a été perçu comme une vocation en vient à être exercé comme un métier, il y a désacralisation[69]. En d'autres termes, la sacralité de la vocation d'une personne consiste dans le fait que cette vocation est aux yeux de l'intéressé le déterminant de sa vie; tandis que la désacralisation de la vocation consiste dans le fait de lui enlever le caractère sacré pour ne laisser que son importance sociale. Il importe de souligner ici qu'il peut s'agir de deux phases distinctes ou de deux mouvements simultanés dans la mentalité de l'individu.

Cette observation conduit Weber à percevoir les limites de la théorie de la sécularisation.

B. Critique wébérienne de la théorie de sécularisation

Après une analyse du processus de la sécularisation et de la situation du religieux en général, vers la fin de sa vie, Weber observe une distance critique vis-à-vis de la valeur de la sécularisation et de sa compréhension de la sécularisation. Il relève quelques éléments qu'il considère comme des limites dans ce processus.

1. *Les limites de la modernité*

Dans *Le savant et la politique*, Weber prend ses distances par rapport à ses propres affirmations et hypothèses antérieures sur la sécularisation. Il formule des critiques sur la société sécularisée dans l'ère de la modernité avec sa science et sa technologie. Il écrit : « Le destin de notre époque caractérisée par la rationalisation, par l'intellectualisation et surtout par le désenchantement du monde a conduit les hommes à bannir les valeurs suprêmes les plus sublimes de la vie publique[70]. » La question reste d'identifier ce qu'il appelle valeurs suprêmes. Son assertion laisse comprendre qu'il pourrait s'agir de la parole du Dieu souverain dont la volonté est normative pour la vie de l'humanité entière. C'est ce Dieu que les hommes sécularisés écartent de leur vie et dont ils banalisent les valeurs édictées dans sa Parole pour leur substituer leurs propres valeurs.

---

69. *Ibid.*
70. Weber, *Le savant et le politique*, p. 107.

Ailleurs, Weber s'interroge en ces termes : « Quelle est la fonction de la science dans l'ensemble de la vie humaine et quelle est sa valeur[71] ? » Il juge que l'utilité de la science est limitée et sa fonction dans la vie humaine peu constructive pour l'épanouissement personnel. Weber pense que le progrès scientifique met l'homme dans une position étrangement négative. La science incite la soif de l'homme à faire davantage de nouvelles découvertes sans prendre en compte ses problèmes existentiels. En effet, l'élan que la science impose à l'homme le conduit dans l'impasse[72]. Pour preuve, Weber écrit :

> La jeunesse en particulier éprouve plutôt aujourd'hui un sentiment inverse : les constructions intellectuelles de la science constituent à ses yeux un royaume irréel d'abstractions artificielles qui s'efforcent de recueillir dans leurs mains desséchées le sang et la sève de la vie réelle, sans jamais pourtant y réussir[73].

Cette opinion souligne l'insatisfaction et l'impasse où est conduite la société sécularisée face aux limites de la science et de la technologie. Elle mentionne la jeunesse comme une victime plus angoissée de la situation sans issue créée par la modernité. D'après Weber, bien que la science soit utile, elle ne résout pas les questions existentielles de l'humanité. Car, en dépit des découvertes de la science et du progrès de la technologie, l'homme est toujours en quête du sens de la vie dans ce monde. C'est pourquoi Weber s'interroge en ces termes : « En définitive, comment la science pourrait-elle nous "conduire à Dieu" ? N'est-elle pas la puissance spécifiquement a-religieuse[74] ? » Étant donné que les présuppositions de la science échappent à toute démonstration par la raison scientifique, seule la vie en communion avec Dieu affranchit l'homme du rationalisme et de l'intellectualisme de la science[75]. Les expériences négatives vécues par les hommes et les femmes les disqualifient devant le sévère destin de leur temps.

---

71. *Ibid.*, p. 77.
72. *Ibid.*, p. 80.
73. *Ibid.*, p. 81.
74. *Ibid.*, p. 84.
75. *Ibid.*, p. 86.

Face à cette inefficacité de la science et donc face aux limites de la modernité, Weber propose ceci : « C'est en nous libérant de l'intellectualisme de la science que nous pouvons saisir notre propre nature et par là même la nature en général[76]. » Cela est une invitation à l'humanité, surtout aux hommes de science, à adopter une autre attitude et une autre approche pour saisir le réel et le sens de la nature. Weber signifie clairement la vanité des aspirations humaines devant la réalité de Dieu : « Dieu est caché, ses voies ne sont pas nos voies, ses pensées ne sont pas nos pensées. Mais on espérait découvrir les traces de ses intentions dans la nature par l'intermédiaire des sciences exactes qui nous permettaient d'appréhender physiquement ses œuvres[77]. » Mais, bien avant d'arriver à cette démonstration de la limite de la science et de la technologie, Weber souligne un autre point : la sécularisation poussée à l'extrême comme un indice du réenchantement du monde.

2. Le radicalisme du protestantisme et l'émergence des sectes

Selon Weber, le processus de la sécularisation comme résultat de la confrontation de la modernité avec la religion aboutit à la revendication d'une Église « pure », à une communauté réservée à ceux qui se trouvent en état de grâce. Cela a entraîné diverses modifications de la constitution de l'Église comme tentatives de séparer les chrétiens régénérés des non-régénérés, les chrétiens admis aux sacrements de ceux qui n'étaient pas mûrs. D'après Weber, l'émergence des sectes et des formations religieuses nouvelles s'explique par « les exigences acosmiques du Sermon sur la Montagne, sous la forme d'une pure éthique de conviction[78] ». Il soutient que la radicalité inconséquente de la doctrine protestante issue de la Réforme a engendré des sectes qui s'affirment chacune selon sa conviction et ses penchants[79].

Par ailleurs, le processus de la sécularisation comme résultat de la rencontre de la modernité avec la religion suscite une question d'une grande importance. Il s'agit de l'incompréhensibilité de la puissance et de la bonté de Dieu devant un monde paradoxalement irrationnel. Weber s'interroge : « Comment se fait-il qu'une puissance qu'on nous présente à la fois

---

76. *Ibid.*, p. 17.
77. *Ibid.*, p. 83-84.
78. WEBER, *L'éthique protestante*, p. 193.
79. *Ibid.*

comme omnipotente et bonne ait pu créer un monde aussi irrationnel de souffrances non méritées, d'injustices non punies et de stupidité incorrigible[80] ? » Ce créateur doit être impuissant ou alors son attitude vis-à-vis de l'univers n'a pas de justification rationnelle, surtout si l'on comprend rationalité dans le sens de pragmatisme technologique et scientifique. Cette attitude détermine la conduite des hommes qui se détournent de leur créateur pour chercher à se prendre en charge.

C'est pourquoi, par une approche méthodologique particulière appelée par l'auteur lui-même idéal-type, Weber procède à une construction théorique des faits et les comportements sociaux au sens logique du terme. Loin d'être la réalité concrète, l'idéal-type permet de rendre compte de la réalité, de la rendre plus accessible et saisissable par un lecteur. Il s'agit d'un tableau regroupant les caractéristiques essentielles d'un phénomène ciblé comme objet d'étude[81]. Dans son analyse, Weber construit des types-idéaux de religions en fonction de la manière dont celles-ci résolvent le problème de la théodicée. Il revient à maintes reprises sur la question de la théodicée sous ses différentes formes, notamment dans la doctrine hindoue du karman ou théodicée du bonheur, le dualisme zarathoustriste ou théodicée de la souffrance et la prédestination par décret du Dieu souverain[82]. Ce que l'auteur appelle « théodicée » vient du grec *theos,* Dieu, et *dikê* qui veut dire justice, soit la justice de Dieu. D'une part, ce mot soulève la question de la bonté et la justice de Dieu en face du mal dans le monde ; d'autre part il indique la connaissance de Dieu telle qu'elle peut être établie par la

---

80. *Ibid.*, p. 190. Le langage de Weber ressemble à celui du philosophe juif Hans Jonas, pour qui devant le drame de l'humanité le créateur de l'univers s'efface, sinon il est complice de la douleur de ses créatures.

81. Max WEBER, *Économie et société, tome 1 : Les catégories de la sociologie*, trad. Julien FREUND, coll. Agora, Paris, Plon, 2003, p. 28-29, 35, 48-52 et 55-57. La démarche de Weber consiste à mettre en œuvre trois procédés résumés dans cet article. Premièrement, un processus d'abstraction, de sélection et de recomposition des faits. Loin de regrouper tous les caractères communs aux phénomènes étudiés, on isole unilatéralement quelques traits significatifs en fonction de l'orientation que l'on donne à la recherche. Deuxièmement, une sélection des seuls éléments susceptibles de se combiner en un ensemble logique cohérent. Seuls les éléments non contradictoires sont retenus. Ce qui est recherché, ce sont des concepts clairs et univoques. Troisièmement, une accentuation de certains traits. Il s'agit de grossir les différences, pour donner à voir la singularité, la spécificité, l'originalité du phénomène étudié.

82. Pour plus d'informations sur les différentes articulations des formes de théodicée, voir Julien FREUND, « L'éthique économique », p. 18-19.

théologie naturelle, c'est-à-dire à la lumière de la raison. Dans un sens large, il peut être compris comme la compréhension humaine du rapport de Dieu au monde en général et à l'humanité en particulier dans les circonstances variées de l'histoire.

Notons que Weber ne définit pas clairement les attributs du créateur, tels que sa souveraineté et sa liberté, mais relève et confronte plutôt ses actes qui, pour lui, déconcertent les hommes. Il l'appelle une puissance impersonnelle et indifférente au sort de ses créatures, voire injuste dans la répartition des aptitudes et des valeurs. Weber répond à sa propre préoccupation : « Ce problème de l'expérience de l'irrationalité du monde a été la force motrice du développement de toutes les religions[83]. » D'après lui, en plus de cette question sans réponse rationnelle, les nouvelles théologies propagées dans les universités par les intellectuels engendrent de nouvelles religions sans substance et des sectes fanatiques aux effets plus désastreux pour l'âme[84]. En dépit de cette prolifération des nouvelles religions, la religion traditionnelle continue son cours dans la vie des hommes.

3. *La pérennisation de la religion*

Faisant référence à ce qui précède, il convient de noter que la situation socioreligieuse dans l'ère moderne est ambiguë. À en croire Weber, le désir de s'affranchir du contrôle de la religion traditionnelle et de l'autorité des institutions n'annule pas dans l'âme humaine la soif du religieux ou du sacré. Weber identifie deux couches sociales qui sont plus engagées dans cette situation. Il s'agit des intellectuels et de la jeunesse. Il décrit un modèle de comportement des intellectuels en ces termes :

> Certains intellectuels modernes éprouvent le besoin de meubler leur âme d'objets anciens pour ainsi dire garantis authentiques, auxquels ils ajoutent également la religion que d'ailleurs ils ne pratiquent pas, tout simplement parce qu'ils se remémorent qu'elle fait partie de ce bric-à-brac. Ils substituent ainsi à la religion un succédané dont ils parent leur

---

83. WEBER, *Le savant et le politique*, p. 190-191.
84. FREUND, « L'éthique économique », p. 106.

âme comme une chapelle privée, ornée à plaisir de toutes les bondieuseries recueillies dans toutes les parties du monde[85].

L'auteur souligne ici que les intellectuels s'efforcent de garder vivant le souvenir de leurs croyances traditionnelles en même temps qu'ils y ajoutent des nouveautés idéologiques et les normes que leur proposent les nouvelles formations religieuses. En d'autres termes, ils font de leur religion traditionnelle une affaire privée. En lieu et place des valeurs acquises de leur religion, ils adoptent de la modernité ce qui répond à leur aspiration.

Plus loin, Weber présente un autre modèle de comportement des intellectuels : « Ou encore ils se créent un substitut de toutes les formes possibles d'expériences vécues auxquelles ils confèrent la dignité de sainteté mystique pour les colporter ensuite sur le marché des livres[86]. » Selon Weber, la vie religieuse des intellectuels modernes est difficile à décrire ou à se représenter exactement. Elle reflète une hybridité de croyances et de pratiques.

À la suite des intellectuels, Weber pense que la sécularisation est manifeste au sein de la jeunesse. Il écrit :

> La présupposition fondamentale de toute vie en communion avec Dieu pousse l'homme à s'émanciper du rationalisme et de l'intellectualisme de la science : cette aspiration ou une autre du même genre est devenue un des mots d'ordre essentiels que fait retentir cette jeunesse allemande portée vers l'émotion religieuse ou en quête d'expériences religieuses[87].

Weber constate que la jeunesse allemande, insatisfaite par les illusions de la science, est mue par un autre besoin existentiel. L'auteur précise qu'il s'agit d'une quête d'expériences religieuses. Il indique ici les indices du réenchantement du monde, thème que Berger développera longuement dans la deuxième période de sa carrière. Weber fait comprendre que cette jeunesse se distingue par son souci d'être présente à elle-même et à sa société, mais sans discerner ce qui est constructif et ce qui est ruineux pour cette société et pour elle-même : « Je veux parler de mouvements de jeunesse qui se sont développés au cours des dernières années dans le but de donner

---

85. WEBER, *Le savant et le politique*, p. 105.
86. *Ibid.*
87. *Ibid.*

aux relations humaines personnelles à l'intérieur d'une communauté le sens d'une relation religieuse, cosmique ou mystique[88]. » Weber parle ici de la mentalité et de la conduite des jeunes au début du XXe siècle (1919). Désireux de témoigner leur fidélité à la tradition de leurs ancêtres et des grandes institutions, eux aussi sont partagés entre plusieurs exigences : celles de la tradition et celles de la modernité s'imbriquent dans leur vie.

En somme, Weber comprend la sécularisation comme le désenchantement du monde avec deux aspects majeurs : l'émancipation et la rationalisation des domaines de la vie. Il comprend aussi la sécularisation comme un changement de société avec deux principaux indicateurs : la transformation sociale (vue comme industrialisation) et la différentiation. Enfin, sous la plume de Weber, la sécularisation signifie le déclin de la religion en ce sens qu'il y a une diminution de la crédibilité des dogmes et par conséquent une baisse des pratiques religieuses.

Toutefois, Weber relève des incompatibilités entre la modernité avec sa science et sa technologie, et la religion. Ces incompatibilités développent une tension dans la vie des hommes sécularisés, en particulier les intellectuels et la jeunesse. En parlant de l'Allemagne, il écrit : « De nos jours, il n'y a pas de relation entre les croyances religieuses et la conduite de la vie, et, dans la mesure où cette relation existe, elle est d'ordinaire négative[89]. » Cette analyse wébérienne de la sécularisation est poursuivie et complétée par Peter Berger avec des nuances sensibles.

II. Peter L. berger : l'émancipation et le réenchantement du monde

Berger[90] est reconnu dans le monde académique par l'abondance de ses écrits[91]. Ses principaux ouvrages sont d'ordre épistémologique, sociologique et économique. Cependant, c'est dans *The Sacred Canopy : Elements*

---

88. *Ibid.*
89. WEBER, *L'éthique protestante*, p. 72.
90. BERGER, *A Rumour of Angels; Modern Society and the Rediscovery of the Supernatural*, Victoria, Penguin Books, 1967, p. 13.
91. Voir COLLECTIF, *Lexique de sociologie*, Paris, Dalloz, 2007, p. 334-335 pour d'amples informations sur la biographie de l'auteur.

of a Sociological Theory of Religion que Berger débat des questions essentielles de la thèse de la sécularisation. Dans d'autres ouvrages, il traite cette question de façon lapidaire. Et dans son article « The Desecularization of the World : a Global Overview » dans le volume « The Desecularization of the World : Resurgent Religion and World Politics », il présente l'antithèse de ses affirmations au sujet de la même réalité.

L'approche de Berger continue et complète celle de Weber quant à l'ordre des hypothèses de recherches. Il est également parti du constat de l'essor de la modernité et de ses répercussions dans la vie sociale. Il donne la définition de ce concept de « sécularisation » et en indique les causes avant d'élaborer sa compréhension du processus de sécularisation.

A. Émancipation de la société et de la culture

Dans la première partie de sa carrière, Berger comprend la sécularisation comme un processus irréversible. C'est pourquoi il défend l'idée selon laquelle le monde est libéré de l'influence de la tradition religieuse et de l'autorité de Dieu. Il relève ainsi que l'allégation de la démission du surnaturel est le résultat de la sécularisation de la conscience.

1. Causes et sens de la sécularisation

Parmi les trois causes de la sécularisation mentionnées par Weber, Berger met l'accent sur deux qu'il identifie comme causes principales. Il s'agit de la modernité et du protestantisme soulignés dans « The Sacred Canopy » (1967). Selon Berger, la modernité a des effets sécularisants tant dans la société que dans les esprits et les mentalités. Ces effets sont entre autres, l'émancipation de la société et des consciences individuelles à l'égard de l'autorité de la religion, et la privatisation de la religion[92]. Par ailleurs, Berger déclare : « Le Protestantisme sert comme un prélude historiquement décisive à la sécularisation, quelle que soit son importance dans d'autres facteurs[93]. » Selon l'auteur, le protestantisme a éduqué les peuples à se découvrir et les a instruits sur leurs aptitudes.

---

92. BERGER, *The Social Reality of Religion*, Middlesex, Penguin University Books, 1973, p. 108.
93. BERGER, *The Sacred Canopy, Elements of Sociological Theory of Religion*, New York, Doubleday & Company, 1967), p. 113.

À la différence de Weber qui porte son attention sur l'émancipation individuelle par rapport au traditionalisme économique, Berger propose une définition de la sécularisation mettant l'accent sur les secteurs de la société et de la culture. Il écrit : « Par la sécularisation nous voulons indiquer le processus par lequel les secteurs de la société et de la culture sont retranchés de la domination des institutions religieuses et leurs symboles[94]. » Cette définition fait de la sécularisation un processus et un phénomène historique qui affecte à la fois la vie sociale et la culture. Elle laisse entendre que la sécularisation ne veut pas dire que les sociétés humaines dans leur ensemble rompent avec les institutions religieuses et les symboles. L'auteur précise que des secteurs spécifiques de la société et la culture sont retranchés au contrôle de la religion. Berger précise sa pensée au sujet de la société : « Quand nous parlons de la société et des institutions dans l'histoire de l'Occident moderne, évidemment, la sécularisation se manifeste dans l'évacuation par les églises chrétiennes des domaines autrefois sous leur contrôle et leur influence[95]. » L'auteur cite par la séparation de l'Église et l'État, l'expropriation des terrains de l'Église, l'émancipation de l'éducation à l'autorité ecclésiale[96].

Weber a déjà mentionné l'émancipation individuelle et collective par rapport à l'autorité de la religion. L'émancipation des secteurs de la société qu'évoque Berger en lien avec les institutions dans l'histoire occidentale moderne met en relief quelques autres éléments du processus de la sécularisation. Il s'agit du transfert à l'autorité séculière des domaines autrefois sous le contrôle et sous l'influence de l'Église, à savoir l'éducation, la santé. Cela indique la rupture entre l'Église et l'État qui exproprie l'Église de ses acquis.

Les aspects de la sécularisation chez Berger sont énoncés de deux manières différentes dans la première partie et la deuxième partie de sa carrière. Dans la première partie de sa carrière, il articule son argumentation sur la sécurisation en trois points. Il considère que la modernité a désenchanté le monde au niveau culturel et mental dans la société occidentale. Des changements sociaux importants en ont découlé et le domaine religieux en a pris un coup.

---

94. *Ibid.*, p. 107, et *The Social Reality of Religion*, p. 113.
95. BERGER, *The Social Reality of Religion*, p. 107.
96. *Ibid.*

2. Désenchantement du monde

a) Sur le mécanisme du désenchantement du monde

Il convient de noter la distinction entre le désenchantement et la désacralisation chez Berger. Le désenchantement désigne le fait que le Dieu transcendant surgisse pour donner forme à l'univers couronné par la création de l'homme à qui il a conféré le pouvoir sur les autres créatures. La désacralisation, quant à elle, est l'action d'enlever à l'univers son caractère sacré jusque-là reconnu par l'homme alors que Dieu l'a créé et soumis à la domination de l'homme. Dans le sillage de Weber, Berger montre l'importance du facteur judéo-chrétien dans le processus de la sécularisation.

En dehors de la tradition religieuse occidentale, selon Berger, « les racines de la sécularisation sont relevées dans les sources primitivement disponibles de la religion de l'ancien Israël. En d'autres termes, nous maintenons que le désenchantment du monde commence dans l'Ancien Testament[97] ». Par rapport à Weber, l'auteur voit les racines du désenchantement du monde dans la croyance en l'action créatrice depuis les origines. Berger écrit : « Nous trouvons ici très clairement exprimée la polarisation biblique fondamentale entre le Dieu transcendant et l'homme, avec un univers complètement démythologisé entre eux[98]. » D'après l'auteur, la culture et la société sont intégrées dans un ordre cosmique qui embrasse l'univers entier. L'auteur parle d'une expérience païenne précédant la croyance en l'acte créateur de Dieu. Cet ordre constituait le cadre de régulation des affaires humaines où l'homme trouvait sa sécurité ; d'ailleurs, il y avait un lien entre le monde des humains et le monde des dieux. Le monde social constitue un *nomos* à la fois subjectif et objectif dans lequel l'homme fait son expérience de différentiation structurelle par le langage[99]. L'homme prend alors les éléments du cosmos, les transforme selon l'orientation qu'il

---

97. Berger, *The Sacred Canopy*, p. 115-117 [Notre traduction]. Berger montre que l'Ancien Testament positionne Dieu au-dessus de sa création. Ce Dieu radicalement transcendant n'entre pas en relation avec l'univers créé. Cela implique que les hommes n'attendent rien de lui; ils doivent organiser leur monde.
98. Berger, *The Social Reality of Religion*, p. 123. [Notre traduction]
99. Berger, *The Sacred Canopy*, p. 20.

donne à son monde et les met en application dans les différentes sphères en fonction de ses besoins[100].

Le changement du contenu du religieux dans l'histoire, particulièrement dans l'histoire d'Israël, constitue une rupture de cet ordre cosmique. Berger situe l'origine de cette rupture dans un double exode : l'exode du patriarche Abraham de la Mésopotamie et le grand exode d'Israël de l'Égypte avec Moïse. Il considère que celui d'Israël n'était pas seulement un mouvement politique ou géographique, mais aussi une rupture avec l'univers entier[101]. « Au coeur de la religion de l'ancien Israël réside la répudiation véhémente des versions à la fois égyptienne et Mésopotamienne de l'ordre cosmique, une répudiation qui était, évidemment, étendue de la culture indigène pré-israélite à la culture syro-palestinienne[102]. » D'après cette opinion, il s'agit de la désacralisation du pouvoir. La croyance en Dieu a ainsi désenchanté le monde et provoqué le processus de sécularisation à partir du moment où Israël devait lutter contre les religions cosmiques de son temps. Non seulement Dieu se tient en dehors de toute sphère manipulable par les humains, mais aussi il impose à Israël des exigences éthiques en vertu de son alliance avec ce peuple. Israël joue un rôle important dans ce processus par son auto-définition contre les croyances et l'éthique des autres nations. « Un élément rationalisant était présent au début, au dessus de toute cause en raison du stimulus anti-magique du Yahwisme. Cet élément était entraîné à la fois par les groupes des prêtres et des prophètes[103]. » Israël doit fonder sa foi sur les grands événements de Dieu dans son histoire et rationaliser son éthique, à la différence des nations qui l'entourent[104]. À ce niveau, Weber et Berger tiennent le même langage de la rationalisation de l'éthique, sauf que les objets à rationaliser sont l'économie chez Weber et la conduite chez Berger.

De nouveau, Berger va dans le même sens que Weber en indiquant que le christianisme relaie Israël dans le processus de désenchantement du monde. Sous la plume de Berger, ce désenchantement est plus prononcé

---

100. *Ibid.*, p. 15.
101. *Ibid.*, p. 115.
102. *Ibid.* [Notre traduction]
103. BERGER, *The Social Reality of Religion*, p. 125. [Notre traduction]
104. BERGER, *The Sacred Canopy*, p. 125.

dans le protestantisme que dans le catholicisme. Il écrit : « Le protestantisme se dépossède soi-même autant que possible du sacré - mystère, miracle et de la magie. Ce processus a été saisi avec justesse dans la phrase "désenchantement du monde"[105]. » Berger va un plus loin que Weber en interprétant la différence d'attitude des deux groupes religieux en présence. Il estime que les catholiques entretiennent une variété de sacrements et une relation entre les êtres visibles et invisibles. Les protestants, quant à eux, abolissent la plupart de ces médiateurs. Ainsi, ils rompent la continuité de la relation avec la transcendance et coupent le cordon ombilical entre le ciel et la terre rendant ainsi l'homme à lui-même[106]. Cela explique leur concentration sur les choses de la terre. En fait, les deux attitudes extrémistes entrent en conflit l'une avec l'autre, car les acteurs sont appelés à vivre dans la même sphère terrestre[107].

Par rapport à Weber, Berger spécifie qu'il y a non seulement émancipation de la société et de la culture, mais encore émancipation de la conscience, ce que d'autres expriment en termes de sécularisation de la mentalité[108]. Notons qu'il y a deux niveaux de la sécularisation qu'il faut considérer : la sécularisation de la conscience et la sécularisation de la culture. La conscience et la culture émancipées expliquent le choix de l'éthique individuelle et des actes à poser.

b) Émancipation de la conscience

Berger écrit : « Comme il y a une sécularisation de la société et de la culture, ainsi il y a une sécularisation de la conscience[109]. » La sécularisation de la conscience apparaît comme un processus qui remonte à la rationalité scientifique et culturelle des Lumières. Plusieurs herméneutiques de la sécularisation sont possibles à ce niveau ; cependant d'après le contexte, une seule interprétation permet de suivre le débat. Il s'impose dans les esprits une nouvelle configuration du savoir, une nouvelle théorie de la connaissance[110]. Le terme « sécularisation » renferme alors plusieurs idéologies.

---

105. *Ibid.*, p. 111. [Notre traduction] Cf. p. 121-122, 192.
106. BERGER, *The Social Reality of Religion*, p. 117-118.
107. Cf. *Ibid.*, p. 117.
108. BERGER, *The sacred Canopy*, p. 107-108.
109. *Ibid.*, p. 113.
110. *Ibid.*, p. 113-130.

Des idées semblables sont développées par Sylvette Denèfle et Danièle Hervieu-Léger pour qui l'analyse du champ religieux révèle de plus en plus une altération du contenu du religieux et des modalités du croire dans la modernité[111]. Notons que le nouvel aspect identifié par ces deux sociologues peut aussi servir d'outil d'analyse de la sécularisation.

Par ailleurs, ce que Berger exprime sous le vocable de sécularisation de la conscience peut être compris comme une révolution de la manière de penser ou l'écoute de la conscience individuelle. Cela peut aussi avoir le sens de la liberté de conscience. Elle consiste à relativiser les traditions religieuses considérées comme déphasées, une attitude exprimée par le slogan « cela est maintenant passé, ce n'est plus possible pour nous[112] ». La sécularisation de la conscience débouche entre autres sur l'individualisme qui ébranle les liens religieux, l'affaiblissement des pratiques religieuses et des liens familiaux, la remise en question de toute la structure de l'autorité ecclésiastique[113], la valorisation des aptitudes personnelles. Berger précise : « Cela signifie que l'Occident moderne a produit un nombre croissant des individus qui regardent le monde et leurs propres vies sans le bénéfice des interprétations religieuses[114]. » De fait, avec l'avènement de la modernité, la conscience sécularisée rejette l'autorité religieuse. Elle est une conscience émancipée de tout ce qui peut faire obstacle à son accomplissement. La sécularisation de la conscience produit une éthique conséquente, entre autres la liberté de collaborer avec d'autres Églises, la tolérance qui entraîne de nouvelles considérations dans le domaine de l'éthique du mariage.

Nous sommes en face de deux indices permettant d'apprécier la religiosité des humains : diminution de la pratique religieuse et pérennité du

---

111. Voir Sylvette Denèfle, *La sociologie de la sécularisation : être sans religion en France à la fin du XXe siècle*, Paris/Montréal, L'Harmattan, 1997, p. 22. Denèfle exprime sa compréhension de la sécularisation en termes de changement de perception de la valeur de la religion, du fait religieux, ou encore de la dimension spirituelle de l'être humain. Danièle Hervieu-Léger commentée par Jean Séguy, « Religion, modernité, sécularisation », *ASSR* vol. 61/2, 1986, p. 182. Danièle Hervieu-Léger soutient que rien ne disparaît, tout se transforme; « tout est en perpétuelle décomposition-reconstruction, en dépolarisation et repolarisation, à travers des conflits dont les données ne cessent elles-mêmes de varier ».
112. Berger, *A Rumour of Angels*, p. 57.
113. Voir David Martin, « Remise en question de la théorie de la sécularisation » in Grace Davie et Danièle Hervieu-Léger, sous dir., *Identité religieuse en Europe*, Paris, La Découverte, 1996, p. 31.
114. Berger, *The Social Reality of Religion*, p. 113.

sentiment religieux. Cela veut dire que les hommes modernisés et sécularisés, sans renier la religion, changent d'attitude vis-à-vis d'elle par une nouvelle manière de croire et adoptent un nouveau comportement face au sacré. Cela conduit inexorablement au développement d'une culture correspondante.

c) Émancipation de la culture

L'homme priorise la pensée scientifique et l'oppose désormais à la pensée magique et aux religions. En effet, la culture sécularisée basée sur le principe de la liberté engendre plusieurs niveaux d'émancipation de la personne humaine de l'ordre moral, institutionnel et divin. Berger écrit :

> Lorsque nous parlons de culture et des symboles, nous voulons dire que la sécularisation est plus qu'un processus socio-structurel. Elle affecte la totalité de la vie culturelle et idéation, et peut être observé dans le déclin des contenus religieux, dans les arts, dans la philosophie, dans la littérature et, le plus important de tous, dans la montée de la science comme une perspective autonome, complètement séculière dans le monde[115].

La sécularisation de la culture englobe une large sphère de vie et activités. Nous en voulons pour preuve trois niveaux[116]. (1) L'émancipation de l'homme de l'autorité institutionnelle l'entraîne à la rupture avec la structure hiérarchique pour faire place à l'authentification individuelle. Ce type d'émancipation est observé par Ratzinger lorsqu'il affirme que la culture des Lumières est substantiellement définie par les droits à la liberté. Cette liberté est considérée comme valeur et critère absolu : liberté de choisir sa religion, liberté d'exprimer son opinion et liberté de former son parti politique[117]. (2) L'avènement de la raison scientifique et expérimentale prétend arracher à Dieu le domaine de la culture et le rendre désormais à l'homme appelé à l'exploiter sans référence à personne, sinon à lui-même. Il y a un retournement de la pensée vis-à-vis de la culture et de l'univers, cadre

---

115. *Ibid.*
116. *Ibid.*, p. 56-60.
117. Ratzinger, *Christianity and the Crisis of Cultures*, trad. Brian McNeil, San Franscisco, Ignatus Press, 2006, p. 34.

d'épanouissement de l'homme[118]. (3) Les systèmes de valeurs modernes tels que l'individualisme et l'émancipation sexuelle ne répugnent à personne[119]. Cet élan des cœurs ne s'inscrit ni dans la modernité, ni dans la logique de la culture traditionnelle. En effet, nous observons une transformation profonde des sociétés dans la mesure où les gens prennent de plus en plus leurs distances par rapport à la religion et à son autorité. Weber a fait observer que l'intellectualisation conduit à l'industrialisation et à l'urbanisation massive, d'où le changement de société. Berger bâtit sur cette affirmation wébérienne en allant plus loin.

3. Transformation sociale

Berger souligne dans son analyse que la nouvelle orientation de l'homme entraîne une transformation des sociétés. La spécificité de Berger se lit dans sa manière de décrire le façonnement de la vie sociale par l'avènement de la modernité. Weber a déjà mis l'accent sur l'esprit capitaliste développé par le calvinisme, esprit qui a entraîné le changement de société, à savoir la division en classes, l'urbanisation, la bureaucratie, la différentiation. Dans la même ligne, Berger estime que le développement politique de l'Occident moderne va avec le développement économique des sociétés. D'après lui, le domaine le plus sécularisé à partir duquel le phénomène s'est étendu vers d'autres secteurs de la société est l'économie[120]. Selon cette idée, la rationalisation de l'économie implique d'autres domaines de la vie des sociétés. Elle conduit à la différentiation dans la société moderne, une catégorie utilisée par Weber.

> Une société industrielle moderne exige la présence de grands cadres des personnels scientifiques et technologiques, dont la formation et l'organisation sociale croissante présuppose un

---

118. Olivier Clément, « Christianisme et sécularisation », *Eglise Orthodoxe d'Esthonie*. [Consulté le 27 Octobre 2010]. En ligne : http ://www.orthodoxa.org/FR/.../secularisation.htm. Olivier Clément soutient cette idée en ces termes : « La culture sécularisée déstructure les autres cultures dans les âmes comme dans les corps, et finit par déstructurer notre propre héritage. On assiste à la ruine des grandes références symboliques qui n'ont cessé de protéger et de féconder l'humanité, qu'il s'agisse de la polarité du masculin et du féminin ou de la relation verticale paternité/filiation ».
119. Berger, *The Social Reality of Religion*, p. 141.
120. *Ibid.*, p. 133.

haut degré de rationalisation, non seulement au niveau de l'infrastructure, mais aussi au niveau de la conscience[121].

Selon Berger, plus la société est industrialisée, plus elle a besoin de techniciens compétents pour la conception du système de production industrielle, des infrastructures et pour l'exécution des projets capables de répondre à la demande[122]. De ce fait, la sécularisation passe du domaine de l'économie à celui de la politique. Berger pense que le développement de la raison scientifique et de la culture économique au plan industrielle entraîne nécessairement la disparition de certaines valeurs culturelles. L'industrialisation et la bureaucratie avancées influencent la vie religieuse des travailleurs, des familles et de toute la société. L'individualisme se développe et les sociétés industrielles modernes ont de moins en moins de temps et d'espace pour la religion dans leurs programmes[123]. Ces changements amènent l'homme à estimer que la privatisation de la religion est la condition *sine qua non* de la paix sociale. Berger observe que cette attitude vis-à-vis de la religion prend une dimension importante dans le monde sécularisé.

4. Le déclin de la religion

Dans la première partie de *The Sacred Canopy*, Berger reconnaît et souligne l'utilité de la religion et son rôle social. D'après lui, la religion protège les sociétés de l'anomie en leur permettant de vivre dans un monde sensé et organisé. Elle aide à légitimer un monde qui donne sens à l'individu. Elle enseigne au peuple une théodicée qui l'aide à comprendre le fonctionnement du monde et à y demeurer[124]. Cependant, la confrontation de la modernité avec la religion produit la marginalisation de la religion par rapport à sa position antérieure. Berger écrit : « Si les commentateurs de la situation contemporaine s'accordent sur toute chose, c'est que le surnaturel s'est retiré du monde moderne. Ce retrait pourrait commencer à partir de la formulation dramatique telle que "Dieu est mort" ou "l'ère post-chrétienne"[125]. » L'auteur pense que le retrait du surnaturel de la sphère publique est

---

121. *Ibid.*, p. 136. [Notre traduction]
122. *Ibid.*, p. 94-107.
123. Berger, *The Social Reality of Religion*, p. 134.
124. Berger, *The Sacred Canopy*, p. 124-125.
125. Berger, *A Rumour of Angels*, p. 13.

diversement interprété et sa réception varie selon les circonstances dans lesquelles l'on se trouve.

Selon Berger, la compréhension de la sécularisation comme déclin de la religion signifie que dans les sociétés industrialisées, les valeurs chrétiennes et religieuses perdent de plus en plus leur utilité. Berger souligne un aspect : « Un homme d'affaires ou un politicien peut fidèlement adhérer aux normes de la vie familiale religieusement légitimées, alors qu'au même moment il entretient ses activités dans la sphère publique sans référence aux valeurs religieuses d'aucune sorte[126]. » Par rapport à Weber qui mentionne les intellectuels allemands comme une couche sociale qui privatise la religion, Berger désigne les économistes et les politiciens occidentaux en général. D'après l'auteur, ces gens se comportent d'une manière religieuse dans leur famille et dans leur communauté, mais dans l'espace public ils ont une réputation contraire à ce qu'ils professent être en privé. Berger estime que la diminution de la plausibilité des traditions religieuses prend son point de départ dans cette double vie. L'auteur ajoute que les gens se réclament de la religion pour des intérêts précis, mais non pour l'intérêt de l'institution[127]. Par leur propos et leur comportement, ils confrontent les traditions avec le présent dans le but de trouver une issue par rapport au contrôle religieux[128].

En somme, dans la première partie de sa vie, Berger défend la théorie de la sécularisation dans la ligne de l'argumentation de Weber en termes de désenchantement du monde. Plus que Weber, il spécifie sa position identifiant la forme de ce désenchantement. Il indique l'émancipation comme indicateur majeur comportant trois aspects, à savoir l'émancipation de la société, l'émancipation de la conscience et l'émancipation de la culture. Comme Weber, il comprend aussi la sécularisation comme une transformation sociale et un déclin de la religion. Ce constat de l'évolution des sociétés dans l'ère moderne amène Berger, dans la deuxième partie de sa carrière, à revoir ses affirmations. Il corrige sa perception de l'évolution des sociétés et conclut que l'homme est loin de réaliser ses rêves en dehors de la religion.

---

126. *Ibid.*, p. 124-125. [Notre traduction]
127. BERGER, *The Sacred Canopy*, p. 138.
128. BERGER, *A Rumour of Angels*, p. 97-104.

B. Désécularisation du monde

Dans la deuxième partie de sa carrière, Berger réalise que le développement de la modernité avec tous ses services comporte en même temps des dangers pour l'humanité. Déjà dans « The Sacred Canopy », il a mentionné que l'embarras du choix des valeurs, l'inquiétude et l'incertitude face à l'avenir non maîtrisé tant par la science que par la rationalité technique et économique provoquent l'anomie et l'anxiété existentielle[129]. La modernité devient comme un mythe conduisant les hommes vers des crises : crise de leur propre identité, crise des structures de crédibilité et crise culturelle. La crise d'identité s'observe dans le fait que les pays non développés ne sont pas prêts à se soumettre aux exigences de la modernité ou à épouser ses valeurs. Cette crise et la crise culturelle sont devenues des réalités auxquelles les hommes font face chaque jour[130].

S'agissant des limites du changement social, Berger commente que le changement induit par la modernité ne couvre pas tous les domaines essentiels de l'humanité. Dans son analyse du phénomène du pentecôtisme en Amérique et ailleurs, il indique que le changement dans l'ère de la modernité est sectoriel et n'est pas au bénéfice de tout le monde. Les nantis et le clergé font expérience sur certaines couches sociales défavorisées, notamment les pauvres et les populations marginalisées. Evidemment, ces inégalités sociales provoquent ce que les sociologues appellent « anomie[131] ». Berger pense que le changement social comme cause de la sécularisation connaît des limites qui expliquent le retour du religieux sur la place publique.

Berger conclut qu'en fait il n'y a pas de sécularisation dans la mesure où pendant que le processus de sécularisation est en cours, il y a désécularisation. Il remet en cause ses premiers propos au sujet de cette évolution et affirme que le monde est en cours de réenchantement, et que chacun a la liberté de choisir son modèle de spiritualité.

---

129. BERGER, *The Sacred Canopy*, p. 35-36.
130. BERGER, « *Affrontés à la modernité* », ASSR [Consulté le 25 mars 2011]. En ligne : http://www.persee.fr/web/revues/home/prescript/article/assr_0335-5985_1981_num_51_2_2549_t1_0207_0000_1.
131. *Ibid.*

1. Le réenchantement du monde

Dans son article « The Desecularization of the World : a Global Overview », Berger souligne que l'idée selon laquelle la religion tend vers son déclin est totalement fausse. Il écrit : « Aujourd'hui le monde est massivement religieux[132]. » D'après lui, le monde a toujours été religieux et il l'est même davantage dans certains endroits. Toutes les preuves du succès de la science et de la technologie et les revendications de la modernité n'empêchent pas les institutions religieuses de survivre. Weber a souligné l'émergence des sectes, le développement des religions du monde et la pérennité de la religion parmi les intellectuels et la jeunesse allemande liés respectivement au radicalisme du protestantisme, à l'explication irrationnelle du monde et à l'incompréhension de Dieu[133]. Berger, lui, relève les incertitudes et des contraintes actuelles, les déceptions par rapport à la science et à la technologie comme causes du réenchantement du monde. Il affirme que la religion continue à jouer un rôle non négligeable tant pour ce qui est du développement économique, des droits de l'homme, que de la guerre et de la paix, de la justice sociale. Pour lui, il y a une constance anthropologique de l'élan religieux et de la quête du sens[134]. Un des lecteurs du phénomène religieux et lecteur de Berger, Robert Redecker, précise :

> Le bricolage religieux contemporain traduit par l'émergence de « nouveaux mouvements religieux » et l'explosion des croyances de toutes sortes, indique une désécularisation. Les contraires, sécularisation et désécularisation cohabitent. Par la suite, l'attirance pour l'occultisme, les mystères, le succès du conspirationnisme, s'expliquent, plutôt que par un retour de l'irrationnel, par une resécularisation ratée[135].

---

132. BERGER, « The Desecularization of the World: A Global Overview », in Peter BERGER, sous dir., *The Desecularization of the World: Resurgent Religion and World Politics*, Grand Rapids, Eerdmans, 1999, p. 9.
133. WEBER, *Le savant et la politique*, p. 105.
134. BERGER, *The Sacred Canopy*, p. 30.
135. Robert REDEKER, « Le conspirationnisme ou la revanche du diable » [Consulté le 19 Mars 2008]. En ligne : http ://www.robertredeker.net/lectures_taguieff,lafoireauxillumines..htm

Berger reconnaît que les sociétés humaines sont versées dans la modernité. Cependant, il fait remarquer que ce phénomène connaît une altération parmi quelques groupes sociaux. Il l'explique avec un exemple à l'appui : « Nous avons trouvé dans beaucoup de pays un conflit fondamental entre l'élite cultivée et le reste de la population. Plusieurs des mouvements populistes à travers le monde sont créés à partir du ressentiment contre cette élite[136]. » Il estime que les élites des nations plus sécularisées influencent la population. Leur influence consiste dans le développement de l'individualisme au détriment des obligations sociales communes[137].

Selon Berger, l'impasse dans laquelle la science et la technologie conduisent l'humanité ramène désormais les hommes à choisir une autre voie. Le renouveau de la religiosité et de la spiritualité constaté dans le monde contemporain en est une preuve. Les gens sont finalement engagés à la recherche du sens de leur vie tout en gardant un lien, faible certes, avec leurs traditions où ils ont le sentiment d'appartenance au grand groupe. En comparant la situation de l'Europe avec celle de l'Amérique, Berger relève un contraste :

> En Europe, généralement cela a pris la forme d'un déclin progressif dans la participation institutionnelle [...] bien qu'il y ait différentes classes importantes. En Amérique, au contraire, il y a eu une croissance dans la participation [...] bien qu'il y ait de bonnes raisons pour penser que les motifs pour la participation a grandement changé[138].

Berger ne méconnaît pas le phénomène de la faible participation à la vie religieuse, mais il soutient aussi que la religion persiste et resurgit dans la vie des hommes sous une nouvelle dimension à l'échelle mondiale. C'est dans ce contexte que le mot « mobilisation », comme élément descriptif de la globalisation, désigne la rapidité avec laquelle, au moyen des médias et des voyages, les biens, les personnes et les informations circulent à

---

136. Ted et Winnie BROCK, « Epistemological Modesty », *The Christian Century*, 1997, p. 972-978. [Consulté le 25 Juin 2010]. En ligne : http://www.religion-online.org/showarticle.asp?title=240.
137. *Ibid.*
138. BERGER, *The Sacred Canopy*, p. 17.

l'intérieur d'une société globalisée. L'un des principes de la globalisation est la liberté du choix religieux, donc la liberté de croyance.

2. *Le choix rationnel*

La différence de la situation religieuse contemporaine d'avec celle du passé consiste dans la liberté du choix du cadre d'appartenance. Berger décrypte la scène religieuse de la société sécularisée comme un « marché » sur lequel se pressent divers « entrepreneurs religieux » placés dans une situation concurrentielle. Les hommes sont désormais appelés à opérer des choix déterminants et à poser des actions responsables dans leur vie :

> Modernité signifie choix, en commençant par plusieurs choix en termes de technologie, je veux dire, votre tribu a utilisé un marteau pour une tâche particulière pendant plusieurs années. Maintenant, au lieu d'un marteau, vous avez trois systèmes technologiques. Et il y a des choix en termes de consommation, production, mariage, occupation et dans un sens plus dramatique, même identité[139].

La pluralisation des sociétés modernes entraîne également la pluralisation des choix. Berger affirme que dans certaines circonstances, la liberté de choix est nourrie par l'esprit de compétition ; cela induit la possibilité que la religion est manipulée à des fins politiques. Dans d'autres situations, la culture économique et la démocratie s'imbriquent ; à défaut, la culture économique se sert d'une autre forme d'administration pour son épanouissement. C'est dans ce contexte que les gens choisissent chacun leur religion suivant leur préférence et l'œcuménisme devient une des caractéristiques du pluralisme. Fondé sur ce principe, Berger soutient le pluralisme religieux comme marqueur de la modernité.

Être religieux relève d'un choix personnel, tout comme un acheteur sur le marché choisit librement l'article selon son cœur. Jean Baubérot, en commentant Berger, défend cette idée en ces termes :

> Il s'agit, de plus, d'une sorte de « marché du sens », où la frontière entre le religieux et le non-religieux a tendance à

---

139. BERGER, « Religion in a Globalizing World ». [Consulté le 21 Juillet 2010]. En ligne : http://www.pewforum.org/Politics-and.../Religion-in-a-Globalizing-World(2).aspx.

s'estomper [...] Accentuation de la concurrence entre diverses formes de christianisme et régulation des conflits, l'œcuménisme lui apparaissait comme une stratégie de réponse à la sécularisation[140].

La nouvelle vision du monde bannit donc les limites religieuses et fait place au rapprochement les uns des autres. D'après Berger, bien que le protestantisme ait contribué à la rationalisation du monde, il perd sa vocation à dire le sens du monde. Et la difficulté de saisir cette vérité chrétienne a déterminé la naissance du pluralisme où chaque religion prétend détenir sa propre vérité et sa propre herméneutique d'elle-même et de l'univers[141]. Berger insiste sur le fait qu'il résulte de la sécularisation de la conscience et de la sécularisation des institutions religieuses elles-mêmes. Dans une telle situation, la religion ne pouvait plus s'imposer, mais était appelée à s'adapter à la réalité du contexte[142].

En fait, le processus de la globalisation marchande s'accompagne de nouveaux dispositifs institutionnels assignant au monde des formes nouvelles d'être. Et les décideurs de l'orientation de la société sécularisée globalisent les événements, les guerres et les violences, les luttes et les résistances, mais libéralisent les croyances et les choix religieux. Berger souligne que l'avenir de la religion doit être prédit en tenant compte de différentes forces à l'œuvre dans le monde et de la manière dont chaque institution réagit à l'évolution de la société. C'est pour cela qu'il estime nécessaire de parler de la sécularisation en termes de pluralisation et de subjectivation[143].

En somme, dans la deuxième partie de sa carrière, Berger exprime sa compréhension de la nouvelle évolution des sociétés comme un réenchantement du monde et une ère de choix rationnel avec la pluralisation comme caractéristique principale.

---

140. Jean BAUBÉROT, « La sécularisation » in *Encyclopédie des religions,* p. 219-222.
141. BERGER, *The Sacred Canopy,* p. 171.
142. Ted et Winnie BROCK, « Epistesmological Modesty : An Interview with Peter Berger », Religion Online. [Consulté le 21 Juillet 2010]. En ligne : http ://www.religion-online.org/showarticle.asp?title=240.
143. BERGER, *The Social Reality of Religion,* p. 173.

III. Synthèse des discussions

L'analyse des opinions sur la rencontre de la modernité et de la religion chez les deux auteurs nous a permis de relever des points communs et des divergences.

A. Points communs

Concernant les points de recoupement, les deux auteurs démontrent que la religion (judaïsme, le christianisme) et la modernité ont joué un rôle déterminant dans le processus du désenchantement du monde. Quoique Berger parle du poids de la liberté et du vertige du pluralisme des choix, tous les deux tiennent le langage de l'émancipation comme un constat commun du désir de la liberté tant des individus que des collectivités, de la soif de disposer d'eux-mêmes. Le sujet de l'émancipation et la source à partir de laquelle l'émancipation s'opère varient d'un auteur à un autre.

Les deux auteurs soutiennent que la vision du monde inculquée par le protestantisme dans sa version calviniste constitue une « cage d'acier[144] » dans laquelle l'homme se trouve dans toute son existence. Pour les deux, le désenchantement du monde entraîne des changements sociaux qui ont commencé par le secteur économique et s'étendent à la religion, laquelle est sur son déclin.

Selon Weber et Berger, les raisons du déclin de la religion sont le succès de la raison scientifique et la prospérité économique. Ils estiment que la prospérité économique engendre conséquemment l'individualisme exclusif. Toutefois, les deux auteurs ont chacun des points qui leur sont spécifiques.

B. Divergences

1. Weber

Weber prend comme objet de son étude le lien entre l'économie et le salut de l'individu en tant qu'idéologie. Il met l'accent particulier sur une caractéristique du protestantisme calviniste selon laquelle une distance

---

144. WEBER, *L'éthique protestante*, p. 224-225. Voir P. A. MELLOR and C. SHILLING, « Lorsqu'on jette de l'huile sur le feu ardent : sécularisation, homo duplex et retour du religieux », *Social Compass* Vol. 45/2, 1998, p. 304. Une cage d'acier symbolise la souffrance caractéristique de l'existence humaine.

irréductible existe entre le Dieu transcendant et tout-puissant et l'homme. Bien plus, Weber fait comprendre que le désenchantement donne à la vie humaine une nouvelle trajectoire, une concentration sur la vie dans le monde d'ici-bas. Weber mentionne conséquemment deux couples d'oppositions : de l'intellectualisation, les gens sont passés à l'intellectualisme et de la rationalisation de la vie, ils sont passés au rationalisme. Weber pose enfin que l'urbanisation et l'industrialisation débouchent inéluctablement sur la différentiation sociale et la différentiation structurelle. Pour lui, le domaine économique est la cible et le creuset de la rationalisation moderne ; ainsi, la croissance économique engendre la fragmentation de la société, la diversité tant sociale que culturelle.

La contribution majeure de Weber à la compréhension du phénomène de la sécularisation consiste dans le fait qu'il relève la participation fondamentale du protestantisme au développement de l'esprit capitaliste. C'est dire qu'au profit de l'investissement dans la vie séculière sous l'influence de la modernité, la religion perd son importance sociale et son autorité dans la vie des individus.

2. Berger

Berger met l'accent sur le fait que les Lumières marquent le commencement de la période moderne dans la culture et l'histoire européennes. Sa particularité consiste dans son accent mis sur la métaphore du marché pour désigner le lien entre la sécularisation et le pluralisme axé sur la globalisation. Aussi, des transformations sociétales émerge le libéralisme dont la légitimité repose sur une conception de l'individu et de la société en rupture avec la transcendance[145].

Par ailleurs, Berger met un accent particulier sur le retour du religieux sur la place publique et la montée des sectes comme l'expression de l'insatisfaction des hommes devant l'orientation et les exigences de la modernité.

La contribution principale de Berger à la compréhension de la sécularisation se lit dans sa théorie de la sécularisation des mentalités dans la

---

145. Voir Grace DAVIE, *Religion in Britain since 1945 : Believing without Belonging*, Oxford, Blackwell, 1994, p. 93-116. Dans cet ouvrage, Davie pose qu'en général les Européens croient en Dieu sans appartenir aux églises locales ou aux institutions religieuses, d'où « believing without belonging ».

première partie de sa carrière, le réenchantement du monde déterminant le choix rationnel selon la théorie du marché dans la deuxième partie de sa carrière. Chez les deux auteurs, la cause du pluralisme religieux est la nature incompréhensible de Dieu et l'expérience de l'irrationalité du monde.

3. Conclusion

Notons que les deux écoles s'affrontent en raison de leur localisation sociale et historique. L'école wébérienne maintient que la sécularisation a bien eu lieu et continue de produire ses effets, et l'école bergerienne décrit un réenchantement du monde et la pluralisation sans méconnaître la pérennité des religions traditionnelles.

D'après la première école, le monde est vu comme fortement sécularisé dans la mesure où la confrontation de la modernité avec la religion provoque le recul du religieux. La sécularisation développe la rationalité scientifique et technologique. Elle contribue à l'autonomisation croissante des individus et crée une distance entre le public et le privé, entre le séculier et le religieux ou entre le sacré et le profane.

D'après la seconde école, ce monde sécularisé glisse dans le processus du réenchantement. Les nouvelles spiritualités, les nouvelles sectes religieuses, le développement des religions orientales, tout cela confirme le réenchantement comme preuve de l'insatisfaction des hommes dans un monde désenchanté.

Sous la plume de Weber et Berger, la sécularisation est comprise comme le désenchantement du monde avec l'émancipation comme indicateur majeur. Elle est comprise par les deux comme le déclin de la religion observé parmi les masses populaires, les opérateurs économiques, les politiciens, et surtout parmi les intellectuels et la jeunesse[146].

Nous chercherons à savoir si oui ou non et sous quelle forme ces aspects de la sécularisation décrits par Weber et Berger en Occident se retrouvent en Afrique. Les chapitres 2 et 3 se focaliseront sur la vérification de cette évolution en Afrique et au Tchad.

---

146. BERGER, *The Sacred canopy*, p. 124.

CHAPITRE DEUXIÈME

Compréhension sociologique de la sécularisation en Afrique

Comme annoncé, le but de ce chapitre consiste à vérifier si les aspects de la sécularisation susmentionnés ont des correspondances ou ressemblances en Afrique. Si oui, il convient de chercher à savoir dans quelles couches sociales et sous quelles formes sont-ils manifestes ? Dans un premier temps Aylward Shorter et Edwin Onyancha, Dopanu Abiola, Eloi Messi Metogo et Raphaël Ntambue Tshimbulu, des auteurs africains avec les Occidentaux qui ont prospecté ce terrain, aideront à répondre à cette question[1]. Cette analyse vise à montrer que bien avant nous, des auteurs africains se sont déjà intéressés à la sécularisation au sein de leurs sociétés. C'est pourquoi, un regard sur leurs travaux permettra de comparer l'évolution des sociétés occidentales exposée par Weber et Berger avec celle de l'Afrique. La comparaison permettra également de mettre en route l'enquête à N'Djaména dont les caractéristiques sociologiques des informateurs sont présentés dans la deuxième section.

---

1. Secrétariat pour les non-croyants, *Sécularisation en Afrique ? Textes présentés lors de deux réunions d'études tenues en 1972 à Kampala et en 1973 à Abidjan*, p. 11-128. Il y a déjà une quarantaine d'années des prêtres se sont appesantis sur le thème *Impact de la civilisation et de la culture modernes sur la vie religieuse en Afrique*. Au terme de leur analyse du champ religieux dans onze pays représentant l'espace francophone en Afrique, les participants concluent que la civilisation et la culture modernes ont un impact réel sur la vie religieuse en Afrique. La religion est sécularisée du fait de la modernité.

I. Revue de la littérature africaine sur la sécularisation

A. Aylward Shorter et Edwin Onyancha

Dans *Secularism in Africa ; A Case Study : Nairobi City*, Aylward Shorter et Edwin Onyancha, décrivent la réalité de ce que vit l'Afrique actuelle dans sa diversité. Il convient de noter que le contexte de cette étude est celui de la polémique chrétienne. En prenant la ville de Nairobi au Kenya comme cas d'étude, Shorter et Onyancha observent que sur ce continent les valeurs séculières atteignent profondément les domaines de la vie et toutes les couches de la société africaine. Le progrès de ce phénomène est tel que les Africains, à la suite des Occidentaux, ont perdu leur attachement aux normes religieuses. Shorter et Onyancha font remarquer qu'en conséquence, ces nouveaux modèles érodent manifestement les valeurs religieuses, spécialement celles de l'Évangile chrétien[2]. Ils identifient les causes de cette évolution avant d'en énoncer quelques théories.

1. *Causes de la sécularisation*

Shorter et Onyancha soulignent trois causes qui, mises ensemble, expliquent la sécularisation et le sécularisme à Nairobi.

a) Urbanisation

Weber et Berger ont ensemble relevé l'urbanisation en Occident du fait de l'industrialisation. S'agissant de Nairobi, Shorter et Onyancha notent que sa configuration géographique et le mode de peuplement dans cette cité jouent un rôle important dans le processus de la sécularisation de la population. D'après eux, la croissance et la multiplication des cités africaines avec l'exode rural comme son corollaire contribuent à la sécularisation de leurs populations. D'après ces auteurs, l'augmentation du taux annuel des migrations est une réalité considérable. Pour les migrants, la ville offre beaucoup d'opportunités d'emploi et d'autres avantages[3]. L'hypothèse principale de Shorter et Onyancha est que l'urbanisation et

---

2. Aylward SHORTER et Edwin ONYANCHA, *Secularism in Africa : A Case Study : Nairobi City*, Nairobi, Paulines Publications Africa, 1997, p. 5.
3. *Ibid.*, p. 59.

la non participation à l'Église sont liées à la croissance du sécularisme[4]. C'est dans la ville que les gens sont plus exposés aux valeurs séculières[5]. Les bidonvilles en Afrique sont des portes d'entrée des idées matérialistes et de la transmission des idées sécularistes par les médias occidentaux et la technologie de l'information.

b) Mass media

En citant Jean-Paul II, les deux auteurs soutiennent l'évidence du lien étroit entre les médias et la sécularisation. Leurs informateurs dans la ville de Nairobi expriment des opinions similaires. Les médias imprimés, la télévision et les vidéos sont les trois formes de la communication influentes relevées par les auteurs[6]. Ils encouragent le matérialisme, éduquent, informent et libèrent des préjugés d'une part, ils corrompent et dégradent les bonnes mœurs et la bonne vision du monde d'autre part. Il en résulte la corruption de la culture, la poursuite du gain, la chute de l'effectif des membres des églises traditionnalistes et l'hostilité envers le christianisme[7]. En d'autres termes, l'impact des mass médias est considérable dans le développement du sécularisme dans les cités africaines.

c) Pauvreté

En parlant du cas de l'Afrique en général, Shorter écrit : « La croissance de la grande ville est souvent non économique. Bien que la population continue de croître, il y a une incapacité à pourvoir beaucoup d'emplois, ou à spécialiser la main-d'œuvre[8]. » L'extension et la croissance numérique de la population de Nairobi n'annulent pas la pauvreté qui contribue au développement de la sécularisation ; c'est-à-dire que la lutte pour la survie dans les cités détermine l'attitude matérialiste des citadins[9]. Shorter et Onyancha relèvent que la pauvreté est une condition liée au développement des villes. La condition sociale fait en sorte que l'argent part de la ville

---

4. *Ibid.*, p. 28-42.
5. *Ibid.*, p. 45-47.
6. *Ibid.*, p. 73.
7. *Ibid.*, p. 71-85.
8. Aylward SHORTER, *African Culture and the Christian Church*, London, Geoffrey Chapman, 1973, p. 34 [Notre traduction].
9. SHORTER et ONYANCHA, *Secularism in Africa*, p. 57-70.

vers les villages pour soutenir les activités et la vie pratique. Cette réalité sociale entretient une interaction active entre les villes et les zones rurales au point que les citadins influencent largement les ruraux[10]. En outre, à l'instar de toutes les villes du continent, la ville de Nairobi renferme des types d'activités qui sont de plus en plus sécularisés[11].

Parmi les trois causes identifiées par Shorter et Onyancha, seule l'urbanisation est mentionnée par Weber et Berger.

2. Aspects de la sécularisation à Nairobi

a) Déclin de la religion

Les deux auteurs observent que l'effectif croissant des croyants en Afrique n'empêche pas le développement simultané du sécularisme de fait. Ils indiquent le déclin de la religion comme la première étape du processus de la sécularisation dans la ville de Nairobi. À cela, ils ajoutent l'indifférence religieuse[12]. Les couches sociales les plus sécularisées à Nairobi sont les pauvres et la jeunesse. Ces couches sont pour la plupart indifférentes aux questions religieuses parce que leur préoccupation majeure est la lutte pour la survie[13]. Plusieurs raisons sociologiques expliquent la baisse des effectifs des membres des églises. Les médias offrent la possibilité de suivre des messes ou cultes chez soi sans nécessairement aller à la cathédrale ou à l'église. Il y a entre autres, l'épuisement des fidèles après la lutte pour la survie dans la semaine, le sommeil le dimanche matin à cause de longues journées de travail, les loisirs[14]. Shorter et Onyancha affirment que ce comportement cause parfois la perte de leur foi[15]. Ce comportement dicte aussi le choix de la religion.

b) Pluralisation

Pour des raisons socio-économiques, la ville de Nairobi renferme en son sein une pluralité de peuples, de cultures et de religions. « À présent, des

---

10. *Ibid.*, p. 32.
11. *Ibid.*, p. 86-99, 116-129.
12. *Ibid.*, p. 29.
13. *Ibid.*, p. 38-39, 61-64.
14. *Ibid.*, p. 60-66.
15. *Ibid.*, p. 62.

migrants se retrouvent dans un environnement pluraliste, un laissez-faire qui était aussi une société de classe[16]. » Toutefois, en dépit de la baisse des effectifs constatée dans les Églises anciennes, l'observateur relève la croissance des effectifs dans les Églises pentecôtistes. La raison sociologique est que ce mouvement offre à ses adeptes un soutien de fraternité, une atmosphère familiale. Certains mouvements religieux proposent et même prétendent offrir des solutions aux problèmes existentiels de leurs adeptes[17].

c) Privatisation

Shorter et Onyancha affirment que les Religions Traditionnelles Africaines sont influentes dans la vie des chrétiens. Ils font observer que les chrétiens africains maintiennent les pratiques formelles de leur foi en même temps qu'ils recourent très souvent aux exigences minimales de la religion traditionnelle[18]. Ils affirment ainsi l'évidence de la sécularisation sur le continent. Shorter et Onyancha écrivent : « Même les académiciens, dans l'environnement de l'université séculière, ont déclaré pouvoir épouser la religion traditionnelle, en renonçant à leur allégeance au Christianisme[19]. » Ces gens reviennent à leur communauté lorsqu'il y a un besoin social ou d'identification à leur groupe. Les deux auteurs indiquent les circonstances favorables à ce retour des membres : le mariage et l'éducation des enfants[20].

D'après ces auteurs, il y a non seulement la sécularisation en Afrique, mais aussi le sécularisme[21]. Cette tendance du cœur humain à abandonner Dieu prend plusieurs formes dont le matérialisme consommateur est la principale. Le cas de Nairobi confirme l'évidence de la sécularisation dans le continent. Comparativement à l'Occident décrit par Weber et Berger, la ville de Nairobi est à présent sous l'influence de la sécularisation dont les aspects manifestes sont : émancipation de la société et de la culture vis-à-vis de l'autorité de la religion, privatisation et pluralisation comme indicateurs

---

16. *Ibid.*, p. 31 [Notre traduction].
17. *Ibid.*, p. 60-66.
18. *Ibid.*, p. 27.
19. *Ibid.*, p. 26-27.
20. *Ibid.*, p. 36.
21. Le sécularisme désigne une tendance objective et universelle à faire passer la plupart des valeurs sociales qui ont été associées pendant la période médiévale au domaine du sacré dans celui du profane.

du déclin de la religion. Cette évolution socioreligieuse est causée par l'urbanisation, les mass media et la pauvreté. Une lecture de cette évolution dans un autre contexte est faite par Abiola Dopanu.

B. Abiola Dopanu

Alors que Shorter et Onyancha ont étudié le cas de Nairobi au Kenya, Dopanu a focalisé son étude sur la tribu Yoruba au Nigéria. Il identifie quelques causes de la sécularisation au sein de ce groupe tribal et en indique les aspects observables.

1. Causes de la sécularisation chez les Yoruba

Dans le même sillage que Shorter et Onyancha, Dopanu note l'urbanisation comme une des causes de l'évolution de la tribu yoruba. Le développement des villes entame en quelque sorte les croyances en les privant de leurs bases plus larges. Dopanu partage avec Weber et Berger l'avis selon lequel le christianisme, seconde cause, a joué un rôle important dans le désenchantement du monde, particulièrement le désenchantement de l'Afrique. Aux yeux des élites yorubas – un exemple qui peut être standardisé[22] – le christianisme est une incarnation de la culture occidentale sous le masque de la religion. Une troisième cause de la sécularisation du peuple yoruba est l'éducation occidentale. D'après Dopanu, l'éducation occidentale faisait fonction d'une grande arme efficace entre les mains des chrétiens pour désacraliser et annuler les croyances et pratiques traditionnelles.

2. Aspects de la sécularisation chez les Yoruba

a) Désenchantement du monde / Désacralisation

Le christianisme a purement et simplement condamné, voire détruit les croyances et les pratiques religieuses traditionnelles avec leurs symboles. Dopanu rapporte les propos du premier missionnaire en terre yoruba : « Je crois que nos convertis ont sincèrement abandonné toute adoration des faux dieux [. . .] Bien plus, quelques adhérents convertis de la religion

---

22. Pour plusieurs élites des peuples africains, ayant partagé et vécu avec les Occidentaux leur contexte, le christianisme est un grand ennemi de la culture africaine. Pour plus d'informations à ce propos, voir F. Eboussi Boulaga, *Christianisme sans fétiche : révélation et domination,* Paris, Présence africaine, 1981.

Yoruba composent des chants pour ridiculiser la religion traditionnelle et démontrer l'unicité du christianisme[23]. » C'est dire que l'avènement de l'Évangile par le canal des missions chrétiennes dans la période coloniale a apporté des changements profonds dans les différents secteurs de la vie et surtout dans la mentalité des Yoruba. Dopanu témoigne : « Ces changements affectent les cultures de valeur des yoruba, les coutumes et les croyances qui sont suprêmes et avantageux pour la société[24]. » Le christianisme a désacralisé le cosmos yoruba. L'auteur montre que non seulement les Yoruba, mais les autres sociétés africaines partagent la même expérience de la perte du capital culturel sous l'influence de la sécularisation véhiculée par la religion chrétienne. À la désacralisation du cosmos africain en général et de celui des Yoruba singulièrement, s'ajoute la rationalisation des domaines de la santé. La science et la technologie viennent invalider les méthodes traditionnelles de guérison au sein de la société yoruba[25]. Toutefois, l'auteur observe un mouvement inverse au sein de cette tribu.

b) Réenchantement du monde

À l'instar de Berger, Dopanu fait observer qu'il y a un réenchantement dans la tribu yoruba et dans toute l'Afrique. Les motivations ici varient d'un contexte à un autre. Il écrit : « Aujourd'hui, des milliers de nouvelles églises et groupes évangéliques ont surgi dans les cités, villes, villages et hameaux. Il y a eu une augmentation spectaculaire de mouvements tels que les "évangéliques", "pentecôtistes", "charismatiques" ou les "fondamentalistes"[26]. » Ce réenchantement se développe simultanément avec la privatisation de la religion et même la pluralisation.

Dopanu poursuit la description de la nouveauté en disant que plusieurs chrétiens africains repartent adorer leurs divinités, rendent hommage à leurs ancêtres sans gêne de conscience. Ils accordent plus de crédibilité qu'auparavant à la médecine traditionnelle, au pouvoir de la magie africaine, et cela tout en professant son appartenance à une confession chrétienne[27]. Il

---

23. Abiola T. DOPANU, « Secularization, Christianity and the African Religion in Yorubaland », *AFER* vol. 48/3, 2006, p. 146-147.
24. *Ibid.*, p. 145. [Notre traduction]
25. *Ibid.*
26. *Ibid.*, p. 147 [Notre traduction].
27. *Ibid.*

écrit : « In most churches, miracles and faith are central elements of religious practice, and the use of medicine (including Western medicine) was often forbidden[28]. D'autres recherchent la nouvelle vitalité spirituelle ou la nouvelle expression de la religiosité afin de satisfaire le désir du changement ou de combler le vide du cœur. Une telle pratique prône le syncrétisme dans la vie des Nigérians. Dopanu pense que c'est toute la société yoruba qui est sous l'influence de la sécularisation et non une seule couche.

Parmi les aspects de la sécularisation observés par Weber et Berger en Occident, Dopanu relève chez les Yorubas le désenchantement de la culture yoruba avec l'émancipation comme indicateur important. Il relève aussi la désacralisation du cosmos religieux traditionnel, une désacralisation par la rationalisation des secteurs de la santé et de l'économie. Il relève enfin le réenchantement du monde avec deux indicateurs majeurs : la pluralisation et la privatisation. Notons que le dernier indicateur est tantôt du côté du désenchantement, tantôt du côté de réenchantement.

Le lecteur suivant du phénomène, Messi Metogo, aborde la question de la sécularisation beaucoup plus sous l'angle socio-anthropologique que théologique. Toutefois, la 3ᵉ partie de son livre est théologique.

C. Eloi Messi Metogo

À la différence de Shorter, Onyancha et Dopanu dont les champs d'étude sont limités à une ville et une tribu, Messi Metogo étend son champ d'étude sur la sécularisation dans presque toute l'Afrique francophone.

1. Définition et causes de la sécularisation

En termes de définition, Messi Metogo décrit plus la sécularisation qu'il ne la définit. Son langage suit quasiment celui de Berger. Dans sa citation de A. Grumelli, il affirme que la sécularisation est « le processus de détachement de la société et de la culture des institutions religieuses, ou, dans un sens plus large, de l'influence du sacré dans quelque manifestation ou personnification que ce soit[29] ». Par cette définition descriptive, l'auteur rejoint Weber et Berger avec Shorter et Onyancha dans leur compréhension

---

28. *Ibid.*, p. 150-151.
29. Eloi Messi Metogo, *Dieu peut-il mourir en Afrique ? un Essai sur l'indifférence religieuse et l'incroyance en Afrique noire*, Paris/Yaoundé, Karthala/Presse de l'UCAC, 1997, p. 25.

de la sécularisation comme une émancipation. Il souligne qu'à un moment donné, les institutions religieuses et les autorités qui les incarnent avaient une influence sur les sociétés et sur la culture. Le mot « détachement » dans cette définition indique qu'à un temps décisif, il y a eu émancipation de la société et de la culture de l'emprise de la religion. Ce changement intervenu a des causes endogènes et exogènes à l'Afrique.

Comme causes exogènes, Messi Metogo souligne l'éducation occidentale et les médias qui « véhiculent les formes nouvelles du savoir jusque parmi les analphabètes[30] ». La scolarisation, la maitrise progressive de la technique de communication et l'urbanisation contribuent à la sécularisation des sociétés africaines[31]. Il écrit : « L'école et la ville déstabilisent les sociétés traditionnelles dans leur conception du pouvoir, de la famille et de la parenté et dans leur organisation économique[32]. » Bien plus, Messi Metogo souligne l'influence et le rôle des intellectuels qui sont rentrés de l'Occident avec des mentalités et idéologies nouvelles héritées des pays marxistes et communistes où ils ont étudié. Ces intellectuels exercent une influence sur la masse des populations par leur mode de penser et de leur vie dans la société. Pour appui, il cite Jean-Marc Ela : « Les tâches de la foi en Afrique, écrit-il, exigent la confrontation du christianisme avec les structures ou les mentalités qui surgissent du heurt entre le monde noir et les autres peuples[33]. » Cette opinion fait comprendre que la sécularisation résulte de la confrontation de la civilisation noire et de celle d'autres peuples, spécifiquement la civilisation occidentale.

Concernant les causes endogènes, Messi Metogo indique les facteurs religieux dans les RTA et la compréhension du mythe de l'éloignement de Dieu. Cette dernière cause revêt une certaine importance dans le contexte africain. Messi Metogo pense que la compréhension de ce mythe influence la mentalité et les aspects de la vie, et contribue largement à la sécularisation de ces sociétés africaines.

---

30. *Ibid.*, p. 12
31. *Ibid.*
32. *Ibid.*, p. 12-13.
33. *Ibid.*, p. 8.

L'ensemble de ces causes détermine l'évolution de la sécularisation en Afrique. À partir de la définition et des causes énumérées, l'auteur énonce en quelques points sa théorie de sécularisation.

2. Aspects de la sécularisation

a) Désenchantement de l'Afrique

La spécificité de Messi Metogo apparaît dans son indication de la genèse africaine de la sécularisation. L'auteur de *Dieu peut-il mourir en Afrique ?* fait comprendre que les Africains ne se préoccupaient pas de connaître le Dieu suprême à cause de la multitude des divinités qu'ils vénéraient. Il fonde son analyse sur la théologie traditionnelle émanant du mythe de l'éloignement de Dieu, par endroits influencé par le christianisme et l'islam. La forme de ce mythe change d'un peuple à un autre, mais la portée et le fond de cette théologie traditionnelle ne varient pas.

Selon la version pygmée du mythe de l'éloignement de Dieu, il y a eu une période de communion de Dieu avec les hommes. Messi Metogo écrit : « Autrefois, les hommes pouvaient entrer facilement en contact avec Dieu [...] On pouvait se promener avec lui, aller lui demander de régler un différend ou de réparer une injustice. C'était l'âge d'or, le bonheur, la paix et l'abondance[34]. » La seconde période est celle de la séparation de Dieu d'avec les hommes suite à la faute de ces derniers. L'auteur écrit : « Mais un jour, Dieu s'est éloigné des humains, le lien qui permettait les échanges de visites a été rompu ». Messi Metogo donne la justification de cet éloignement de Dieu : « Le retrait de Dieu résulte d'une faute morale de la femme, qui est désobéissance[35]. » Cette faute entraîne désormais un châtiment sur l'humanité, « car les hommes doivent désormais travailler pour manger, ce qu'ils ne faisaient pas quand Dieu vivait avec eux[36] ». Alors disparurent du coup le bonheur, la paix, le bien-être matériel.

La version camerounaise du même mythe de la pileuse du mil met l'accent sur la souffrance de l'homme. La trop grande proximité de Dieu dans la première période empêchait les hommes de prendre leur pleine stature ;

---

34. *Ibid.*, p. 35.
35. Messi Metogo, *Dieu peut-il mourir en Afrique ?*, p. 36.
36. *Ibid.*

ses interdits étaient ennuyeux pour eux. Dans la deuxième période, puisque le ciel se retira de la terre, un espace de liberté est créé pour les hommes[37]. « L'homme va user de cette liberté pour s'affirmer, et il sera même tenté de devenir Dieu », affirme Messi Metogo[38]. Selon l'auteur, la sécularisation en Afrique n'est pas une extension de celle vécue en Occident ; elle a sa propre originalité africaine.

Dans son commentaire d'un élément du mythe de la pileuse du mil, Messi Metogo précise : « L'intervention de la jeune fille est une véritable révolution. Au lieu de tendre la main vers le ciel, elle se tourne vers la terre, choisit les graines qu'elle va manger et fabrique des outils ». Le monde étant ainsi désenchanté et les hommes affranchis de la dépendance de Dieu, ils sont désormais rendus à eux-mêmes. Ils sont appelés à organiser leur vie sans lien avec lui. Car, commente l'auteur, « L'activité de l'homme contraint Dieu à se retirer. Alors surgit un nouveau monde où l'homme, demeuré seul, subvient à ses besoins et organise la vie sociale[39] ».

D'après Messi Metogo, la compréhension de l'origine mythique de la sécularisation du point de vue africain engendre une attitude et un comportement conséquents vis-à-vis de Dieu. Cela explique l'indifférence religieuse et l'incroyance des sociétés africaines contemporaines comme faits de la sécularisation. Ce sont deux nouveaux outils d'analyse de cette évolution des sociétés africaines et du cas du Tchad dans le prochain chapitre. Ouverts au monde extérieur et désenchantés par la portée du mythe de l'éloignement de Dieu, plusieurs Africains s'émancipent de l'autorité de leur religion et de celle de Dieu. Leur émancipation est observée sous la forme de l'indifférence et de l'incroyance.

b) Indifférence des Africains

Messi Metogo résume la définition de l'indifférence religieuse en ces mots : « Éloignement progressif de la religion par manque d'intérêt. Cet éloignement jusqu'à la rupture totale peut être délibéré ou irréfléchi au sens premier du terme[40]. » D'après Messi Metogo, l'indifférent n'est pas

---

37. *Ibid.*, p. 38.
38. *Ibid.*, p. 44.
39. *Ibid.*, p. 39.
40. *Ibid.*, p. 24.

celui qui abandonne une religion pour une autre, mais celui qui prend ses distances vis-à-vis de la religion dont il se réclame[41]. Il écrit : « Les actes extérieurs, ou leur absence, et les déclarations des adeptes des diverses religions ou de ceux qui se disent sans religion sont souvent en contradiction avec les dispositions intérieures[42] ». Cependant, le sociologue « n'a que les actes extérieurs et les déclarations pour juger de l'intérêt ou de l'absence d'intérêt pour la religion, même si les critères et de fidélité ou d'indifférence ne sont pas faciles à déterminer[43] ». Une des raisons de ce comportement est le sentiment fort de la famille qui entraîne la tolérance. Messi Metogo écrit : « Dans plusieurs régions d'Afrique noire, il n'est pas rare de rencontrer des animistes, des musulmans et des chrétiens au sein d'une même famille[44]. » Ce constat est aussi fait par Geoffrey Parrinder dans le contexte continental : « Dans la même famille du tropique, il est possible de trouver chrétiens, musulmans et païens[45]. »

Dans son enquête, Messi Metogo relève les principales raisons de l'indifférence religieuse : la liberté de l'enfant, l'incompétence des parents et le manque de temps à cause des servitudes de la vie quotidienne[46]. Certaines personnes ont une conception individualiste de la religion, affirme l'auteur, et pensent que chacun n'a qu'à faire sa prière ; d'autres avouent leur indifférence[47].

D'une manière générale, souligne Messi Metogo, les indifférents estiment que les religions sont des histoires inventées qui entraînent des divisions, empêchent l'individu de s'épanouir et freinent le développement économique[48]. Une telle description des indifférents est aussi faite par Félicité de Lamennais lorsqu'il commente que l'indifférence réelle n'est ni un reniement, ni un une affirmation, ni même un doute. Pour lui,

---

41. *Ibid.*, p. 29.
42. *Ibid.*, p. 27.
43. *Ibid.*
44. *Ibid.*, p. 93.
45. Geoffrey Parrinder, *Africa's Three Religions*, London, Sheldon Press, 1969, p. 235.
46. Messi Metogo, *Dieu peut-il mourir en Afrique ?*, p. 95.
47. *Ibid.*
48. *Ibid.*, p. 116.

C'est une ignorance systématique, un sommeil volontaire de l'âme qui épuise sa vigueur à résister à ses propres pensées et à lutter contre des souvenirs importuns, un engourdissement universel des facultés morales, une privation absolue d'idées sur ce qu'il importe le plus à l'homme de connaître[49].

D'après Messi Metogo, il existe trois formes d'indifférence religieuse qui se rencontrent ici et là dans les sociétés africaines. Il y a la forme du relativisme, la deuxième forme consiste à estimer que la religion ne joue aucun rôle dans les relations humaines, la vie professionnelle et au développement, et la troisième forme est celle de la contestation religieuse[50].

c) Incroyance des Africains

S'agissant de l'incroyance, Messi Metogo la définit comme le fait de ne pratiquer aucune religion et de n'adhérer à aucune croyance religieuse[51]. Il fait observer la différence entre l'athéisme et l'incroyance. « Alors que l'athéisme proprement dit est délibéré, l'incroyance peut résulter de l'insouciance ou d'une éducation non religieuse[52]. » Il poursuit sa pensée : « Alors que l'athéisme est un phénomène d'élite, l'indifférence religieuse est un phénomène de masse [...] Elle est le plus souvent une attitude pratique, une manière de vivre qui ne fait pas de place aux préoccupations religieuses[53]. » Dans les sociétés traditionnelles, l'auteur note qu'il y a l'incroyance chez certains adultes qui ont cessé de croire aux mythes et aux rites de leur communauté[54]. Messi Metogo fait ressortir que les sociétés africaines contemporaines perdent la confiance envers leur religion. Elles développent une attitude critique à son endroit parce qu'elles ne la trouvent plus crédible[55]. Elles affichent une attitude d'incroyance et s'éman-

---

49. Félicité de LAMENNAIS, *Parole d'un croyant. Essai sur l'indifférence en matière de religion*, fragments, tome I, s.v., London & C, 1912, p. 29.
50. Pour plus de détails sur les différentes formes de l'indifférence, voir p. 106, 116, 118.
51. MESSI METOGO, *Dieu peut-il mourir en Afrique ?*, p. 24. L'auteur fait observer la différence entre l'athéisme et l'incroyance. Il souligne que l'incroyant est différent de l'athée qui, par moment, s'attaque à la religion.
52. *Ibid.*
53. *Ibid.*
54. *Ibid.*, p. 79.
55. *Ibid.*, p. 109.

cipent de l'autorité des institutions religieuses. Cette incroyance touche particulièrement les affirmations dogmatiques qui n'ont plus d'influence sur la vie des fidèles et les entraînent vers le relativisme religieux. Sans être indifférents vis-à-vis du Dieu suprême, les hommes ne lui accordent pas la première place dans leur cœur. C'est pourquoi, dans son commentaire de l'article de R. Jaouen, Messi Metogo conclut : « Ainsi, on a recours au grand Dieu quand les divinités secondaires, les esprits et les ancêtres se sont révélés impuissants[56]. » Toutefois, il fait observer : « Si le Dieu suprême fonctionne effectivement comme dernier recours dans plusieurs ethnies, on ne peut pas généraliser cette constatation[57]. »

Quand Dieu fonctionne comme dernier recours, les hommes ne lui offrent pas de sacrifices par nécessité, mais par pure gêne de conscience. D'ailleurs, ces sacrifices « ne sont ni un marché ni un moyen de pression, mais un échange de bonne disposition[58] », ils sont juste une manière de signifier à Dieu que les hommes « ont pris toutes dispositions pour qu'il n'y ait pas d'obstacles à la circulation des dons[59] ».

En somme, selon Messi Metogo, l'éloignement de Dieu apparaît comme la condition de la naissance de l'homme[60]. Dieu se retire pour que l'homme suive sa voie, prenne des initiatives pour survivre. À en croire Messi Metogo, les hommes sont supposés prendre leur destinée en main, mais sans se révolter contre le Dieu non interventionniste. Messi Metogo pense que les intellectuels et les jeunes emportés par la modernité sont plus concernés par ce phénomène en Afrique.

Cette lecture de la sécularisation faite par Messi Metogo révèle la spécificité africaine de la sécularisation. Weber et Berger soutiennent que Dieu a choisi Israël d'entre les nations pour s'investir dans sa vie et relativiser les valeurs des nations. C'est ce qui explique l'attitude de ces nations vis-à-vis de lui. D'après Messi Metogo, au lieu que ce soit Dieu qui sépare un peuple du reste, c'est Dieu qui prend l'initiative de se séparer de tous les hommes. D'après l'auteur, il n'y a pas un seul peuple que Dieu a privilégié au rejet des

---

56. *Ibid.*, p. 39.
57. *Ibid.*
58. *Ibid.*, p. 43.
59. *Ibid.*, p. 44.
60. *Ibid.*, p. 39.

autres, à en croire le fond du mythe de l'éloignement de Dieu. Au constat du retrait du divin, les hommes se choisissent leurs valeurs. Ils se retournent dès lors vers la terre pour chercher à subvenir à leurs besoins sans référence à ce Dieu qui les a abandonnés.

Notons que le public de Weber et celui de Messi Metogo se tournent vers la terre. Mais les motivations de leur orientation sont différentes l'une de l'autre. Le premier s'épuise dans le travail professionnel dans un métier afin de glorifier Dieu et espérer gagner le salut. Le dernier se passe de toute question eschatologique et se prend en charge dans l'ici-bas. Il ressort de la compréhension de ce mythe un problème de vision du monde chez les peuples africains dans la mesure où l'évaluation du champ religieux faite par Messi Metogo souligne que la sécularisation est enracinée ici et là dans le continent africain. Le résultat de son analyse indique l'ennui général qui gagne les intellectuels et les jeunes par rapport à la religion.

Alors que dans son âge mûr Berger passe de la thèse du désenchantement à celle du réenchantement du monde dans tous les continents, Messi Metogo ne situe pas dans son analyse une issue pour le réenchantement du monde. Les aspects de la sécularisation qui ressortent de son analyse sont essentiellement le désenchantement du monde, l'émancipation avec ses deux indicateurs, à savoir l'indifférence religieuse et l'incroyance. Un autre aspect est la désacralisation lorsqu'il écrit : « Le nouveau savoir et l'espace urbain favorisent l'émergence de l'individu et mettent un terme au pouvoir gérontocratique, donc au culte des ancêtres[61]. » Weber, Berger et Dopanu ont déjà relevé le premier aspect ; Weber seul a mentionné l'indifférence. L'aspect incroyance est propre à Messi Metogo qui a aussi traité l'indifférence religieuse. Cependant, l'émancipation est un aspect mentionné par tous ses prédécesseurs. Tshimbulu observe le même phénomène social sous un autre aspect.

D. Raphaël Ntambue Tshimbulu

Tshimbulu examine et évalue l'action et la pensée laïque et la pensée religieuse en Afrique sur la base du concept de l'« humanisation de l'homme ». Son étude s'inscrit dans une série de réflexions qu'il mène sur

---

61. Messi Metogo, *Dieu peut-il mourir en Afrique ?*, p. 13.

l'évolution du processus « timide » de sécularisation des sociétés africaines et sur le rapport religion-laïcité en Afrique[62]. L'auteur est influencé par John Mbiti qui affirme la religiosité profonde de l'Africain. Mbiti écrit : « Les Africains sont notoirement religieux, et chaque peuple a son propre système religieux avec ses croyances et ses pratiques. La religion pénètre dans tous les domaines de la vie si profondément qu'il n'est pas toujours facile ou possible de l'isoler[63]. » Dans ce sillage, Tshimbulu défend cette idée : « Quiconque veut connaître l'Africain, doit passer par l'analyse de sa foi ou de ses pratiques religieuses. Supprimer le religieux [...] serait exclure à priori l'Afrique du domaine du savoir et de la civilisation, car un Africain athée reste, pour beaucoup de chercheurs, la quadrature du cercle[64]. »

En même temps qu'il affirme ces idées, Tshimbulu se reprend et affirme que la religiosité dite profonde de l'Africain et les religions historiques pratiquées en Afrique contribuent plutôt à sa déshumanisation.

1. Causes de la sécularisation en Afrique

Tshimbulu relève que la laïcité et la religion jouent simultanément chacun un rôle important dans l'humanisation de l'homme africain. Il écrit : « Les religions gardent donc une place de choix pour l'humanisation de l'homme en Afrique quand bien même on s'apprêterait à les dénoncer d'ailleurs aucune volonté réelle de les supprimer mais plutôt avec le projet de s'en servir et de les améliorer[65]. » La laïcité et la religion sont aujourd'hui sources des valeurs qui organisent la vie privée et publique des communautés africaines et se prêtent toutes deux à des critiques relatives à leur impact ou à leur contribution au développement intégral des Africains[66]. Ces facteurs ont un impact sur les religions traditionnelles et sur le christianisme qui semblent insuffisamment efficaces dans la solution des nouveaux problèmes sociaux. Weber, Berger et Dopanu ont indiqué la religion comme une des causes importantes de la sécularisation. Tshimbulu partage

---

62. Raphaël NTAMBUE TSHIMBULU, « Laïcité et religion en Afrique », *Social Compass* Vol. 47/3, 2000, p. 329.
63. John S. MBITI, *African Religions and Philosophy*, London, Heinemann, 1969, p. 1. [Notre traduction].
64. TSHIMBULU, « Laïcité et religion en Afrique », p. 331.
65. *Ibid.*
66. *Ibid.*, p. 339.

avec eux cette opinion. Il soutient que la sécularisation de l'Afrique est causée par la civilisation occidentale et la religion. Elle se manifeste sous plusieurs aspects.

2. Aspects de la sécularisation

a) Réenchantement du monde et pluralisation

Berger mentionne ces deux éléments sur tous les continents. Dopanu a également souligné le réenchantement parmi les Yorubas au Nigéria. À Nairobi, Shorter et Onyancha relèvent aussi le réenchantement et la pluralisation. Dans son analyse de la situation religieuse contemporaine, Tshimbulu note que l'Afrique connaît un nouveau phénomène social. L'émergence des mouvements religieux en Afrique est une preuve de la remise en question des religions historiques et de la contestation de leur crédibilité. Ceci est une affirmation du réenchantement et de la pluralisation en Afrique. L'auteur fait observer qu'au lieu de précipiter les communautés africaines vers l'athéisme, les sociétés laïques ont plutôt maintenu les religions dans un contexte historique de réflexivité progressive, aménageant malgré elles de nouveaux espaces de conversion et de foi multiforme[67].

L'auteur pense qu'en réaction au christianisme occidental, il y a des églises africaines indépendantes généralement caractérisées diversement. Tshimbulu relève, entre autres, la promotion de l'enracinement tribal et communautaire du croyant obligé de se solidariser avec son groupe dans l'invocation des ancêtres, la revalorisation de la dimension physique du salut, qui oblige à s'impliquer dans la promotion de la santé, de la paix avec sa famille et son entourage[68]. L'auteur soutient que l'apport de ces religions se définit comme la sensibilisation à l'identité, à la responsabilité et aux valeurs humaines de l'Africain[69]. Cette idée indique la crise d'identité africaine et la recherche des voies d'émancipation de l'Africain par rapport à tout ce qui est occidental.

---

67. *Ibid.*, p. 337.
68. *Ibid.*, p. 331-332.
69. *Ibid.*, p. 333.

b) Rationalisation et émancipation

Tshimbulu mentionne les aspects positifs de la sécularisation en Afrique. Selon lui, les tentatives de sécularisation des communautés africaines ont permis la mise en œuvre de l'idéal d'une société basée sur le progrès de la connaissance scientifique, sur les valeurs démocratiques et sur différentes sortes de désaliénation. Il estime que les tentatives timides de sécularisation ont également permis aux sociétés laïques de participer activement au développement des communautés africaines par leur éveil aux droits de l'homme en Afrique. Ces sociétés ont aussi contribué au développement des communautés par leurs actions militantes dans la gestion du politique, dans la séparation des pouvoirs temporels et spirituels, et dans la modulation des attitudes politiques partisanes[70].

Shorter, Onyancha et Dopanu indiquent des couches de la société influencées par la sécularisation. À la différence de ces prédécesseurs, Tshimbulu identifie plutôt les secteurs et domaines de la vie des sociétés africaines dans lesquels la sécularisation est observée. Il cite les religions traditionnelles africaines, l'économie et la politique comme sphères de la vie sociale où la sécularisation est manifestement active. Il écrit :

> Les tentatives presque timides de sécularisation des sociétés africaines se trouvent systématisées dans les idéologies marxistes et socialistes africaines des années 1960-1970, dans l'enseignement des philosophies athées au sein des écoles africaines, dans l'adoption du principe de la laïcité de l'Etat et dans les répressions gouvernementales contre certaines idées et pratiques religieuses[71].

L'auteur rend implicitement responsables du processus de la sécularisation les élites africaines ayant étudié dans les écoles occidentales. Ces élites contribuent à la rationalisation et à l'émancipation de la vie des sociétés.

En somme, comparativement à l'Occident, Tshimbulu souligne qu'il existe en Afrique les aspects suivants de la sécularisation : la pluralisation, la rationalisation des domaines de la vie et l'émancipation. Cette évolution,

---

70. Tshimbulu, « Laïcité et religion en Afrique », p. 336.
71. *Ibid.*

selon lui, est due à l'influence de l'Occident au travers des élites africaines. Elle est également due à la religion chrétienne.

Jusqu'ici, nous avons vu sous la plume de différents auteurs africains que la sécularisation existe en Afrique. Les aspects de la sécularisation identifiés par tous les auteurs africains susmentionnés sont : le désenchantement du monde, la désacralisation (cas des Yorubas), l'émancipation des secteurs de la société et domaines de la vie, la rationalisation, le déclin de la religion (cas de Nairobi), l'indifférence, l'incroyance, la pluralisation et la privatisation. L'Afrique est donc sous l'influence de la sécularisation. Les causes de cette évolution des sociétés africaines sont à la fois exogènes et endogènes : l'influence de la civilisation occidentale (modernité, médias), la pauvreté, l'urbanisation et la religion chrétienne.

Entre la compréhension de la sécularisation chez Weber et Berger et celle des Africains, il y a une similitude sur certains points. Il y a, entre autres, la tendance des Occidentaux et des Africains à s'affranchir de l'influence de la religion et de l'autorité de Dieu, la rationalisation des aspects de la vie, la privatisation de la religion et la pluralisation. Les accents particuliers chez Weber et Berger portent sur le désenchantement du monde, la rationalisation de l'économie et de la politique et la rationalisation de l'éthique. Les accents particuliers chez les auteurs africains portent sur la sécularisation des secteurs de la société et des domaines de la vie. De ces similitudes et particularités découlent les interrogations suivantes : (1) Pouvons-nous observer des indicateurs de la sécularisation au Tchad ? (2) Si, oui, sous quelles formes se présentent-elles, et quelles sont les spécificités de la sécularisation au Tchad par rapport à l'Occident et à d'autres pays africains ?

Dans le prochain chapitre, nous chercherons à savoir lesquels des aspects de la sécularisation mentionnés par Weber, Berger et les auteurs africains sont observables à N'Djaména, la capitale du Tchad. La section suivante porte sur l'enquête réalisée auprès des fonctionnaires de N'Djaména.

II. Le choix des fonctionnaires de N'djaména

Le but de cette section est de décrire les conditions de réalisation de notre enquête menée auprès d'un échantillon représentatif de fonctionnaires. Nous justifierons le choix d'une sous-population, celle des fonctionnaires travaillant à la capitale. Nous présenterons ensuite la morphologie du champ religieux à N'Djaména pour cette enquête. Enfin, nous décrirons succinctement le protocole de l'enquête et les étapes de sa réalisation.

A. Justification du choix de la population des fonctionnaires

1. Considérations générales

La formulation du sujet mentionne l'Afrique subsaharienne comme cadre géographique où l'on peut analyser le phénomène de la sécularisation. L'Afrique subsaharienne[72] est caractérisée par la cohabitation des deux religions monothéistes, le christianisme et l'islam, toutes deux influencées d'une manière ou d'une autre par les religions traditionnelles des populations de tradition orale. Selon une enquête publiée le 15 Avril 2010 par le centre d'études américain Pew Research Center, l'effectif des chrétiens en Afrique est passé de 7 000 000 en 1900 à 470 000 000 en 2010, celui des musulmans de 11 000 000 en 1900 à 234 000 000 en 2010. Le directeur de cette publication, Luis Lugo, précise : « L'Afrique a connu une transformation religieuse remarquable en très peu de temps[73]. » Le Tchad est l'un des pays de l'Afrique subsaharienne où se retrouvent le christianisme et l'islam, deux religions monothéistes d'emprunt à côté des religions traditionnelles. C'est bien au cœur de l'Afrique que se situe notre zone d'étude, N'Djaména la capitale du Tchad.

2. Justification du choix de la capitale

a) Présentation du Tchad

Situé au cœur de l'Afrique, le Tchad est l'un des pays situés en dessous du Sahara. « Carrefour multiséculaire entre le Sahara et l'Afrique tropicale – le monde "blanc" et le monde "noir" – le Tchad a connu entre le IXe et le XVIIIe siècle l'affrontement des empires nés sur son territoire : Kanem,

---

72. Anonyme, « Le dialogue des cultures », *Ethiopiques*. [Consulté le 6 Octobre 2010]. En ligne : http ://www.lastrolabe.free.fr/ethiopiques/pages/axlec.htm.
73. Luis Lugo, « Musulmans et chrétiens à égalité en Afrique ». [Consulté le 26 Mai 2011]. En ligne : http ://www.emarrakech.innfo/Musulmans-et-chretiens--egalite-en-Afrique.

Bornou, Baguirmi, Ouaddaï[74]. » Il est limité au nord par la Lybie, au Sud par la République Centrafricaine, à l'Est par le Soudan, au sud-ouest par le Cameroun et le Nigéria, à l'ouest par le Niger. Vingtième pays au monde en termes de superficie (1 284 000 kilomètres carrés), le Tchad est le cinquième plus grand pays d'Afrique.

Pays enclavé de l'Afrique centrale, le Tchad a une population dénombrée à 11 195 915 habitants[75] avec une densité de 6,9 habitants au km². Elle se décompose comme suit : 5 509 522 hommes, soit 49 %, et 5 666 393 femmes, soit 50,7 % ; 387 815 nomades, soit 3,5 %, et 10 788 100 sédentaires, soit 96,5 %. La densité de la population est passée de 4,9 habitants au km² en 1993 à 8,7 habitants au km² en 2009[76]. Cette population est inégalement répartie dans l'espace géographique national. Cela s'explique par le fait que le peuplement du territoire obéit aux conditions climatiques.

Le Tchad compte vingt-deux régions selon l'organisation administrative territoriale : le Barh El Gazal, le Batha, le Borkou, le Chari Baguirmi, l'Ennedi, le Guéra, le Hadjer Lamis, le Kanem, le Lac, le Logone Oriental, le Logone Occidental, le Mandoul, le Mayo-Kebbi Est, le Mayo-Kebbi Ouest, le Moyen-Chari, le Ouaddai, le Salamat, la Tandjilé, le Wadi Fira, le Darh Sila, le Tibesti et la ville de N'Djaména[77].

b) Présentation de N'Djaména

Dans le but de circonscrire le champ d'investigation par rapport à l'objet de cette étude et d'éviter la dispersion des données à collecter, nous avons choisi la ville de N'Djaména, capitale politique et administrative du Tchad. Elle est la plus grande ville du pays. N'Djaména est située au confluent des fleuves Chari et Logone. Elle est limitée au nord par la ville de Djermaya, au sud par la ville de Koundoul, à l'est par le Grand Séminaire Saint Luc de Bakara et à l'ouest par Kousseri, ville camerounaise avec laquelle elle est reliée par un pont. Région à part entière régie par un statut particulier (décret n° 419/PR/MAT/02), N'Djaména est divisée en dix arrondissements municipaux.

---

74. Isidore PERRAUD, *L'Église Catholique en Afrique Occidentale et Centrale : le répertoire des missions catholiques*, Paris, Œuvres Pontificales Missionnaires (O.P.M.), 1995, p. 987.
75. Recensement Général de la Population et de l'Habitat (RGPH) de 2007.
76. *Ibid.*
77. Ministère de Plan et Coopération, Tchad.

D'après les statistiques publiées par le Bureau Central de Recensement (BCR), la ville de N'Djaména a une superficie de 87 268 km² et compte 993 492 habitants en 2009[78]. Cette population est inégalement répartie entre les dix arrondissements parce qu'il n'y a pas un critère rationnel qui détermine le mode de peuplement, du moins depuis les troubles politico-militaires de 1979-1981. Cela suppose que le peuplement des quartiers de N'Djaména s'est fait en fonction de critères ethniques et économiques différents. La ville dispose d'infrastructures inégalement organisées. Les critères d'extension de la ville ne sont pas régis par un plan urbain. En effet, certains quartiers sont surpeuplés tandis que d'autres sont sous-peuplés.

c) Justification du choix de N'Djaména

La ville de N'Djaména a des caractéristiques sociologiques qui lui sont propres. L'étude de cas cherche à dresser le bilan de la sécularisation dans le contexte du Tchad et de manière globale. Cette étude permet de collecter des informations pouvant éclairer judicieusement le phénomène étudié dans la ville de N'Djaména. La ville regroupe en son sein une pluralité d'ethnies et tribus venues de différentes régions du pays. Il y a des autochtones, des étrangers et plusieurs représentations diplomatiques.

Notons que le public de Weber et celui de Berger, Occidentaux, présentent des caractéristiques sociologiques différentes de celles de notre public. Celui de Weber est composé des chefs d'entreprise, détenteurs des capitaux et du personnel technique et commercial hautement éduqué des entreprises modernes. À en croire Weber, ils sont des protestants. Le public de Berger est composé d'économistes comme chez Weber, de politiciens et d'élites. Leurs caractéristiques sont fonction de leur statut, de leurs activités et de leur rang social. Ils appartiennent probablement à plus d'une religion. Notre public ne renferme que des gens d'une seule couche sociale, les fonctionnaires. Il y a parmi eux, certes, quelques politiciens et élites de la société tchadienne. Ils sont tous des fonctionnaires de l'État.

La population de N'Djaména est choisie en raison de sa relation avec les institutions associées à la modernité, telles que l'école laïque, l'organisation rationnelle et bureaucratique du travail. Elle se compose essentiellement

---

78. Recensement Général de la Population et de l'Habitat (RGPH).

d'adeptes de deux grandes religions monothéistes présentes au Tchad, à savoir l'islam et le christianisme.

3. La morphologie de l'échantillon choisi

Le Tchad est un Etat laïc. En dépit de ce statut, le fait religieux est très important dans le pays, que ce soit au niveau individuel ou au niveau collectif. Le lecteur peut remarquer que les groupes religieux en présence dans ce travail appartiennent les uns à l'islam, les autres au Christianisme.

a) Islam

L'islam a fait son entrée au Tchad depuis plusieurs siècles et gagne pratiquement tout le pays. Perraud le confirme :

> L'islam a pénétré au Kanem dès le Xe siècle ; puis c'est au XVIIe siècle que l'islam a commencé dans la région du Ouaddaï ; puis dans le Baguirmi et ce n'est qu'au début du XIXe siècle que la partie Nord : Tibesti, Borkou, Ennedi, est venue au monde musulman, grâce à la propagande des refugiés Ouled Sliman[79].

Animé par des confréries comme dans d'autres pays subsahariens, l'islam au Tchad fait partie de l'islam noir. Bien que l'islam soit plus répandu au Tchad par le truchement de marchands de tous horizons, la confrérie musulmane dominante est composée des suffistes de cheik Ahmat Tidjani[80]. Cette confrérie intègre dans son mode d'expression des éléments des religions africaines locales.

b) Église catholique

L'implantation de l'Église catholique au Tchad a été tardive, bien qu'entre les deux guerres mondiales il y ait eu la présence de quelques prêtres dans le Moyen-Chari et le Logone Occidental. À la différence des premiers missionnaires protestants venus du Cameroun qui se sont établis en 1920 à Léré à l'extrême sud-est, « les premiers missionnaires catholiques, les Pères du Saint-Esprit, n'arrivèrent au Tchad qu'en 1929 dans la région

---

79. Perraud, *L'Église Catholique en Afrique*, p. 987.
80. Collectif, « Tchad : l'aménagement linguistique dans le monde ». [Consulté le 25 Juillet 2011]. En ligne : www.axl.cefan.ulaval.ca/afrique/tchad.htm.

de Moundou venant de Batangafo dans l'Oubangui Chari[81] ». L'Église catholique a été officiellement fondée après la seconde guerre mondiale. Elle s'organise, du moins depuis la visite du pape Jean-Paul II en 1990, de la manière suivante : un archidiocèse localisé à N'Djaména, six diocèses tous localisés dans la zone méridionale.

Les juridictions décrétées par le Vatican mettant en route le fonctionnement des ordres religieux donnent droit d'existence au Tchad à quelques ordres et congrégations missionnaires. L'implantation de ces ordres se fait graduellement dans le temps et dans l'espace. Il s'agit de paroisses et communautés ecclésiales de base créées par différentes missions[82]. Chaque congrégation travaille à l'érection des paroisses et communautés de base à travers tout le pays.

c) Église protestante

Les Églises chrétiennes sont d'implantation récente, au début du XXe siècle ; elles sont plus concentrées dans le sud du pays. Il y a un certain nombre d'années que les efforts sont faits par les Églises protestantes pour marquer leur présence dans le nord, à l'Ouest et à l'est du pays. Elles s'organisent autour de deux structures représentant les grandes associations, à savoir l'Entente des Églises et Missions Évangéliques au Tchad (EEMET) et l'Alliance des Églises Évangéliques de la Pentecôte (A.E.E.P.).

L'A.E.E.P. se compose de : Église de Dieu au Tchad, Église Apostolique Tchadienne, Église de la Coopération Évangélique Tchadienne, Église Baptiste au Tchad, Église Messianique Évangélique au Tchad, Église de Christ Universel, Église Apostolique de Christ International, Église Maranatha, Église Biblique de la Vie Profonde, Église de la Famille Victorieuse, Heure de la Délivrance et Lumière du Monde, Action Évangélique pour le Réveil et Communauté de la Grâce de Dieu. L'EEMET, quant à elle, compte sept membres de droit et cinq membres associés. Il s'agit de l'Église Évangélique au Tchad, l'Église Évangélique en Afrique Centrale au Tchad, l'Église Évangélique des Frères au Tchad, l'Église Fraternelle Luthérienne au Tchad, les Assemblées Chrétiennes au Tchad, l'Église Évangélique Missionnaire au Tchad, les Assemblées de Dieu au Tchad, l'Association Tchadienne pour la

---

81. Perraud, *L'Église Catholique en Afrique*, p. 187.
82. *Ibid.*, p. 988-1018.

Linguistique, l'Alphabétisation et la Traduction de la Bible (ATALTRAB), le Groupe Biblique des Hôpitaux, la Croix Bleue au Tchad, l'Union des Jeunes Chrétiens (U.J.C.) et la Mission Contre la Lèpre[83].

Il peut y avoir dans le pays d'autres églises non répertoriées. Il convient ici de signaler que c'est auprès des membres de l'EEMET, de l'Église Catholique et de la communauté musulmane que la recherche a été menée. La raison en est que celui qui est interrogé par l'enquêteur propose à son tour une autre personne de son groupe religieux. C'est l'approche qui a permis d'avoir le nombre d'enquêtés envisagé ; autrement dit, la crainte et la méfiance des personnes sollicitées pour l'interview n'auraient pas aidé à couvrir l'effectif voulu. Aucun interlocuteur ne s'est présenté comme appartenant à une Église membre de l'A.E.E.P.

B. Protocole de recherche

1. Les objectifs de la recherche

Les auteurs ayant étudié l'évolution des sociétés africaines ont observé plusieurs aspects de la sécularisation en Afrique. Ils ont indiqué l'influence de la civilisation occidentale, la modernité, les médias, la pauvreté, l'urbanisation et de la religion chrétienne comme cause de cette évolution des sociétés africaines. Fort de ces informations, nous formulons les objectifs et les hypothèses ci-après.

a) Objectif principal

Cette enquête vise à relever les preuves de l'existence de la sécularisation dans la vie des fonctionnaires tchadiens.

b) Objectifs spécifiques

Les objectifs spécifiques de cette étude sont : (1) comprendre les différentes formes de manifestation de la sécularisation dans la vie des fonctionnaires de N'Djaména ; (2) identifier les causes de la sécularisation dans la vie des fonctionnaires de N'Djaména ; (3) comprendre la manière dont les fonctionnaires tchadiens vivent leur vie religieuse sous l'influence de la sécularisation.

---

83. Secrétariat Général de l'EEMET.

En considération de ce qui précède, il importe de préciser les hypothèses de recherche.

2. Les hypothèses de recherche

a) Hypothèse principale

Nous posons que les fonctionnaires tchadiens en général et de N'Djaména en particulier sont influencés par la sécularisation dans la mesure où certains éléments constitutifs de la modernité entraînent des changements spécifiques et différenciés dans leur vie par rapport au contexte de l'Europe.

b) Hypothèses secondaires

Les domaines tels que la culture, la santé, l'économie, la vocation professionnelle, la vie religieuse de la population des fonctionnaires sont sous l'influence de la sécularisation.

- Les causes de la sécularisation de la vie des fonctionnaires de N'Djaména sont principalement l'école républicaine, les médias, l'urbanisation et le christianisme comme agent vulgarisateur des valeurs opposées aux traditions des anciens.
- Les fonctionnaires tchadiens, soit ils sont des représentants de la modernité auprès des populations traditionnelles, soit ils continuent de vivre dans des cosmos sacrés de leurs aïeuls.

3. Les étapes de l'enquête

a) La pré-enquête

Elle a permis la collecte des informations préliminaires relatives à notre objet d'étude dans la ville de N'Djaména. Cette pré-enquête effectuée pendant les dix premiers jours du mois de septembre 2009 a facilité notre imprégnation de la zone de recherche. La nécessité de cette pré-enquête est de s'assurer de la faisabilité de la recherche par rapport à l'objet d'étude et de la perception individuelle des éléments descriptifs de la sécularisation.

Par ailleurs, la pré-enquête permet de retoucher et de fixer le guide de l'entretien avant le lancement de l'opération de recherche. Elle a également permis d'établir un contact avec notre population cible.

b) L'entretien semi-directif

Approcher des questions aussi diffuses dans la pratique sociale par un questionnaire dont il est difficile de concevoir la structure et de fixer le contenu paraît peu pertinent. C'est pourquoi, la méthode de l'entretien et de l'interview a été privilégiée en vue d'instaurer un climat de confiance et de développer une interaction favorable au cours de l'entretien[84]. Cet entretien concerne un sous-groupe de la population des fonctionnaires du Tchad, celui de la capitale. Il importe de souligner que sur le terrain, l'entretien a été plus libre que semi-directif ; c'est-à-dire qu'à la demande de l'enquêté, nous lui exposons le sujet de recherche et lui laissons la liberté de répondre. Ailleurs, l'entretien semi-directif ouvert ou fermé a prévalu dans la mesure où l'enquêté répond à un certain nombre de questions, peu importe l'ordre selon lequel les questions lui sont libellées.

L'interview est une interaction et sa valeur dépend de la discipline de l'esprit de l'enquêteur et de l'enquêté. Par cette technique, l'entretien porte sur la personnalité de l'interviewé, sur ses attitudes, ses motivations et ses opinions sur l'objet d'étude. Au moyen de l'enregistrement, l'interview aide à recueillir des informations auprès des personnes ou agents œuvrant dans différents ministères. Bien plus, l'observation directe donne la possibilité de saisir directement les faits à interpréter. Les entretiens et interviews durent en moyenne 30 minutes selon l'intérêt que chaque personne accorde à l'objet d'étude. Les informations recueillies constituent un corpus dont nous proposons l'analyse dans le prochain chapitre.

4. Le guide d'entretien

Les interviews sont dirigées par un guide d'entretien, lequel sert de moyen de communication orale essentiel entre l'enquêteur et l'enquêté. En tant que tel, il aide à atteindre le double but de l'interview : d'une part motiver, inciter l'enquêté à parler, d'autre part obtenir les informations adéquates pour l'intérêt de l'étude[85]. Les questions formulées et posées sont déterminées par l'objectif de la recherche et prennent en compte des éléments variés.

---

84. Anonyme, « Les techniques d'enquêtes ». [Consulté le 22 Juillet 2009]. En ligne : www.scribd.com/doc/54949513/Techniques-d-enquetes.
85. Voir M. GRAWITZ, *Lexique des Sciences Sociales,* Paris, Daloz, 2000, p. 676.

Les questions posées portent sur des faits et sont des questions de croyance ou d'opinion. Le guide comprend les quatre items suivants : (1) l'identification des enquêtés, (2) Les indicateurs de la sécularisation dans la vie des fonctionnaires en termes de transformations ; (3) les domaines spécifiques de leur vie qui sont sécularisés comparativement à la sécularisation européenne ; (4) les conséquences observables de la sécularisation tchadienne.

C'est ce guide qui est testé sur l'échantillon représentatif de la population des fonctionnaires de N'Djaména. Leur choix est justifié par la diversité de leurs milieux d'appartenance, leur arrière-plan socioculturel et leur collaboration dans un même contexte. Le groupe des fonctionnaires nous paraît présenter de nombreux avantages : groupe relativement restreint et facile à interroger, ayant particulièrement bénéficié de la sécularisation mais participant au processus de réenchantement du monde que propose une vaste gamme d'entrepreneurs religieux (Églises historiques, Églises indépendantes, sorciers, marabouts, et autres).

5. L'échantillonnage

a) La construction d'un échantillon représentatif

La présente recherche est effectuée auprès d'une sous-population de N'Djaména. Dans les limites qui sont les nôtres, nous avons pu rassembler un échantillon représentatif des fonctionnaires n'djaménois : hommes et femmes, jeunes et vieux. Ces fonctionnaires sont du secteur public et du secteur privé. L'expression « fonctionnaires du secteur privé » désigne ici les agents de l'État détachés ou affectés temporairement dans les services privés de N'Djaména. Cette sous-population représente une couche sociale de toutes les sensibilités et de toutes les confessions religieuses. Son choix permet d'obtenir des informations sur la plus grande diversité possible des attitudes supposées à l'égard de l'objet de notre étude.

La grandeur du territoire et les contrastes climatiques rendant difficile l'accès dans certaines unités administratives et le temps alloué aux recherches de terrain étant limité à trois mois, nous avons réduit le champ de notre étude à la capitale seule. Ne pouvant pas constituer une liste exhaustive de toutes les unités que compose notre population-mère, nous adoptons pour ce sondage la méthode d'échantillonnage non-probabiliste[86].

Selon l'information reçue de la Direction du Budget au Ministère des Finances et du Budget en date du 25 Février 2010, les chiffres globaux indiquent les distinctions suivantes : soixante mille cent vingt-deux (60 122) fonctionnaires de tout le Tchad et trente neuf mille soixante dix-neuf (39 079) agents de l'État de toutes les catégories et de tous les statuts pour la ville de N'Djaména exclusivement[87]. L'échantillon représentatif de notre sous-population est cinquante (50 personnes), ce qui représente 0,13 % de tous les fonctionnaires de N'Djaména dont quarante hommes, soit 0,10 %, et 10 femmes, soit 0,3 %. Ce chiffre 50 s'explique par l'impossibilité pratique d'interroger tous les 39 079 fonctionnaires dans un temps record. Le lecteur peut convenir avec l'enquêteur que la représentativité ici n'obéit pas aux méthodes de calcul scientifique de la taille d'échantillon[88], d'où l'application de la méthode non-probabiliste.

Les 50 enquêtés appartiennent à toutes les catégories socioprofessionnelles ; leurs échelons varient entre le 2e et le 12e. Il convient de noter la difficulté d'avoir l'effectif exact des fonctionnaires, hommes et femmes, selon leur appartenance religieuse et par ministère pendant cette enquête. En effet, comparer la pyramide des âges des enquêtés à celle des 39 079 fonctionnaires de la capitale reste à faire.

b) Dépouillement

Au moyen de l'enregistrement sur magnétophone, les données ont été collectées et transcrites pour avoir un corpus matériel. Nous procédons au dépouillement manuel des données en rapport avec la codification de notre

---

[86]. Niza Ben SAAD, « Les déterminants relationnels et contextuels de l'externalisation des systèmes d'information », Mémoire Online. [Consulté le 25 Août 2009]. En ligne : www.memoireonline.com/05/09/2054/m_les-determinants-relationels-et-contextuels-de-l... Entre l'échantillonnage par quotas et l'échantillonnage de circonstances qui constituent la méthode d'échantillonnage non-probabiliste, c'est l'échantillonnage de circonstances qui est appliqué dans cette étude. Elle est la méthode par laquelle, pour des raisons de commodité et de disponibilité, seules les unités statistiques disponibles au moment de l'étude sont sélectionnées pour cette dernière.
[87]. Direction du Budget au Ministère des Finances et du Budget. Communication téléphonique du 25 Février 2010 à 12h.
[88]. Corlien VARKEVISSER et al., *Designing and Conducting Health Systems Research Projects, Vol. 1 : Proposal Development and Fieldwork,* Amsterdam, KIT, 2004, p. 205-209.

questionnaire. À cet effet, notre questionnaire est codifié avec des items quantifiables dans des tableaux univariés et bivariés. Les données chiffrées sont exprimées en valeur absolue (V.A.) et en valeur relative (V.R.).

Plusieurs variables sont croisées dans le but de disposer des informations traitant de notre sujet de recherche. En raison du caractère qualitatif de notre enquête et du profil variable des enquêtés, la forme des questions dans notre protocole d'entretien varie d'un enquêté à un autre. C'est dire que certaines questions sont parfois reprises d'une autre manière afin de les rendre compréhensibles pour l'interlocuteur. Le dépouillement des données se fait suivant l'appartenance religieuse.

6. *Difficultés rencontrées*

Toute enquête de terrain rencontre des difficultés. C'est ainsi que nous avons rencontré des difficultés d'ordre pratique, relationnel, temporel et technique. D'abord, il y a la difficulté d'accès à certains bureaux et de mobilité dans les endroits identifiés, pourtant ce sont des passages obligatoires. L'accès à certaines sources d'informations est conditionné par l'appartenance à une formation politique ou sociale et par la réserve que certains détenteurs d'informations émettent sur la nature de l'enquête. Ensuite, l'insuffisance des finances pour supporter le coût de tous les entretiens et de la communication dans le temps prévu limite parfois la durée et la profondeur de nos entretiens. Bien plus, il importe de noter les délestages dans la ville avec toutes leurs conséquences.

En outre, certaines personnes identifiées et contactées acceptent bien volontiers de prendre rendez-vous pour l'entretien, mais ne se présentent pas. Par contre, certains enquêtés accueillent l'enquêteur sans problème dans leur bureau et se disposent bien pour les interviews. Cependant, par peur de la nature et des objectifs de l'enquête, ils ne lui donnent la possibilité de les enregistrer ou de noter leurs opinions.

Enfin, la limite temporelle ne nous permet pas de prendre en compte toutes les exigences d'une enquête qualitative. Le sondage tient compte de tout ce qui précède et de différents variables récapitulés dont le descriptif est présenté ci-après.

C. Profil sociologique des enquêtés

1. Age et genre des enquêtés

Tableau 1

Genre Age	Hommes		Femmes		TOTAL	
	V.A.	V.R. (%)	V.A.	V.R. (%)	V.A.	V.R. (%)
21-30	1	2,5	-	-	1	2
31-40	6	15	1	10	7	14
41-50	18	45	6	0	24	48
51-++	15	37,5	3	0	18	36
TOTAL	40	100	10	100	50	100

Légende :   V.A. : Valeur absolue
V.R. : Valeur relative

La lecture du premier tableau informe que sur l'ensemble des enquêtés, un seul enquêté est de la tranche d'âge de 21-30 ans et représente 2 %.

Ceux qui sont dans la tranche de 31 à 40 ans sont 7 et représentent 14 %, dont 6 hommes, soit 12 %, et 1 femme, soit 2 %.

L'âge de la majorité constituée de 24 personnes se situe entre 41-50 ans et représente 48 %. Il y a parmi eux 18 hommes, soit 38 % et 6 femmes, soit 10 %.

Enfin, les enquêtés dont l'âge se situe au-delà de 50 ans sont 18 et représentent 36 %, dont 15 hommes, soit 30 %, et 3 femmes, soit 6 %.

Ce tableau de répartition par tranches d'âge laisse voir une difficulté d'intégration à la fonction publique au Tchad pour les jeunes. Voici un témoignage illustrateur de cette situation : « Aujourd'hui, pour avoir quelque chose, il faut absolument passer par la corruption. Prenez le cas de l'intégration des jeunes diplômés dans la fonction publique. Si vous ne débloquez pas l'argent, vous ne pouvez pas faire intégrer votre frère[89]. »

---

89. Interview n°05 du 19 septembre 2009 à 11h05.

Les autres raisons qui déterminent les dossiers pour l'intégration des nouveaux diplômés dans la fonction publique sont, entres autres, la discrimination, le principe de l'équilibre régional et le népotisme. Pour confirmer cet état de fait, un enquêté exprime son désespoir en termes à peine voilés : « Toute cette légèreté qui envahit tout, c'est incroyable ! Je me demande si dans peu de temps il nous sera possible de changer au mieux, parce que la vague d'une certaine platitude envahit tout. On nivèle par le bas, ce qui est très mauvais[90]. » Ces propos dénoncent implicitement le problème d'intégration des nouveaux diplômés à la fonction publique et laissent percevoir un désespoir devant l'avenir des jeunes diplômés, quel que soit leur groupe d'appartenance.

2. *Appartenance religieuse des enquêtés*

Tableau 2

Religion / Genre	Protestants		Catholiques		Musulmans		TOTAL	
	V.A.	V.R. (%)	V.A.	V.R. (%)	V.A.	V.R. (%)	V.R	V.R (%)
Hommes	12	75	10	62,5	18	100	40	80
Femmes	4	25	6	37,5	-	-	10	20
TOTAL	16	100	16	100	18	100	50	100

La lecture du tableau 2 instruit sur l'identité religieuse des enquêtés. Notons tout de suite que toutes les personnes sélectionnées déclarent elles-mêmes leur religion lorsqu'elles sont interrogées sur leur appartenance religieuse.

Il y a 40 hommes, ce qui représente 80 % de l'ensemble des enquêtés, dont 12 protestants, soit 30 %, 10 catholiques, soit 25 % et 18 musulmans, soit 45 %.

Il y a 10 femmes, ce qui représente 20 % de l'ensemble des enquêtés, dont 4 protestantes, soit 40 %, et 6 catholiques, soit 60 %.

La répartition par appartenance religieuse donne 18 musulmans, ce qui représente 36 %, 16 catholiques, soit 32 % et 16 protestants, soit 32 %.

---

90. Interview n° 35 du 07 janvier 2010 à 17h20.

Il convient de noter qu'il n'y a aucune femme de confession musulmane qui ait accepté d'être interviewée malgré la sollicitation expresse directement adressée par l'enquêteur. Ceci est justifié par le contexte socio-religieux qui défend aux hommes de s'approcher de n'importe quelle femme, excepté leur épouse, pour un quelconque entretien public ou privé sans l'autorisation expresse ou l'assistance du mari.

Dans le souci de faire justice à d'autres confessions religieuses, la question a été posée à certains fonctionnaires de savoir s'il y a des sans religion ou des adeptes d'autres religions parmi les fonctionnaires de N'Djaména. La réponse est simplement négative dans la mesure où les données collectées par les services de recensement ne présentent aucune information sur cet aspect. Ainsi, les enquêtés dont la collaboration contribue à la collecte des données ne recommandent que ceux de leur groupe d'appartenance jugés aptes de donner des informations pour l'intérêt du travail, qu'ils soient mariés ou célibataires.

3. Etat civil des enquêtés

Tableau 3

A.R. / E.C.	Protestants		Catholiques		Musulmans		TOTAL	
	V.A.	V.R. (%)	V.A.	V.R. (%)	V.A.	V.R. (%)	V.A.	V.R. (%)
Célibataire	-	-	3	19	-	-	3	6
Marié(e)	16	100	11	69	17	94	44	88
Concubin(e)	-	-	-	-	-	-	-	-
Veuf/Veuve	-	-	1	6	1	6	2	4
Divorcé(e)	-	-	1	6	-	-	1	2
TOTAL	16	100	16	100	18	100	50	100

Légende :   A.R. : Appartenance religieuse
           E.C. : Etat civil

Le tableau 3 informe que sur l'ensemble des enquêtés, il y a 44 mariés, soit 88 %, trois célibataires, soit 6 %, 2 veufs, soit 4 % et 1 divorcé soit 2 %.

L'engagement des hommes et des femmes dans le mariage est souvent retardé par la condition socio-économique des fonctionnaires au Tchad. L'école leur imposant un long programme, le processus de leur socialisation est retardé. Cette longue attente conjuguée avec le souci de réussir d'abord une condition sociale appréciable l'emporte sur le projet de mariage de plusieurs jeunes. De plus, la crainte de doubler la charge des parents qui continuent de soutenir leurs enfants même après les études amène plusieurs jeunes gens diplômés à retarder exprès leur engagement dans le mariage.

4. Niveau d'instruction des enquêtés

Tableau 4

A.R. N.I.	Protestants		Catholiques		Musulmans		TOTAL	
	V.A.	V.R. (%)	V.A.	V.R. (%)	V.A.	V.R. (%)	V.A.	V.R. (%)
Primaire	-	-	-	-	-	-	-	-
Secondaire	-	-	3	19	1	6	4	8
Supérieur	16	100	13	81	17	94	46	92
TOTAL	16	100	16	100	18	100	50	100

Légende : A.R. : Appartenance religieuse
N.I. : Niveau d'instruction

D'après le quatrième tableau, sur l'ensemble des enquêtés, 4 ont le niveau du secondaire premier ou second cycle, ce qui représente 8 %. Ils sont répartis comme suit : 3 catholiques, soit 6 % et 1 musulman, soit 2 %. Il n'y a aucune personne du groupe des protestants à ce niveau.

Quarante-six personnes ont atteint le niveau supérieur, ce qui représente 92 %. Nous pouvons comprendre par niveau supérieur la formation professionnelle ou universitaire. Ce groupe est réparti comme suit : 16 protestants, soit 35 %, 13 catholiques, soit 28 %, et 17 musulmans, soit 37 %.

Il n'y a aucune personne dont l'instruction se soit arrêtée au niveau primaire. Tous les enquêtés ont un niveau d'instruction acceptable.

Il ressort de ce tableau que la plupart des enquêtés (92 %) ont atteint le niveau supérieur contre un faible pourcentage des enquêtés (8 %) qui ont arrêté leurs études au niveau secondaire. Cela est un indicateur de la participation des fonctionnaires tchadiens aux valeurs de la modernité.

Par ailleurs, la faible participation des femmes à la gestion de la chose publique est due à la pesanteur culturelle ayant retardé la scolarisation des filles dans le pays. Pendant longtemps, celles-ci n'ont pas été encouragées par leurs parents à poursuivre plus loin les études afin d'avoir le niveau pouvant leur conférer des aptitudes requises. Toutefois, une enquêtée relève la différence que marquent ses parents :

> Mes parents sont des paysans, installés au village ; ils se sont donnés pour notre éducation. Et papa qui a vécu en ville avant d'y aller sait quelle est la valeur de l'éducation ou de l'école tant pour un garçon que pour une fille. Il s'est investi pour notre éducation [. . .] Il sait qu'une fille peut réussir comme les garçons. Il a donc investi sur mes études, et par la grâce de Dieu, les prêtres m'ont aidée aussi à étudier davantage[91].

À comprendre cette enquêtée, la situation varie selon l'ouverture d'esprit des parents, leur niveau socio-économique et la bonne volonté des bienfaiteurs.

5. Catégorie socio-professionnelle des enquêtés

Le cinquième tableau présente les enquêtés par ministère, catégorie et échelon.

---

91. Interview n° 34 du 07 janvier 2010 à 15h43.

a) Répartition par ministère

Tableau 5

N°	Ministère	Hommes		Femmes		TOTAL	
		V.A.	V.R. (%)	V.A.	V.R. (%)	V.A.	V.R. (%)
01	Education Nationale	6	12	4	8	10	20
02	Economie, Plan et Coopération	6	12	2	4	8	16
03	Communication	5	10	-	-	5	10
04	Fonction Publique	4	8	-	-	4	8
05	MPNTIC	4	8	-	-	4	8
06	ASSNF	2	4	2	4	4	8
07	Santé Publique	2	4	1	2	3	6
08	Finances et Budget	3	6	-	-	3	6
09	Commerce et Industrie	1	2	1	2	2	4
10	Justice et Garde des Sceaux	1	2	-	-	1	2
11	Culture, Jeunesse et Sport	1	2	-	-	1	2
12	AEIACI	1	2	-	-	1	2
13	Infrastructures et Transports	1	2	-	-	1	2
14	ESRSFP	1	2	-	-	1	2
15	Décentralisation	1	2	-	-	1	2
16	Mines et Energies	1	2	-	-	1	2
TOTAL		40	80	10	20	50	100

Légende : A.S.S.N.F. : (Ministère de l') Action Sociale, solidarité Nationale et de la Famille
E.S.R.S.F.P. : (Ministère de l') Enseignement Supérieur, de la Recherche Scientifique et de la Formation Professionnelle
M.J.C.S. : Ministère de la Culture, de la Jeunesse et des Sports
M.P.N.T.I.C. : Ministère des Postes et Nouvelles Technologies de l'Information et de la Communication

O.N.R.T.V. : Office National de Radiodiffusion et de Télévision du Tchad

AEIACI : Affaires Etrangères, Intégration Africaine et de la Coopération Internationale

L'enquête a permis d'interviewer 50 fonctionnaires de seize ministères, soit 40 % sur les 40 ministères que comprend le gouvernement tchadien publié le 9 mars 2010[92]. Sur ces 40 ministères, 31 sont tenus par des hommes, soit 77,5 %, et 9 par des femmes, soit 22,5 %. Nos enquêtés sont en majorité des cadres supérieurs ; seulement deux ministres hommes sont interrogés.

Les rares femmes qui émergent dans l'échiquier national sont en majorité sous la direction des hommes. Leur nomination aux postes de responsabilité dans le pays est plus régie par le critère politique.

---

92. *Le Progrès* n° 2835 du Jeudi 11 Mars 2010. Voir aussi *N'Djaména Bi-Hebdo* n° 1265 du jeudi 11 au dimanche 14 mars 2010. Le gouvernement du Tchad auquel succède celui qui est publié le neuf mars 2010 était formé de vingt-huit Ministères et onze Secrétariats d'Etat.

b) Répartition par catégorie et échelon

Tableau 6

Ministère	Catégorie	Échelon	Valeur Numérique	
			V.A.	V.R. (%)
Education Nationale	B	3e	1	2
	B4	5e	2	4
	B4	6e	1	2
	A	2e	1	2
	A1	4e	1	2
	A2	11e	1	2
	A1	8e	1	2
	-	6e	1	2
	-	-	1	2
Economie, Plan et Coopération	1-1	3e	1	2
	4-A	-	1	2
	8	4e	1	2
	8-11	-	1	2
	A1	6e	1	2
	-	5e	1	2
	-	-	2	4
Communication	A	2e	1	2
	A2	4e	1	2
	A4	3e	1	2
	B3	10e	1	2
	C	3e	1	2
Fonction Publique et Travail	A1	7e	1	2
	A2	8e	1	2
	A2	9e	1	2
	A4	7e	1	2
ASSNF	A	3e	1	2
	A	4e	1	2
	A2	4e	1	2
	A3	5e	1	2

MPNTIC	-	8e	1	2
	A	6e	1	2
	A2	3e	1	2
	9-1	12e	1	2
Santé Publique	B	5e	1	2
	B	9e	1	2
	B3	7e	1	2
Finances et budget	B	4e	1	2
	B3	10e	1	2
	-	-	-	2
Commerce et Industrie	A	7e	1	2
	A	9e	1	2
Justice et Garde des Sceaux	B2	-	1	2
Culture, Jeunesse et Sport	-	-	1	2
AEIACI	A	2e	1	2
Infrastructures et Transports	A2	11e	1	2
ESRFP	A1	11e	1	2
Décentralisation	-	-	1	2
Mines et Energies	A1	8-4	1	2
TOTAL			50	100

Sur l'ensemble des enquêtés, 6 personnes n'ont aucune information à donner ni sur leur catégorie ni sur leur échelon. Ce premier groupe représente 10 % des enquêtés.

Trois enquêtés ont précisé leur catégorie socio-professionnelle sans avoir d'information sur leur échelon. Ce deuxième groupe représente 6 %.

Un troisième groupe est constitué de 3 personnes qui ont des précisions sur leur échelon mais n'ont pas d'information sur leur catégorie socio-professionnelle. Ce troisième groupe représente 6 %.

Les autres, 39 personnes, ont fourni des informations sur leur catégorie et leur échelon. Ce grand groupe représente 78 % des enquêtés.

Il est nécessaire de souligner qu'il y a sur le terrain une réelle difficulté à obtenir les informations concernant la catégorie et l'échelon des fonctionnaires. La raison se situe à trois niveaux :

(1) Les fonctionnaires eux-mêmes n'ont pas tous mémorisé ces données pour pouvoir les communiquer au cours de l'interview ; certains d'entre eux ont promis de les envoyer par messagerie téléphonique, mais ils n'ont pas honoré leur promesse. (2) Dans les bureaux administratifs, les archives ont été plusieurs fois pillées au cours des événements qu'a connus le pays. (3) Le découragement causé par les frustrations sociopolitiques empêche certains fonctionnaires de mettre à jour leur dossier.

Le chapitre présente les résultats de notre enquête.

CHAPITRE TROISIÈME

Analyse des résultats de l'enquête

Nous avons déjà annoncé que le présent chapitre s'assigne la tâche de chercher à savoir lesquels des aspects de la sécularisation relevés en Occident et dans d'autres pays africains sont observables dans la vie des fonctionnaires de N'Djaména au Tchad. La sécularisation en Afrique est confirmée par les études sociologiques dont nous venons de faire état. À présent nous allons tester ces aspects à N'Djaména au moyen de trois hypothèses formulées.

I. Pertinence de la sécularisation au Tchad

Nous avons posé comme première hypothèse la pertinence du concept de la sécularisation pour les sociétés africaines. Le but de cette section est de chercher à prouver que la modernité entraîne la sécularisation de la vie des fonctionnaires de N'Djaména. De fait, les conditions historiques constitutives de la modernité ont induit des transformations au sein de la société tchadienne traditionnelle. Trois analyseurs nous permettent de tester cette hypothèse, à savoir la culture (relations humaines, école républicaine), les techniques numériques et l'économie. La question à laquelle nos enquêtés répondent est la suivante : « Qu'est-ce que la civilisation moderne apporte dans la vie des fonctionnaires tchadiens ? » Nous signalons que notre enquête étant qualitative, nous avons rassemblé les réponses par âge, genre, état civil, appartenance religieuse, niveau d'instruction ou catégorie socio professionnelle. Des réponses convergentes, divergentes avec certaines variantes manifestes ont été enregistrées de la part des musulmans, catholiques et évangéliques. Nombreux parmi nos interlocuteurs spécifient quelques domaines caractéristiques des changements induits par la civilisation moderne. Il s'agit, entres autres, de la culture, de l'éducation, de la religion, de la profession, de la politique, de l'économie.

Il est nécessaire de noter que sur le principe des changements, les réponses sont quasiment identiques. Un interlocuteur évangélique résume l'opinion des autres : « Je crois que le temps n'a pas changé, ce qui a changé, ce sont les hommes et les habitudes des hommes[1]. » Au sujet de la caractéristique de ces changements, les réponses ne sont pas unanimes. Un grand nombre de personnes affirment qu'il y a des changements, mais qu'ils sont négatifs. Une quinquagénaire illustre cette opinion : « La façon dont le pays est en train d'être géré, l'incertitude de ce pays, l'insécurité qui part et revient, l'injustice, la corruption, tout ça apporte un changement négatif qui s'opère[2]. » Un pourcentage moyen des personnes interrogées témoigne que les transformations constatées sont à la fois positives et négatives selon les domaines d'appréciation. Un sexagénaire généralise le phénomène et en indique l'origine : « Je pense que le changement est un phénomène d'importation d'Europe vers l'Afrique à tous points de vue, matériel, moral et spirituel[3]. »

A. Premier analyseur : la culture

1. Relations humaines

D'après la plupart des enquêtés, plusieurs aspects de la culture sont touchés ou influencés par la modernité. Le changement de la culture commence par la mentalité, le mode de penser. Ce qui est étonnant, aucun enquêté ne dit expressément si ce changement de mentalité est positif ou négatif. Les interlocuteurs déplorent de nouvelles habitudes qui causent des torts aux populations et à la religion. Les avis ci-après expriment mieux cette appréciation.

Un quarantenaire musulman note dans les relations humaines une discrimination, ce qui est contraire à l'enseignement religieux et à celui de la culture. Il s'explique :

---

1. Interview n° 01 du 10 septembre 2009 à 11h35.
2. Interview n° 34 du 07 janvier 2010 à 15h43. Voir aussi l'interview n° 38 du 08 janvier 2010 à 13h.
3. Interview n° 09 du 24 septembre 2009 à 12h50.

Vraiment, je regrette et déplore fort le comportement des frères musulmans ou frères d'autres religions. On dit quelque part que tout le monde est frère *(il naman almoumina ihoua)* [...] Nous sommes en train de constater que c'est le contraire qui se produit sur le terrain. Chacun campe dans son camp[4].

Un quinquagénaire aborde la question de façon un peu opposée à celle de son prédécesseur : « Autrefois, on ne savait pas qui était chrétien et qui était musulman, on était une famille unie. Aujourd'hui, tu sens une séparation nette ; tu vas d'un côté on te traite de musulman, tu vas de l'autre on te traite de sudiste. Il y a vraiment un changement[5]. » Ces changements d'habitudes culturelles à N'Djaména sont intervenus suite aux troubles sociaux répétés : « Aujourd'hui, N'Djaména est remplie par de nouvelles communautés. Les esprits ont beaucoup changé, parce qu'il y a un esprit matérialiste qui s'est beaucoup développé. Le brassage nouveau dans N'Djaména ne crée pas forcément la fraternité, l'intimité et l'amitié[6]. » Les deux opinions soulignent que le brassage des cultures dans une nouvelle société engendre la discrimination et la fracture sociale.

Un interlocuteur musulman aborde la question de la transformation culturelle en comparant le passé et le présent : « Le temps en tant que tel n'a pas changé, ce sont les hommes qui ont changé. C'est la mentalité des hommes qui change[7]. » Un autre interlocuteur appuie l'idée selon laquelle le changement de mentalité est évolutif : « Moi, je pense que plus le monde évolue, plus la mentalité des hommes évolue aussi[8]. » À comprendre ces avis, le changement culturel induit par la modernité commence donc par la mentalité, le mode de penser ; il atteint les autres aspects de la culture des sociétés tchadiennes. La transformation de la mentalité des hommes accouche d'une nouvelle conception des valeurs et de la morale. Aucun enquêté ne dit expressément si ce changement de mentalité est positif ou non. Les interlocuteurs déplorent plutôt de nouvelles habitudes qui causent du tort aux populations et à la religion.

---

4. Interview n° 12 du 1er octobre 2009 à 7h23.
5. Interview n° 46 du 12 janvier 2010 à 11h40.
6. Interview n° 24 du 18 octobre 2009 à 18h35.
7. Interview n° 29 du 05 janvier 2010 à 14h37.
8. Interview n° 48 du 13 janvier 2010 à 10h05.

Un enquêté musulman voit la même chose, mais il applique le processus du changement à une tranche d'âge, les jeunes : « Les jeunes ne réfléchissent plus comme avant, ils n'ont pas vécu les mêmes expériences que les anciens, la qualité des relations n'est plus comme avant, les facilités ne sont plus les mêmes parce que les choses ont changé[9]. » Selon cet enquêté, le bât blesse du côté de la jeunesse qui se retrouve dans une voie non réglée et s'embrouille.

Un autre groupe d'interlocuteurs observe plutôt un déficit dans les relations humaines. Un enquêté musulman exprime la préoccupation de la majorité : « Nous sommes au regret de constater que le besoin matériel définit même les rapports entre les hommes, malheureusement ! On a donc assisté à la disparition de certaines valeurs qui, à l'époque, marquaient nos vies[10]. » Selon cette opinion, les solidarités sociales et les qualités telles que la bienveillance, l'hospitalité, la charité, la serviabilité, disparaissent au profit de l'individualisme. Les structures sociales se disloquent de plus en plus, elles perdent du coup leur importance et leur fonction. Le vrai changement observable par tous résulte des grands événements politico-militaires dans le pays. Les années 1979 ont connu des guerres ayant entraîné la vengeance, la méfiance. Le prochain constitue un danger[11].

D'après un interlocuteur évangélique, l'harmonie sociale maintenue par consensus ordinaire est perturbée et même brisée par des séries de troubles. Il pense que depuis ces événements, des tribus amies avant les guerres affichent des attitudes contraires les unes vis-à-vis des autres, en sorte que le tissu social devient de plus en plus fragile. Il s'exprime :

> Partis des habitudes sociales au début en Afrique, nous sommes arrivés à la composition des groupes ethniques complètement opposés les uns aux autres. Alors, la notion de violence s'impose. Et le Tchadien devient violent, alors qu'on a toujours parlé de l'hospitalité ou de l'amitié tchadiennes. Pour moi, le point de départ c'est à partir de ces sociétés physiques qui se faisaient la guerre[12].

---

9. Interview n° 40 du 11 janvier 2010 à 13h30.
10. Interview n° 50 du 13 janvier 2010 à 14h12.
11. Interview n° 50 du 13 janvier 2010 à 14h12.
12. Interview n° 01 du 10 septembre 2009 à 11h35.

Les fonctionnaires tchadiens sont passés du cartésianisme aux affronts à main armée en passant par les habitudes culinaires et comportementales. La méfiance et le rejet de l'autre sont tenus pour acquis au sein des groupes ethniques, d'où l'exclusion radicale des uns par les autres ayant entraîné des séries de guerres intertribales sous la bannière politique. En outre, un interlocuteur évangélique observe l'harmonie et la structure familiale ou sociale : « Il y a beaucoup d'activisme dans l'église, il y a beaucoup de mouvements qui occupent les gens en dehors de chez eux. Et puisqu'on passe très peu de temps ensemble, les gens parlent très peu ensemble. Il y a très peu de familles où on s'assoit : il y a des tabous[13]. »

Un autre enquêté évangélique soulève la question de l'autonomie individuelle que les jeunes développent vis-à-vis des structures familiales ou sociales. Il atteste que les habitudes culturelles ont changé : « La culture, de manière générale, est en train de se ternir. Prenons la vie dans la famille de mon temps. Un enfant ne peut pas se permettre une certaine liberté [...] Mais de nos jours ; c'est très difficile de voir les enfants à la maison[14]. » Selon cet avis, soit les parents laissent faire parce qu'ils ne peuvent pas modifier l'allure du train de la modernité, soit les enfants revendiquent pratiquement leur autonomie en raison du contexte qui le leur impose. Et l'enquêté s'exprime sur un fond d'inquiétude.

L'appréciation générale de la transformation des mentalités relève des vices dans les nouveaux styles de vie adoptés et développés. Il s'agit de la base morale de l'individualisme, laquelle entraîne les relations intéressées dans les établissements et les lieux de travail, comme le harcèlement sexuel. Toujours supposé être l'apanage des jeunes, le constat des nouveaux comportements fait comprendre que le harcèlement est un phénomène observé au niveau des décideurs dans tous les ministères, toutes les directions et tous les établissements. C'est ce dont témoigne ici une quinquagénaire évangélique :

> On s'est rendu compte que le harcèlement sexuel contre les femmes n'est pas seulement un phénomène de jeunes, c'est un phénomène de responsables. On n'a pas cherché à savoir

---

13. Interview n° 02 du 15 septembre 2009 à 8h43.
14. Interview n° 03 du 15 septembre 2009 à 13h45.

si c'était des chrétiens, catholiques ou musulmans. Mais il se trouve que le phénomène est centré principalement au niveau supérieur. Donc parmi ceux-là, il y a certainement des chrétiens[15].

Cette enquêtée limite son champ d'observation à la couche des fonctionnaires élevés au rang de décideurs dans le pays. Elle soutient que l'effritement de l'esprit de service et la perte de l'éthique du travail observés dans le comportement des fonctionnaires tchadiens affectent la culture. Ce comportement inclut non seulement les demandeurs d'emplois, mais aussi les responsables, donc les parents qui devraient être des repères moraux pour la jeunesse. Il ressort de cette analyse que l'individualisme et la revendication de l'autonomie sont des traits de la sécularisation dans la vie des fonctionnaires tchadiens contrairement aux habitudes culturelles. Cette transformation est aussi observée dans les établissements scolaires et universitaires.

2. École républicaine

L'avènement de l'école républicaine apporte des transformations évidentes dans les sociétés tchadiennes en général et dans la vie des fonctionnaires en particulier. Les enquêtés notent des éléments positifs dans le processus du changement dans le domaine éducatif. Un sexagénaire évangélique indique la cause du changement culturel observé dans plusieurs domaines de la vie humaine : « Je crois que les changements sont liés aux idées qui sont développées au niveau des établissements, et ça atteint forcément les sociétés. C'est sur la base de ces idées que les gens se comportent, agissent. Je dirai que c'est dans presque tous les domaines de la vie de l'être humain que l'on observe ce changement[16]. » Cet avis fait comprendre que les établissements scolaires et universitaires sont les lieux où les nouvelles idées sont développées. Ces idées prennent forme concrète dans les styles de vie adoptés ou consentis par les fonctionnaires.

Un interlocuteur évangélique situe ce changement dans le temps, indique le mécanisme de son progrès et relève quelques éléments culturels

---

15. Interview n° 20 du 05 octobre 2009 à 20h20.
16. Interview n° 02 du 15 septembre 2009 à 8h43.

concernés. « Au Tchad, le premier changement a commencé par le mode de réflexion français qui devrait obliger les jeunes tchadiens à réfléchir en français. La culture tchadienne ou le mode de réflexion était plutôt sectaire. Le changement a commencé un peu là », soutient-il[17]. Selon cet enquêté, le changement culturel au Tchad est tributaire de la colonisation. Dans un second temps, l'enquêté fait observer que le cartésianisme marque l'esprit des Tchadiens scolarisés par rapport aux non scolarisés. Ainsi, « on a évolué dans ce cercle-là pour s'adapter progressivement à tout ce qui est habitude culinaire, habitude vestimentaire, habitude sociale, ne serait-ce que comment saluer. Il n'y avait pas la révérence dans certaines cultures[18] ».

D'après cette opinion, l'interlocuteur identifie les domaines qui connaissent un changement ; il s'agit ici de la mentalité et du comportement que le fonctionnaire doit conformer aux modèles de son maître. Le colonisateur impose au Tchadien un modèle à imiter, ce dernier l'adopte par les habitudes développées et acquises. Dans un troisième temps, le même enquêté indique la nature de ce changement et comment son impact se mesure dans la vie sociale.

Un autre élément mentionné par les personnes interrogées est la scolarisation des filles rendue possible et encouragée par les parents malgré la pesanteur culturelle. Avec l'avènement de l'école républicaine, les filles sont scolarisées et instruites au même titre que les hommes. Une quinquagénaire témoigne de cela avec reconnaissance :

> Dans le cadre scolaire, la porte est largement ouverte aux filles. Maintenant on demande aux filles d'aller à l'école, alors qu'avant on ne le leur permettait pas. À un certain moment, on demande simplement à la fille de se marier. Maintenant, la fille elle-même, sans qu'on lui dise, cherche à aller plus loin dans ses études. Et les parents sont très contents de voir leurs enfants progresser, surtout les filles[19].

---

17. Interview n° 01 du 10 septembre 2009 à 11h45. D'après l'enquête, ce changement, pour certains, était positif parce que c'était un nouveau comportement qu'il fallait avoir face à une montée de nouvelles civilisations, disait-on à l'époque.
18. Interview n° 01 du 10 septembre 2009 à 11h45.
19. Interview n° 30 du 06 janvier 2010 à 11h43. Voir aussi l'interview n° 34 du 07 janvier 2010 à 15h43.

À la lumière de cette opinion, il importe de noter que pendant longtemps, certains parents dans les pays africains interdisaient leurs filles d'aller à l'école. Après les indépendances, un faible taux de scolarisation des filles est noté dans les pays africains, surtout au Tchad. Au fur et à mesure que les bienfaits de l'école se font remarquer, les parents acceptent d'inscrire et de soutenir leurs filles à l'école. Les bénéficiaires en témoignent avec beaucoup de satisfaction et de reconnaissance. Depuis lors, l'attitude des hommes vis-à-vis des femmes dans les établissements comme dans les lieux de travail change. Les attitudes de la famille vis-à-vis des filles changent positivement. En effet, la perception de la femme et sa place dans la société changent également aux yeux des hommes.

S'agissant du changement des habitudes vestimentaires, un quarantenaire musulman s'en indigne : « Une jeune fille qui n'a même pas l'âge et qui s'habille bizarrement pour les jeunes garçons, je me pose la question : d'où sortent ces jeunes garçons ? Ont-ils des parents qui les prennent en charge ? Est-ce que ces parents sont responsables[20] ? » Cet interlocuteur fait comprendre qu'il y a, d'une part, une transformation de la mentalité des jeunes vis-à-vis de la morale et des normes, d'autre part une démission des parents vis-à-vis de l'encadrement de leurs enfants selon les normes sociales établies. Tout ce déficit observé par les interlocuteurs est la conséquence de la scolarisation qui donne aux filles une autre perception d'elles-mêmes par rapport à la tradition et aux hommes de libéraliser et banaliser la morale.

Retenons de cette analyse que l'école instaurée dans la société tchadienne n'est pas acceptée pour la plupart des traditionalistes parce qu'ils pensent qu'elle détruira les fondements de la culture. Pour les autres, l'école occidentale est une nouvelle forme d'éducation qui mérite d'être entretenue et encouragée au profit du peuple tchadien.

Au terme des discussions, notons que les enquêtés ne relèvent pas que les aspects négatifs du changement socioculturel. Ils reconnaissent les apports positifs des transformations induites par la modernité.

En termes de changements positifs, certaines personnes interrogées attestent que la modernité a apporté un changement de mentalité, un nouveau mode de réflexion plus cartésien qu'auparavant, une nouvelle approche

---

20. Interview n° 12 du 1er octobre 2009 à 7h23.

de la vie, l'émancipation de la femme. S'agissant des changements négatifs, le constat général de la situation sociale fait connaître qu'il y a une crise d'amour fraternel dans les relations interpersonnelles, le développement de l'esprit matérialiste, la culture de la violence et de la méfiance, de la méchanceté et de la criminalité, voire l'esprit de discrimination. Bien plus, il y a une déstabilisation des structures familiales et sociales. Ce qui consterne plus les enquêtés, c'est la banalisation du sexe : le vagabondage sexuel, la liberté sentimentale, le harcèlement sexuel. Ces vices semblent couronner le constat du changement de culture.

Si la culture a connu le changement décrit, il est important de vérifier si ce changement touche aussi aux codes ou modes de communication.

B. Deuxième analyseur : les techniques numériques

La question « Les nouvelles technologies de l'information et de la communication alimentent-elles la rivalité entre les deux modèles de civilisation dans la vie des fonctionnaires tchadiens ? » reçoit plusieurs types de réponse. Des positions sont partagées entre le oui et le non, des positions médianes et des positions opposées. Le tout se résume autour des inconvénients et des avantages de ces nouvelles technologies de l'information et de la communication.

1. Inconvénients des techniques numériques

Tous les enquêtés réagissent à cette question, cependant les opinions sont partagées ; ces opinions dépendent de l'usage que chaque confession religieuse fait de ces techniques. Du point de vue des enquêtés évangéliques, les techniques numériques alimentent réellement les rivalités entre les deux modèles de civilisation. Un quinquagénaire s'explique : « Les appareils de communication peuvent aujourd'hui aider à faire beaucoup de travail. Mais la plupart utilisent ces appareils, non pour se perfectionner, ni pour capitaliser les connaissances ou les acquis[21]. » D'après cet enquêté, ces techniques sèment la confusion dans le mode d'être et de faire des fonctionnaires parce qu'il y a un déficit d'éducation religieuse à la base. Le mauvais usage des technologies de l'information et de la communication

---

21. Interview n° 24 du 18 octobre 2009 à 18h35.

pose un problème d'ordre moral qui se répercute dans la vie des fonctionnaires issus de la génération montante.

Les enquêtés de la communauté catholique et ceux de la foi musulmane relèvent communément que les techniques numériques sont à la base de la mauvaise conduite et des actes culturellement indignes. Un enquêté musulman aborde la question sous l'angle de la culture : « Je ne dis pas que la technologie est positive à 100 %, mais à 90%. Il n'y a pas à dire que tout ce qui vient de l'Occident, comme la musique, l'internet, etc. est synonyme de positivité. D'abord entre les deux cultures, il y a une incompatibilité[22]. »

Cette opinion présente une nuance dans l'appréciation de l'utilité des techniques numériques. Il y a la reconnaissance de leur valeur et en même temps la mention des enjeux qu'elles comportent. Un quinquagénaire catholique fait part de son constat en ces termes : « Les médias nous véhiculent les informations, les comportements, les cultures d'autres peuples qui nous dénaturent ou du moins nous rendent acculturés. Nous ne sommes plus ce que nous étions avant[23]. » Selon cette opinion, les médias affectent l'identité des fonctionnaires tchadiens ; cela veut dire que les techniques numériques présentent des images qui inspirent de mauvaises conduites non seulement aux adultes, mais aussi et surtout aux enfants et aux jeunes.

Certains interlocuteurs prennent la question sous l'angle de la piété individuelle et collective, voire sous l'angle du progrès intellectuel. Ils relèvent le fait que les techniques numériques amènent les parents à banaliser le culte familial et la piété personnelle. Un enquêté catholique donne son appréciation : « Par exemple, un enfant qui est habitué à la télévision, à l'heure de la catéchèse, abandonne la catéchèse pour aller suivre un film qui passe à 10h ou à 11h. Ou bien à la maison, aux heures de la télé, les enfants sont concentrés sur la télé et ne veulent pas étudier. La télé joue sur les habitudes des enfants[24]. » Ici les techniques numériques prennent de plus en plus la place des obligations familiales, sociales et religieuses.

De plus, devant la complexité de la question des techniques numériques, certaines opinions témoignent une attitude de tolérance. C'est l'exemple de la quinquagénaire catholique qui exprime son embarras devant l'utilité des

---

22. Interview n° 48 du 13 janvier 2010 à 10h05.
23. Interview n° 27 du 05 janvier 2010 à 10h26.
24. Interview n° 32 du 06 janvier 2010 à 16h20.

médias, surtout la télévision, et leur influence sur la piété individuelle et familiale. « Quand on est seul, on peut s'imposer la discipline ; mais quand on est en famille, dire à quelqu'un d'arrêter ceci et de faire cela, c'est un peu compliqué. Et moi, je respecte un peu leur liberté. Nous, nous avions l'habitude de prier en famille, mais la télévision est venue perturber un peu notre façon de vivre[25]. » Les libertés qu'apporte la modernité, avec l'accès facile aux sources d'information par les médias, donnent aux uns et aux autres la possibilité de se divertir, s'informer et s'instruire sans frontière aucune. Un autre interlocuteur catholique appuie l'idée : « Avec les innovations de la télécommunication, l'internet, la télévision et autres, les jeunes de maintenant, qu'ils soient chrétiens ou musulmans, voient comment les Américains s'habillent, eux aussi ils s'habillent comme les Américains. Ce n'est pas la religion, ce n'est pas normal ; nous aussi nous avons notre identité[26]. »

Par ce constat du comportement de la jeunesse contemporaine, l'enquêté signifie que la jeunesse est une tranche d'âge qui cherche à fuir sa propre identité pour ressembler à d'autres peuples dans leur manière d'être dans leur environnement.

Par ailleurs, les techniques numériques donnent aux hommes et aux femmes des occasions et des espaces pour leur divertissement. En d'autres termes, nombreux sont les fonctionnaires qui passent leur temps dans les lieux de loisirs, fuyant ainsi leur famille, compromettant leur vie religieuse et abandonnant leur responsabilité professionnelle. Un trentenaire catholique soutient l'idée en ajoutant la peur du silence que les gens développent :

> Moi je pense qu'il y a beaucoup de facteurs qui font que les gens ne se consacrent pas du temps à eux-mêmes. Je remarque qu'aujourd'hui les gens vont au boulot, du boulot c'est parti pour les retrouvailles, les causeries ; et on arrive complètement pommé, on dort avant même de toucher son oreiller ; on se réveille le lendemain matin[27].

---

25. Interview n° 30 du 06 janvier 2010 à 11h43.
26. Interview n° 22 du 07 janvier 2010 à 15h13.
27. Interview n° 06 du 21 septembre 2009 à 8h40.

Selon cet enquêté, les loisirs et les distractions apportés et alimentés par les technologies modernes empêchent les gens de s'assumer en tant que responsables devant leur famille et devant la société. Il poursuit son analyse de la conduite des fonctionnaires tchadiens :

> Les gens n'ont pas le temps. Cela fait que même pour aller à l'église, les gens trouvent des fois qu'une messe ou un culte de deux heures de temps est insupportable, c'est trop long. Pourquoi ? Parce que le silence les met face à eux-mêmes. Les gens ont peur du silence. Alors ils s'évadent dans les milieux brouillons, dans la vie [. . .] Et le fait qu'on est dans un environnement pareil, ça éloigne de la réflexion, ça éloigne de la méditation[28].

D'après cette opinion, ayant peur du silence, les gens ne se recueillent pas, ils se ne retrouvent pas face à eux-mêmes pour une autocritique. Ils se comportent comme s'ils se regardaient dans un miroir le matin, ils ne viennent que pour dormir. Ils ne se retrouvent seuls que quand le sommeil les a emportés.

En plus de ces avis, l'inquiétude que suscitent les techniques numériques pour les familles est telle que certains enquêtés se voient démis de leur fonction d'éducateurs de leurs propres enfants. Quelques interlocuteurs expriment en termes de regret les dérives qu'apportent les technologies véhiculées par la modernité. C'est le cas de cet enquêté musulman :

> Aujourd'hui lorsque vous prenez les jeunes, eh bien ! le vagabondage sexuel est devenu un visage courant. C'est toléré, c'est accepté, et à la limite, on a commencé à copier ces habitudes extérieures à cette civilisation que nous connaissons au point que le vagabondage est qualitativement obstrué ; ce n'est plus le vagabondage. Mais c'est devenu un métier et avec les noms comme le « Travailleur Social »[29].

D'après cette opinion, les habitudes culturelles subissent le coup des informations livrées par les technologies. La peur qui anime cet enquêté de

---

28. *Ibid.*
29. Interview n° 01 du 10 septembre 2009 à 11h35.

voir l'avenir moral de toute la société, surtout celui de la jeunesse, sombrer dans une déviance irrémédiable est partagé par plusieurs autres.

Selon l'analyse des opinions des enquêtés, ces techniques font plus de mal que de bien lorsque l'analyste se place dans l'optique traditionnelle. Il se trouve qu'elles façonnent la manière d'être et de faire des fonctionnaires de N'Djaména, elles affectent même leur piété.

Par ailleurs, d'autres enquêtés témoignent le contraire des opinions précédentes. Ils soutiennent que les nouvelles technologies de l'information et de la communication n'alimentent pas les rivalités entre les deux modes de civilisations dans la vie du fonctionnaire tchadien.

2. Avantages des techniques numériques

Les interlocuteurs de la confession protestante n'ont pas d'avis contraire à opposer à ce qu'ils ont déjà dit. Par contre, d'après les interlocuteurs de la confession musulmane et de la foi catholique, les techniques numériques jouent des rôles constructifs pour les fonctionnaires et pour la société entière. Ils défendent l'idée selon laquelle les techniques numériques facilitent la communication et les recherches ; elles informent par l'image. Elles contribuent au développement de l'être humain[30]. Un quinquagénaire musulman donne son opinion : « Moi je crois que la technologie contribue toujours à l'épanouissement. Elle enseigne. Si aujourd'hui la technologie vous permet de faire des cours à vos enfants à la maison, c'est un avantage[31]. » Par cette opinion, l'enquêté une réserve vis-à-vis des techniques numériques.

Selon les interlocuteurs de la foi catholique, l'utilité des technologies nouvelles d'information et de communication est manifeste. Pour eux, non seulement ces techniques numériques informent directement par l'image, mais aussi elles permettent à l'Église de suivre l'évolution technique de la société. « La télévision également apporte un changement dans le cours de la civilisation. Aujourd'hui, on est informé directement, et par images ; on voit ce qui se passe », soutient un enquêté catholique[32]. D'après cette opinion, les techniques numériques ouvrent l'horizon culturel à toutes les

---

30. Interview n° 42 du 11 janvier 2010 à 14h55.
31. Interview n° 43 du 12 janvier 2010 à 13h15.
32. Interview n° 31 du 06 janvier 2010 à 14h26.

couches sociales. De nos jours, les images sont livrées au public par les médias en sorte que celui qui veut se distraire ou s'informer le fait sans restriction. Par les services des médias, tous les domaines de la vie sont explorés à des fins culturelles, d'où le rôle des médias dans le processus de désenchantement du monde tchadien.

Les enquêtés musulmans et catholiques proposent une autre appréciation des nouvelles technologies de l'information et de la communication. Pour les enquêtés de la confession musulmane, les techniques numériques sont utiles et constructives, pourvu que l'utilisateur fasse un choix responsable. Un quinquagénaire musulman donne son appréciation : « Moi, je pense que les éléments de la modernité tels que l'internet, les nouvelles techniques de l'information et de la communication constituent un apport positif si on les utilise à bon escient. C'est quand on les utilise mal que c'est dangereux aussi ; donc il faut savoir utiliser[33]. » Le savoir-faire est ici recommandé dans l'utilisation des outils de la communication. En plus de cela, d'aucuns recommandent le discernement. « J'ai dit que tout n'est pas bon, il faut savoir trier. Le chrétien qui trie peut en être édifié, mais celui qui trouve que toute information est bonne, c'est celui-là qui sera dévié », pense un enquêté évangélique[34]. Un quinquagénaire musulman avertit le public concerné : « Si nous ne faisons pas attention, l'internet par exemple peut être un porte-malheur. Ça dépend de quel côté l'on se trouve. Donc, pour moi c'est en même temps un mal et une bonne chose[35]. » D'autres conseillent la sérénité dans l'utilisation des outils modernes de la communication. Un interlocuteur catholique donne son avis : « Ils sont utiles ; la foi en Dieu peut s'en réjouir, mais elles ne sont ni fondamentales, ni essentielles[36]. » Cette appréciation laisse entendre que certains enquêtés n'acceptent pas facilement les avis des autres. Une autre quinquagénaire catholique abonde dans le même sens : « Il y a certes des informations qu'on trouve sur internet et qui édifient ou instruisent, il y en a d'autres qui bousculent les consciences. Il faut vraiment faire le choix des sites[37]. »

---

33. Interview n° 42 du 11 janvier 2010 à 14h55.
34. Interview n° 08 du 22 septembre 2009 à 17h30.
35. Interview n° 45 du 12 janvier 2010 à 12h14.
36. Interview n° 35 du 07 janvier 2010 à 17h20.
37. Interview n° 36 du 08 janvier 2010 à 8h06.

Le fonctionnaire religieux est appelé à passer au crible la civilisation occidentale afin de faire des choix appropriés. C'est ce que cette quinquagénaire catholique recommande surtout aux chrétiens : « Le chrétien doit analyser tout, faire la part des choses et prendre cette nouvelle civilisation avec réserve[38]. » Une autre appréciation des techniques numériques est donnée par un autre interlocuteur catholique : « Comme toutes les technologies, il y a le côté positif et le côté négatif ; il revient à l'utilisateur de savoir s'en servir. La technologie est bonne, il faut l'acquérir, mais de façon intelligente[39]. »

En somme, les nouvelles technologies de l'information et de la communication inspirent conjointement aux fonctionnaires deux attitudes. D'une part, il y a la joie de découvrir et de connaître le monde, de jouir des avantages de la modernité. Les techniques numériques sont porteuses de valeurs et améliorent le processus de l'intégration sociale et les conditions de vie des individus. Elles sont indispensables à la réussite professionnelle et à l'épanouissement personnel ; elles sont utiles dans le domaine de l'apprentissage, dans le stockage et le partage de l'information. D'autre part, elles provoquent dans les esprits des fonctionnaires l'anxiété, la crainte, pour l'avenir de la génération montante. Elles mettent en danger la vie des usagers sans scrupules, la profession des fonctionnaires et des techniciens, surtout la vie des jeunes. Elles creusent davantage le fossé dans les relations collectives. Plus les techniques sont intégrées à la sphère de la famille, plus la dimension collective de la vie s'efface au profit des relations centrées sur l'individu : sa famille, son réseau social et son réseau professionnel.

Enfin, la science et la technologie contribuent grandement à l'essor de l'individualisme au sein de la religion appelée à être le lieu de la convivialité, de la fraternité et de l'entraide. Ce qui est recommandé par la plupart des enquêtés est la sélection des informations à utiliser et des outils dont il faut se servir. Les techniques numériques entretiennent dans les esprits des fonctionnaires tchadiens une tension entre le goût de vivre comme dans un autre contexte et l'obligation de s'épanouir au sein de leur milieu culturel

---

38. *Ibid.*
39. Interview n° 33 du 07 janvier 2010 à 14h33.

et sur leur terroir. Weber a relevé cette tension dans la vie de sa population allemande. Cela constitue un changement observé dans la société moderne.

C. Troisième analyseur : l'économie

Les transformations observées par les enquêtés couvrent aussi le domaine de l'économie. Pour certaines personnes, ces transformations sont positives, pour d'autres elles sont négatives.

1. Appréciation positive du changement économique

Un seul interlocuteur musulman reconnaît et certifie que le changement sur le plan économique est positif. Il compare la situation économique actuelle avec celle des années 70–80 dans le pays :

> Il y a une évolution. On n'est pas stationnaire. Les exemples palpables sont là : les voies qui sont en train d'être bitumées. Avant les gens se torturaient pour aller à Sarh ou à Moundou, d'autres perdaient beaucoup de temps ; non seulement ça, mais ça cause beaucoup d'accidents compte tenu de l'état des routes. Maintenant, il y a ce changement ; c'est-à-dire qu'il y a une évolution par rapport au niveau du développement du pays dans les années 70 et 80[40].

D'après cette opinion, la modernité apporte un soulagement à cet enquêté, et partant à toute la population. Les conditions de transport sont améliorées, rendant facile et agréable la mobilité. L'élément qui se dégage de cette opinion est la libération de la population de la condition rudimentaire qu'elle endurait.

Hormis cet interlocuteur, tous les autres enquêtés déplorent la dégradation de la situation économique du pays dans sa globalité et le *statu quo* du fonctionnaire singulièrement.

2. Appréciation négative du changement économique

Les personnes interrogées certifient que le changement est évident sur le plan économique, mais elles le dépeignent comme un phénomène qui

---

40. Interview n° 38 du 08 janvier 2010 à 13h19.

les désempare et les inquiète. Les opinions ci-après instruisent mieux sur cette affirmation.

Sur le principe du changement au niveau économique et le développement du matérialisme qui en résulte, trois enquêtés résument l'opinion des autres. « Sur le plan économique, le changement est entré par la cherté de la vie », témoigne l'un[41]. « Les choses ont vraiment changé parce qu'on se rend compte que la vie même devient de plus en plus chère. Plus nous progressons dans d'autres domaines, plus le coût de vie augmente aussi. C'est ce qui fait que l'être humain est beaucoup plus attaché au matériel[42] », appuient les deux autres.

Les autres enquêtés pensent que le changement économique est un phénomène nouveau et difficilement gérable dans les sociétés tchadiennes. Les publics de Weber et Berger rationalisent leur économie afin d'en augmenter le niveau ; tandis que les fonctionnaires de N'Djaména, bien que salariés de l'État, se plaignent de leur niveau de vie qui est dérisoire. Les pauvres et les jeunes de Nairobi luttent pour leur propre survie, alors que les fonctionnaires de N'Djaména ont leur salaire mais il ne couvre pas les besoins quotidiens de la famille. Un quinquagénaire catholique soutient que l'instabilité de l'économie et de la politique joue sur la vie sociale à plusieurs niveaux : « Sur le plan économique, il y a changement si on voit le cours du baril du pétrole qui monte et descend de jour en jour. Même sur le plan social, les guerres entraînent toujours un changement au niveau de la famille et des relations[43]. » L'avis de cette enquêtée de la même confession est clair : « Au point de vue économique, même si le pays est pauvre comme quoi, les gens avaient le minimum vital. Mais de plus en plus, on voit que les choses changent ; et même avec l'avènement du pétrole[44]. » Pour cette dame, la pauvreté comme condition générale et le manque d'investissement par l'État dans les secteurs vitaux de la population causent l'émigration des élites vers l'Occident et l'exode rural :

---

41. Interview n° 01 du 10 septembre 2009 à 11h35.
42. Interview n° 50 du 13 janvier 2010 à 14h12 et interview n° 30 du 06 janvier 2010 à 11h43.
43. Interview n° 39 du 11 janvier 2010 à 13h13.
44. Interview n° 34 du 07 janvier 2010 à 15h43.

> Le Tchad est pauvre, dans tout le pays les gens sont pauvres. Le déficit de l'investissement fait que les gens se déplacent de région en région, de terre en terre à la recherche des terres fertiles. Le mode de vie a changé. Il y a un exode rural qui se fait avec la misère, la pauvreté. Les jeunes, même les grandes personnes affluent vers N'Djaména[45].

Pour cette personne, l'argent du pétrole n'améliore pas pour autant la condition sociale et économique de la population. La situation passionne cette enquêtée qui continue son analyse de la situation dans la vie quotidienne et dans la scolarisation des enfants : « Dans certaines familles, les gens n'arrivent pas à joindre les deux bouts, parce qu'il faut une éducation des enfants, les entretenir, les nourrir et préparer leur avenir[46]. » L'enquêtée estime que la cherté de la vie affecte le développement de la formation universitaire au Tchad : « Si ton enfant est à l'université au Tchad, c'est parce que tu n'as pas les moyens ; sinon il doit aller étudier ailleurs. Dans le cas contraire, il va perdre plusieurs années[47]. »

Alors que la pauvreté caractérise la vie sociale en général, il y a certains fonctionnaires et une poignée de personnes dont le niveau de vie exaspère et démotive les autres agents. Un quinquagénaire catholique l'exprime franchement : « À mon jugement à moi, le fameux argent pétrolier a fait que d'un point de vue matériel, vous ne pouvez plus suivre le mouvement parce qu'il y a trop de nouveaux riches, il y a trop de riches gratuits. J'ai des jeunes ici qui ne gagnent rien par rapport à ce que je gagne, mais qui roulent en carrosse[48]. » Le paradoxe que présente la situation économique au Tchad a des conséquences palpables dans la vie des agents de l'État.

3. Conséquences du changement

L'enquêté susmentionné poursuit sa description de la situation en portant l'attention sur les conséquences morales, familiales et sociales. Il cite l'humiliation et la souffrance morale des parents qui ne peuvent pas répondre aux moindres demandes de leurs enfants. « Vos enfants qui vous

---

45. *Ibid.*
46. *Ibid.*
47. *Ibid.*
48. Interview n° 35 du 07 janvier 2010 à 17h20.

réclament certaines choses banales, vous ne pouvez même pas les procurer. Et vous voyez les autres à côté, et ça fait mal[49]. » L'enquêté cite aussi l'injustice dans le traitement des agents, ce qui engendre la corruption. D'après lui, « les riches gratuits » ne font pas le travail pour lequel ils sont payés. Une faible poignée de travailleurs sert les autres, mais sans avoir un accompagnement salarial approprié. Ces derniers deviennent ridicules aux yeux de leur famille. Les relations humaines souffrent de ce déséquilibre économique. Cette injustice dans le traitement des fonctionnaires par le même employeur pousse certains agents à développer la corruption afin de combler leur déficit économique. D'autres, qui ne se laissent pas corrompre, s'adonnent moins au travail, parce que découragés[50].

Pour un quarantenaire évangélique, la discordance entre le coût de la vie et la réalité du salaire des fonctionnaires alimente la corruption : « Sur le plan économique, le coût des denrées affecte profondément le rythme de la vie du fonctionnaire et cela fait qu'il ne peut pas répondre pleinement aux besoins de sa famille ; d'où je pourrais tenter de lancer le mot de corruption[51]. » Un sexagénaire est plus concret : « De nos jours, la même famille que j'avais ne peut plus faire même la moitié du mois avec ce qu'on utilisait avant[52]. »

D'autres regards identifient presque les mêmes causes et les mêmes manifestations du changement dans le domaine économique et politique. Un interlocuteur évangélique regarde vers le côté moral et le relie à l'aspect culturel. L'enquêté fait observer que le changement culturel dû à l'environnement économique difficile a des conséquences négatives sur les mœurs, les us et les coutumes : « Aujourd'hui lorsque vous prenez les jeunes, le vagabondage sexuel est devenu un métier [. . .] C'est ce qui met les filles dans les lourdes recherches des moyens circonstanciels de subsistance, non pas elles seulement, mais aussi pour leur famille[53]. »

L'interlocuteur ajoute que les gens s'activent à la reconnaissance officielle de ce « métier » par la délivrance probablement un de ces jours, d'une

---

49. *Ibid.*
50. *Ibid.*
51. Interview n° 16 du 03 octobre 2009 à 10h35.
52. Interview n° 03 du 15 septembre 2009 à 13h45.
53. Interview n° 01 du 10 septembre 2009 à 11h35.

carte d'identité nationale avec comme profession : travailleur social[54]. Il estime qu'on a commencé à copier ces habitudes étrangères à la civilisation tchadienne. La pauvreté est désignée comme cause principale de ce changement moral et culturel. Dans le même ordre d'argumentation, un autre enquêté évangélique apporte quelques particularités à l'analyse :

> La paupérisation fait que ce que les gens ont produit, ils n'ont pas la possibilité d'écouler. L'affaire de l'autorisation, de terme d'échange, fait qu'on produit, mais c'est d'autres qui fixent les prix [. . .] Aujourd'hui cette paupérisation qui est là dans les villes, mais aussi au niveau rural, fait que la tentation de l'argent l'emporte sur les bonnes mœurs. Et donc du coup il y a un lien par rapport au sexe[55].

Selon cette analyse, le niveau économique dérisoire de la population pousse les gens, surtout la jeunesse, dans des pratiques contraires à leur tradition et aux normes de leur société. D'après l'enquêté, en moyenne, un Tchadien qui travaille prend en charge près de vingt personnes. Donc, à cause de cela, tout le monde s'appauvrit. Et il en donne un exemple : « Vous avez entendu un artiste presque païen qui parle d'une note sexuellement transmissible à l'université. Si vous avez votre cul à offrir, vous pouvez passer en classe supérieure. Sinon, il faut donner de l'argent, si c'est un garçon, pour obtenir des notes[56]. »

En conclusion de cette analyse, l'évolution des sociétés entraînent des changements dans la vie des fonctionnaires. En somme, majoritairement, les opinions certifient le changement des mentalités des fonctionnaires, la nouvelle perception de la femme en société, la fragmentation de la société et de la famille, l'influence des médias, la cherté de la vie à tous les niveaux et dans tous les secteurs (exception faite pour certains services privés), la paupérisation. Les répercussions touchent les populations des zones rurales où les bras valides optent pour l'exode rural. Les exigences religieuses perdent donc leur autorité dans la conduite des fonctionnaires en société ou dans leur lieu de travail, et leur vie de piété diminue.

---

54. *Ibid.*
55. Interview n° 04 du 19 septembre 2009 à 9h15.
56. *Ibid.*

D'après l'analyse de cette première hypothèse, comparativement à Nairobi, au peuple yoruba (Nigéria) et à d'autres pays d'Afrique, les aspects de la sécularisation manifestes au Tchad sont le désenchantement, l'émancipation et la rationalisation des domaines de la vie sociale, l'individualisme, les transformations sociales. Les canaux de ces transformations sont l'école républicaine, donc les médias, le christianisme, et la pauvreté. Nous vérifions à présent la deuxième hypothèse émise.

II. Spécificités de la sécularisation au Tchad

La deuxième hypothèse pose que la sécularisation au Tchad présente des spécificités par rapport à la sécularisation européenne. Parmi ces spécificités, nous notons la confrontation permanente entre les religions monothéistes couplées avec la modernité et les religions traditionnelles des populations autochtones. Quelques analyseurs, tels que les pratiques traditionnelles, les secours alternatifs, permettront de tester cette hypothèse.

A. Premier analyseur : les pratiques traditionnelles

À la question : « Qu'est-ce qui justifie la survivance des pratiques traditionnelles dans la vie des fonctionnaires tchadiens religieux alors qu'ils appartiennent à la société moderne ? », différentes réponses sont données par les enquêtés des trois groupes religieux. Nous relevons des opinions convergentes et des opinions spécifiques à chaque confession religieuse.

1. Opinions convergentes

Il y a un seul point relevé communément par les trois groupes religieux. Tous les trois reconnaissent et témoignent que la survivance des pratiques traditionnelles est justifiée par le manque de conviction réelle des fonctionnaires par rapport à leur engagement dans la religion qu'ils pratiquent, surtout vis-à-vis de leur communauté. Les témoignages ci-après instruiront sur cette réalité.

a) Raisons de l'inefficacité des religions monothéistes

La première raison de l'inefficacité de l'Évangile dans la vie des fonctionnaires, selon les évangéliques, est l'approche missionnaire de la culture.

Selon un enquêté évangélique, la superficialité du travail missionnaire a contribué à la survivance d'un fond traditionnel dans tout chrétien tchadien quelle que soit son éducation :

> C'est un peu dû à l'approche missionnaire de la christianisation. Certaines habitudes qui auraient pu changer dès le départ n'ont pas changé, parce que le changement qu'avait voulu le missionnaire était un changement très brutal. Et cela n'a pas permis aux éléments culturels ou aux éléments religieux traditionnels de faire entrer l'Évangile[57].

D'après cette opinion, le problème réside au niveau du missionnaire qui n'a pas fait un travail en amont de la culture à l'aide de l'Évangile. L'approche missionnaire n'a pas pris en compte les traditions et les exigences culturelles qui pesaient sur les Tchadiens dans leur milieu. Un autre problème se situe au niveau de l'individu qui conserve jalousement le dépôt de sa tradition, et, en plus de cela, reçoit l'Évangile sans soumette sa culture à l'autorité de cet Évangile. Le fond traditionnel transparaît dans la manière de vivre sa foi. Un autre interlocuteur précise qu'au Tchad, « souvent les gens pensent que l'Évangile avait piétiné les cultures. Et c'est pour cela que l'Évangile n'est pas efficace dans la société et qu'il faut le mélanger avec les religions traditionnelles[58] ». Cette opinion démontre que parmi les fonctionnaires tchadiens, certains retournent dans leur milieu à chaque circonstance rituelle pour honorer les exigences de la coutume. Cela s'explique par le besoin du savoir-être et du savoir-faire du milieu, en même temps que par le besoin de connaître le mystère de la vie par le langage.

La deuxième raison de l'inefficacité de l'Évangile dans la vie des fonctionnaires tchadiens est relevée par les évangéliques et les musulmans. Certains de nos informateurs considèrent le christianisme et l'islam comme des religions d'emprunt, donc sans crédibilité. Leur caractère étranger a de l'influence sur les religions traditionnelles africaines, notamment l'animisme qui avait ses normes, ses valeurs et son utilité sociale[59]. D'après les musulmans interviewés, ceux qui se détachent de leur religion traditionnelle pour

---

57. Interview n° 01 du 10 septembre 2009 à 11h35.
58. Interview n° 02 du 15 septembre 2009 à 8h43.
59. Interview n° 12 du 1ᵉʳ octobre 2009 à 7h23.

adhérer à la religion d'emprunt sont considérés comme des intégristes. Un quarantenaire musulman déclare : « Dans cette partie du monde, la religion est associée à la tradition. Pour celui qui pratique textuellement ce que Dieu a dit à son prophète, il est qualifié d'office d'intégriste. Pour eux, il faut aussi associer à cela la tradition[60]. » Un quinquagénaire évangélique abonde dans le même sens : « De plus en plus, les gens font une comparaison entre les pratiques traditionnelles et les religions occidentales[61]. » Très souvent, là où les gens trouvent satisfaction par rapport à leurs besoins existentiels, c'est là qu'ils placent leur confiance.

La troisième raison de l'inefficacité de l'Évangile dans la vie des fonctionnaires, selon les catholiques, est la confiance dans la tradition. D'après eux, la survivance des pratiques traditionnelles dans la vie des fonctionnaires tchadiens s'explique par la fierté de garder la mémoire de sa propre tradition religieuse. Une enquêtée catholique témoigne : « L'homme tchadien veut rester traditionnel. Il n'arrive pas à se détacher de sa tradition, si ce n'est pas de son animisme. Moi, je pense que si l'on garde les mœurs, les traditions, cela peut avoir des effets sur les pratiques religieuses[62]. » Un autre de la même confession, quant à lui, souligne l'aspect fondamentalement spirituel qui n'est pas enraciné dans la vie des pratiquants de la religion. Il l'explique en faisant une comparaison entre deux confessions religieuses : « C'est des faits réels. Tout le monde est croyant à vue d'œil, mais le degré de croyance n'est pas le même. Les pratiques des religions traditionnelles continuent. Mais pour moi, c'est qu'il n'y a pas une conviction réelle de la religion que l'on pratique. C'est une faiblesse dans la conviction religieuse[63]. »

Chez les musulmans, l'appréciation de la survivance des pratiques traditionnelles observées dans le comportement des fonctionnaires corrobore celle des protestants. Pour eux, ce comportement relève d'un suivisme sans réel engagement. Un quarantenaire donne son avis sur ces pratiques :

> Nous sommes en Afrique, et il faut comprendre le contexte religieux africain. Avant l'arrivée de l'Islam, on a notre religion,

---

60. *Ibid*. L'enquêté s'exprime ici au sujet de l'Afrique noire.
61. Interview n° 07 du 22 septembre 2009 à 17h15.
62. Interview n° 21 du 06 octobre 2009 à 14h20.
63. Interview n° 31 du 06 janvier 2010 à 14h26.

nous sommes des animistes, puis la religion occidentale est arrivée. Nos aïeux ont préservé ces valeurs religieuses que nous possédons puisque c'est la tradition. Et c'est grâce à ces amulettes, à ces gris-gris que nous sommes en train de nous sauver. La religion occidentale ne sauve pas, donc il faut associer[64].

L'emploi du mot « religion » ici couvre aussi l'islam étant donné que cet enquêté est un musulman. D'après lui, la pérennisation des pratiques traditionnelles dans la vie des fonctionnaires témoigne de la confiance qu'ils placent dans la tradition et ses valeurs. Comparée à la religion d'emprunt, la tradition a le pouvoir de sauver d'une situation concrète.

Les uns et les autres expliquent la survivance des pratiques traditionnelles dans la vie des fonctionnaires par un déficit de la connaissance des écrits sacrés. Et tout cela témoigne de leur manque d'engagement réel dans la religion qu'ils pratiquent.

b) Conflit des méthodes d'éducation

Un bon nombre des enquêtés note et regrette la disparition de la méthode traditionnelle de l'éducation qui était plus efficace et plus dynamique. Pour certains, la cohésion sociale qui a caractérisé le système éducatif traditionnel se désagrège. C'est ce qu'exprime une quinquagénaire évangélique : « L'éducation de nos enfants change complètement. Dans l'ancien temps, c'était l'éducation communautaire. Aujourd'hui, ce n'est pas possible[65]. » D'après cette opinion, la plupart des sociétés tchadiennes traditionnelles considèrent l'enfant comme une propriété du groupe familial, clanique ou tribal. Par conséquent, la responsabilité de son éducation incombe à toute la communauté. C'est ainsi qu'un proche parent peut prendre un enfant et l'amener à l'initiation. Ou encore, le géniteur peut confier son enfant à un cousin, frère ou neveu pour son éducation. Le mécanisme de cette transmission de valeurs varie selon les milieux et les traditions. L'avènement de la modernité avec les religions d'emprunt balaie cette conception et pratique. De surcroît, la liberté et l'individualisme qu'apporte la démocratie comme un des principes de la modernité affectent le système traditionnel d'éducation.

---

64. Interview n° 12 du 1er octobre 2009 à 7h23.
65. Interview n° 19 du 03 octobre 2009 à 20h35.

La contribution du groupe social à l'éducation des enfants est contestée par les parents eux-mêmes et par les enfants au nom de la liberté individuelle. « Autrefois, les gens du quartier pouvaient éduquer les enfants du quartier ; maintenant tu ne peux même pas taper l'enfant de ton frère, parce qu'il va prendre sa défense », soutient l'enquêtée susmentionnée[66]. La peur d'être méchamment repris et parfois traduit en justice pour avoir osé corriger un enfant d'autrui empêche la communauté en tant que corps uni de suivre l'évolution des enfants en son sein. Cela montre clairement qu'il y a un conflit entre la méthode ancienne et la méthode moderne d'éducation au sein des sociétés tchadiennes.

La conséquence manifeste de cette liberté dans le domaine éducatif est, selon les interlocuteurs, le mépris de l'autorité non seulement des personnes âgées mais aussi des structures sociales. Un interlocuteur évangélique dont l'opinion résume la pensée de plusieurs personnes le souligne :

> Il n'y a plus de respect de la personne âgée, de l'autorité en tant que telle ; parce que l'expression découverte aujourd'hui il y a autour de 18 ans, « la démocratie », est mal interprétée. Et donc démocratie veut dire liberté, et liberté, c'est l'anarchie. Et moi, je situe tout cela à partir de 1979 où le désordre s'est installé[67].

À cause de cet effacement de la fonction communautaire de l'éducation, d'après les interlocuteurs, le domaine du mariage échappe à la responsabilité des parents. Un quarantenaire musulman fait observer le changement dans ce domaine : « Dans le domaine du mariage des jeunes, par exemple, maintenant on parle d'un consentement, on n'impose pas à l'enfant le mariage, c'est à lui d'organiser et de faire son choix avec son ou sa partenaire[68]. » L'explication de ce comportement des enfants est la recherche de l'autonomie individuelle parce que la méthode traditionnelle d'éducation comprimait les enfants, et surtout les femmes[69]. La jeunesse et les femmes subissaient des interdits sans explication rationnelle ou convaincante de la

---

66. Interview n° 29 du 05 janvier 2010 à 14h37.
67. Interview n° 01 du 10 septembre 2009 à 11h45.
68. Interview n° 12 du 1er octobre 2009 à 7h23.
69. Interview n° 19 du 03 octobre 2009 à 20h35.

part des personnes âgées ou des hommes. La part des parents dans ce relâchement consiste dans l'activisme dans lequel ils sont conduits, le respect sans discernement des principes de la démocratie ou le manque de temps.

Deux types d'opinions sont quasiment identiques, excepté quelques nuances ou aspects complémentaires. Il s'agit : (1) de l'abandon du système traditionnel ou communautaire d'éducation ; (2) du rejet de l'autorité des anciens ou personnes âgées par les jeunes parce qu'ils aspirent à l'autonomie, comme conséquence de ce qui précède.

Il convient de signaler qu'il n'y a aucune opinion divergente entre les trois groupes, à part l'argumentation spécifique des évangéliques.

2. *Spécificités des évangéliques*

Deux points sont spécifiquement mentionnés par les évangéliques, à savoir la quête d'identité et la pression du groupe diversement constitué.

a) Quête d'identité

Le premier point est le repliement de chacun sur soi, la recherche d'une affiliation tribale ou clanique et la quête d'identité. Ces éléments affectent la vie chrétienne des fonctionnaires. Selon un sexagénaire évangélique, il manque un cadre d'orientation des jeunes, en sorte que chacun pense que la tradition serait peut-être mieux pour son propre épanouissement. Cet enquêté souligne une autre dimension de l'influence de la culture dans la vie du fonctionnaire. D'après lui, il y a plusieurs paramètres qui entrent en jeu dans le développement de ce comportement. Il s'agit entre autres de l'émiettement sociétal, du repliement sur soi-même, de la recherche du groupe d'appartenance :

> Vous pouvez savoir que chacun retourne dans son groupe villageois [. . .] C'est ce qui fait qu'il y a altération de la compréhension de la Parole de Dieu. Et quand l'élément tribal, l'élément initiatique culturel arrive et se présente devant le chrétien, celui-ci n'a plus de référence biblique et ne s'associe plus aux autres[70].

---

70. Interview n° 09 du 24 septembre 2009 à 12h50.

Cette opinion fait comprendre que les hommes et les femmes cherchent d'abord à s'identifier à leur groupe pour le besoin de sécurisation ou d'identité tribale. C'est lorsque la personne s'assure que ce besoin est en voie d'être résolu que naît la pensée d'intégrer la famille des enfants de Dieu. Plusieurs jeunes, parfois avec le soutien de leurs parents, expriment leur besoin de confirmer leur identité culturelle en embrassant les rites initiatiques périodiquement organisés. Un autre enquêté partage cette opinion en ajoutant que la formation des communautés sur la base tribale ou ethnique contribue beaucoup à la persistance des pratiques traditionnelles :

> Si la personne n'a pas l'équipement spirituel nécessaire, elle a l'éducation de base qui lui propose une porte de sortie quand il y a un problème. Et quand il y a une base ethnique, ça implique un aspect de coutume qui y est lié quelque part et qui fait la petite différence entre les uns et les autres[71].

D'après ces enquêtés, l'allégeance à la culture plutôt qu'à Dieu et la recherche de l'identité tribale sont à la base de la survivance des pratiques traditionnelles dans la vie des fonctionnaires tchadiens, quoiqu'ils appartiennent à la société moderne. Ceci s'explique par le fait que dans le groupe tribal ou ethnique, l'influence du groupe ternit la foi du croyant qui est sollicité d'honorer les demandes de sa tradition.

b) Pression sociale

Le second point mentionné comporte quelques éléments, à savoir la conjoncture, la pression du groupe social et l'appartenance à une diversité de groupes confessionnels. Ce dernier élément est relevé par Messi Metogo appuyé par Parrinder. De nouveau, pris isolément ou ensemble, ces éléments pèsent sur la vie religieuse du fonctionnaire tchadien. En d'autres termes, la survivance des pratiques traditionnelles dans la vie des fonctionnaires du Tchad est tributaire des exigences culturelles et de la situation économique du pays. Un quinquagénaire évangélique rationalise sa double vie en tant que fonctionnaire chrétien : « En Afrique, surtout au Tchad nous appartenons à la grande famille où les gens n'ont pas la même religion. Et là tu ne peux pas de toi-même interdire à cette grande famille-là

---

71. Interview n° 24 du 18 octobre 2009 à 18h35.

le respect de certaines pratiques dans certaines circonstances qui engagent ta responsabilité[72]. » Quand les membres de la famille ne sont pas tous de la même religion, très souvent les autres s'imposent et le fonctionnaire chrétien est obligé de céder. L'enquêté témoigne que souvent la voix de la famille l'emporte sur leur bonne disposition de vivre leur foi authentique. Il s'explique : « C'est une lutte devant laquelle nous nous trouvons et ce n'est pas facile. C'est dû à cette multitude de confessions auxquelles nous appartenons, et l'aspect famille reste toujours important. Quand les autres s'imposent, on est obligé d'accepter, mais avec tous les risques que vous connaissez[73]. » L'enquêté parle ici de certains rites que l'on pratique en certaines occasions marquantes de la vie familiale. Un enquêté catholique partage son expérience quasiment identique à celle de son prédécesseur : « Vraiment, je ne connais pas exactement ce que fait un marabout. Mais très jeune, étant d'abord d'une famille traditionnelle, mes grand-parents m'ont soumis à quelques rites traditionnels [. . .] Mais depuis que je suis devenu grand, je ne me soumets pas à de pareilles choses[74]. »

Les enquêtés de tous ces groupes religieux soulignent un manque d'éducation de base. Dans son analyse de la cause de ce conflit de civilisations, un trentenaire catholique résume l'opinion des autres : « Moi, je vois plus le problème d'éducation ; que ce soit une éducation dans la vie religieuse, que ce soit une éducation dans la vie sociale en tant que telle, en tant que l'aspect humain[75]. » Bien sûr, une telle appréciation ne concerne pas toute la population des fonctionnaires, mais elle concerne surtout les personnes engagées dans leurs communautés respectives. Ce manque d'éducation de base justifie l'instabilité spirituelle ou le manque d'affirmation de l'identité religieuse de ces personnes. D'une part, le manque d'éducation de base peut signifier le fait que la religion traditionnelle n'a pas pu communiquer à ses adeptes les croyances fondamentales pour fixer en eux les valeurs de leur patrimoine culturel[76]. D'autre part, le manque d'éducation de base

---

72. Interview n° 15 du 1er octobre 2009 à 12h25.
73. Interview n° 15 du 1er octobre 2009 à 12h25 et interview n° 43 du 12 janvier 2010 à 8h27 ; interview n° 27 du 05 janvier 2010 à 10h26 ; interview n° 32 du 06 janvier 2010 à 16h20.
74. Interview n° 31 du 06 janvier 2010 à 14h26.
75. Interview n° 06 du 21 septembre 09 à 8h40.
76. *Ibid.*

peut aussi signifier le fait que la religion musulmane ou chrétienne a failli dans son mode de communication de la foi à ses adeptes. Une troisième manière de comprendre le manque d'éducation de base est le fait que les parents n'assument pas leur rôle vis-à-vis de leurs enfants. Ces derniers se sont formés dans le tas, donc sans repère moral et sans normes fixes auxquelles se conformer. Et cela se répercute dans la manière de vivre d'un fonctionnaire issu d'un tel milieu familial, d'apprécier la vie, les hommes et le service à accomplir.

En outre, l'impact de l'éducation familiale selon les principes religieux continue d'être ressenti dans la vie de certains fonctionnaires. Même dans les circonstances délicates, ces derniers se retiennent devant les possibilités de recourir à d'autres alternatives. Un interlocuteur catholique fait connaître son expérience différente qui influence sa vie familiale : « Mes parents ne nous ont jamais initiés à de telles pratiques ; et c'est resté en moi si bien que pendant mes chutes et autres, je ne pensais pas à ces choses. En effet, tous nos problèmes, nous les confions au Seigneur[77]. » L'enquêté affirme ici sa fermeté dans la foi chrétienne.

Toutefois, une opposition au fatalisme caractéristique de certaines religions, comme l'islam, apparaît dans l'opinion de quelques interlocuteurs. Au fait, la tendance à valoriser l'adage populaire selon lequel l'homme et Dieu travaillent en synergie anime bien des jeunes. Un enquêté musulman fait plus confiance en ses talents, et par conséquent s'accuse lui-même en cas d'échec dans toute situation : « Honnêtement, je pense qu'il faut d'abord faire beaucoup d'efforts pour planifier ses activités ; il ne faut pas rester bras croisés pour dire que cet échec est voulu par Dieu[78]. »

La conclusion de cette analyse est que le poids de la culture et de l'arrière-plan de l'individu, chrétien ou musulman, reste toujours très lourd dans sa vie. D'après ces enquêtes, l'allégeance à la tradition plutôt qu'à Dieu et la recherche de l'identité tribale sont à la base de la survivance des pratiques traditionnelles dans la vie des fonctionnaires tchadiens. C'est la situation du fonctionnaire tchadien appelé à témoigner sa foi musulmane ou chrétienne au sein de sa culture.

---

77. Interview n° 30 du 06 janvier 2010 à 11h43.
78. Interview n° 48 du 13 janvier 2010 à 10h05.

L'expérience des Yorubas décrits par Dopanu et celle de quelques pays africains décrits par Messi Metogo et Tshimbulu sont identiques à celle de plusieurs fonctionnaires de N'Djaména. À en croire certains enquêtés, le manque de conviction du fonctionnaire religieux se confirme devant des opportunités qu'offre une foi nouvelle et devant une situation de nature troublante ou menaçante. Ainsi, son comportement est fonction de sa perception des réalités métaphysiques et explique les recours alternatifs.

B. Deuxième analyseur : recours alternatifs

La question à laquelle les interlocuteurs répondent est ainsi formulée : « Dans des situations préoccupantes, troublantes ou coincées au niveau personnel, familial ou professionnel, que faites-vous d'ordinaire ? ». Les réponses des interlocuteurs varient selon le niveau d'engagement de chaque personne dans sa communauté, ses attitudes et ses comportements. Elles vont de l'affirmation à la négation d'un recours à d'autres forces en passant par des avis nuancés ou ambigus.

1. Domaine socioprofessionnel

Le comportement des fonctionnaires tchadiens témoigne que le désenchantement du monde dont la religion monothéiste est l'une des causes n'a pas pris en compte leurs besoins existentiels manifestés au quotidien. Ils se voient exposés aux dangers d'ordre spirituel, moral, social, voire matériel faute de certitude vis-à-vis du pouvoir de la science et de la technologie. L'explication sociologique est que leur recours aux puissances alternatives est motivé par la peur de la mort, le besoin de la sécurité sociale, du bien-être et de la promotion[79]. En raison de ce besoin, les fonctionnaires recourent aux gris-gris comme substitut du Dieu tout-puissant qu'ils professent. Le témoignage d'un quinquagénaire protestant appuie cette affirmation : « Personnellement, je conclus qu'il y a trois choses qui justifient le recours à la magie, au maraboutage, au fétichisme dans la vie des fonctionnaires tchadiens chrétiens : la peur de perdre leur place, la soif de la grandeur sociale, la promotion professionnelle et la peur de mourir[80]. » D'aucuns

---

79. Interview n° 02 du 15 septembre 2009 à 8h43 et interview n° 06 du 21 septembre 2009 à 8h40.
80. Interview n° 07 du 22 septembre 2009 à 17h15.

portent ces « dieux protecteurs » dans leur sac à main, dans leur poche ou les attachent autour de leur taille. D'autres les gardent sous leur oreiller, dans les tiroirs de leur bureau. « Les gris-gris luttent contre une diversité de malheurs », témoigne un musulman[81].

Les recours alternatifs s'expliquent aussi par le besoin de la proximité d'une source de pouvoir palpable. Le besoin du secours matériel, de la protection immédiate, de la grandeur sociale et de l'assurance sous-tend le comportement des uns et des autres. La confiance dans ces pouvoirs alternatifs héritée de la tradition détermine cette attitude[82].

Gardant ses distances par rapport au climat général, un enquêté donne son appréciation de ce comportement : « J'ai comme impression que surtout en Afrique noire, les gens associent tradition et religion. Alors que tout bon croyant, fidèle musulman, est celui qui respecte le Coran et les hadiths du prophète Mohammed. Or le prophète n'a jamais attaché des amulettes sur lui, ça veut dire que ses adeptes ne doivent pas dévier[83]. » L'opinion de l'interlocuteur présente une certaine confusion. D'une part, l'islam invalide la religion occidentale dans la vie du croyant en ce sens qu'il la considère comme une religion d'emprunt, d'autre part, il critique ceux qui combinent la religion et la tradition dans leur vie. L'enquêté lui-même ne distingue pas entre religion et tradition alors que chaque religion a sa tradition. Toutefois, d'après cette opinion, les fonctionnaires qui portent sur eux ou gardent ces objets chez eux témoignent de la superficialité de leur foi musulmane ou de leur manque de conviction personnelle.

D'autres fonctionnaires rationalisent les pratiques traditionnelles comme le port des gris-gris auxquels ils donnent une fonction protectrice. C'est ce dont témoigne cet interlocuteur pour qui le port des gris-gris, par exemple, n'est pas un mal en soi parce que le contenu est saint et donc efficace pour la protection.

> Chez nous les musulmans, il y a des versets du coran qu'on peut écrire sur le papier, en faire un gris-gris et porter sur soi parce que c'est la parole de Dieu. Il y a des paroles qui sont

---

81. Interview n° 42 du 11 janvier 2010 à 14h55.
82. Interview n° 12 du 1ᵉʳ octobre 2009 à 7h23.
83. *Ibid.*

tellement indiquées pour lutter contre tels ou tels malheurs. Les amulettes, par contre, n'ont rien à voir avec la religion[84].

Cette opinion exprime un jugement de valeur entre les gris-gris et les amulettes : les amulettes sont proscrites par le Coran dans la mesure où ce n'est pas une pratique religieuse, mais les gris-gris avec des versets coraniques sont permis. Il fait comprendre que la nature des gris-gris et leur fonction explique la liberté de cette pratique.

L'avis d'un enquêté musulman reflète le comportement de plusieurs personnes : « On recourt d'abord à l'aide de Dieu. En tant que croyant, il n'y a pas autre façon de faire, il faut prier Dieu. Si Dieu répond à votre prière, la prière suffit[85]. » Un autre de la même confession s'explique davantage : « Oui, ça arrive, mais dans un premier temps je recours à Dieu. Mais comme vous le savez, comme la vie est devenue assez compliquée, par voie de certaines relations humaines, je cherche à résoudre les problèmes[86]. »

Avec beaucoup de conviction, un quinquagénaire catholique déclare : « Certains disent de manière péjorative qu'ils sont chrétiens le jour, et puis animistes ou du genre religion traditionnelle la nuit [...] Presque toutes les voies sont permises : voies d'entrer dans les pratiques maléfiques, voies de sacrifier quelqu'un ou de le mater[87]. » Selon cette opinion, les questions de sécurité, de prospérité et de promotion trouvent leur espace d'expression dans ces pratiques. D'ailleurs, le même enquêté soutient que lorsque la mort arrive, les gens oublient leur foi, ils sont désaxés ; toute leur intelligence, toute leur piété et toute leur foi tombent[88]. Cette opinion peut être comprise comme une affirmation des recours aux puissances alternatives dans la vie des cadres tchadiens. Un enquêté évangélique précise : « Les gens cherchent à se protéger. Souvent pour les fonctionnaires qui occupent des postes de responsabilité, ils cherchent à s'y maintenir aussi longtemps que possible en touchant les marabouts ou d'autres dieux, soit pour gagner

---

84. Interview n° 42 du 11 janvier 2010 à 14h55.
85. *Ibid.*
86. Interview n° 50 du 13 janvier 2010 à 14h12.
87. Interview n° 23 du 12 octobre 2009 à 11h45.
88. *Ibid.*

d'autres promotions[89]. » Ces opinions montrent la pluralisation et la conception du pouvoir comme sacré dans les RTA.

Il importe de chercher à savoir si ces recours influencent aussi la vie religieuse des fonctionnaires tchadiens.

2. Champ religieux

a) Marché des micro-entrepreneurs religieux

Le champ religieux au Tchad présente une nouveauté. Les micro-entrepreneurs exercent parallèlement leur influence sur les travailleurs. Comme Weber l'a si bien dit en insistant sur la dimension cognitive de la rationalité[90], les magiciens, marabouts et féticheurs libellent à leurs clients des messages avec des explications convaincantes et des recettes perçues comme utiles. Dans ce contexte, il appartient au sujet de rationaliser les messages entendus et ses croyances avant toute décision à prendre. Très souvent, le sujet a des raisons fortes d'y croire ; ces croyances font sens pour lui. La cause de l'adhésion aux croyances dans les puissances proposées est donc à rechercher du côté des raisons que le sujet social, placé dans tel ou tel contexte, a de les endosser. Et il importe de voir que ces raisons appartiennent à un éventail très ouvert. Le témoignage d'un enquêté musulman nuance cette observation : « Ce n'est pas tout le monde qui adopte la religion sur des bases de grandes idées. Il y a des gens qui adoptent des religions par imitation, chacun à son niveau. Mais quiconque entre dans la religion avec un passé animiste ne pourrait que ballotter, parce que sa foi n'est pas stabilisée[91]. »

C'est pourquoi il paraît anormal, quoiqu'il y ait sécularisation, de parler d'un retour du religieux comme si les fonctionnaires tchadiens avaient abandonné leur groupe d'appartenance religieux. Certains y sont vraiment engagés et sont même les piliers de leur communauté ; d'autres sont plus ou moins entraînés par les circonstances de la vie et cela détermine leur niveau d'engagement dans leur communauté. En tout cela, la présence des formes religieuses même les plus extrémistes ne laisse aucun groupe indifférent. Il y

---

89. Interview n° 07 du 22 septembre 2009 à 17h15.
90. WEBER, L'éthique protestante, avant-propos, p. 1-11.
91. Interview n° 18 du 03 octobre 2009 à 10h00.

a une diminution progressive de l'autorité de la religion dans les domaines précis de la vie des fonctionnaires, certes, mais simultanément il y a aussi un réenchantement du monde. Cela signifie l'échec patent de la modernité et de la raison comme porteuses de sens.

Notons que ce ne sont pas tous les auditeurs qui se laissent prendre dans le filet de ces micro-entrepreneurs religieux. Un de ces derniers propose à un quarantenaire évangélique un marché contre une rémunération :

> Un monsieur qui m'a dit qu'il travaille avec les esprits. Et il me dit qu'il peut, grâce à ces esprits, m'aider sur tous les plans. Je peux être élevé au poste que je veux. Mais je l'ai orienté vers un autre collègue qui est avocat chrétien qui l'a aussi repoussé. Et encore un autre cas que j'ai vécu avec un vieux papa qui s'est proposé à m'aider gratuitement pour protéger mon poste, mon bureau. Pour ma part, je lui rappelle toujours les promesses de Dieu[92].

Ce témoignage montre qu'il y a un remède polyvalent livré sur le marché à l'appréciation de qui veut s'en procurer. Parfois, ce sont les membres de la famille du fonctionnaire qui conseillent le recours alternatif. À l'instar de l'expérience de la pression familiale qu'un enquêté a partagée dans les pages précédentes, certaines personnes subissent contre leur gré la pression des parents. Elles se conforment à certaines pratiques religieuses par peur de la réaction de la société. L'expérience d'un quarantenaire catholique est une bonne illustration : « J'étais au village il y a de cela trois mois. Là on m'a prodigué beaucoup de conseils et donné des objets pour ma protection. Mais j'ai dit : ça ne pourra pas m'aider. J'ai accepté ces trucs devant les parents, mais dès que je suis venu à N'Djaména, j'ai choisi mon camp[93]. » La décision de cet enquêté est de s'affranchir du contrôle communautaire pour vivre libre et obéir à sa propre conscience.

Ces témoignages disent suffisamment le climat dans lequel un certain nombre de personnes parmi les fonctionnaires tchadiens travaillent et vivent leur vie religieuse. Par leur vie familiale ou socio-professionnelle, les uns démontrent la privatisation de la religion et les autres l'atomisation du champ

---

92. Interview n° 16 du 03 octobre 2009 à 10h35.
93. Interview n° 39 du 11 janvier 2010 à 13h13.

religieux. Les religions monothéistes, à savoir l'islam et le christianisme, sont ainsi constamment en concurrence avec les religions traditionnelles.

Il est nécessaire de noter que les responsables encouragent les paroissiens à vivre leur vie religieuse en collégialité, mais dans la pratique, ce n'est pas la formule appréciée par tout le monde. Une quinquagénaire protestante soutient que même le chrétien ne se retient pas devant les opportunités que lui offre le monde et surtout devant son intérêt menacé : « Même s'il est chrétien, il va aussi consulter d'autres sources, bien sûr pour voir qui est en train de vouloir faire qu'on le déplace de son poste ou bien qui est en train d'empêcher qu'il ait la promotion[94]. » D'après cette enquêtée, « en général, les chrétiens qui travaillent ont tendance à se confondre quelque part avec ceux qui ne sont pas évangéliques[95] » pour plusieurs objectifs. Ils veulent préserver leur pain, leur poste, garantir un intérêt matériel ; ils veulent aussi être promus aux postes de responsabilité. Evidemment, certains fonctionnaires, responsables dans leur communauté religieuse, préfèrent se protéger avec les gris-gris qu'ils cachent dans les tiroirs de leur bureau ou qu'ils portent sur eux. Toutefois, l'enquêtée note que la maturité et l'expérience spirituelle de chacun déterminent son comportement dans la pratique de sa religion.

b) Attitudes et réactions particulières

Le comportement des fonctionnaires tchadiens dans la société sécularisée témoigne de la manière dont ils réduisent la sphère de la religion au niveau individuel, d'où la désagrégation des pratiques religieuses. Un quarantenaire catholique en témoigne à la lumière de son expérience : « Je vous rassure que je suis toujours en compagnie de mon chapelet qui est un soutien pour moi. Mon chapelet m'aide beaucoup à prier [. . .] Le père a béni ce chapelet et avec ça je surmonte les épreuves[96]. » Rejet de tout recours aux puissances alternatives, c'est la position de cet interlocuteur et de certains enquêtés. Leur position est soutenue par leur conviction selon laquelle Dieu seul suffit en toutes circonstances. Tout assuré de ce que Dieu seul garantit sa position sociale, l'enquêté susmentionné ajoute : « Porter

---

94. Interview n° 20 du 05 octobre 2009 à 20h20.
95. Interview n° 20 du 05 octobre 2009 à 20h20.
96. Interview n° 39 du 11 janvier 2010 à 13h13.

des gris-gris ou amulettes dans les sacs à main, dans les poches, dans les tiroirs de bureau et autre, c'est pour maintenir sa place. Mais je n'ai pas besoin de chercher à la garantir, parce que c'est Dieu qui la donne[97]. »

À la différence de cet interlocuteur, une quinquagénaire catholique a la même conviction, sauf qu'elle adresse sa prière à Dieu à travers le Saint-Sacrement : « Dans les moments où je suis troublée ou désemparée, c'est vrai, il est difficile pour moi de me consacrer, de prier comme je veux, mais c'est toujours à Dieu que j'ai recours. Je vais répandre mon âme à la cathédrale. Chez nous, on peut faire la prière devant le Saint-Sacrement[98]. »

Par cette pratique, le chapelet et le saint sacrement deviennent l'objet d'une vénération. Tous les dogmes de la toute-puissance de Dieu enseignés par les traditions religieuses n'ont pas d'influence sur la vie de ces enquêtés. En fait, la manière privée et individuelle de pratiquer la religion tant chez l'évangélique que chez le catholique prend une ampleur et se manifeste dans sa réalité à travers les circonstances variées.

D'après un autre enquêté catholique, le changement religieux est moins lent que le changement global de la société ; et cela est plutôt une surprise agréable :

> C'est un réconfort extraordinaire et insoupçonnable de savoir que, dans ce monde qui change si vite et surtout dans le mauvais sens, il y a des rochers que vous pouvez rencontrer. Il y a des gens qui n'ont rien mais qui sont si comblés, des gens qui ont cette foi tellement solide dont les autres bénéficient[99].

D'après ces derniers enquêtés, il y a lieu de témoigner de la pérennisation de la foi d'un certain nombre de fonctionnaires, de la détermination du reste pour la cause religieuse malgré les maux qui gangrènent la société tchadienne. Cela explique le développement simultané de deux attitudes : le manque d'intérêt pour Dieu et l'attachement à la religion.

---

97. *Ibid.*
98. Interview n° 34 du 07 janvier 2010 à 15h43
99. Interview n° 35 du 07 janvier 2010 à 17h20.

c) Nouvel engouement pour le religieux

Plusieurs enquêtés témoignent de l'évidence de la nouveauté dans le champ religieux. Ils soulignent l'émergence de nouvelles spiritualités, la prolifération des formations religieuses et de certaines sectes[100]. Un interlocuteur catholique porte son regard sur l'effet de ces nouveaux mouvements religieux en milieu urbain et en milieu rural : « Il y a un retour quand même des cadres depuis 79. Et nos terres, nos villes, nos églises sont des terrains de prédilection des nouveaux mouvements religieux. À N'Djaména surtout, ces nouveaux mouvements religieux attirent beaucoup de cadres[101]. »

Les personnes interrogées témoignent que l'engagement des gens dans la religion ou leur retour à leur religion historique sont justifiés par la peur. Par conséquent, au lieu de la baisse de la piété, l'on constate plutôt un nouvel engouement pour la religion causé par les événements sociopolitiques dans le pays. Effectivement, leur réorientation vers la religion n'est pas nécessairement l'expression de leur engagement formel pour la religion choisie. « Moi, je constate que depuis les évènements du 2 février 2008, il y a vraiment une croissance. Dans nos prières de chaque matin à 5h, la chapelle est pleine. Même les jeunes commencent à repartir à l'Église. On ne sait pas d'où est venu le coup de pouce », témoigne une enquêtée catholique[102]. Sur la même note, une quinquagénaire de la même confession déclare à la fois sa douleur et sa satisfaction au regard du retour massif des gens vers la religion. Elle s'exprime en termes de sursaut : « Heureusement, à toutes choses, malheur est bon ! Les événements qu'il y a eu le 2 février 2008 et les menaces des religions ont fait comme s'il y avait un sursaut, un regain de foi. Les gens sont retournés vers Dieu[103]. » Une autre quinquagénaire catholique soutient : « Dans mon église, au début il n'y avait pas beaucoup de chrétiens ; maintenant on voit que le nombre des chrétiens augmente[104]. »

Ces enquêtées déclarent que l'insécurité et le manque de paix sociale ramènent les gens à la religion. Au lieu de constater un vide dans les lieux

---

100. Interview n° 33 du 07 janvier 2010 à 14h33. Voir aussi interviews n° 21 et 34.
101. Interview n° 23 du 12 octobre 2009 à 11h45.
102. Interview n° 21 du 06 octobre 2010 à 14h20.
103. Interview n° 34 du 07 janvier 2010 à 15h43.
104. Interview n° 38 du 08 janvier 2010 à 9h15.

de culte, elles relèvent plutôt le retour du religieux même sur la place publique. La raison de ce comportement est que les gens recherchent Dieu et renouent avec la religion dans les situations troublantes, lorsque leur quiétude est menacée. Ces opinions font observer que la jeunesse vivait toujours en marge de la religion, mais il y a un changement dans son comportement ces derniers temps.

À en croire les enquêtés, la cause de cet état spirituel des fonctionnaires est le fait que le missionnaire n'a pas pris en compte les éléments culturels dans sa présentation de l'Évangile aux autochtones. En outre, selon un quinquagénaire catholique, l'engouement des gens et leur adhésion à une religion ne visent pas toujours des objectifs spirituels. Leurs objectifs sont souvent partagés :

> Moi, je vois un groupe de gens aujourd'hui qui savent que ne pas appartenir à une église, c'est vivre seul, c'est risquer de mourir seul. L'autre aspect, c'est qu'il y a une communauté sociologique qui se dit : Si tu entres dans une communauté, tu vas bénéficier du soutien de toutes ces femmes de charité et autres[105].

D'après cet enquêté, le sentiment des cadres, au travers de leur engagement dans un groupe religieux, même sans conviction fondamentale, installe en eux un sentiment de sécurité. « Ce que je voulais dire c'est que la mort, l'insécurité, le fait de ne pas être sûr a quand même amené les gens à dire : mettons notre foi en Dieu, ou mettons notre vie dans la main d'une communauté plutôt que de rester seul », précise l'enquêté[106]. Ce dernier poursuit sa description de la situation selon laquelle la religion n'est pas toujours utilisée de manière positive : « Un fait qui ne nous a pas beaucoup aidés, c'est la manipulation des religions par les politiques. Les gens utilisent la religion à d'autres fins. Et certains, quand ils parlent, tu te demandes si c'est un homme religieux ou un politicien qui s'est habillé religieusement[107]. »

---

105. Interview n° 23 du 12 octobre 2009 à 11h45.
106. Interview n° 23 du 12 octobre 2009 à 11h45.
107. Interview n° 02 du 15 septembre 2009 à 8h43.

Le retour massif des fonctionnaires et de la jeunesse à la religion chrétienne dans les moments d'adversité peut être interprété comme une forme de recours à une puissance alternative. Il en est de même pour ceux qui quittent leur religion historique pour chercher secours auprès des micro-entrepreneurs religieux. L'opinion de cet interlocuteur évangélique appuie l'interprétation donnée. D'après lui, l'abandon de l'Église par les fonctionnaires est justifié par l'insatisfaction de leur cœur et la peur :

> On laisse tomber la foi, on adhère à une autre possibilité de mieux vivre. Mais, ce que j'ai remarqué c'est que ce comportement est teinté de peur. C'est comme ça que sur le plan mondial, on observe une sorte d'abandon de l'Église pour renouer avec le matériel et les nouvelles idées ; ainsi on peut s'échapper de l'Église[108].

Le même interlocuteur pense que la recherche de l'idéal ou du meilleur en dehors de la foi ne satisfait pas les gens et que cela justifie leur retour vers la religion : « Le matériel qu'on a tant cherché ne résout pas toujours les problèmes ; donc ce changement laisse l'homme à sa soif. Et en ce moment précis, il y a plutôt un retour vers la religion, c'est ce que nous remarquons, mais pas forcément vers Jésus-Christ[109]. »

Ces dernières années, autour des questions essentielles de la société, les religieux de toutes les confessions se rapprochent et se parlent entre eux. Les témoignages suivants soutiennent la complexité et la spécificité du cas tchadien. Un enquêté musulman souligne l'évolution positive de la mentalité des religieux : « Il y a une certaine évolution au niveau de la conception de la divinité et au niveau de l'implication de la religion dans le milieu social[110]. » Le vif désir de l'unité anime plusieurs fonctionnaires religieux qui sont épris de la cause sociale. Un autre témoigne : « Les religieux arrivent à se parler et à se comprendre. Combien de réunions le pape a eues avec les chefs musulmans, les pasteurs avec les imams. C'est la nouveauté dans l'évolution. Les gens veulent coûte que coûte parler le même langage[111]. »

---

108. Interview n° 02 du 15 septembre 2009 à 8h43.
109. *Ibid.*
110. Interview n° 18 du 03 octobre 2009 à 10h00.
111. Interview n° 13 du 1er octobre 2009 à 8h23.

Dans la même perspective, une enquêtée catholique déclare sa satisfaction de voir une collaboration sans restriction entre les religions, du moins entre catholiques et évangéliques : « Nous vivons un temps où des réunions communes et la messe publique sont organisées[112]. »

Cette évolution positive dans le champ religieux est constatée par deux quinquagénaires musulman et catholique dans le sens de la conversion massive des animistes au christianisme : « Il y a un changement puisqu'entre temps, beaucoup de nos gens étaient des animistes ; maintenant beaucoup ont compris qu'il y a la vraie religion, nos parents qui avaient leur *margai* sont sortis de leurs traditions pour rentrer dans la vie divine[113]. »

Les opinions susmentionnées sous-entendent qu'en dehors de Dieu, les autres portes sont ouvertes pour la recherche des solutions selon les possibilités. Les motivations du recours aux pratiques traditionnelles des cadres tchadiens religieux, parfois très engagés dans leur communauté, varient d'un pratiquant à un autre. Ces pratiques incluent la consultation du marabout, du féticheur, du diseur d'avenir ou même du magicien. Il ressort clairement de ces opinions que dans certaines situations, les gens se tournent vers Dieu comme premier recours, mais pour des considérations personnelles, d'autres puissances ne sont pas exclues. Celui qui traverse un temps difficile peut librement consulter marabout, féticheurs ou diseurs d'avenir.

L'analyse de ces opinions permet de soutenir que la foi dans le Dieu révélé que ces fonctionnaires tchadiens professent ne garantit pas suffisamment leur sécurité sociale et n'assure pas la stabilité de leur poste. Aussi, certains parmi eux ne trouvent pas de contradiction entre croire en Dieu et en même temps faire usage de la magie noire, consulter le féticheur ou le marabout, et porter des gris-gris pour se protéger contre les malheurs[114]. Ils cherchent des secours alternatifs qu'ils peuvent toucher. Ce comportement est aussi observé dans le domaine de la santé.

---

112. Interview n° 30 du 06 janvier 2010 à 11h43.
113. Interview n° 26 du 05 janvier 2010 à 8h35. *Margai* est le nom d'une divinité du peuple *hadjerai* au centre du pays, principalement au Guéra ; interview n° 38 du 08 janvier 2010 à 13h00.
114. Pour illustration, voir Jean-Marc Durou et Sandrine Lonckle, *Les peuls Bororos nomades du Sahel*, Paris, Vilo, 2000, p. 162.

3. Domaine de la santé

La maladie dans son infinie diversité et la plus ou moins grande longévité des hommes et femmes sont d'autres phénomènes complexes et essentiels. Aucune société ne la néglige. De ce fait, quelques personnes interrogées décrivent le phénomène nouveau qui entre en conflit avec les habitudes acquises dans le domaine de la santé. L'analyse d'opinions des personnes interrogées prend en compte à la fois le comportement des malades et celui des techniciens de la santé.

a) Comportement des malades

Pour ce trentenaire catholique, les raisons selon lesquelles les gens se confient soit à la médecine moderne soit aux tradipraticiens ou marabouts sont d'ordre rationnel : « Certaines personnes préfèrent se tourner vers ce qu'on appelle la médecine traditionnelle plutôt que vers l'hôpital. Et c'est le cas pour les fractures et certaines maladies. Les gens préfèrent envoyer les patients ou les malades dans les villages pour se faire traiter[115]. »

Un interlocuteur évangélique critique la préférence marquée des Tchadiens pour la médecine occidentale et l'abandon de la médecine traditionnelle. Pour lui, les fonctionnaires ont une mauvaise perception de la médecine. Par conséquent, ajoute-t-il, aujourd'hui les Tchadiens ont de la peine à se soigner, parce que ce changement avait été basé sur ce que l'on espérait de l'Occident. Et cet Occident est incapable de satisfaire vraiment les attentes sur le plan de la santé. L'interlocuteur critique en même temps le manque de maturité des chrétiens qui ne discernent pas entre l'action du tradithérapeute et la prière du religieux : « Le chrétien aujourd'hui ne fait pas la distinction entre la prière qu'on fait et l'incantation du guérisseur, alors que les deux appellent des forces extérieures sur le médicament qu'ils ont[116]. » D'après lui, la rationalité du comportement des fonctionnaires démontre leur motivation réelle et permet d'observer le niveau de leur spiritualité ou leur capacité de discernement. Il poursuit son argumentation :

> Quand vous discutez avec ceux qui recourent à la tradithérapie, ils vous diront : Mais où est la différence entre la prière du pasteur et la prière du guérisseur ? Ils essaient de raisonner.

---

115. Interview n° 06 du 21 septembre 2009 à 8h40.
116. Interview n° 01 du 10 septembre 2009 à 11h35.

Alors, quand on est malade, on peut aller voir le marabout, on peut aller voir un guérisseur. De raisonnement en raisonnement, on s'installe dans une sorte de religion hybride qui n'est ni chrétienne, ni traditionnelle, et on y évolue[117].

Ce qu'il importe de distinguer ici est la recherche de la santé à tout prix et le besoin de la santé qui conduit les malades auprès de ceux qui guérissent simplement par la vertu des plantes ou par des incantations. Si les malades adoptent une telle attitude devant la maladie, le comportement des techniciens de la santé méritent aussi une attention.

b) Comportement des agents de la santé

Tout en reconnaissant la noble fonction humanitaire des médecins, un interlocuteur catholique doute de la crédibilité de leur base intellectuelle. « C'est vrai, les médecins sauvent la vie, ils devaient plutôt être au-dessus de la mêlée et faire le travail, rien que le travail. Mais dites-vous également, qui est le médecin d'aujourd'hui ? » Il s'interroge sur leur motivation profonde : « Sont-ils des gens qui ont conscience qu'ils doivent sauver la vie des humains et non privilégier leurs intérêts personnels[118] ? » Une enquêtée de la même confession confirme le constat sur le comportement de ces agents. Elle distingue entre la morale professionnelle et la corruption comme dégradation de cette morale chez les agents de la santé au Tchad : « Vous constatez que de nos jours, on vise l'argent plutôt que l'amour du prochain. À l'hôpital, on n'accueille que ceux qui ont de l'argent. Cela nous amène à parler de la corruption. Donc, l'amour est en train de perdre sa place avec l'argent[119]. » Selon cette enquêtée, la soif du gain et le désir de s'enrichir conduisent les agents de la santé à accomplir un mauvais service et ils font perdre l'amour du prochain.

Un enquêté musulman accuse l'Etat de ne pas remplir son devoir vis-à-vis de ses agents : « C'est des fonctionnaires de l'Etat ! Il faut bien mettre quelqu'un à l'aise pour attendre de lui le résultat. Malheureusement, c'est un trou que nous sommes en train de creuser pour l'avenir de notre pays. » À cause de cette perte de l'éthique du travail par les agents de la santé,

---

117. Interview n° 01 du 10 septembre 2009 à 11h35.
118. Interview n° 27 du 05 janvier 2010 à 10h26.
119. Interview n° 37 du 08 janvier 2010 à 9h15.

l'enquêté s'inquiète des conséquences sur les enfants à l'avenir : « Moi personnellement, je me dis : après nous, qu'est-ce que seront nos enfants avec un niveau bas, sans médecins, sans enseignants à la hauteur de leur tâche[120] ? »

Selon ces opinions, le comportement des agents de la santé pousse les populations à se tourner vers d'autres sources de puissance considérées comme des sources de guérison. En effet, le comportement des malades est manifestement distinct à plusieurs niveaux. D'aucuns vont indifféremment se confier aux tradithérapeutes et aux agents de la médecine moderne en rationalisant leur comportement ; d'autres rejettent catégoriquement la médecine traditionnelle considérée comme diabolique au profit de la médecine moderne. Un autre groupe de patients, par réaction à ce qui est occidental, privilégie la médecine traditionnelle.

L'analyse de notre deuxième hypothèse permet de relever dans la vie des fonctionnaires de N'Djaména ces aspects de la sécularisation comparativement à d'autres pays Africains : Il y a la privatisation de la religion, la pluralisation et l'indifférence. D'une manière particulière, les religions monothéistes ou révélées voient augmenter l'effectif de leurs adeptes parmi les fonctionnaires parfois très engagés. En même temps, les croyances et pratiques traditionnelles continuent d'être honorées par un grand nombre de fonctionnaires musulmans et chrétiens. Cette situation marque la différence de la sécularisation au Tchad par rapport à celle de l'Occident.

III. Caractère différencié de la sécularisation au Tchad

La troisième hypothèse soutient le caractère différencié de la sécularisation au Tchad. Elle énonce qu'au Tchad la sécularisation n'est ni un processus linéaire et irréversible comme le prétend Weber, ni une illusion comme a pu le penser Berger dans la deuxième partie de sa carrière. Elle est sectorielle tant sur le plan des domaines que sur le plan des couches sociales affectés en raison du réenchantement en cours dans le pays. Les analyseurs

---

120. Interview n° 28 du 05 janvier 2010 à 12h05.

de cette hypothèse sont, entre autres, les modalités et le contenu du croire, les pratiques religieuses.

A. Premier analyseur : modalités et contenu du croire

Dans la discussion avec Berger au sujet de l'analyse de l'émancipation de la conscience[121], nous avons relevé un autre outil d'analyse de l'évolution des sociétés mentionné par Denèfle et Hervieu-Léger. Il s'agit de l'altération des modalités du croire et de son contenu. Nous voulons tester cet élément sur les fonctionnaires de N'Djaména.

1. Modalités du croire

a) Motivation du choix de la religion

À la question : « Quelle est la motivation du choix de votre religion ? », les réponses enregistrées sont très variables. Il y a les religieux de naissance, les religieux par adoption, les religieux par choix personnel. Cependant, lors des interviews, certaines personnes ne prennent pas en considération leur identité déclinée au début de l'entretien.

i) Les religieux de naissance

Ce sont ceux que les parents ont envoyés très tôt aux séances d'instruction religieuse, sans que leur choix personnel ait été sollicité, et qui y sont demeurés contre leur gré. Un trentenaire catholique s'interroge :

> Je crois qu'on acquiert la conviction par éducation, soit des parents, soit de son environnement social ; et on finit par s'identifier. Et donc moi j'ai suivi les parents même si mon père était catholique et ma mère était protestante. Mon éducation et l'école primaire dans laquelle j'étais permettent que j'aie déjà eu cette éducation ; et plus tard avec la majorité, j'ai fini par y rester[122].

Certains enquêtés font comprendre que s'ils avaient la liberté de choisir leur religion, ils auraient choisi soit de rester sans religion, soit d'adhérer à

---

121. BERGER, *The sacred Canopy*, p. 113, Cf. DENÈFLE, *La sociologie de la sécularisation*, p. 22 et HERVIEU-LÉGER commentée par Jean SÉGUY, « Religion, modernité, sécularisation », *ASSR* vol. 61/2, 1986, p. 182.
122. Interview n° 25 du 04 octobre 2010 à 18h10.

une autre religion. Canalisés par les parents et par obéissance aux parents, ils sont restés dans la religion des parents. L'expérience d'un enquêté catholique en est une illustration : « Je suis catholique, c'est parce que j'ai grandi dans un milieu catholique. Ce n'est pas un choix, parce que pour opérer un choix, il faut que ça soit à un niveau où l'on est un peu mature[123]. » Cette opinion souligne l'importance du rôle de l'éducation religieuse au sein de la famille ou au sein de la communauté. Un interlocuteur atteste avec reconnaissance le bien-fondé de l'éducation des parents dans la ligne de leur religion : « Ce qui m'a motivé à être catholique c'est que j'ai reçu une éducation catholique. Je suis né dans une famille où le père et la maman pratiquaient cette religion. On m'a orienté dans cette religion[124]. » Cet interlocuteur se présente comme un religieux héritier de la foi des parents et en même temps un convaincu de son choix.

L'expérience de deux interlocuteurs musulmans ne diffère pas tellement de celles qui précèdent. Pour eux, l'initiative est prise par les parents : « Je suis un religieux. Cela a commencé dès mon très bas âge. Quand j'avais encore 5 ans, on m'avait inscrit dans une école coranique où on nous apprenait à lire et à écrire les chapitres et les différents versets du Saint Coran. Par la suite, ce cadre a inspiré mon choix[125]. » L'école coranique a donc jeté les bases de la foi musulmane et plus tard, la conviction s'est installée dans les cœurs au point de motiver la décision personnelle. C'est le cas de ce quarantenaire dont le choix de la religion ne dépend pas de sa volonté : « Moi, je suis né musulman pour la simple raison que mes parents, mes grands-parents, mes arrière-grands-parents sont aussi nés musulmans. C'est pour dire que la religion est une obligation, plus qu'une simple motivation[126]. » Le caractère obligatoire de l'islam mentionné par cet interlocuteur conditionne le croyant et le soumet à la structure existante même sans sa volonté personnelle. Tout comme cette quinquagénaire : « Je suis née dans une famille catholique. Mes parents étaient catholiques, depuis mes grands

---

123. Interview n° 31 du 06 janvier 2010 à 14h26.
124. Interview n° 27 du 05 janvier 2010 à 10h26.
125. Interview n° 14 du 1er octobre 2009 à 9h05 et l'interview n° 49 du 13 janvier 2010 à 11h40.
126. Interview n° 12 du 1er octobre 2009 à 7h23.

parents. J'ai grandi dans le milieu catholique. J'ai épousé cette religion dès ma naissance[127]. »

Il y a ces interlocuteurs héritiers non de la foi mais de la religion de leurs ascendants. Car, le mode de transmission de la foi à ces enfants forme leur caractère et détermine leur manière de vivre à leur tour cette foi héritée des parents. Demeurés musulmans alors qu'ils sont devenus grands, cela dépend du rôle social de la religion.

ii) Les religieux par adoption

Ce groupe désigne les héritiers convaincus. La différence entre ce groupe et le premier s'observe dans le fait que les premiers grandissent dans la religion de leurs parents sans esprit critique pour parvenir à une décision personnelle. Le second groupe garde ses distances par rapport à l'éducation religieuse donnée par les parents et décide librement d'adopter cette religion. Reconnaissant le rôle éducateur des parents, un trentenaire catholique dit comment il a fait un examen critique de son itinéraire religieux : « À la base, les parents nous emmenaient à l'église. Mais une fois devenu grand, je me suis dit : les parents m'ont éduqué, mais après, il fallait que moi je cherche la vérité. Et moi j'ai rencontré Dieu. Je me suis donc dit : c'est là que je vais me consacrer[128]. » Une quinquagénaire catholique raconte comment elle s'est approprié la religion de ses parents :

> Je l'ai choisie quand j'ai grandi, mais il faut dire que je suis née dans cette religion. Mes parents sont des chrétiens catholiques. Et dès que j'étais née, ils m'ont donc élevée dans cette religion ; entre 7-10 ans j'ai fait la catéchèse, dite instruction religieuse, pour comprendre la Parole de Dieu par moi-même. J'ai donc grandi depuis lors dans cette religion chrétienne, et j'essaie de cheminer[129].

Plusieurs interlocuteurs attestent avoir eu une expérience presqu'identique. L'opinion de cet interlocuteur résume celle des autres : « Je suis né catholique parce que mes parents étaient catholiques. J'ai trouvé que

---

127. Interview n° 21 du 06 octobre 2009 à 14h20.
128. Interview n° 06 du 21 septembre 2009 à 8h40.
129. Interview n° 34 du 07 janvier 2010 à 15h43.

dans mon enfance je suivais les parents ; maintenant que je suis adulte, je trouve qu'elle me convient et j'essaie de poursuivre[130]. » D'après cet enquêté, contrairement à l'habitude des protestants, être né dans une famille catholique ou musulmane confère automatiquement l'identité catholique. Les enfants issus de ces familles finissent par adopter la religion de leurs parents. Apprécier une religion et l'adopter est l'attitude de certains interlocuteurs, tel ce trentenaire musulman : « Arrivé à un âge majeur, j'ai constaté que c'est aussi la bonne religion pour moi selon les valeurs que j'ai acquises[131]. » Respect de l'autorité des parents, c'est la motivation pour d'autres enquêtés qui adoptent la religion des parents. Un interlocuteur évangélique reconnaît le rôle éducateur des parents et l'influence du milieu familial sur son choix : « La motivation, d'abord c'est l'éducation, le milieu dans lequel j'ai grandi. On m'a parlé du Christ. Et c'est comme cela qu'au fur et à mesure que je grandissais, j'ai pris conscience de ma nature pécheresse et j'ai adhéré à la religion chrétienne[132]. »

La reconnaissance de l'influence familiale dans l'éducation est le point commun de plusieurs enquêtés. Cette évangélique témoigne de son expérience qui est le résultat de l'influence familiale, de l'éducation chrétienne : « Pourquoi j'ai choisi d'être chrétienne ? Je suis né dans une famille chrétienne. Mon père et ma mère m'ont appris la parole de Dieu. Je me suis convertie très jeune, j'ai évolué dans cette éducation[133]. »

iii) *Les religieux par choix personnel*

Il s'agit de ceux qui, sans aucune influence des parents, se laissent guider par leur conviction et sont parvenus à la découverte d'une religion à laquelle ils adhèrent librement. Le point de départ de leur expérience religieuse est soit l'influence de l'instruction religieuse en milieu scolaire ou à l'école coranique, soit l'appel des messagers de la Bonne Nouvelle pour les chrétiens. Un sexagénaire catholique partage sa propre expérience : « J'ai choisi cette religion quand j'étais encore très jeune. J'étais parti là sans savoir ce que je cherchais. En 1957 à l'école catholique chez les prêtres à Doba, je m'étais

---

130. Interview n° 33 du 07 janvier 2010 à 14h33.
131. Interview n° 48 du 13 janvier 2010 à 10h05.
132. Interview n° 10 du 29 septembre 2009 à 9h40.
133. Interview n° 19 du 03 octobre 2009 à 20h35.

inscrit à la catéchèse qui a commencé dès le CP1. C'est comme ça que je suis demeuré catholique jusqu'à présent[134]. » Un évangélique se présente comme bénéficiaire de la grâce divine qui lui a permis de découvrir la voie du salut : « Mes parents étaient animistes. J'ai trouvé que la religion traditionnelle de mes parents ne m'amenait nulle part. J'ai donc choisi d'être chrétien parce que Dieu m'a fait la grâce de connaître la bonne voie, cette voie du salut, celle de croire en Christ[135]. » À l'exemple de cet enquêté, un autre issu d'un milieu animiste a fait la découverte de la religion idéale :

> Ce n'est pas un choix de devenir chrétien, parce que Dieu a voulu que j'aie la vie éternelle. Dans ma famille, j'étais le seul à devenir chrétien. Jeune, j'étais d'abord catholique, et puis j'ai abandonné. Je suis allé au collège à Fianga, c'est là que j'ai véritablement rencontré le Christ[136].

Pour lui, la grâce divine est à la base de son expérience du salut.

Parmi les religieux par choix personnel, il y en a qui cherchent eux-mêmes les possibilités d'entrer en contact avec les communautés religieuses afin de faire acte de confession et d'adhésion. Un sexagénaire musulman raconte comment il est parvenu à la découverte d'une religion qui le satisfait : « J'ai eu à faire ma propre table-rase pour aboutir à ce que je suis actuellement. Je me suis dit : est-ce que je dois être musulman comme ça ou bien je dois l'être par conviction ? Moi, Dieu m'a guidé dans mes recherches pour être musulman et le demeurer[137]. »

Certains interlocuteurs pensent que les questions de religion sont personnelles et qu'étant adulte on est libre de son choix. D'autres considèrent que, pour l'honneur des parents qui leur ont montré la voie à suivre, il importe de continuer dans la même ligne sans renoncement, même si les croyances ou les pratiques ne correspondent pas à leur idéal. D'autres encore jugent utile de demeurer dans la religion que leur ont indiquée les parents, en vertu de la fonction sociale de cette religion qui est considérée

---

134. Interview n° 32 du 06 janvier 2010 à 16h20.
135. Interview n° 05 du 19 septembre 2010 à 11h05.
136. Interview n° 08 du 22 septembre 2009 à 17h30.
137. Interview n° 18 du 03 octobre 2010 à 10h00.

non seulement comme institution mais aussi comme forme de civilisation. Toutefois, les buts poursuivis par les interlocuteurs ne sont pas identiques.

b) Objectif du choix de la religion

La question à laquelle les interlocuteurs répondent est ainsi formulée : « Quel est l'objectif que vous visez en choisissant cette religion ? En d'autres termes : « Quelle est la finalité de votre religion ou à quelle fin votre religion vous conduit-elle ? » La diversité des opinions exprimées mérite une considération. Elles vont des convictions profondes à l'indécision en passant par l'hésitation et l'expression du besoin moral. Les avis des interlocuteurs suivants reflètent les opinions des autres.

i) *Les interlocuteurs convaincus*

Ce groupe présente plusieurs centres d'intérêt reposant sur différents postulats. Par exemple, un trentenaire catholique est en quête de l'Etre suprême : « Il y a l'Etre suprême. J'ai besoin d'être dans un cadre qui me permet de le rencontrer. C'est la chrétienté qui pourrait me permettre d'aller à la rencontre de Dieu que je cherche[138]. » Convaincu que la figure de ce monde est passagère, un quarantenaire musulman atteste l'évidence de la rencontre avec Dieu : « Il ne faut pas compter sur les richesses d'ici bas. Il doit arriver un jour où ce monde ne sera plus et nous allons partir rencontrer notre Dieu, que ce soit musulman ou chrétien[139]. » Une enquêtée catholique regarde vers le même but : « La finalité, ce que je sais, c'est qu'il y a de l'espérance. Je serai sauvée et je vais vivre dans l'éternité[140]. » Le choix d'un interlocuteur évangélique est clairement orienté vers la vie éternelle : « Je sais que la religion traditionnelle n'est pas une religion qui convient, le Seigneur m'a fait comprendre que croire en Jésus-Christ c'est pour la vie éternelle[141]. » Pour un quinquagénaire musulman, la finalité de la religion revêt un double objectif : « J'ai opté pour la religion musulmane, c'est pour avoir une vie modeste sur terre et préparer une place au paradis dans l'au-delà[142]. »

---

138. Interview n° 06 du 22 septembre 2009 à 8h40.
139. Interview n° 12 du 1er octobre 2010 à 7h23.
140. Interview n° 36 du 08 janvier 201 à 8h06.
141. Interview n° 05 du 19 septembre 2010 à 11h05.
142. Interview n° 14 du 1er octobre 2009 à 9h05 et interviews n° 29, 40.

Une enquêtée catholique se présente comme une apprenante auprès de Jésus-Christ et son imitateur : « Dans toute Église chrétienne, on a le Christ comme son moteur, comme centre de toute religion. On est là, on suit les pas de Jésus-Christ, on veut être comme Jésus-Christ[143]. » Un quarantenaire catholique, quant à lui, crois avoir résolu un problème fondamental dans sa vie, celui de l'errance, en choisissant Jésus-Christ : « Quand je me suis rendu compte que j'errais, je me suis dis : bon ! Il faut donner sa vie à Jésus-Christ, et il faut le prouver par le baptême. Le but, c'est d'avoir un jour le salut[144]. »

De ces opinions, il ressort que l'objectif de la religion de ce groupe d'interlocuteurs est clairement énoncé : la rencontre avec Dieu, l'expérience du salut dans l'au-delà pour les uns ou le paradis dans l'éternité pour les autres, la vie éternelle en Jésus-Christ pour d'autres encore.

ii) Hésitation et/ou besoin moral et social

Ce groupe d'enquêtés affirme avoir hérité des parents leur religion par tradition, mais sans être convaincus d'un quelconque objectif. Parfois, le besoin de Dieu vise surtout une vie épanouie et réussie sur la terre, mais pas la finalité ultime dans l'au-delà pour les uns ou dans le royaume éternel de Dieu pour d'autres. C'est le cas de cet enquêté catholique : « Ma finalité, c'est juste de garder une lumière qui accompagne ma vie quotidienne sur terre, une source de lumière. Je considère Dieu comme étant une lumière permanente qui éclaire votre route et qui vous aide à faire votre choix au quotidien[145]. » Un quinquagénaire musulman ne dit pas clairement son objectif : « L'islam est une religion que mes parents ont pratiquée et moi aussi j'ai commencé à la pratiquer[146]. » Pour un interlocuteur catholique, pratiquer la religion vise à résoudre les questions sociales : « Moi, ma foi est beaucoup plus sociale. Ça veut dire quoi ? Ça veut dire que l'Église m'apprend l'humilité, la tolérance, l'amour du prochain. Et je crois que

---

143. Interview n° 21 du 06 octobre 2009 à 14h20.
144. Interview n° 39 du 11 janvier 2010 à 13h13.
145. Interview n° 35 du 07 janvier 2010 à 17h20.
146. Interview n° 44 du 12 janvier 2010 à 9h29.

l'objectif sur cette terre, ce sont ces valeurs-là qui m'animent beaucoup. Ici je vois la finalité, c'est la paix sociale avec les autres[147]. »

Parmi ceux qui sont convaincus de l'existence de Dieu, la question de sa souveraineté et de la fin de la religion reste un inconnu. Certains le conçoivent sans bien le définir, comme cet interlocuteur musulman : « La finalité de la religion musulmane, c'est la foi, ce qui est la croyance en un être donné. En effet, le premier avantage de l'islam est la connaissance approfondie de sa religion. À travers cette connaissance, on sait qu'on est en train d'adorer Dieu[148]. »

Le dernier groupe est celui des interlocuteurs en quête d'un but moral et social. Dans ce groupe d'interlocuteurs, un musulman décrit les valeurs de l'islam qui l'ont attiré dans cette religion : « L'Islam est une religion qui prône la paix, la tolérance, l'entraide, la compréhension mutuelle, la solidarité entre les hommes avec comme objectif global, la dévotion à Dieu. Dans la vie de l'homme en société, je parviens à vivre avec eux[149]. »

iii) Les interlocuteurs indécis

Certains enquêtés adhèrent à une religion et la pratiquent sans conviction, sans objectifs clairs. Ils se comportent comme s'ils étaient en aventure. Par exemple, le plus jeune interlocuteur musulman (20-30ans) ne sait pas si son choix va le conduire vers une finalité radieuse ou non : « J'ai étudié le Coran, j'ai aussi une petite connaissance de la Bible, mais en pratiquant l'islam, tout ce qu'on est en train de faire, on va attendre le futur pour voir[150]. » Déterminé à obtenir la satisfaction morale dans sa vie, un sexagénaire catholique paraît inquiet devant l'avenir de sa religion qu'il ne maîtrise pas : « En tout cas, je vise l'amour, l'amour du prochain ; ça me permet aussi d'éduquer mes enfants, les proches. Je ne sais pas comment ça va aboutir. Mais je me laisse entre les mains du bon Dieu maintenant[151]. » Le doute paraît gagner l'âme de ce sexagénaire musulman : « Quand j'ai fait ma propre lecture de la religion, je réalise qu'il y a un problème : on ne

---

147. Interview n° 30 du 06 janvier 2010 à 14h26.
148. Interview n° 41 du 11 janvier 2010 à 14h02.
149. Interview n° 13 du 1er octobre 2009 à 8h24.
150. Interview n° 22 du 07 octobre 2009 à 15h13.
151. Interview n° 32 du 06 janvier 2010 à 16h20.

trouve pas une vérité scientifique dedans. C'est difficile de dire exactement d'où nous venons et quand nous ne serons pas là aussi[152]. » Un quinquagénaire musulman connaît des hésitations : « Je suis né musulman, je suis pratiquant, je n'ai pas de doute un jour sur ma religion. La suite dépend du bon Dieu[153]. » Ici, la pratique de la religion semble une formalité accomplie mais le but préoccupe peu cet interlocuteur. Un doute occupe l'esprit de cet interlocuteur musulman : « La finalité ! Vous savez que dans la religion, il y a deux vies : la vie ici-bas et la vie future. Le gros problème, c'est la satisfaction divine, il faut que Dieu soit satisfait. C'est à partir de la satisfaction de Dieu que l'homme pourra accéder au paradis[154]. » La finalité pour cette personne est le paradis.

Gagner le paradis est l'objectif de la religion de certaines personnes interrogées ; rencontrer Jésus-Christ, la vie ou le salut éternel est l'objectif des autres. Cependant, le scepticisme ne libère pas le cœur de certains religieux alors qu'ils sont des pratiquants réguliers. Chaque personne interrogée témoigne que la liberté caractérise la manière dont elle vit sa religion par rapport à d'autres religions.

c) Liberté de la collaboration

« Estimez-vous que votre appartenance religieuse exclut de participer à des cérémonies organisées par des groupes religieux autres que le vôtre ? » est la question à laquelle les interlocuteurs répondent. Les uns soutiennent que leur liberté de collaborer avec d'autres religions est totale. Cela est relevé dans les expressions telles que « pas du tout », « jamais », « non » ou « ce n'est pas interdit ». Les autres disent que leur liberté est limitée à certaines activités et dépend plus de l'objet ou de l'intérêt de la rencontre. Le mot « sauf » ou l'expression « mais tu ne peux pas » le démontrent. Voici les opinions représentatives des personnes interrogées.

i) *Liberté totale*

Deux interlocuteurs tiennent le même langage et donnent leur position en justifiant leur motivation : « Pas du tout. Si un collègue m'invite pour

---

152. Interview n° 18 du 03 octobre 2009 à 10h00.
153. Interview n° 28 du 05 janvier 2010 à 12h05.
154. Interview n° 42 du 11 janvier 2010 à 14h55.

telle ou telle circonstance et que je vienne compatir avec lui, cela ne veut pas dire que j'épouse du coup sa religion. C'est le savoir-vivre à mon niveau. C'est la construction des relations[155]. » Pour eux, la liberté dans les relations avec d'autres religions n'entraîne pas nécessairement l'adhésion à celles-ci ; elle vise un intérêt social. Une quinquagénaire catholique ne fait pas de distinction entre sa religion et d'autres religions : « Pas du tout ! Partout où on va c'est le seul Seigneur que nous cherchons[156]. » Cette liberté caractérise aussi les relations d'un quarantenaire de la même confession avec les autres groupes religieux. Il donne un exemple : « Si on se ferme sur soi, on s'isole et on devient, à la limite, radical et on tend vers l'extrémisme. Or, mon appartenance catholique ne m'empêche nullement d'aller à la rencontre des amis. Donc, j'allais à la rencontre, à la recherche de la différence des autres qu'on n'a pas connus[157]. » La volonté de cet enquêté est d'éviter tout radicalisme et tout exclusivisme, et de découvrir d'autres religions dans le but de bâtir de bonnes relations avec elles. C'est le cas de cet enquêté musulman : « Non, ça ne peut pas empêcher. Il faut connaître les autres religions. J'ai le plaisir de connaître les autres religions. Car sans connaître les religions, on ne peut pas organiser un bon dialogue. Chacun de nous croit que l'autre religion est sans valeur ; or, les religions se complètent[158]. » Il cherche non seulement à savoir ce qu'il y a dans d'autres religions, mais aussi à réussir un dialogue interreligieux. Il en va de même pour cet enquêté musulman dont le besoin d'apprendre des autres et la quête de la vérité motivent la collaboration avec d'autres groupes religieux. Son opinion résume à beaucoup d'égards celles d'autres personnes interrogées : « Non ! Pour moi, c'est l'apprentissage [. . .] Comprendre la religion de l'autre, c'est savoir vivre avec l'autre aussi. Cela ne veut pas dire que je change de religion[159]. »

Ces enquêtés ont une seule motivation : découvrir chaque religion dans sa réalité confessionnelle, discuter ce qui fait la différence entre les religions et ce qui pourrait mieux les unir et favoriser le dialogue inter-religieux.

---

155. Interview n° 13 du 1er octobre 2009 à 8h24 et interview n° 22 du 7 octobre 2009 à 15h13.
156. Interview n° 21 du 06 octobre 2009 à 14h20.
157. Interview n° 25 du 04 janvier 2010 à 18h10.
158. Interview n° 40 du 11 janvier 2010 à 14h02.
159. Interview n° 48 du 13 janvier 2010 à 10h05.

En plus de ces motivations et objectifs énoncés, une quinquagénaire évangélique certifie qu'elle ne subit pas une influence et ne souffre pas non plus d'une restriction, pourvu que la base de la communication lors de la rencontre soit le Christ. Cependant, elle signifie qu'elle s'approche des autres religions avec un sens aiguisé pour le discernement : « Je vais partout où ce qu'on dit a pour fondement le Christ. Je n'ai pas de barrière en tant que tel. J'y vais avec mon esprit critique. Je n'y vais pas pour aller me fondre là-bas[160]. » Elle justifie cette liberté dont elle jouit :

> Moi, étant une personne qui, du point de vue professionnel, travaille avec toutes les communautés, je vais dans les réunions des femmes catholiques, je leur enseigne l'Evangile. Et donc, quand je me retrouve dans un groupe de chrétiens catholiques, je ne me sens pas trop différente, quand on parle de Christ[161].

Par ces propos, l'enquêtée émet une réserve dans sa manière de gérer sa liberté religieuse. Cette position s'explique par le fait que le contact entre les dénominations ne pose pas de problème aux uns et aux autres ; cependant, le contact religieux reste encore une difficulté pour les catholiques et les évangéliques vis-à-vis des musulmans et vice-versa.

En vertu de l'unicité du Seigneur, deux enquêtées catholiques ne font pas de différence entre les religions. La première déclare : « Effectivement, moi je ne fais pas de distinction. Quand j'arrive quelque part et qu'il n'y a pas d'église catholique, s'il y a l'église protestante, je vais là puisque c'est le même Seigneur[162]. » La seconde ajoute : « Nous catholiques, nous étions invités par les protestants lors de la célébration du baptême. Et quand il y a des événements au niveau de l'Église catholique, on invite nos frères protestants ; ils viennent et participent également sans gêne, ils prient aussi avec nous[163]. » Même s'ils ne voient pas de distinction entre les religions, ces interlocuteurs limitent ce qu'ils considèrent comme religions identiques au seul christianisme. Ils se taisent sur l'islam et les religions traditionnelles.

---

160. Interview n° 20 du 05 octobre 2009 à 20h20.
161. *Ibid.*
162. Interview n° 36 du 08 janvier 2010 à 8h06.
163. Interview n° 38 du 08 janvier 2010 à 13h00.

La réaction des interlocuteurs suivants témoigne du caractère absolu de leur liberté religieuse. Les expressions telles que « non ! », « jamais ! », « pas du tout » ou « pas de restriction », « il n'y a pas de problème » le confirment. « Non, pas du tout ! Je peux aller librement » est l'opinion de deux cinquantenaires[164]. Plus ouvert un enquêté musulman ne connaît pas de limite dans la pratique de sa religion : « Non ! J'ai des amis chrétiens, des amis protestants, j'apprécie tout le monde avec sa valeur. Sans restriction aucune, j'ai un cœur ouvert à d'autres[165]. » L'unicité de l'Écriture est pour cet interlocuteur catholique le critère du rapprochement avec d'autres confessions religieuses et de sa collaboration avec elles : « Non ! On a une seule Bible. Si par exemple, une institution chrétienne organise une réunion et si on m'invite, je ne vois pas pourquoi je vais m'en abstenir[166] ? » Les propos de cette enquêtée mentionnent la littérature de base du seul christianisme, mais ne parlent pas du Coran qui est aussi la littérature de base de l'islam.

Très sûr de la solidité de sa foi et de la fermeté de ses convictions religieuses, ce quarantenaire catholique se distingue dans son comportement vis-à-vis des autres formations religieuses : « Jamais ! J'assiste à toutes les activités organisées même celles organisées par les sectes, mais je demeure toujours catholique. Rien ne peut me faire changer de position, quelle que soit votre stratégie pour me maîtriser, je crois que je ne vais pas changer d'avis un jour[167]. » Il est fier de la liberté totale dans la gestion de sa vie religieuse. Hormis ces personnes qui se sont exprimées, il y a un autre groupe d'enquêtés qui affirme avoir une liberté limitée.

ii) *Liberté partielle*

Pour un faible pourcentage d'interlocuteurs, la liberté de participer aux activités organisées par d'autres formations religieuses est partielle. Ils circonscrivent leur collaboration au domaine social. C'est le cas de quelques personnes interrogées dont cet interlocuteur musulman : « Non ! Pour moi, je n'ai pas de problème pour aller avec mes amis chrétiens dans leur

---

164. Interview n° 28 du 05 janvier 2010 à 12h05 et interview n° 40 du 07 janvier 2010 à 13h30.
165. Interview n° 46 du 12 janvier 2010 à 13h15.
166. Interview n° 32 du 06 janvier 2010 à 16h20.
167. Interview n° 39 du 11 janvier 2010 à 13h13.

réunion à caractère social. C'est seulement d'aller prier avec eux à l'Église qui est défendu par le Coran[168]. » Un quarantenaire évangélique soutient : « En m'entendant avec les autres, c'est beaucoup dans l'ordre des domaines sociaux[169]. » D'après un autre interlocuteur, hormis l'unité sur le terrain spirituel, toute collaboration dans la vie ordinaire est permise : « D'après le Coran, les juifs et les chrétiens sont les gens du Livre, les gens qu'il faut respecter parce qu'ils croient en un seul Dieu. C'est seul aller assister à leur culte qui est défendu par le Coran[170]. » Un autre interlocuteur reconnaît les interdits du Coran et s'applique à les observer : « Dans ma vie professionnelle, j'ai des collègues qui sont d'autres religions. Mais à chaque fois qu'ils ont une réunion qui n'est pas interdite par ma religion, j'y vais[171]. » Celui-ci est sélectif dans ses relations avec d'autres formations religieuses : « Je sais que j'assiste par exemple aux cas de malheurs ou à une célébration ou à un mariage. Je peux y participer[172]. »

La position de deux quinquagénaires évangéliques est une sorte d'exclusivisme mêlée à la peur due au contexte socioreligieux : « Non ! Je me vois mal à l'aise. Mon appartenance au protestantisme m'empêche d'aller chez les catholiques ou chez les musulmans pour faire comme eux. C'est un peu difficile[173] ! », dit la première. Quant à la seconde, elle estime que si ce sont des manifestations religieuses de son Église et de l'Entente Évangélique, elle peut s'y rendre sans inconvénient[174]. De ces opinions ressort l'idée d'exclusion d'autres religions ou d'enfermement dans le groupe.

La frustration et le dégoût traversent l'esprit de certaines personnes dans l'expression de leur religiosité, bien qu'elles préservent les valeurs de leur institution. Ces enquêtés déclarent que le genre de sectarisme ou intégrisme que manifeste leur groupe atteint leur libre arbitre. Le cas de ce quarantenaire évangélique montrant sa tolérance à l'égard des autres formations religieuses en est une illustration : « Personnellement, j'ai vraiment

---

168. Interview n° 29 du 05 janvier 2010 à 14h37.
169. Interview n° 16 du 03 octobre 2009 à 10h35.
170. Interview n° 42 du 11 janvier 2010 à 14h55.
171. Interview n° 44 du 12 janvier 2010 à 9h29.
172. Interview n° 50 du 13 janvier 2010 à 14h12.
173. Interview n° 19 du 03 octobre 2009 à 20h35.
174. Interview n° 17 du 03 octobre 2009 à 11h25.

la liberté, mais l'Église a placé un certain nombre de garde-fous qui ne permettent pas les contacts faciles[175]. » C'est ce qu'exprime ce quarantenaire catholique avec un sentiment de regret : « En dehors de certains dogmes et de certaines pratiques au niveau de l'Église catholique qu'on ne peut pas changer, on a cette liberté d'action, cette liberté de réflexion et aussi cette liberté de critique[176]. » D'après ces opinions, s'il était donné à certains croyants le pouvoir de changer certains dogmes de leur religion, ils proposeraient des réformes pour se frayer un espace de liberté. Conscients des différences essentielles qu'il y a entre les religions, la plupart des enquêtés affirment que leur collaboration avec les autres groupes religieux se limite strictement aux domaines sociaux. Toutefois, les opinions ci-dessus citées supposent deux attitudes : leur acceptation des dispositifs de sécurité spirituelle mis en place par les communautés et leur regret de n'avoir pas la possibilité de s'épanouir.

Contrairement à cette dernière opinion, un quinquagénaire catholique témoigne de sa satisfaction de gérer sa liberté avec joie vis-à-vis de Dieu et dans sa vie : « Ce n'est pas Dieu qui me limite, mais je dois me limiter, parce que si c'est ça, cela devient une contrainte pour moi. Or, je me sens libre dans ce que je fais[177]. »

Tous les enquêtés déclarent leur liberté en vertu de laquelle ils vivent leurs relations avec d'autres religions, excepté dans quelques domaines précis fortement interdits par les Livres Saints. Chacun use de son autonomie pour adopter une attitude de tolérance ou une réserve vis-à-vis des autres confessions religieuses. Le degré de liberté des personnes interrogées dépend de leur maturité personnelle, tributaire de l'influence de leur milieu social et confessionnel. Et cela détermine le genre de pratique religieuse dont chacun fait montre au quotidien.

---

175. Interview n° 16 du 03 octobre 2009 à 10h35.
176. Interview n° 25 du 04 janvier 2010 à 18h10.
177. Interview n° 27 du 05 janvier 2010 à 10h26.

2. Contenu du croire

a) Affirmation biblique

L'importance de cette partie pour la sécularisation est observée dans le fait que la conscience de la vie après la mort détermine la conduite et le comportement, voire le type d'investissement des hommes et des femmes sur la terre et leur relation avec Dieu. Le fondement de cette affirmation est le Livre sacré de l'une des religions révélées, le christianisme, qui parle de la vie éternelle après la mort. D'après le christianisme, l'affirmation de l'existence de la vie après la mort vient de Dieu lui-même. Il est écrit : « Plusieurs de ceux qui dorment dans la poussière de la terre se réveilleront, les uns pour la vie éternelle, et les autres pour l'opprobre, pour la honte éternelle » (Dn 12.2, version Louis Segond 1910). Ailleurs, il y a cette déclaration : « Je suis le chemin, la vérité et la vie. Nul ne vient au Père que par moi » (Jn 14.6, Colombe). Les affirmations dogmatiques et les prédications chrétiennes sont bâties sur ces paroles. Bien plus, il y a quelques témoignages des auteurs bibliques : « Car Dieu a tant aimé le monde qu'il a donné son Fils unique, afin que quiconque croit en lui ne périsse point mais qu'il ait la vie éternelle [...] Celui qui croit au Fils a la vie éternelle ; celui qui ne croit pas au Fils ne verra point la vie, mais la colère de Dieu demeure sur lui » (Jn 3.16, 36, LS 1910). Dans un autre texte, le même auteur écrit : « Heureux et saints ceux qui ont part à la première résurrection ! La seconde mort n'a pas de pouvoir sur eux » (Ap 20.6, Colombe). Ces textes mentionnent la réalité de la vie et de l'enfer.

En considération de ce qui précède, la question posée aux interlocuteurs est la suivante : « Croyez-vous au jugement dernier et à l'enfer ? ». Les réponses à cette question vont de l'affirmation ferme à l'hésitation. Il n'y a aucune réponse méconnaissant la réalité du jugement dernier et de l'enfer pour les méchants. Pour les uns, tenir qu'il y a un jugement et un enfer au terme de l'histoire est une évidence qui repose sur le postulat principal : l'existence de Dieu. Pour les autres, la précarité de la vie et du visage de ce monde justifie l'existence d'un jugement et d'un enfer. Pour d'autres encore, cette vérité est attestée par les Livres Saints, spécialement le Coran et la Bible. Toutefois, le sentiment de capitulation devant la souveraineté de Dieu et l'assurance de comparaître devant cette instance finale n'empêchent pas les hommes de gérer leur vie d'après l'orientation de leur cœur. Quelques avis collectés résument ces opinions.

Un trentenaire catholique déclare : « Je dis : même s'il y a des doutes, il faut croire qu'il y a un Dieu et que ce Dieu est omniprésent ; un jour il viendra pour juger les vivants et les morts[178]. » L'ignorance de la période du déroulement de cet événement n'amène pas cette quarantaine évangélique à ignorer la conviction fondamentale de son existence : « Oui, il y aura jugement un jour. Le monde atteindra-t-il sa fin avant le jugement ou non, je ne le sais ; mais le jugement viendra un jour. C'est dans la prescience de Dieu[179]. »

La conviction qu'il y a l'enfer et le paradis et que la manière dont chacun vit sur la terre déterminera la nature de son jugement par Dieu est partagée et soutenue par plusieurs interlocuteurs. Un quinquagénaire musulman la résume par cette affirmation : « Oui, il y a l'enfer et le paradis [...] Dieu fera un jugement selon ce que chacun aura fait. Chacun viendra avec ses œuvres pour comparaître devant le trône de Dieu[180]. » Le même enquêté reconnaît une norme régissant la vie humaine et qui sera la règle du jugement : « Dieu va nous juger à partir de nos actes sur la terre puisqu'il y a un volume de règlement intérieur sur comment vivre en société[181]. » La conviction de comparaître devant Dieu perturbe l'esprit d'un interlocuteur : « Selon le Coran, si je me conduis selon la religion musulmane, je vais le rencontrer un jour. Le jour du jugement dernier il sera assis et nous irons lui rendre compte[182]. » Deux enquêtés musulmans tiennent le même langage : « L'histoire de cette humanité cessera et chacun aura sa fin un jour[183] », affirme le premier. « Et au-delà de cette histoire, il y a un paradis et un enfer. Pour accéder au paradis, il faut la croyance en Dieu et le respect des valeurs religieuses : être honnête avec les gens, avec soi-même et avec Dieu, ne pas faire du mal[184] », soutient le second. Cette déclaration ex-

---

178. Interview n° 39 du 11 janvier 2010 à 13h13.
179. Interview n° 10 du 29 septembre 2009 à 9h40.
180. Interview n° 42 du 11 janvier 2010 à 14h55.
181. *Ibid.*
182. Interview n° 45 du 12 janvier 2010 à 12h14.
183. Interview n° 46 du 12 janvier 2010 à 12h15.
184. Interview n° 48 du 13 janvier 2010 à 10h05.

pose l'éthique religieuse avec la condition d'accès à Dieu. La certitude que l'histoire cessera un jour est forte dans ces affirmations.

Les personnes interrogées n'expriment pas de doute au sujet du jugement. Cependant, le manque d'assurance caractérise la pensée de ce trentenaire : « Au jour de la résurrection, tout le monde va se révéler, à la rencontre avec Dieu. Si tu as la chance, tu peux aller au paradis ; si tu n'as pas la chance, tu iras en enfer ; c'est ce qui est inscrit même dans le Coran[185]. » Il en va de même pour ce quinquagénaire évangélique troublé par l'incertitude, bien qu'il reconnaisse la possibilité d'une rencontre avec Dieu : « Le jour où le Seigneur revient, ça peut être de différentes manières, il peut d'abord me rappeler vers lui par le truchement de la mort, soit que je suis encore vivant et que Jésus-Christ revient, il y aura cette rencontre-là. Donc, c'est au Seigneur d'apprécier[186]. »

Ces propos rendent compte de la manière dont les grandes questions de l'au-delà, et surtout de la fin du monde, préoccupent les interlocuteurs mais de différentes manières. Comme le relèvent les données de l'enquête, de la certitude de rencontrer Dieu à l'incertitude devant les questions métaphysiques en passant par l'assurance d'expérimenter le salut, les cœurs balancent au regard des conditions d'accès dans l'au-delà et des critères de jugement. Tous les enquêtés reconnaissent l'existence de la vie après la mort.

b) Possibilité d'une vie après la mort

À la question : « Croyez-vous à une vie après la mort ? », une diversité de réponses est enregistrée. Deux grands thèmes les animent : l'évidence de la rencontre avec Dieu et la compréhension de l'au-delà. Le premier est tributaire des enseignements religieux et le second est lié au manque de maîtrise de l'avenir. Concernant l'au-delà, deux façons de le comprendre se dessinent dans les propos des enquêtés. D'aucuns pensent que cette réalité n'est autre que le paradis, tandis que certains distinguent entre l'au-delà et le paradis comme deux réalités différentes, à moins que ce ne soit une question de préférence terminologique. D'autres comprennent l'au-delà comme une vie auprès de Dieu, donc la vie éternelle ; un autre groupe parle de la vie future.

---

185. Interview n° 22 du 07 octobre 2009 à 15h13.
186. Interview n° 15 du 1er octobre 2009 à 12h25.

Quelques enquêtés expriment leur conviction au sujet de l'existence d'une vie après la mort au terme de l'histoire : « Il doit arriver un jour où ce monde ne sera plus et nous allons partir rencontrer notre Dieu, musulman ou chrétien[187] », pense un quarantenaire musulman. « Cet être suprême, pour moi, je suis en train d'aller à sa rencontre comme ça. C'est la chrétienté qui pourrait me permettre d'aller à la rencontre avec Dieu que je cherche[188] », ajoute un quarantenaire. Une sexagénaire catholique renchérit : « Oui, il y a une vie après la mort, selon la foi[189]. »

La désignation de la réalité de la vie après la mort se fait par plusieurs termes et expressions. Les opinions suivantes confirment cette vérité. Un trentenaire catholique indique la période où commencera cette vie : « Oui, il y a le salut dans l'au-delà. Le jour où Christ reviendra, il nous donnera le salut à la condition qu'on soit pur[190]. » Une quarantenaire évangélique l'appelle « vie éternelle[191] » tandis qu'un trentenaire musulman parle du « paradis » d'après le Coran[192], affirmation soutenue par d'autres enquêtés[193]. Un interlocuteur déclare sa conviction : « Je crois très fortement qu'il y a un au-delà et un paradis. Pour y accéder, selon les préceptes qui sont professés dans le Coran, il ne faut pas commettre un péché majeur ; c'est-à-dire commettre des crimes, taper sur sa maman, etc.[194]. » Pour la première fois un interlocuteur mentionne clairement le mot « péché[195] », souvent évité par les autres qui choisissent d'utiliser le mot « mal ». Cependant, le même enquêté exprime le doute par rapport à l'accès au paradis : « On peut prétendre au paradis, mais ce que le bon Dieu peut décider peut en être autrement[196]. » Troublé par l'évidence de l'au-delà dont il ignore la nature, un quinquagénaire musulman s'en inquiète : « Je pense qu'il y a quelque chose

---

187. Interview n° 12 du 1er octobre 2009 à 7h23.
188. Interview n° 06 du 21 septembre 2009 à 8h40.
189. Interview n° 32 du 07 janvier 2010 à 16h20.
190. Interview n° 39 du 11 janvier 2010 à 13h13.
191. Interview n° 10 du 29 septembre 2009 à 9h40.
192. Interview n° 22 du 07 octobre 2009 à 15h13.
193. Interview n° 29 du 05 janvier 2010 à 14h37 et interview n° 26 du 05 janvier 2010 à 8h35
194. Interview n° 50 du 13 janvier 2010 à 14h12.
195. Il convient de souligner que la notion de « péché » perturbe les enquêtés et nombreux préfèrent l'éviter dans leur discours afin d'avoir la conscience tranquille.
196. Interview n° 50.

qui m'attend dans l'au-delà mais je ne sais pas où[197]. » La reconnaissance d'une possibilité de la vie dans l'au-delà est partagée par plusieurs interlocuteurs. Un autre enquêté musulman déclare avec véhémence sa conviction au sujet de la vie dans l'au-delà : « Aujourd'hui, si on prend la vie comme telle, on croit que la vie dans l'au-delà est évidente[198]. »

La conviction qu'il y a un au-delà anime tous les enquêtés, cependant la condition d'y accéder échappe à la perception des uns et inquiète les autres. Un interlocuteur catholique certifie l'existence de la vie dans l'au-delà : « Oui, il y a une autre vie, ça c'est sûr. Et pour y accéder, les conditions sont nombreuses et difficiles. Mais nous devons faire le maximum pour être conformes à ces conditions-là. Etre conforme, ça veut dire qu'il faut témoigner de sa foi partout où on se trouve[199]. » Dans le sillage de Weber, curieusement, cet enquêté exprime l'angoisse de n'être ni agréé ni accueilli par Dieu pour la vie dans l'au-delà, d'où sa préoccupation de faire le maximum d'efforts en travaillant sur la terre. Le cumul des résultats de ses efforts pourra lui valoir le salut.

Le discours majoritaire de reconnaissance de l'existence d'un jugement dernier, de l'enfer, d'une vie après la mort se retrouve dans des expressions comme « rencontrer Dieu », « la rencontre avec Dieu », « gagner le paradis », « avoir le salut », « avoir la vie éternelle », « être auprès ou à côté de Dieu », « le jour du jugement », « au jugement dernier », « rendre compte », « enfer », « la vie future », « un autre monde ». Ces expressions attestent largement les croyances des interlocuteurs aux réalités métaphysiques. Cependant, la peur de perdre ce paradis et de se retrouver en enfer, et l'incertitude gagnent leur cœur. En fait, le degré de leurs croyances varie selon le cadre éducationnel et l'expérience religieuse de chacun.

L'approche globale des attitudes et des points de vue sur les questions métaphysiques des interlocuteurs qui, tous, se déclarent religieux, présente trois groupes inégaux. (1) Le premier groupe, majoritaire, est constitué de ceux qui sont convaincus de l'existence d'une vie après la mort et assurés de pouvoir expérimenter le paradis. (2) Le deuxième groupe est composé de ceux qui ont la conviction de cette vie post-mortem, certes, mais sont

---

197. Interview n° 43 du 12 janvier 2010 à 8h27.
198. Interview n° 44 du 12 janvier 2010 à 9h29.
199. Interview n° 27 du 05 janvier 2010 à 10h26.

incertains d'y entrer à cause de la libre souveraineté de Dieu. (3) Le dernier groupe est constitué de gens convaincus d'une vie post-mortem, certes, mais qui s'appesantissent plus sur les conditions d'y entrer, comme les efforts personnels à déployer. L'attitude de ce troisième groupe en vient à un scepticisme sur la possibilité de la vie. Parmi ceux du dernier groupe, certaines personnes pensent que c'est la fin qui leur dira la réalité de la religion.

La conviction selon laquelle la figure de ce monde est passagère est partagée par plusieurs personnes interrogées. Cependant, l'engagement à vivre le bien-être dans l'au-delà ou sur la terre reste du domaine de la responsabilité individuelle. Tous les enquêtés reconnaissent que cette vie aura lieu après la mort et se situe dans l'au-delà. Quelques interlocuteurs aspirent à vivre cette vie un jour ; d'autres par contre la reconnaissent mais ils adoptent une indifférence vis-à-vis de cette réalité parce qu'ils estiment que cette vie est encore lointaine. En attendant d'y aller un jour, la vie religieuse au quotidien préoccupe les enquêtés.

Entre-temps, la vie religieuse reste un défi quotidien pour les fonctionnaires de N'Djaména.

B. Deuxième analyseur : comportements conformes à la morale religieuse

1. *Témoignage concret de la vie religieuse*

« Vos convictions religieuses influencent-elles votre manière de servir votre pays ? Si oui, comment les autres reconnaissent-ils que vous êtes religieux ? » est la dernière question posée dans cette section. Plusieurs personnes interrogées affirment être sous l'influence de la religion. Cependant, leurs réponses reflètent la difficulté qu'elles éprouvent à soumettre tous les domaines de leur vie à l'autorité de Dieu au travers de ses représentants. La lecture des dossiers ci-dessous instruit au mieux sur cette question.

Un quarantenaire catholique, appuyé par un quinquagénaire de la même confession, affirme qu'une lutte s'opère en lui-même et au niveau de son environnement. Il s'explique :

> Il y a des actes qu'on veut bien poser, mais on a l'impression qu'il y a quelque part un œil qui nous regarde et nous dit : non ; et on hésite à y aller jusqu'au bout. C'est là qu'on voit une contradiction qu'il y a entre notre nature humaine et la

dimension spirituelle ou morale dont on rêve. Là on se situe évidemment dans le domaine du religieux qui influence notre social[200].

À la lumière de cette opinion, c'est possible d'affirmer que l'influence religieuse est déterminante dans la vie quotidienne de certains fonctionnaires, dans leur environnement socio-professionnel et dans leur milieu familial. Le domaine moral de plusieurs fonctionnaires tchadiens au sein de leur profession ne reflète pas leur conviction. L'opinion de ce quinquagénaire catholique résume celles de plusieurs interlocuteurs : « C'est grâce à Dieu que je vis. Mais l'homme étant ce qu'il est, je ne peux pas dire que je me soumets totalement au contrôle de Dieu. La raison est que la vie mondaine est là, je l'avoue, je prends de l'alcool[201]. » Un quarantenaire musulman appuie cette opinion : « Je m'efforce d'être authentique, de respecter à cent pour cent les règles musulmanes, mais quand on est humain ! Plus on est jeune, plus on a tendance à fréquenter les boîtes, à voir les danses ou à aller au lieu de distraction que la religion interdit[202]. » Un autre quinquagénaire catholique appuie l'idée par ces mots : « Je veux développer la piété, mais je la vis difficilement[203]. »

Le sentiment d'un quinquagénaire évangélique est un mélange de satisfaction pour l'influence de sa religion dans sa vie professionnelle et de crainte d'un scandale : « Dans mon département tout le monde sait que je suis religieux. C'est une lourde responsabilité ! Je m'efforce de vivre réellement et de manière pratique cette foi que j'ai. Parce que si je commets une faute et qu'on me surprend en flagrant délit, c'est Dieu qu'on va attaquer[204]. » D'après lui, l'identité chrétienne expose celui qui la porte et la met au défi d'être et de faire autrement : « C'est pourquoi beaucoup de gens refusent qu'on sache qu'ils sont chrétiens au sein de leur ministère. Quand on sait que vous êtes chrétien, on attend de vous un comportement

---

200. Interview n° 25 du 04 janvier 2010 à 18h10 et interview n° 35 du 07 janvier 2010 à 17h20.
201. Interview n° 31 du 06 janvier 2010 à 14h26.
202. Interview n° 48 du 13 janvier 2010 à 10h05.
203. Interview n° 33 du 07 janvier 2010 à 14h33.
204. Interview n° 05 du 19 septembre 2009 à 11h05.

différent[205]. » Une quarantenaire de la même confession témoigne son expérience dans un établissement secondaire en milieu caractérisé par la violence :

> J'ai confié en prière mon affectation au lycée de Delta et j'y suis partie. Arrivée là-bas, par mon comportement et ma manière de faire, par la suite j'ai aimé mes élèves qui étaient devenus très gentils avec moi. Et au lieu de demander une autre affectation, j'ai fait deux ans sur place. Je continue encore à y enseigner[206].

La peur vis-à-vis du milieu réputé hostile ou difficilement pénétrable anime cette enquêtée. Mais la qualité de sa vie au sein de l'établissement lui vaut l'acceptation et l'estime des gens.

Un sexagénaire évangélique affirme que ses convictions religieuses déterminent sa manière de servir dans son département et l'amènent à prendre conscience du défi à relever : « Je suis à la tête d'un service très sensible, qui demande beaucoup de caractère et de vertu morale, parce que les gens qui viennent solliciter ce service sont généralement des expatriés. Et quand ils arrivent, de par ma formation et ma profession, je les sers rapidement. » L'enquêté relève la difficulté pour les fonctionnaires religieux de résister devant l'argent. Cependant, il déclare ce qui le concerne : « Je sais que si je fais honnêtement mon travail, si je suis dans le besoin, je m'adresse au Seigneur[207]. »

Dans le même sillage une quinquagénaire évangélique raconte son expérience qui porte à la fois sur la morale et sur l'éthique du travail : « Dans mon ministère, ceux qui ne sont pas chrétiens savent que je suis chrétienne de par ma manière de faire. Ils disent : si tu veux la franchise, va trouver Mme. Dans ce sens, pratiquement tous mes collègues me connaissent, on affirme mon identité[208]. » La mentalité de plusieurs fonctionnaires travaillant dans les secteurs publics comme dans les secteurs privés est forgée par la conjoncture et le matérialisme. Il se trouve que les qualités telles que la

---

205. *Ibid.*
206. Interview n° 10 du 29 septembre 2009 à 9h40.
207. Interview n° 11 du 30 septembre 2010 à 9h20.
208. Interview n° 19 du 03 octobre 2009 à 20h35.

justice, l'intégrité, la fidélité développées par certains fonctionnaires dans leur service gênent, sinon frustrent leur entourage déjà versé dans la pratique du faux et dans d'autres vices. Une autre évangélique raconte son expérience : « Je suis gestionnaire d'une association de femmes. Gérer dans les associations répond à un certain modèle que beaucoup de gens partagent. Ma manière de gérer pose problème aux autres parce que ça fait une certaine barrière[209]. » L'enquêtée relève la difficulté de distinguer la frontière entre le monde séculier et le monde religieux[210]. Selon cette opinion, l'atmosphère qui prévaut en milieu professionnel renvoie la religion en marge de la vie des travailleurs. Un quarantenaire musulman généralise la situation et y voit impliquées toutes les confessions religieuses, particulièrement les chrétiens :

> Sans vous mentir, ce sont les musulmans qui sont les premiers à développer la pratique de la corruption. Les frères chrétiens tchadiens s'intéressaient rarement au détournement des deniers publics et aux actes frauduleux. Je ne sais pas si cela est dû à la religion ou à la culture, ou encore à la formation. Aujourd'hui, je pense que tout le monde a le nez dans la pagaille-là. C'est devenu systématique[211].

L'analyse montre que certaines personnes interrogées reconnaissent l'autorité de leur religion dans tous les domaines de leur vie ; d'autres affirment cela, mais tiennent que le cours de la vie les entraîne et les empêche d'obéir aux injonctions de la religion. Une chose est certaine, c'est la difficulté de distinguer les pratiques religieuses des comportements conformes à la morale religieuse.

2. Conflit des valeurs

Une question posée aux interlocuteurs est la suivante : « Est-il possible pour le fonctionnaire tchadien de cumuler dans sa personne les valeurs positives de la religion et les valeurs positives de la modernité pour son épanouissement ? » Dans le contexte ci-dessus décrit, il est souvent difficile

---

209. Interview n° 20 du 05 octobre 2009 à 20h20.
210. *Ibid.*
211. Interview n° 48 du 13 janvier 2010 à 10h05.

pour les fonctionnaires religieux de traduire harmonieusement dans leur vie les valeurs acquises dans l'éducation formelle et dans la religion.

D'après un groupe minoritaire, les ressources positives de l'éducation formelle et celles de la religion peuvent être conciliées sans heurt dans sa façon de servir sa société. « Dans ma carrière de fonctionnaire, je n'ai pas eu de contrainte entre ma religion et mes activités professionnelles[212] », affirme un quinquagénaire musulman. Cette opinion laisse entendre qu'il n'y a pas de tension entre la religion et l'exercice de la profession, ni même entre la religion et les relations humaines. C'est d'ailleurs ce qu'exprime un quarantenaire musulman : « Je dis que mes convictions religieuses déterminent ma manière de servir la société[213]. » Toutefois, dans la pratique, il y a un effort à fournir afin de maintenir l'harmonie de la vie au sein de sa société.

À la lumière de sa propre expérience, un enquêté catholique affirme la possibilité de concilier les valeurs de la religion et de la modernité. Toutefois, il fait comprendre qu'un travail individuel d'intégration nécessite d'être fait. Il exprime sa désolation face à l'hybridité de certaines personnes dans leur milieu :

> C'est bien possible que quelqu'un puisse concilier ces valeurs-là, mais à condition, justement, de ne pas se précipiter vers n'importe quelle nouveauté qui apparaît, soi-disant parce que ça viendrait de la culture occidentale. Il faut que les gens connaissent les autres cultures, qu'ils les intègrent dans la leur pour être à la fois modernes, mais en restant eux-mêmes[214].

Dans sa critique, le même enquêté relève la difficulté de la jeunesse d'affirmer son identité et sa personnalité : « Beaucoup de jeunes gens de nos jours essaient dans l'ignorance de copier les Occidentaux. Ils n'ont jamais été en Occident, ils ne comprennent rien de l'Occident, ils ne veulent pas être des Tchadiens, ils n'ont rien d'eux-mêmes qui les caractérise. Mais du coup ils sont complètement perdus[215]. » Certains de ce groupe expriment la satisfaction qu'ils tirent de la combinaison des valeurs de la civilisation

---

212. Interview n° 40 du 11 janvier 2010 à 13h30.
213. Interview n° 12 du 1er octobre 2009 à 7h23.
214. Interview n° 35 du 07 janvier 2010 à 17h20.
215. Interview n° 35 du 07 janvier 2010 à 17h20.

moderne et de celles de l'éducation religieuse. Deux interlocuteurs musulmans soulignent qu'elles vont ensemble, sans conflit parce que la religion musulmane leur donne l'ouverture d'esprit[216].

Un deuxième sous-groupe de la population interrogé soutient qu'il est possible de concilier les ressources positives de la religion et les valeurs de la civilisation moderne pour l'épanouissement de soi. Cependant, ils soulignent en même temps la difficulté qui y est liée dans la pratique. C'est le cas d'une enquêtée catholique qui soutient qu'il faut faire la part des choses devant toute situation qui prévaut dans sa vie et prendre des résolutions conséquentes : « Nous avons tendance à tout copier, alors que dans cette civilisation, nous devons appréhender certains aspects qui contribuent à l'amélioration de nos conditions de vie et de nos conditions de religiosité plutôt que de vouloir tout embrasser sans comprendre[217]. » L'expérience de ce quarantenaire catholique témoigne qu'il y a des situations irrégulières dans la manière de combiner les deux valeurs dans la vie et dans l'exercice professionnel : « De par ma profession, quelquefois on nous dit d'aller au travail le dimanche. C'est une obligation professionnelle, vous ne pouvez pas vous soustraire ; mais quitte à dire que Dieu est avec moi en allant au travail[218]. » Bien plus, quelques enquêtés soutiennent que la foi seule permet au fonctionnaire de combiner dans sa vie les deux valeurs. « Celui qui a la foi peut concilier les deux valeurs. C'est un peu difficile, mais c'est une question de foi[219]. »

D'après ces enquêtes, il y a beaucoup de tension entre les exigences professionnelles et les exigences religieuses à cause du contexte de la pauvreté et de la pression du pouvoir en place. Les enquêtés catholiques soutiennent qu'il y a un réel problème pour affirmer sa propre identité religieuse en même temps que les valeurs acquises de la modernité dans le contexte tchadien. Cette situation témoigne d'un manque d'engagement réel dans la vie religieuse, du moins pour ceux qui ont une profession.

Le modèle wébérien souligne que les protestants constituent le groupe le plus en adéquation avec la modernité. Contrairement à cette appréciation,

---

216. Interview n° 46 du 12 janvier 2010 à 13h15 et n° 50 du 13 janvier 2010 à 14h12.
217. Interview n° 47 du 13 janvier 2010 à 8h37.
218. Interview n° 31 du 06 janvier 2010 à 14h50.
219. Interview n° 32 du 07 janvier 2010 à 16h20.

un troisième groupe affirme que très souvent le volet religieux en prend un coup dans la tension entre les ressources positives de la religion et celles de la culture occidentale. Un enquêté évangélique, résumant les opinions de ce groupe, exprime l'embarras devant les exigences de la vie pratique et celles de la foi : « C'est la problématique de comment être intègre, maintenir son intégrité dans un monde corrompu, dans un monde où on est assailli par le matérialisme et martelé par les besoins, certes légitimes, mais pour lesquels on n'a pas de ressources[220]. » Un enquêté musulman pense qu'il y a une ligne de démarcation entre sa vie religieuse et sa vie professionnelle : « Je crois que ma conviction ne peut avoir une influence dans ma vie professionnelle[221]. » Un sexagénaire résume la pensée de plusieurs fonctionnaires qui ne pensent à aucune possibilité de conciliation entre les valeurs positives de la religion et de la modernité : « Moi, je dis que c'est deux choses différentes. Il n'y a pas d'alliage entre une pierre et un métal, ce n'est pas possible[222]. »

Il ressort de toutes ces opinions que le fonctionnaire tchadien religieux vit sous une tension permanente, à telle enseigne qu'il a de la peine à affirmer son identité religieuse dans son contexte. En outre, un faible pourcentage des personnes interrogées témoigne que leurs convictions religieuses influencent leur attitude devant les deniers publics, leur manière de servir et de gérer les relations publiques. En effet, leur identité chrétienne est reconnue, le respect et la confiance leur sont accordés. La source des pressions auxquelles ces fonctionnaires sont soumis est variable : le pouvoir étatique, les besoins de la société en général et de leur famille en particulier ; le milieu culturel avec ses habitudes communément acceptées ou tolérées, et le désir personnel.

Toute cette analyse démontre que bon nombre de fonctionnaires développent une certaine dichotomie dans leur conduite et dans leurs actes. Cette expérience ressemble à celle des intellectuels et de la jeunesse de l'Allemagne observée par Weber[223]. Berger traite beaucoup du réenchantement sans mentionné une telle expérience en Europe ni en Amérique. La même

---

220. Interview n° 04 du 19 septembre 2010 à 9h15.
221. Interview n° 12 du 03 octobre 2009 à 7h23.
222. Interview n° 28 du 5 janvier 2010 à 12h05 réalisée à la Direction de Salam.
223. WEBER, *Le savant et la politique*, p. 105.

expérience est aussi relevée par Dopanu dans la tribu yoruba au Nigéria et par Messi Metogo dans certains pays d'Afrique où il a mené son enquête. Les mêmes personnes qui décrient la science et la technologie accueillent favorablement la modernité. Ainsi, le fonctionnaire tchadien religieux est mis au défi de faire comme fait le monde, en même temps de faire valoir son identité religieuse dans son milieu. Et cela soulève la question de la continuité et de la discontinuité de leur personne par rapport à leur double identité.

Comparativement à la sécularisation en Occident, le caractère différencié de la sécularisation au Tchad est observé dans la distinction du contexte et de la culture. Les populations de Weber et Berger s'émancipent de l'autorité de la religion et de ceux qui l'incarnent et adoptent librement de nouvelles idéologies et normes que leur propose la modernité.

À la différence de ces populations, les fonctionnaires de N'Djaména vivent et exercent sous plusieurs pressions, telles que la conjoncture, la culture, la tradition, la famille, la main-mise de l'Etat, les exigences socio-professionnelles. Ces pressions créent en eux des tensions et affectent quelques aspects de leur vie devant l'autorité de la religion et des Écrits sacrés. Il est clairement question de la diminution de la piété dans le domaine financier, socioprofessionnel et sentimental. Un nombre d'interlocuteurs certifie que le train du monde, les confrontations entre les contraintes religieuses et les contraintes sociales l'emportent sur la bonne disposition de leur esprit à honorer les injonctions de la religion. Certains affirment que la pression du groupe et l'habitude du milieu les poussent à imiter les autres dans les mauvaises pratiques et les conduisent au vice contre leur volonté.

Dans ce contexte, les responsables religieux ne sont pas écoutés sur les questions existentielles. Les enquêtés confirment cette appréciation de la sécularisation dans la vie des fonctionnaires tchadiens.

IV. Conclusion de la première partie

À partir de quelques auteurs et d'une étude de terrain, nous pouvons à présent affirmer ou infirmer les hypothèses formulées dans l'introduction de cette partie : (1) la pertinence de la sécularisation au Tchad, (2) les spécificités de la sécularisation au Tchad, (3) le caractère différencié de la sécularisation au Tchad. Les résultats de l'analyse des données d'enquête permettent d'affirmer la sécularisation comme diminution progressive de l'emprise de la religion sur la société est confirmée, bien qu'il soit relevé en même temps le réenchantement.

Sur la base des données sociologiques relevées et des opinions des enquêtés, nous pouvons affirmer que la sécularisation est également observable sous plusieurs formes dans la vie des fonctionnaires de N'Djaména. Leurs comportements par rapport à la morale religieuse révèlent l'influence de la sécularisation sur la culture, l'éducation, la profession, la santé et la société en général. Les causes de la sécularisation sont, entre autres, l'occidentalisation de la culture vue comme synonyme de la modernité, les techniques numériques ou médias, la religion, l'urbanisation, la pauvreté. La vérification de nos hypothèses donne les résultats ci-après :

L'hypothèse selon laquelle la modernité induit des transformations pertinentes dans la vie des fonctionnaires est vérifiée. Weber a soutenu la thèse de l'émancipation des individus du traditionalisme économique établi par la religion en raison du désenchantement du monde. Berger y ajoute la sécularisation des secteurs de la société et de la culture, en particulier la sécularisation de la conscience. Shorter, Onyancha, Dopanu, Messi Metogo et Tshimbulu mentionnent tous l'émancipation des sociétés africaines. Dopanu et Tshimbulu y ajoutent la rationalisation des domaines de la vie des Yorubas et des peuples africains sous l'influence de la modernité. Dopanu mentionne la désacralisation du monde yoruba par la laïcité et le christianisme. L'enquête à N'Djaména a relevé que l'école républicaine, le christianisme et les médias désenchantent et désacralisent le cosmos traditionnel et la culture. Ce désenchantement entraîne l'émancipation de la conscience. Cette émancipation de la conscience va de pair avec la rationalisation de la vie et le développement des attitudes conséquentes. La modernité provoque des mutations dans l'univers social et politique et favorise la transmission de nouvelles valeurs dans le nouveau contexte.

La différence par rapport au secteur économique porte sur la profession, c'est-à-dire que le public-cible de Weber est constitué de chefs d'entreprise détenteurs des capitaux et des représentants des couches supérieures qualifiées de la main-d'œuvre. Le Tchad est un pays trop peu industrialisé pour que nous puissions parler de la sécularisation de l'économie. Par conséquent, notre public ne comprend que des gens qui vivent de leur salaire, lequel ne couvre pas tous les besoins. Trop peu parmi eux jouissent soit d'un salaire injustifié, soit de biens mal acquis. L'enquête auprès des fonctionnaires de N'Djaména a cependant confirmé l'hypothèse des transformations pertinentes dans leur vie. Chez la plupart des fonctionnaires, le domaine socioprofessionnel, le domaine médical, le domaine éducatif et le domaine économique sont soustraits à l'influence de la religion. L'adhésion des fonctionnaires aux valeurs de la modernité et leur manque de distance critique par rapport à celle-ci expliquent la crise d'identité culturelle et religieuse qu'ils vivent. La pertinence de la sécularisation au Tchad est donc une hypothèse confirmée.

Ensuite, l'hypothèse selon laquelle la sécularisation au Tchad manifeste des spécificités est vérifiée. Weber et Berger ont tous deux soutenu la thèse du désenchantement du monde causé par la modernité avec sa science et sa technologie et la religion judéo-chrétienne. Au Tchad, nous avons trouvé une variante de cette thèse, c'est-à-dire le désenchantement partiel du monde dû à deux causes majeures : l'école républicaine et le christianisme. La première cause propose à tous les fonctionnaires les réalités d'autres cultures autrefois ignorées et influence donc leur vision du monde. S'agissant de la seconde, notons qu'un bon nombre des chrétiens de la première génération qui ont reçu l'Évangile directement des missionnaires ne se sont pas totalement libérés des exigences des traditions. La raison en est qu'ils considèrent le christianisme comme une religion d'emprunt. Les autres sont effectivement conduits dans un monde désenchanté par la nouvelle religion et la modernité et s'y installent. Les générations suivantes de chrétiens qui n'ont pas vécu les mêmes exigences de l'Évangile ni celles des traditions des anciens relativisent quasiment tout. Pour ceux-là, la science désenchante le monde, en sorte qu'ils ne le voient qu'en termes de causes et d'effets. Dans bien des circonstances qui touchent à leurs intérêts ou aux questions existentielles, certains n'hésitent pas à recourir aux puissances alternatives et aux rites de leurs traditions. D'autres estiment qu'il n'y a pas de frontières entre les religions, ce qui justifie leur promptitude à envoyer leurs enfants participer aux rites initiatiques périodiquement organisés au village. En effet, leurs croyances et leurs attitudes religieuses traditionnelles sont confrontées à celles des religions monothéistes dites révélées.

Le public-cible de Weber et celui de Berger sont émancipés suite au désenchantement de leur environnement ; mais celui de Berger revient au religieux sans que l'auteur signale s'il a rompu avec la modernité ou non. À N'Djaména, nombreux parmi les fonctionnaires sont partagés entre le désir ou la volonté de vivre en conformité avec les injonctions des religions étrangères et l'allégeance à leurs traditions religieuses. Ils sont en même temps partagés entre les demandes de la modernité et celles de la religion. Leur émancipation n'est pas totale. Par conséquent, leur manque de conviction personnelle les met tous le temps sous une vive tension de l'esprit et de l'âme. C'est dire qu'en plus de deux pressions, notamment les exigences de l'Évangile et celles de la modernité partagées avec l'Occident, plusieurs fonctionnaires de N'Djaména doivent négocier avec une troisième pression ou influence, les traditions des anciens. Par rapport à l'Occident, la spécificité de la sécularisation au Tchad comme deuxième hypothèse est ainsi confirmée.

Enfin, la vérification de l'hypothèse du caractère différencié de la sécularisation au Tchad, quant à elle, présente un résultat complexe et des ambiguïtés majeures. Weber a prévu le déclin de la religion au fur et à mesure que les gens accumuleraient la richesse. Mais dans sa critique de la sécularisation ; il relève la manifestation de la soif du religieux chez les intellectuels et les jeunes Allemands qui, pourtant, la repoussent de leur espace de liberté quotidienne. Berger a repris la théorie du désenchantement du monde de Weber ; mais par la suite il a soutenu la théorie du réenchantement du monde avec la pluralisation comme indicateur principal en raison du choix rationnel. Shorter, Onyancha, Dopanu et Tshimbulu mentionnent eux aussi la privatisation et la pluralisation comme expressions du réenchantement du monde. L'enquête à N'Djaména a permis de confirmer cette thèse avec des nuances importantes. En réalité, la sécularisation prévoit qu'à un certain stade de développement la pertinence sociale de la religion diminue. Mais l'enquête a relevé une tendance des fonctionnaires tchadiens à l'autonomisation. C'est dire que leurs opinions expriment leur aspiration à la liberté et à la tolérance par rapport aux traditions des anciens, aux exigences de la vie communautaire. L'enquête a ensuite relevé la privatisation ou l'atomisation du champ religieux chez beaucoup de fonctionnaires, c'est-à-dire une nouvelle forme de religiosité réduite à la dimension individuelle et qui donne la possibilité du choix. L'enquête a enfin relevé concomitamment la pérennisation de la religion, mieux : la survivance des institutions religieuses historiques, et la pluralisation. Cela signifie qu'à côté des RTA et des religions monothéistes (christianisme et islam) apparaissent de nouvelles formations religieuses, voire des expressions nouvelles de la spiritualité dans l'environnement urbain et rural au Tchad, d'où le réenchantement du monde.

Par rapport à N'Djaména, nous acceptons la thèse wébérienne de la pérennisation de la religion dans le cas de ceux qui n'ont jamais rompu les liens de leurs traditions et de ceux qui sont fidèles à leur religion. Nous pensons que les motivations du réenchantement du monde mentionnées par Berger ne reflètent pas la réalité des fonctionnaires de N'Djaména. Ici, la motivation du réenchantement n'est pas nécessairement la déception par rapport à la science et à la technologie, parce que le Tchad est un des pays où la science et la technologie ne sont pas développées comme en Occident. Mais, nous pouvons parler du réenchantement au sujet de ceux qui ont rompu avec leurs traditions tout en vivant dans leur milieu, et qui sont désireux de faire de nouvelles expériences religieuses. Il y a aussi réenchantement pour ceux qui, sans s'être engagés dans leur communauté et sans être contre leur religion, veulent comparer les religions. Le mouvement pentecôtiste[224] en pleine effervescence au Tchad créé un climat de convi-

---

224. Peter HOCKEN, *The Challenges of the Pentecostal, Charismatic an Messianic Jewish Movements: the Tension of the Spirit*, Série Religion, Theology and Biblical Studies, Farham/Burlington, Ashgate, 2009. Hocken distingue le mouvement pentecôtiste du renouveau charismatique et des New Charismatic Churches. D'après lui, ce sont trois nouveaux mouvements dans l'histoire chrétienne au fond quasi identique qui opèrent distinctement et simultanément depuis le XXe siècle. Le mouvement pentecôtiste a commencé à Azusa, à Los Angeles en 1906. Harvey Cox confirme les mêmes données dans son livre *Fire from Heaven: the Rise of Pentecostal Spirituality and the Reshaping of Religion in the XXe Century*, Cambridge, Da Capo Press, 2001. Il est connu comme un mouvement restaurationniste. Rapidement et avec la bénédiction des médias il se répand dans le monde entier (p. 3). Le mouvement charismatique, appelé aussi renouveau charismatique, a pris son départ au sud-est de la France, en Ardèche en 1930 dans l'Église Réformée. C'est en 1956 aux Pays-Bas dans le milieu réformé, que le mouvement a connu son essor. Par la suite, il se développe particulièrement dans l'Église Catholique contemporaine. Il est lui aussi un phénomène d'une proportion considérable dans le monde (p. 53). Les New Charismatic Churches, quant à elles, désignent initialement un ministère indépendant des Églises historiques et forment un réseau. Elles sont fondées par un groupe de chrétiens (Sid Purse, David Lillie et Arthur Wallis) d'arrière-plan Brethren Church de l'Angleterre et dans les années 1950-1960. S'agissant de leur impact, Hocken affirme : « The New Charismatic Churches and networks represent the fastest-growing sector of the Holy spirit movement. Their dynamism,

vialité qui attire un bon nombre de partisans de la nouveauté. Toutefois, les contraintes religieuses, les pressions sociales et les doutes personnels empêchent bien des fonctionnaires de vivre comme de bons adeptes de leur religion. Les injonctions religieuses sont parfois et par endroits voilées et l'autorité des institutions religieuses négligée.

C'est pourquoi la question du déclin de la religion comme l'a prédit Weber ou du retour du religieux dans l'espace public selon Berger nous semble mal posée. Il convient plutôt de parler de la perte d'autorité de la religion, c'est-à-dire de la perte du contrôle de certains secteurs de la vie sociale par les instances religieuses[225]. Dans la ligne d'argumentation de Berger, nous pouvons dire que plusieurs fonctionnaires de N'Djaména valorisent dans leurs comportements la théorie du choix rationnel. La raison en est que tout en adhérant aux valeurs de la modernité et de l'humanisme rationaliste, plusieurs fonctionnaires gardent toujours un intérêt particulier pour toute problématique religieuse. Cependant, dans les situations essentiellement préoccupantes qui touchent au secteur de leur vie sociale, la priorité et la prépondérance ne sont pas accordées à la religion, du moins pour la plupart des personnes interviewées. Cela témoigne effectivement de la privatisation de la religion. La religion avec Dieu comme objet d'adoration devient en même temps une option parmi d'autres. Cette évolution contemporaine du religieux amène Charles Taylor à penser que si la religion est identifiée à ses aspects extérieurs et visibles, alors il y a lieu de parler de son déclin. Mais si elle comprend la dimension spirituelle et intérieure de l'homme, l'on n'est pas en droit de tenir le langage de son extinction[226]. Cela veut dire que le fond religieux demeure chez plusieurs fonctionnaires n'djaménois, mais des paramètres extérieurs étouffent son expression et font de ce fond l'objet d'un choix libre.

---

creativity and flexibility present a major challenge to the historic churches parallel to the challenge of the Pentecostal movement, a challenge which they ignore to their own loss », p. 29-31. Pour d'autres détails importants sur le pentecôtisme africain, voir Ogbu KALU, *African Pentecostalism : An Introduction,* New York, Oxford University Press, 2008.

225. Voir François-André ISAMBERT, « La sécularisation interne du christianisme », *Revue française de sociologie*, tome XVII/4, 1976, p. 573-589. [Consulté le 18 Janvier 2008]. En ligne : http://www.links.jstor.org/sici?sici=0035-2969(197610%2F12)17%3A4%3C573%3ALSIDC%3E2.0.CO%3B2-I.

226. Charles TAYLOR, *A Secular Age,* Cambridge/Massachusetts/London : The Belknap Press of Harvard University, 2007, p. 431-432.

Tout ce qui précède explique l'émancipation des consciences individuelles et collectives par rapport aux traditions des anciens et aux autorités qui les incarnent. Au lieu de parler de l'éclipse de la religion, la réalité montre plutôt la privatisation ou l'atomisation de la religion. Il y a la sécularisation des consciences, des domaines et aspects de la vie des individus en même temps qu'il y a un retour à la religion. De plus en plus il y a une mutation de la société religieuse dont voici les principaux axes : l'influence du séculier sur la religion, l'adaptation de la religion à la sécularisation. De plus en plus aussi, un manque d'intérêt pour le religieux et la persistance de celui-ci dans les sociétés humaines sont observés. Il y a donc une sécularisation de deux éléments dans le champ religieux. D'une part, la religion est sécularisée parce qu'elle s'éloigne progressivement de son caractère radical et de sa force originelle que les actes religieux rituels tentent en vain de récupérer[227]. D'autre part, le contenu du croire est sécularisée dans la mesure où il perd sa pertinence et son autorité dans la vie de ceux qui le professent.

De tous les aspects de la sécularisation en Afrique relevés par les différents auteurs étudiés, le seul cas que l'enquête à N'Djaména n'a pas relevé est l'incroyance mentionné par Messi Metogo. Les interlocuteurs de N'Djaména croient en leur Dieu, sauf que leur éthique ne reflètent pas le contenu du croire. D'ailleurs, Messi Metogo a bien montré que cela se trouve parmi les adultes des sociétés traditionnelles[228]. Cette attitude peut s'expliquer par le fait qu'ils sont des gens dont la condition sociale n'élève pas le regard vers d'autres horizons. La seule cause qui n'a pas d'écho parmi notre sous-population enquêtée est le mythe de l'éloignement de Dieu ; elle peut avoir sa place au sein de la société traditionnelle. Toutes les autres causes sont notées par nos informateurs. En conclusion, les fonctionnaires de N'Djaména sont particulièrement influencés par la sécularisation. Dans la prochaine partie, au lieu d'apprécier l'ensemble des aspects de la sécularisation relevés à N'Djaména, nous chercherons à en apprécier théologiquement cinq. Il s'agit du désenchantement, de la désacralisation, de l'émancipation, de la privatisation et de la pluralisation.

---

227. Paulo BARRERA, « Un Pentecôtisme au Brésil : une contre-sécularisation ? », in Sebatien FATH, sous dir., *Le protestantisme évangélique, un christianisme de conversion*, Bibliothèque de l'Ecole de Hautes Etudes Sciences Religieuses 121, Turnhout, Brepols, 2004, p. 243-258.
228. MESSI METOGO, *Dieu peut-il mourir en Afrique ?*, p. 79.

En considération de ce qui précède, il importe de souligner que les préoccupations majoritairement existentielles qui se dégagent des données sociologiques auxquelles la théologie est appelée à répondre sont d'ordre théologique, culturel, moral et social. Aussi est-ce le moment de reprendre la question posée au début de ce travail. Comment l'Église peut-elle comprendre et apprécier théologiquement la sécularisation en Afrique subsaharienne en général et au Tchad en particulier, et comment lui apporter des réponses appropriées ? Avec la contribution de différents auteurs, nous tâcherons de répondre à ces questions dans la deuxième partie de ce travail.

DEUXIÈME PARTIE

Débats théologiques sur la sécularisation

Nous venons de parcourir le champ sociologique en analysant le concept de « sécularisation » dans le contexte occidental, dans le contexte africain en général et dans le contexte tchadien en particulier. Le résultat de cette analyse certifie qu'au Tchad, comme dans toute l'Afrique, Dieu n'est pas ignoré, mais son autorité n'est pas respectée dans certains secteurs de la société et des domaines de la vie des individus. Le champ religieux tchadien marqué par l'émancipation individuelle et l'indifférence peut être l'illustration de cette évolution de la société moderne. Bien plus, le contexte tchadien présente la privatisation du champ religieux et la pluralisation, preuve du réenchantement du monde comme limite de la théorie de la sécularisation. À présent, nous passons du cadre descriptif de ce phénomène de civilisation sur le terrain sociologique à son appréciation théologique.

Notons que l'enquête a révélé trois attitudes différentes vis-à-vis de la sécularisation. Avant de suivre les positionnements théologiques des auteurs annoncés, il convient de rendre compte de l'essentiel de chacune de ces attitudes vis-à-vis de la sécularisation.

La première attitude est observée chez les enquêtés qui accueillent favorablement la sécularisation. Pour un nombre important de nos interlocuteurs, la sécularisation est positive. Ceux-ci partent de l'étape de l'adaptation à celle de l'accueil. L'adaptation des fonctionnaires au processus de la sécularisation prend sa source à l'école républicaine où les nouvelles valeurs sont enseignées et inculquées. Certains font montre d'une adhésion progressive à l'héritage occidental. La preuve est qu'ils montrent l'esprit cartésien qui modifie leur mode de penser, et donc leur vision du monde[1]. Le processus d'adaptation à la sécularisation comprend non seulement la mentalité et les modes de penser, mais aussi les habitudes pratiques. Ce changement de mentalité et d'habitudes implique deux choses. (1) Il y a une transformation de mode de penser des fonctionnaires qui s'engagent résolument dans la recherche des possibilités de leur accomplissement avec les avantages de la modernité. (2) Il y a aussi l'émancipation de la tradition des anciens et de l'autorité de la religion. Dans une telle perspective, les codes moraux traditionnels ou chrétiens n'ont pas d'emprise sur les gens ; ceux-ci écoutent leur seule conscience et suivent l'orientation de leur volonté libre. Cette manière de la société moderne de se conduire, Gauchet l'appelle la métabolisation de la fonction religieuse[2].

Au fur et à mesure que la sécularisation devient irréversible, le groupe de fonctionnaires susmentionnés est passé de la phase d'adaptation à l'intégration de la sécularisation dans leur vie. L'aspect de la sécularisation qui se dégage de cette attitude est la perte d'autorité de la religion. Le constat général de l'évolution des sociétés permet de relever qu'il y a l'émancipation de la culture, mieux : l'ouverture au monde moderne[3]. Dans ce contexte, la pensée de l'au-delà est affectée par le doute, ou bien elle est ignorée afin qu'elle ne perturbe pas la vie présente. Le succès professionnel et social des fonctionnaires semble leur garantir le salut immédiat par rapport aux promesses de la religion. Sans rompre avec Dieu, ces fonctionnaires se concentrent sur eux-mêmes et sur leurs intérêts. Émancipés, ils se considèrent comme responsables de leur propre vie[4] et n'ont pas de place dans leur tête pour penser une possibilité de la providence divine[5].

La deuxième attitude vis-à-vis de la sécularisation concerne le rejet de la sécularisation, c'est-à-dire qu'un deuxième groupe d'interlocuteurs

---

1. Interview n° 1 du 10 septembre 2009 à 11h35.
2. GAUCHET, *Le désenchantement du monde*, p. 319.
3. Interview n° 38 du 08 janvier 2011 à 13h et n° 18 du 03 octobre 2009 à 10h.
4. Interview n° 04 du 19 septembre 2009 à 9h15.
5. Interview n° 15 du 1er octobre 2009 à 12h25.

développe une attitude qui tend vers le puritanisme. Le puritanisme est la doctrine extrêmement rigoriste de la secte presbytérienne. Il désigne la conduite plus ou moins austère des puritains vis-à-vis de cette évolution des sociétés. Il s'agit ici de l'indifférence non vis-à-vis de la religion mais plutôt vis-à-vis de la sécularisation. Car d'après certains enquêtés, la nouvelle génération des fonctionnaires n'honore pas la manière traditionnelle de percevoir le monde et les valeurs communément reconnues[6]. Aux yeux de ces enquêtés, la sécularisation est une nouvelle forme d'aliénation et de la colonisation non violente que l'Occident apporte en Afrique au XXIe siècle. Elle est perçue comme menaçante pour les structures traditionnelles, la culture, toute la société et finalement la religion, donc négative pour l'Afrique[7]. Une telle attitude combine à la fois la résistance et le rejet de la modernité. Là-dessus, van den Toren relève dans son analyse de la situation religieuse en Afrique que pour certaines personnes, la sécularisation n'aurait pas dû se produire[8].

C'est pourquoi, s'il n'est pas possible de renverser le cours des choses, la volonté de ces fonctionnaires est de récupérer la religion de ce contexte[9]. Cette attitude peut être comprise comme un refus de la sécularisation, à la limite une indifférence vis-à-vis d'elle. Car, incapables de modifier un aspect de l'évolution en cours, quelques fonctionnaires musulmans, catholiques et évangéliques adoptent simplement une indifférence face à tout ce qui vient d'ailleurs[10]. L'observateur peut appeler cela un néo-fondamentalisme qui consiste en une attitude critique vis-à-vis de la sécularisation et une tendance au retrait individuel du contexte social afin de se mettre à l'abri de toute corruption[11]. Une telle attitude apparaît également comme un individualisme outré et une tendance des hommes à secourir Dieu dans sa gestion du monde, surtout de son Église en prenant parfois des mesures rigides contre les sécularistes et surtout la jeunesse[12].

---

6. Interview n° 09 du 24 septembre à 12h50.
7. Interview n° 13 du 1er octobre 2009 à 8h24 et n° 22 du 07 octobre 2009 à 15h13.
8. Van den Toren, « Secularisation in Africa: A challenge », *AJET* Vol. 21/1, 2003, p. 21.
9. Interview n° du 23 du 12 octobre 2009 à 11h45 et n° 24 du 18 octobre 2009 à 18h35.
10. Interview n° 39 du 11 janvier 2010 à 13h13.
11. Interview n° 32 du 07 janvier 2010 à 16h20.
12. Interview n° 03 du 15 septembre 2009 à 13h45.

La troisième attitude vis-vis de la sécularisation oscille entre les deux premières et prend la forme d'une pluralisation. La raison en est que certains fonctionnaires de N'Djaména se comportent comme s'ils valorisaient l'adage populaire « Aide-toi et le ciel t'aidera » mentionné par Weber[13]. La méthode missionnaire ayant manqué de s'approprier les catégories culturelles locales dans la communication de l'Évangile, le rapport entre l'homme et le Dieu transcendant dépend de la manière dont chacun saisit Dieu. Des pensées négatives au sujet de Dieu traversent ces fonctionnaires et les poussent vers la recherche des opportunités qu'offre la sécularisation. Les uns ou les autres rationalisent leur conduite et leurs activités diverses en raison de leur confiance au pouvoir de la modernité. Et pour soutenir leur détermination à se prendre en charge, nombreux sont les Africains, dont quelques fonctionnaires tchadiens, qui justifient leur attitude et leur conduite par la théorie de « la mort de Dieu » qui ne se dit pas en Afrique de façon agressive et ouverte comme en Occident. « Parfois, les gens nous poussent à ne pas faire la volonté de Dieu. Ils disent : "Si tu attends Dieu, tu attendras longtemps"[14] », témoigne un interlocuteur musulman. « À un certain moment, j'ai dit que Dieu est méchant [. . .] Ça m'arrivait à un moment d'être déçue avec Dieu au point que je ne communiais pas et ça ne m'intéressait pas de repartir à l'église », déclare une enquêtée catholique[15]. Une telle attitude est plus subtile dans les conduites et les réactions des hommes face au « silence apparent » de Dieu devant les cris et les soupirs des peuples, surtout devant les prières de son Église. En clair, il s'agit d'une forme d'indifférence religieuse (le relativisme). La différence entre cette attitude et celles décrites ci-dessus réside dans le lien avec la religion. Les premières attitudes gardent une place pour la religion, sauf qu'elle n'a pas d'emprise sur la vie des gens. La dernière écarte carrément la religion et Dieu pour faire valoir les intérêts individuels.

Par ailleurs, d'après certains enquêtés, les valeurs culturelles et la vision du monde ont été modifiées par l'influence de la colonisation et l'école républicaine. À cause de cela, ils sont indécis devant la sécularisation. Ils ne sont ni pour ni contre la sécularisation. Selon les circonstances, les

---

13. WEBER, *L'éthique protestante*, p. 132.
14. Interview n° 50 du 13 janvier 2011 à 14h12.
15. Interview n° 30 du 06 janvier 2010 à 11h43.

insuffisances de l'État sécularisé renouvellent en eux le besoin de la religion au cœur même de la modernité. Cependant, leur réalité quotidienne témoigne contre eux-mêmes dans la mesure où leur profession de foi n'a pas de pertinence dans leur vie.

En somme, vis-à-vis de ce phénomène de civilisation, les attitudes se manifestent dans l'émergence de beaucoup d'aspirations, de conduites et de comportements nouveaux. La sécularisation impose à tous un nouvel aménagement de l'espace privé ou public. C'est dire que ceux qui l'accueillent, ceux qui la rejettent comme ceux qui sont irrésolus vis-à-vis d'elle développent une conduite conséquente devant Dieu et devant sa création.

Fort de ce tableau de la situation religieuse au Tchad, nous pensons que la question principale posée dans l'introduction et à la fin de la première partie de ce travail mérite d'être étayée par d'autres sous-questions auxquelles différentes contributions aideront à répondre.

(1) La sécularisation en elle-même est-elle positive, donc bonne pour l'homme du point de vue de la perspective théologique ou chrétienne ? Si oui, dans quel sens ? Si elle n'est pas bonne, dans quel sens et sous quels angles ?

(2) Quelle peut être la position du chrétien : en marge de sa société en raison de la négativité de la sécularisation ? Intégré dans la société en raison de la positivité de la sécularisation ? Ou encore peut-il se tenir à l'intersection de la religion et du séculier, entre le sacré et le profane au sein de la même société, entre l'ici-bas et l'au-delà ?

(3) Est-ce que le réenchantement du monde constaté et décrit par Berger et confirmé par l'enquête au Tchad est en soi positif ou négatif ?

(4) Quelle devrait être l'attitude des fonctionnaires tchadiens envers leur vocation par rapport au travail séculier et à leur destinée eschatologique[16] ?

(5) L'influence des RTA et de l'islam sur les enquêtés interrogés déterminent largement leur attitude vis-à-vis du séculier et de la religion chrétienne. C'est pourquoi la dernière sous-question est de savoir en quoi consistent la spécificité et l'unicité de la position du christianisme dans son appréciation de la sécularisation par rapport à celle de l'islam et des RTA ?

---

16. Cf WEBER, *L'éthique protestante*, p. 124. L'orientation de l'homme vers l'ici-bas s'explique par la doctrine de la double prédestination qui ne lui donne pas l'assurance du salut.

Des attitudes qui précèdent découlent les questions que nous venons de poser et auxquelles la théologie est appelée à répondre. Nous pensons que ces questions revêtent une importance pour l'Église au Tchad et ailleurs, car l'intégrité de son message en dépend dans la mesure où ce sont ses membres qui sont sécularisés. La pertinence de la foi de ses membres peut être compromise si elle ne prend pas la responsabilité de considérer ces questions pour un message prophylactique ou curatif.

Cette deuxième partie composée de trois chapitres s'assigne le but de répondre aux questions susmentionnées. Cela consiste à apprécier théologiquement la sécularisation dans ses caractéristiques et ses aspects à la lumière de la révélation afin de suggérer à l'Église une nouvelle lecture de l'évolution des sociétés. Pour atteindre cet objectif, le chapitre 4 discute les positions de Cox, Newbigin et van der Walt au sujet de la sécularisation et les réponses qu'ils proposent. Les deux derniers chapitres constituent notre propre appréciation de la sécularisation et la réponse que nous proposons à l'Église.

CHAPITRE QUATRIÈME

Trois évaluations théologiques de la sécularisation

Nous avons expliqué dans l'introduction les raisons du choix de Cox, Newbigin et van der Walt. Nous rappelons que c'est à cause de leur accent mis sur certains thèmes théologiques en lien avec la sécularisation. En effet, leurs appréciations théologiques des valeurs sociologiques constituent une plate-forme à partir de laquelle l'on peut procéder à l'évaluation théologique de la sécularisation. Nous faisons remarquer qu'ils ne sont pas les interlocuteurs de Weber et Berger. Par conséquent, ils ne discutent pas la compréhension sociologique de la sécularisation, ils abordent le même phénomène plutôt sous l'angle théologique. En raison de cela, ce chapitre s'assigne la mission de faire comprendre la manière dont chacun des trois auteurs, dans son contexte, apprécie théologiquement la sécularisation. Nous tâcherons de mettre en relief le rapport entre les terminologies sociologiques (désenchantement, désacralisation, émancipation, indifférence, privatisation et pluralisation) et théologiques chez ces auteurs.

Ce chapitre exposera également les réponses des trois auteurs à l'évolution des sociétés. Sur le plan spatial, Cox se concentre sur l'Europe et les USA ; Newbigin étend son champ d'étude sur l'Occident dans son ensemble, l'Asie et l'Afrique ; van der Walt étudie l'évolution de la société sud-africaine. Il y a aussi une évolution sur le plan temporel. Les réflexions de Cox au début de sa carrière datent presque d'une cinquantaine d'années (1965). Celles de Newbigin sont intervenues peu de temps après dans le débat sur la sécularisation et critiquent la position de Cox (1966). Les réflexions de van der Walt sont récentes et ne s'inscrivent pas dans la logique des approches de Cox et Newbigin. Ces différentes contributions dans le temps et dans l'espace permettent de répondre à quelques questions ci-dessus posées. Nous tâcherons de montrer à la fin de la discussion dans quel sens leur terminologie est différente de celles des auteurs mentionnés dans la première partie de ce travail. À la fin de la discussion, nous indiquerons comment ces auteurs interprètent théologiquement la sécularisation et comment cette interprétation peut être applicable au cas de N'Djaména.

I. Harvey Cox : légitimité de la sécularisation

Comparativement à Shorter, Onyancha, Dopanu et l'enquête à N'Djaména qui mettent l'accent sur l'urbanisation comme une des causes de la sécularisation au Kenya, au Nigéria et au Tchad, Cox n'est pas tout à fait clair sur l'indication des causes de la sécularisation. D'après notre compréhension de cet auteur, l'urbanisation est le moteur ou le facteur sociologique de la sécularisation[1], tandis que la notion théologique création, exode et alliance en forment le moteur théologique. Cox élabore les causes théologiques plus que la cause sociologique. Toutefois, il s'efforce de relier la cause sociologique de la sécularisation avec ses causes théologiques. La relation entre ces faits historiques à portée théologique et l'urbanisation peut être comprise comme suit. La création, ayant désenchanté la nature, constitue le cadre matériel pour l'organisation de la cité par l'homme[2], donc pour l'urbanisation. L'exode du peuple vu comme sa libération par rapport à l'esclavage enclenche le processus de son auto-prise en charge dans le nouveau cadre défini par Dieu dans la terre promise[3]. L'alliance du Sinaï, enfin, définit l'éthique que le peuple est appelé à appliquer dans la terre promise à organiser[4]. Le nouvel élément ajouté par Cox à la compréhension sociologique de cette évolution mentionnée par les différents auteurs et l'enquête dans la première partie est la déconsécration des valeurs. Il ajoutera plus tard que la pluralisation est une caractéristique de la diversité dans la cité. En effet, quelques questions posées à la fin de la première partie portent sur la valeur de la sécularisation, sur la position du chrétien et sur son

---

1. Cox, *The Secular City*, p. 1, 4.
2. *Ibid.*, p. 14-21.
3. *Ibid.*, p. 22-26.
4. *Ibid.*, p. 27-32.

orientation dans un monde sécularisé. Harvey Cox répond à cette préoccupation de son point de vue. Cet auteur affirme la positivité de la sécularisation et appelle non seulement le chrétien mais aussi l'Église à l'accueillir. Nous tâcherons de mettre ses idées en évidence dans les pages qui suivent.

A. Fondement biblique et théologique de la sécularisation

1. Enracinement historique de la pensée

Le théologien nord-américain Harvey Cox de l'Église Baptiste hérite de Friedrich Gogarten, lui-même héritier du théologien allemand Friedrich Bonhoeffer, une théologie libérale[5]. Il reprend à son compte et élabore la thèse défendue par Gogarten. D'après ce dernier, « La sécularisation signifie la sécularisation de la foi chrétienne[6] ». C'est dire qu'elle s'enracine dans la foi chrétienne et en est une conséquence légitime[7]. Pour Gogarten, l'homme est seigneur et, fondé sur l'indépendance que lui a donnée la liberté, il doit assumer sa responsabilité par rapport à la totalité de sa propre vie et de celle de l'existence du monde[8].

Cox emprunte à Gogarten son approche de la sécularisation, mais il marque son originalité par ses convictions très prononcées sur le sujet. Il focalise son attention sur deux domaines, à savoir la société et la culture. D'après Cox, par moments, les deux domaines s'interpénètrent selon les circonstances historiques. Parfois, soutient-il, la sécularisation de la culture est inévitablement concomitante à la sécularisation politique et sociale[9]. Il conclut qu'il y a entre la sécularisation sociale et la sécularisation culturelle une grande ambivalence. Reconnaissant la difficulté de définir ce mot, Cox affirme que « sécularisation » est le terme descriptif d'un phénomène de civilisation dans l'histoire. Il écrit : « La sécularisation implique un processus

---

5. BONHOEFFER (1909-1945) est connu pour son libéralisme dans ses écrits, certains publiés pendant sa carrière, d'autres après sa mort. Une de ses idées libérales se trouve dans *Letters and Papers from Prison,* London, SCM Fontana Books, 1953, p. 122 : « God is teaching us that we must live as men who can get along very well without him [...] Before God and without him we live without God. God allows himself to be edged out of the world and on to the cross ».
6. Friedrich GOGARTEN, *Despair and Hope for our Time,* trad. Thomas WIESER, Philadelphia, Pilgrim Press, 1953, p. 13.
7. *Ibid.*, p. 11.
8. Cox, *The Secular City*, p. 7.
9. *Ibid.*, p. 20.

historique certainement quasi irréversible, dans laquelle la société et la culture sont libérées de la tutelle du contrôle religieux et de la vision du monde métaphysiquement étroite[10]. » Cette définition mentionne l'émancipation de la société et de la culture du contrôle de la religion et de ce qui est métaphysique. Son langage ressemble à celui de Berger en ce sens que les deux désignent les mêmes domaines d'influence de la sécularisation. Une nuance se dégage entre les deux : Berger délimite le champ de cette influence à quelques secteurs de la société et de la culture, tandis que Cox couvre la société entière en plus de la culture.

Par rapport à Weber et Berger qui annoncent le déclin de la religion dans le monde, Cox affirme son effectivité dans la cité séculière : « La sécularisation court-circuite et amoindrit la religion, et s'étend sur d'autres choses. Elle a relativisé la vision du monde religieuse et rendue ainsi inoffensive. La religion a été privatisée[11]. » Cette opinion laisse entendre que dans la cité séculière, la religion devient une affaire privée. Il précise que l'âge de la cité séculière dont l'éthique prend une proportion globale est un âge de la négation totale de la religion[12]. Cependant, dans *Religion in the Secular City* (1985) écrit dans son âge mûr, Cox réalise la persistance de la religion dans la cité séculière, thème qu'il développe plus tard dans *The Persistance of Religion* (2009)[13]. Il critique Bonhoeffer pour avoir prévu une époque sans religion. En effet, dans sa lettre du 30 Avril 1944, ce dernier écrit : « Nous avançons vers un temps de la non religion : les hommes, tels qu'ils sont maintenant, ne pourront plus être religieux[14]. » Il pose clairement que le XXe siècle marque la fin de la religion et de l'interprétation religieuse de la vie et de l'histoire. Bonhoeffer déclare : « Les hommes ont appris à affronter toutes les questions d'une certaine importance sans recourir à Dieu comme une hypothèse fonctionnelle[15]. » Il précise ailleurs sa pensée : « Un univers infini, quel qu'il soit conçu, se prend en charge *esti deus non*

---

10. *Ibid.* [Notre traduction].
11. *Ibid.*, p. 3, voir p. 19-20. [Notre traduction].
12. *Ibid.*, p. 3.
13. Cox, *Religion in the Secular City: Towards a Postmodern Theology*, New York, Simon & Schuster, 1985, p. 11-26.
14. Bonhoeffer, *Letters & Papers from Prison*, p. 91.
15. *Ibid.*, p. 106-107.

daretur[16]. » D'après Cox, Bonhoeffer s'est trompé en prévoyant le déclin de la religion. Il estime que la persistance de la religion sous sa forme privée et la réémergence de nouvelles religions comme signe de la pluralisation ne peuvent pas affecter le développement de la cité dans la mesure où sa sécularité est irréversible.

Dans les premières années de sa carrière professionnelle, Cox défend dans *The Secular City* (1965) la positivité de la sécularisation en situant ses origines dans la Bible. Il pousse la réflexion plus loin que Weber, Berger et Gogarten en soutenant que l'époque de la cité sécularisée[17] apporte en Occident une nouvelle idéologie, une nouvelle vision du monde. Cette idée suppose que l'homme comprend et maîtrise sa vie. Le monde comme domaine d'exercice de l'autorité de Dieu passe sous le contrôle de l'homme. Celui-ci remplace la cité de Dieu par la cité de l'homme. Lorsque Cox parle de la cité de l'homme, il renvoie au monde comme domaine où Dieu a exercé son contrôle, mais qui est passé désormais sous la responsabilité de l'homme.

Cox accepte en même temps avec Shorter, Onyancha, Messi Metogo et Gogarten la distinction entre la sécularisation et le sécularisme. L'auteur ajoute que la sécularisation est un développement libérateur de l'homme. Par contre, poursuit-il, le sécularisme est le nom d'une idéologie, une nouvelle vision du monde étroite qui fonctionne très bien comme une nouvelle religion[18]. Dans son fond, d'après Cox, le sécularisme menace l'ouverture et la liberté qu'a produites la sécularisation[19]. Le monde est devenu alors la cité de l'homme émancipé.

D'après Cox, la sécularisation est la conséquence historique de l'urbanisation. Il pense que trois faits principaux fondent ce que la société moderne appelle « la sécularisation » et l'enracinent dans l'histoire de l'Ancien Testament. Il s'agit de la création du monde, de l'exode compris comme une désacralisation de la politique, et donc du pouvoir, et de l'alliance du Sinaï[20].

---

16. *Ibid.*, p. 121.
17. Cox, *The Secular City*, p. 4.
18. *Ibid.*, p. 20-21.
19. *Ibid.*
20. *Ibid.*, p. 15.

2. La création comme acte de désenchantement du monde

Selon Cox, la création fonde le désenchantement et le dévoilement du monde. L'homme pré-séculier, affirme Cox, vivait dans une forêt enchantée et constamment en lutte avec les forces du mal dans ce système cosmologique enchanté. Il s'agit notamment des puissances magiques, les esprits ou les démons, bref de tous les êtres invisibles et de toutes les puissances de la nature qui sont au-dessus de sa sphère ordinaire. Par rapport à cette société pré-séculière Cox écrit : « La Réalité comprend une puissance magique qui apparaît ici et là pour menacer ou faire du bien à l'homme[21]. » « D'après les Sumériens, les Babyloniens et les Egyptiens, soutient Cox, le monde n'a jamais paru pénétrable jusqu'à l'évènement de la foi biblique. L'histoire était soumise à la cosmologie, la société à la nature, et le temps à l'espace. Dieu et l'homme étaient une partie de la nature[22]. » Ces peuples ne distinguaient pas Dieu de sa création, y compris l'homme. Compris sous cet angle, l'homme est lié à la nature en vertu de la responsabilité cruciale que Dieu lui a donnée de garder et de cultiver le jardin, surtout de distinguer les espèces animales par leur nom[23]. Dans ce contexte, la dépendance de l'homme du Dieu tout-puissant et présent dans sa vie ne lui permettait pas d'envisager une autre possibilité de son auto-accomplissement. Son expulsion du jardin par Dieu marque le point de départ de la sécularisation.

C'est dans ce contexte et à la lumière de la révélation de Dieu que la vision hébraïque du monde sépare la nature de Dieu et distingue l'homme de la nature. C'est le point de départ du processus du désenchantement[24]. Cox estime que la responsabilité cruciale de l'homme de nommer les animaux et de soumettre la terre à son autorité est un indicateur de sa maturité : « Peu après sa création, l'homme a reçu une responsabilité cruciale de nommer les animaux. Il est leur seigneur et le commandant[25]. » L'homme est ainsi libéré de la nature qui, désormais, est mise à sa disposition. D'après lui, le désenchantement du monde naturel enclenché par croyance en la création

---

21. *Ibid.*, p. 21.
22. *Ibid.*, p. 22.
23. *Ibid.*, p. 19-21. Ce que Cox appelle « forêt enchantée » signifie un monde rempli des forces de la nature, hostiles à l'homme.
24. *Ibid.*, p. 22.
25. *Ibid.*, p. 23.

constitue déjà un cadre pour le développement de la science naturelle. Plus tard, la foi chrétienne est venue proclamer la libération de l'homme de différentes chaînes en le rendant à lui-même. Les sociologues emploient des termes comme émancipation, autonomie de l'homme ; Cox utilise le mot liberté. Désormais, estime-t-il, le monde est devenu la cité de l'homme, soumise à sa responsabilité.

Notons que dans son effort de restituer la vision hébraïque du monde dans son contexte, Cox en vient à considérer comme des légendes le récit biblique de la création et la chute en Eden[26]. Son langage recoupe celui de Berger sur le message de la création comme acte de désenchantement, et même de désacralisation[27]. Comme Berger, Cox pense que les Hébreux ont inventé ce récit sous l'influence des mythes des peuples voisins, Sumériens, Babyloniens et Egyptiens. La valeur théologique de ces récits est que, d'après Cox, les croyances des Hébreux sont inspirées par celles de leurs voisins et se précisent graduellement dans le temps. Cox désigne l'exode comme un fait libérateur de l'homme.

3. *L'exode : une désacralisation du pouvoir*

Cox estime que l'exode est un acte de désacralisation de la politique. Le terme « désacralisation » signifie le dépouillement de quelque chose ou de quelqu'un de son caractère sacral. La nuance entre le désenchantement et la désacralisation réside dans l'état de l'objet abstrait ou concret sur lequel l'opération est effectuée. Pour Cox, ces deux termes sont interchangeables, mais il utilise « désenchantement » par rapport au monde naturel, tandis qu'il emploie « désacralisation » par rapport au pouvoir politique. Le peuple d'Israël était soumis à la monarchie sacrée de l'Egypte. Mais Dieu lui-même les a poussés à un mouvement social, à une insurrection massive que Cox appelle une désobéissance civique à l'ordre public établi[28]. Par un acte miraculeux, il les a libérés de l'oppression étrangère, des systèmes religieux égyptiens et de l'ordre politique sacral. Il les a transportés dans un autre monde où le leadership devrait désormais être basé sur les capacités des objectifs sociaux spécifiques. L'exode a rendu impossible l'acceptation

---

26. Cox, *The Secular City*, p. 23.
27. Berger, *The Sacred Canopy*, p. 115.
28. Cox, *The Secular City*, p. 25-30.

par l'homme de toute sanction religieuse ; cela veut dire implicitement le rejet de toute autorité religieuse. Désormais, soutient Cox, « Il devint un événement central autour duquel les Hébreux organisaient toute leur perception de la réalité[29] ». L'exode est un événement salutaire pour l'homme, il symbolise sa délivrance de l'ordre politique toujours considéré comme sacré. Il a entraîné conséquemment d'importants changements sociaux dans la vie du peuple d'Israël : le déploiement de tout un nouveau monde de possibilités pour un changement politique et social.

Depuis lors, selon Cox, l'autorité des institutions religieuses et politiques est en définitive rejetée et contestée par les citoyens. L'histoire des conflits entre les citoyens et les traditions politiques et religieuses en Orient comme en Occident en est un témoignage suffisant. Cox écrit : « Les premiers chrétiens ont ainsi fait une contribution parlante au sujet de la désacralisation de la politique, et étaient en ce sens implacables et des sécularisateurs consistants[30]. » Cette idée montre que sur la base de l'exode, l'Église chrétienne contribue à la sécularisation à travers toute son histoire. Cox estime que l'Église a la responsabilité de continuer le processus de désacralisation du pouvoir ici et là dans le monde[31]. Des idées semblables sont développées en relation avec le contexte africain sous la plume de Bediako qui considère la foi biblique comme une force désacralisante dans le monde[32]. Sur cette base, il indique qu'à un moment de l'histoire de l'Occident, le christianisme a contribué grandement à l'éveil des consciences humaines, à leur émancipation et aux transformations sociales. À l'instar du christianisme occidental, le christianisme africain a assumé une fonction à multiples facettes dans la transformation des sociétés africaines.

Selon Bediako, le christianisme africain a joué un rôle important dans le processus des indépendances des pays africains et dans la conquête de l'identité africaine. En rapportant l'exemple du Ghana, l'auteur affirme que le christianisme missionnaire, par l'instauration des écoles à différents niveaux, a eu un impact sur la vie des populations. Le résultat observable

---

29. *Ibid.*, p. 26-27.
30. *Ibid.*, p. 27.
31. *Ibid.*, p. 29.
32. BEDIAKO, *Christianity in Africa, the Renewal of a Non-Western Religion*, Edinburgh, Edinburgh University Press, 1995, p. 181.

est la présence d'un nombre considérable de gens qu'il appelle « Les chrétiens éduqués qui ont une conscience claire de leur identité africaine et chrétienne et qui veillent sur leur responsabilité intellectuelle vis-à-vis de leur société[33] ». Les responsables d'Église avaient un impact similaire sur les chefs traditionnels.

Bediako estime que la proclamation de l'Évangile selon lequel Christ a libéré l'homme du pouvoir satanique et des puissances de ce monde affecte l'ancienne conception du pouvoir en lui enlevant son caractère sacré. Par la puissance de cette proclamation, le christianisme a permis aux Africains de participer aux débats intellectuels de l'Europe et de contester certaines de ses présomptions[34]. Bediako considère qu'ici et là en Afrique, ce rôle assumé par le christianisme peut paraître comme un processus de désacralisation[35].

Ici, le langage de Cox recoupe celui de Bediako sur la désacralisation du pouvoir initiée par Dieu et relayée par le christianisme. Ce langage rejoint également celui de certains enquêtés de N'Djaména aux yeux desquels les religions d'emprunt désacralisent l'autorité et le pouvoir traditionnels. Un sexagénaire catholique déclare :

> Depuis que le christianisme a fait son entrée dans notre pays, les chrétiens n'apportent plus leurs problèmes devant les anciens du village comme avant. Ils règlent leurs affaires entre eux. D'ailleurs, dans notre milieu où l'on pratique l'initiation, ces derniers enseignent à leurs enfants une certaine désobéissance civique en sorte que ces derniers et les femmes ne respectent plus les chefs traditionnels[36].

Cette opinion porte sur la désacralisation de l'autorité des anciens et surtout celle des chefs traditionnels. La désacralisation de l'autorité inclut non seulement la structure hiérarchique de la société, mais aussi celle de la famille. Bien plus, la désacralisation de l'autorité implique la libération de toute oppression. La désacralisation à l'occasion de l'exode s'inscrit dans la ligne pédagogique de Dieu. Il convient de noter que devant le roi païen,

---

33. BEDIAKO, *Jésus en Afrique. L'Évangile chrétien dans l'histoire et l'expérience africaines*, Yaoundé, Éditions CLE, 2000, p. 47.
34. *Ibid.*, p. 207-209.
35. BEDIAKO, *Christianity in Africa*, p. 181.
36. Interview n° 32 du 07 janvier 2010 à 16h20.

la pédagogie de Dieu est de l'amener à croire à la souveraineté de Dieu, au caractère dérivé et temporel de son autorité et de son pouvoir. À l'endroit de Moïse et du peuple d'Israël, le but de cette désacralisation du pouvoir et de leur libération est de les convaincre de la nécessité de croire en Dieu et de ne compter que sur lui. Libérés de la servitude, Moïse et tout le peuple sont appelés à compter sur Dieu et non sur les hommes dont la limite est évidente. De ce fait, ils sont appelés à prendre en main la responsabilité de s'assumer en vertu de la liberté que Dieu leur a donnée et à dominer sur toutes les forces de nature à les menacer. La sécularisation comme désacralisation de la politique vise à orienter le cœur et le regard de l'homme vers Dieu, son créateur et le tout-puissant.

Au regard de ces données historiques, Cox pense que le processus de la sécularisation commencé à la création est irréversible. Il cite l'alliance comme un indicateur de la sécularisation.

4. L'alliance du Sinaï comme acte de déconsécration des valeurs

L'alliance du Sinaï marque la reconnaissance explicite de la multiplicité des dieux de ce monde en même temps que leur rejet. La conclusion de l'alliance par Dieu avec le peuple d'Israël au Sinaï consiste en la réprobation de toute représentation matérielle de Dieu, en une opposition ouverte à l'idolâtrie, mieux encore en une condamnation de l'idolâtrie. La raison en est que, selon Cox, la nature de Yahvé ne peut jamais être dupliquée par l'effort humain. Dieu instruit Israël par rapport à la vanité d'autres dieux. La Bible relativise ainsi les divinités des nations avec leurs représentations ; et sur cette base Israël ne doit croire qu'en Yahvé. L'idée selon laquelle Israël en tant que peuple particulier se prévaut de son appartenance à Dieu, représente une sorte de relativisation de la conscience[37]. Comparée aux religions anciennes dont les divinités sont relativisées, la nouvelle religion a été soumise à un mécanisme de transformations internes à son système. Son émergence n'entraîne pas le rejet des anciennes religions. La logique

---

37. Cox, *The Secular City*, p. 27-32. Voir GAUCHET, *Le désenchantement du monde*, p. 132-233. Une telle appréciation de l'alliance du Sinaï se retrouve chez Marcel Gauchet qui qualifie le christianisme de « religion de la sortie de la religion » D'après Gauchet, le monothéisme juif est né du milieu des religions avoisinantes, les panthéons mésopotamiens et babyloniens ; Voir René GIRARD et Gianni VATTIMO, *Christianisme et modernité*, coll. Champs, Paris, Flammarion, 2009.

religieuse du Dieu dont Moïse incarne l'autorité n'implique pas la subversion de celle de l'ancienne religion. « Elle en fournit simplement une variante extrême, mais une variante interne, [. . .] depuis le pivot de l'ensemble qui constitue l'impérial médiateur entre nature et surnature[38]. » Ce qui détermine la religion de Moise est l'exclusivisme.

D'après Cox, relativiser les valeurs des nations est le produit final de la sécularisation. Elle est l'expression non religieuse de ce que les juifs expriment dans leur opposition consistante aux idoles et les chrétiens dans leurs attaques sporadiques des icônes[39]. Dieu ordonne la destruction des idoles dont la présence modifie la vision du monde et la conduite des gens. Dans le décalogue, il déclare normatives les valeurs qu'il invite son peuple à intégrer dans sa vie (Ex 20.1-17). Souvent ce que les nations considèrent comme leurs valeurs prend la place de Dieu dans leur cœur et invalide les valeurs des autres. Cox estime que personne n'a le droit de dire que ses valeurs sont ultimes.

La relativisation des valeurs conduit inéluctablement les hommes à chercher à organiser leur vie selon leur propre style. Cette attitude est une expression de l'autonomie et de l'autosuffisance. Cox estime que la sécularisation situe la responsabilité pour former les valeurs humaines, tel que le façonnement des systèmes politiques[40]. Dès lors, chaque personne doit être considérée comme citoyen de la terre ; elle doit s'engager dans le processus de la construction d'une société solide. Vue sous cet angle, la sécularisation apparaît comme une libération de l'homme, ce que les sociologues appellent émancipation. Gibellini résume l'argumentation de Cox en ces termes : « La Genèse a désenchanté la nature, l'Exode a désacralisé l'histoire ; l'alliance du Sinaï, avec la condamnation de l'idolâtrie, a déconsacré les valeurs reçues[41]. »

D'après les idées qui précèdent, nous faisons remarquer qu'à un moment donné de son analyse de l'évolution des sociétés, Cox n'avoue pas sa

---

38. Gauchet, *Le désenchantement du monde*, p. 143.
39. Cox, *The Secular City*, p. 33.
40. *Ibid.*, p. 31.
41. Rosino Gibellini, *Panorama de la théologie au XXe siècle*, trad. Jacques Mignon, Paris, Cerf, 1994, p. 159.

position dans la mesure où il ne distingue pas clairement les aspects positifs et les aspects négatifs de la sécularisation[42].

La légitimité de la sécularisation, selon Cox, s'explique par le fait qu'elle est engendrée par le christianisme. Par conséquent, il y propose une réponse théologique, laquelle peut tenir lieu d'un agenda que l'individu et la communauté sont appelés à honorer.

B. Proposition de réponse à la sécularisation
1. Dimension individuelle
a) Responsabilité vis-à-vis de soi-même

Le désenchantement du monde, la désacralisation du pouvoir et la déconsécration des valeurs engendrent la différenciation au sein des sociétés. Au sujet de la différentiation, le langage de Cox est identique à celui de Weber. Cox affirme : « Toutes les sociétés commencent très tôt à différencier les rôles et les responsabilités[43]. » Il l'exprime davantage ailleurs en situant l'origine de la différentiation dans la tradition chrétienne occidentale en ces termes : « Comme un aspect de la sécularisation, le principe d'organisation dérive partiellement de l'impact de la foi biblique dans la culture occidentale[44]. » Ailleurs, il conclut son idée : « La sécularisation détermine aussi les voies dans lesquelles le travail en soi est organisé[45]. » Dans le processus de la sécularisation, ni l'État ni l'Église ne sont les seuls à manifester le pouvoir social ou à exercer la fonction sociale, selon Cox. C'est pourquoi il appelle l'homme à lutter énergiquement contre toute tentative de le ramener encore dans la forêt enchantée.

D'après l'auteur, la sécularisation est l'âge où l'homme atteint le stade de sa maturité, bref le stade où il a obtenu son indépendance enclenchée et concédée par Dieu. Elle est, pour Cox, une force qui affranchit les hommes des sources traditionnelles, leur communique des valeurs sensées et leur indique des possibilités variées de choix[46].

---

42. Cox, *Religion in the Secular City*, p. 21, 30-82.
43. Cox, *The Secular City*, p. 25.
44. *Ibid.*, p. 175.
45. *Ibid.*, p. 190.
46. *Ibid.*, p. 35-40.

En outre, Gogarten a jeté la base sur laquelle Cox bâtit lorsqu'il écrit : « Nous avons déjà montré que dans cette liberté l'homme est libre de décider au sujet de toute son existence aussi bien qu'au sujet de l'existence du monde[47]. »

Dans ce sillage, Cox considère que l'homme doit conduire lui-même sa vie, car la nouvelle cité qu'il gouverne est une cité sécularisée où son activité est définie par le cadre socioculturel ; là il n'y a plus un langage saint, le nom de Dieu n'est plus sacré[48]. Ce langage est une autre forme d'expression à la fois de l'émancipation et de l'indifférence de l'homme vis-à-vis de la religion et des questions métaphysiques. Gibellini l'exprime bien lorsqu'il commente Cox : « Pour le théologien de Boston : Le monde est devenu le devoir primordial de l'homme et sa responsabilité. Le monde est devenu sa cité, et sa cité a pris les dimensions du monde. Le processus par lequel tout cela s'est accompli se nomme sécularisation[49]. » C'est seulement quand l'homme comprend qu'il est réellement libéré et que sa vie est désormais entre ses mains qu'il pourra prendre une décision conséquente. Continuer sa vie sous l'esclavage de la nature hostile ou prendre sa destinée en main engage sa responsabilité personnelle[50]. Cox écrit : « Être homme implique initiative et responsabilité, personnelles, sociales et culturelles. Ce qui signifie le devoir redoutable d'avoir à décider qui je veux être au lieu de me contenter d'intérioriser les stéréotypes qu'on cherche à m'imposer[51]. » Une telle disposition écarte toute nécessité d'intervention extérieure à soi. Mais Cox estime aussi que l'être humain a des obligations vis-à-vis du monde où il vit.

b) Responsabilité vis-à-vis du monde

Avant Cox, Gogarten a déjà soutenu la thèse selon laquelle l'Église doit prendre position par rapport à l'appréciation de la relation entre l'histoire et la foi chrétienne. Elle doit s'engager dans le monde, sans quoi elle-même et l'histoire perdront toutes deux leur crédibilité aux yeux du monde et

---

47. GOGARTEN, *Despair and Hope for our Time*, p. 7.
48. COX, *The Secular City*, p. 266.
49. GIBELLINI, *Panorama de la théologie*, p. 159.
50. COX, *The Secular City*, p. 266.
51. COX, *Responsables de la révolution de Dieu*, trad. Max VÉGA-RITTER, Paris, Epi, 1969, p. 51.

échoueront leur mission. Cox affirme que le christianisme cherche inévitablement pour elle-même une position intermédiaire entre l'histoire et la métaphysique[52]. Plus que Gogarten, Cox défend l'idée selon laquelle ce n'est pas l'Église mais le monde que Dieu a aimé. D'après lui, le monde est non seulement la création, mais surtout l'ensemble des réalités humaines dans leur complexité[53].

> Il s'est trouvé engagé dans ce monde, lié à d'autres êtres humains, exposé au refus, à la haine, à l'indifférence, à la frustration. Mais c'est avec le monde que Dieu s'est réconcilié. A travers le Christ, Dieu se réconciliait non pas avec l'Église mais avec le monde. C'est le monde qui est l'objet de l'amour et de la sollicitude de Dieu[54].

L'idée qui se dégage de cette citation est que Dieu choisit d'aimer le monde, parce que c'est dans ce monde qu'il se révèle à l'homme[55]. Et lorsque Dieu se manifeste à l'homme ou à une collectivité, c'est « dans les événements politiques, les révolutions, les soulèvements, les invasions et les défaites[56] ». Il s'intéresse à l'environnement, à la société des hommes, à la politique et à l'économie du monde.

Le refus de la neutralité vis-à-vis du monde mentionné par Cox est aussi appuyé par van den Tore lorsqu'il déclare qu'il faut trouver la vérité entre les deux attitudes extrêmes vis-à-vis de la sécularisation. Cela ne veut pas dire une compromission ; il importe d'identifier les aspects positifs et les aspects négatifs de la sécularisation et définir la manière de l'accueillir ou de lui résister[57]. Se demander s'il faut s'engager ou non dans le monde n'est pas une question à poser car le monde n'est pas notre ennemi ; il est notre habitation. Par conséquent, précise-t-il : « Il n'y a pas de place pour la neutralité, soit dans nos vies personnelles, soit dans les sphères publiques des finances et de la politique[58]. » D'après van den Toren, l'essentiel est de

---

52. Gogarten, *Despair and hope for our Time*, p. 127.
53. Cox, *Responsables de la révolution de Dieu*, p. 23.
54. *Ibid.*, p. 24-25.
55. *Ibid.*, p. 26.
56. *Ibid.*, p. 28.
57. Van den Toren, « Secularisation in Africa », p. 21.
58. *Ibid.*

chercher à comprendre ce qui, dans l'engagement du chrétien ou de l'Église dans le séculier, glorifie Dieu et contribue au bien-être de sa créature[59].

S'appuyant sur ce modèle, Cox définit le rôle de l'être humain dans la cité par un principe et deux images.

Selon le principe de l'anonymat, d'après Cox, l'homme doit distinguer sérieusement entre sa vie privée et ses relations publiques[60]. En raison de ce principe, l'obligation de développer des relations fonctionnelles s'impose à chaque personne. Cox estime qu'il est impossible pour l'homme de vivre dans le monde sans éprouver le besoin de la compagnie des autres et de leurs services[61]. L'incapacité de l'homme de couvrir seul ses besoins à cause de la diversité des domaines l'oblige à tenir compte des aptitudes autour de lui. La notion de complémentarité apparaît dans cette argumentation.

La première image par laquelle Cox définit le rôle de l'homme dans la cité est le disjoncteur ou tableau de distribution. D'après l'auteur, l'être humain dans la cité assure la fonction de distributeur de services. L'essentiel dans cette image est la portée publique du service à rendre. Cox déclare : « Dès lors qu'il dépend d'un réseau complexe de service pour se maintenir dans l'existence dans une cité moderne, la majorité de ses transactions pourra être publique et être ce que le sociologue appelle fonctionnelle ou secondaire[62]. »

Enfin, deuxième image, Cox pense que l'être humain dans la société est comme une baguette dans un bouquet de fleurs chargée de répandre sa beauté et son odeur pour agrémenter l'environnement. Si la fleur se fane ou si elle devient inodore, elle n'est plus utile. Chaque membre de la cité est appelé à remplir cette fonction d'agent chargé de répandre la bonne senteur dans son environnement.

La même image peut aussi avoir le sens d'une tour élevée pour servir de poteau indicateur au public ou aux conducteurs. D'après Cox, la cité moderne est caractérisée par la mobilité. Dans cette cité multiculturelle et pleine d'activités professionnelles, le citadin doit être à la page de l'actualité

---

59. *Ibid.*, p. 22.
60. Cox, *Responsables de la révolution de Dieu*, p. 41.
61. Cox, *The Secular City*, p. 41.
62. *Ibid.*

afin de rendre effectivement les services attendus de lui par les autres[63]. En clair, la diversité caractérise la cité séculière, la tolérance et l'anonymat deviennent des valeurs qui s'opposent aux sanctions traditionnelles, d'où l'émancipation totale. La nature et la mission de l'Église sont différentes de celles de l'individu.

2. Dimension communautaire

Cox traite du statut de l'Église dans le monde en termes non d'institution mais de peuple, une avant-garde de Dieu. À ce titre, il lui assigne vis-à-vis du monde un ministère à trois volets : un ministère kérygmatique, un ministère diaconal et un ministère koinonial[64].

a) Ministère kérygmatique

D'après Cox, le désenchantement a entraîné dans le monde les principautés et les puissances en sorte qu'elles font partie du monde que l'homme est appelé à assujettir. Il estime que Dieu a vaincu les principautés et les puissances par Jésus, et a donné à l'homme rendu possible pour l'homme de devenir l'héritier, le seigneur du monde créé[65]. Pour l'auteur, ces principautés et puissances sont toutes les forces qui, dans une culture, corrompent la liberté de l'homme. Il affirme que dans toutes les générations, les hommes font l'expérience de ces forces de différentes manières[66]. Cox relève que la victoire de la croix n'a pas annihilé les forces du mal dans le monde, mais elle les a réduites à l'état d'impuissance. Elles n'ont plus le pouvoir de déterminer la vie de l'homme. C'est pour cela que l'Église est mandatée par Dieu pour la proclamation de la nouvelle ère, celle de la liberté de l'humanité par rapport aux forces sous l'emprise desquelles elle est tenue. Cox écrit : « Le nouveau régime prend forme au milieu de l'ancienne. Par conséquent une crise de choix est introduite, laquelle confronte éventuellement tout homme qui entend au sujet de la nouvelle réalité. Le libérateur révolutionnaire est venu et a gagné la bataille décisive[67]. »

---

63. *Ibid.*, p. 51-54.
64. *Ibid.*, p. 125-148.
65. *Ibid.*, p. 128.
66. *Ibid.*, p. 129-130.
67. *Ibid.*, p. 113-114.

Cox ajoute que l'Église a la mission de faire comprendre aux hommes une vérité : la rupture entre l'ancien régime et le nouveau régime a déjà été effectuée. D'après lui, l'Église n'a pas à importuner le monde d'entrer dans le royaume de Dieu. Son rôle consiste à proclamer la libération des captifs par la victoire de la croix. Pour Cox, l'Église doit simplement faire comprendre ce qui s'est passé, c'est-à-dire la nécessité de reconnaître que l'heure de la délivrance est déjà arrivée[68]. Elle annonce la présence d'un nouveau royaume, une révolution sociale en cours et l'urgence pour les hommes de répondre à l'appel du libérateur afin d'accéder à leur majorité. Car, soutient-il, recevoir le message du kérygme, c'est croire que non seulement l'homme doit mais aussi peut avoir la domination sur toute la terre. Cox pense que le refus de croire cela équivaut à l'adoration de la créature plutôt que le créateur ; c'est aussi ouvrir de nouveau la porte aux forces du mal de venir subjuguer l'être humain. En effet, l'Église est ordonnée à la dénonciation de toutes les idolâtries et du racisme.

b) Le ministère diaconal

S'agissant du ministère diaconal, pour Cox, « la première tâche de l'Église est de discerner la présence et l'action de Dieu dans le monde, et de suivre Dieu dans le monde, c'est-à-dire là où Dieu se trouve[69] ». L'action de Dieu se déroule à travers les événements historiques ou changements sociaux. Cela veut dire que l'Église doit répondre constamment au changement social en suivant l'action continue de Dieu dans le monde[70].

C'est pourquoi l'auteur veut faire comprendre que l'Église est appelée à être sur le lieu de « guérison et de réconciliation, de pansement des blessures, d'établissement de ponts par-dessus les abîmes, de restauration de la santé de l'organisme[71] », à l'image du Bon Samaritain. La guérison est comprise comme une action humanitaire et immédiate, la restauration de l'intégrité. Or, pour guérir effectivement la nouvelle cité de ses maux, l'Église a besoin de connaître les parties de la cité dans lesquelles la guérison paraît plus urgente que dans d'autres et les différents clivages qui y

---

68. Cox, *The Secular City*, p. 113.
69. Cox, *Responsables de la révolution de Dieu*, p. 31.
70. Cox, *The Secular City*, p. 105.
71. Cox, *Responsables de la révolution de Dieu*, p. 32.

existent. Cela implique la présence de l'Église dans cette cité afin de mieux organiser le processus de sa guérison en tant que son serviteur et guérisseur, tant la cité elle-même présente une diversité de facettes et de besoins. Cox déclare : « Le développement d'une telle théologie devrait être le premier thème dans l'ordre du jour théologique aujourd'hui[72]. » Il valorise ici l'engagement social, économique et politique de l'Église dans le monde, plutôt que de se tenir à la marge comme un visiteur ou un passager[73].

Le manque de clarté sur la nature de l'Église et l'absence de précision des limites de l'engagement de cette Église dans le monde moderne rend confuse la compréhension de l'ecclésiologie de Cox. L'Église est-elle une association séculière, un mouvement, une organisation ou une institution ? Cox laisse le lecteur sur sa faim.

c) Le ministère koinonial

Au sujet du ministère koinonial, Cox souligne que la responsabilité de l'Église dans la cité est de traduire dans les faits le message de sa proclamation. Cox veut faire comprendre que l'Église doit réellement rendre le kérygme pratique pour les citoyens et permettre qu'une nouvelle communauté humaine émerge à la suite de son intégration totale dans la cité. Cela consiste dans la constitution d'une communauté qui soit « une sorte de peinture vivante du caractère et de la composition de la vraie cité humaine[74] ». Une telle tâche exige qu'elle se libère de ses liens mythologiques et cultuels à l'instar de Jésus qui s'est défait de sa gloire pour prendre la forme humaine. D'après Cox, le héraut de Dieu proclame le royaume futur par sa parole et par sa vie[75]. Il soutient son idée de l'implication sans réserve de l'Église en ces termes : « La fonction koiniale de l'Église ne peut pas être exécutée, à moins que l'Église elle-intègre tous les éléments de la métropole hétérogène[76]. » Cette idée suggère l'engagement de l'Église dans la politique de la cité afin de pouvoir obtenir sa guérison holistique.

---

72. Cox, *The Secular City*, p. 107.
73. *Ibid.*, p. 132-144.
74. Cox, *Responsables de la révolution de Dieu*, p. 35.
75. Cox, *The Secular City*, p. 145-148.
76. *Ibid.*, p. 147.

D'après Cox, le statut de peuple institué rend l'Église capable de participer à l'action de Dieu dans le monde, à la libération de l'homme en vue de la liberté et de la responsabilité dans les différents secteurs de la vie, jusqu'à l'université. Le mode de présence dans le monde de l'homme libéré et de l'Église doit prendre en compte tous les secteurs de la vie des sociétés modernes.

Cox développe cette idée, dans la ligne de son ecclésiologie, dans *Fire from Heaven ; the Rise of Pentecostal Spirituality and the Reshaping of Religion in the XXe Century*. Dans cet ouvrage, Cox remet en questions ses affirmations des années 1960. La persistance de la religion et du religieux dans les cités sécularisées le convainc de l'obligation de reformuler la thèse du déclin de la religion.

Afin de clarifier ses idées sur la persistance de la religion et sur le rôle de l'Église, Cox énonce deux critères pour un succès d'une religion dans le monde moderne. (1) Être capable d'inclure et de transformer au moins certains éléments des religions préexistantes qui sont retenus dans la culture. (2) Équiper le peuple pour vivre dans les sociétés changeantes où la responsabilité personnelle, la créativité, l'économie entrepreneuriale et les autres outils sont nécessaires. L'auteur pense que la résurgence de la spiritualité primitive dans le pentecôtisme contemporain témoigne des manques expérimentés par les sociétés humaines sécularisées et du besoin d'un nouveau dynamisme spirituel. Cox fait observer que la nouvelle génération des pentecôtistes s'attelle à faire valoir une nouvelle théologie de libération de l'humanité[77], ce qui explique l'accent sur l'espoir du changement de la condition humaine dans ce monde.

Nous estimons utile de fixer dans l'esprit du lecteur la réponse de Cox à la question posée au début de ce chapitre. D'après lui, la sécularisation est positive, donc légitime. Un des lecteurs de Cox, Gregory Starret l'affirme, « Selon Cox, la sécularisation est le point culminant moral de l'histoire chrétienne, et devrait être accueillie par les croyants[78] ». L'auteur

---

77. Cox, *Fire from Heaven: the Rise of Pentecostal Spirituality and the Reshaping of Religion in the XXe Century*, p. 318. Cox relève que la théologie pentecôtiste est émotionnelle, commune, narrative, pleine d'espoir et radicalement incarnée.
78. Gregory STARRETT, « The varieties of Secular Experience », *Comparative Studies in Society and History* Vol. 52/3, 2010, p. 632 [Consulté le 27 Juillet 2011]. En ligne : http ://journals.cambridge.org/article_S0010417510000332.

ajoute qu'elle est la prise progressive de la responsabilité personnelle et sociale dans le monde[79]. En vertu de ses racines bibliques et théologiques, la sécularisation a le mérite d'interpeller l'individu libéré et la communauté constituée pour plus d'engagement dans l'accomplissement plénier de l'être humain et du monde. Les citoyens de la cité séculière ont simplement à assumer pleinement leur responsabilité de nouveaux administrateurs de toute la cité et à prouver leur maturité. Le développement de la cité séculière n'est pas antireligieux ; il mérite d'être considéré comme le signe de la maturité de l'humanité. La science, comme fruit de la raison humaine appliquée, donne ainsi à l'homme l'espoir de se prendre en charge sans référence à la transcendance. Cox entre ainsi dans la ligne d'argumentation de Weber au sujet du rôle de la science dans la société.

La contribution de Cox est importante pour la compréhension théologique de la sécularisation. Cependant, elle n'a pas la même valeur pour le contexte tchadien. (1) Son message date de plus de quarante ans et il a eu son écho dans un autre contexte. (2) Ses catégories d'analyse ne conviennent pas au contexte tchadien où les religions révélées, à savoir le christianisme et l'islam, se développent en même temps que les RTA. (3) Ces religions ne considèrent pas le processus du désenchantement dans la même perspective que Cox ; d'ailleurs son idée sur le désenchantement ne s'inscrit pas dans la ligne de la mission du christianisme du Tchad. (4) Sa compréhension de la liberté ne correspond pas à la compréhension biblique et théologique de la liberté. Et les religions révélées et les RTA au Tchad n'apprécient pas la liberté de la même manière.

L'originalité et la force de Cox résident dans son accent sur trois points : (1) La vision biblique du monde renferme les racines de la sécularisation ; (2) l'urbanisation décrit le contexte dans lequel l'homme peut exercer son émancipation, et la sécularisation soutient la profanité du monde[80] ; (3) l'urbanisation est une opportunité pour l'Église de remplir sa mission d'une manière pragmatique, efficace et plénière[81]. Gibellini précise la pensée de Cox lorsqu'il déclare que la sécularisation désigne le contenu de l'émancipation de l'homme et l'urbanisation le contexte dans lequel s'opère

---

79. *Ibid.*
80. Cox, *The Secular City*, p. 85-103.
81. *Ibid.*, p. 105-237.

la sécularisation[82]. Cependant, Cox laisse relever sa faiblesse dans son affirmation de l'autonomie radicale de l'homme, son indifférence ; car il soutient l'autonomie qui refuse toute ouverture à la transcendance.

La radicalité de la liberté soutenue par Cox nous amène à lui poser certaines questions. Alors que l'homme n'est ni auteur ni maître de sa vie, jusqu'à quand son autonomie pourra-t-elle lui permettre de vivre pleinement sa vie sans lien avec Dieu ? Si le Dieu rejeté par l'homme décidait d'effacer son image en l'homme, que resterait-il à ce dernier et que deviendrait-il ? Quel Évangile propose-t-il à la place du message traditionnel de l'Église qui déclare la victoire du Fils de Dieu sur les principautés et les puissances de ce monde ? Un autre auteur, Newbigin, porte son regard sur le même objet d'étude et propose comme réponse la liberté dans l'obéissance à Dieu.

II. Lesslie Newbigin : Liberté relative de l'homme

Les questions auxquelles Cox a déjà répondu se retrouvent dans le champ d'appréciation de la sécularisation chez Lesslie Newbigin[83]. Cox et Newbigin affirment l'origine de la sécularisation dans la relation de Dieu et de la création. Mais Cox met l'accent sur la création, l'exode et l'alliance, tandis que chez Newbigin l'accent porte sur la victoire du Christ. En effet, d'après Newbigin, la sécularisation n'est pas un objet d'inquiétude pour l'homme. L'homme n'a qu'à suivre l'exemple de Dieu qui fonctionne avec le monde tel qu'il est et pour son salut. Cox affirme que l'exode est un acte désacralisant de l'autorité et du pouvoir, tandis que Newbigin met l'accent sur la croix comme un acte de désacralisation de l'autorité. Pour les deux auteurs, la conséquence de la désacralisation de l'autorité est l'émancipation de l'homme.

---

82. GIBELLINI, *Panorama de la théologie*, p. 159.
83. Geoffrey WAINWRIGHT, *Lesslie Newbigin: A Theological Life*, Oxford, Oxford University Press, 2000, p. 3, 25. Newbigin a vécu entre 1909-1998.

A. Observation générale

1. Situation du religieux dans le monde

D'après Newbigin, le champ religieux dans toutes les parties du globe porte les marques de la civilisation de l'Occident dont les missionnaires ont été pendant plusieurs siècles des pionniers sur le terrain de la mission. Car l'émergence de la mission moderne a coïncidé avec l'expansion culturelle, politique et économique des races blanches de l'Europe occidentale et de l'Amérique du Nord. En allant en mission dans le monde, ces porteurs de la Bonne Nouvelle ont apporté avec eux l'influence de leur pays. Très souvent, ils ont confondu l'Évangile avec la culture chrétienne occidentale. Ils ont même pensé que l'Évangile était la couronne de leur culture. L'auteur pense que la situation a déjà changé[84]. À présent, la dynamique de la foi chrétienne en Occident baisse considérablement. Et dans le champ missionnaire, les cœurs sont moins perméables à l'Évangile, et la réalité de la foi chrétienne perd la beauté qu'elle avait dans les décennies passées. Newbigin écrit : « Aujourd'hui ce qui s'est passé en Inde, dans la majeure partie de l'Asie, et dans le monde islamique est une vaste renaissance de ces anciennes cultures et religions, une renaissance stimulée précisément par l'invasion de la culture occidentale[85]. »

Selon Newbigin, la renaissance des cultures et religions locales est une réaction à l'invasion de l'influence occidentale longtemps supportée par les peuples du reste du monde. En effet, le leadership du monde n'est plus entre les mains des seuls Européens et Nord-Américains.

D'après Newbigin, il y a un désintéressement général, mieux encore une indifférence au domaine religieux dans les sociétés occidentales contemporaines. Dans le sillage de Weber et Berger, Newbigin affirme que depuis le XVIIIᵉ siècle, le mouvement des Lumières conduit la culture occidentale au rejet de toute tradition[86]. Depuis lors, précise l'auteur, la vision scientifique du monde est l'idéologie la plus puissante et la plus persuasive dans le monde d'aujourd'hui. La civilisation du monde scientifique est une entité indépendante et auto-suffisante qui n'a aucun rapport avec la

---

84. Lesslie NEWBIGIN, *A Faith for this One World*, London, SCM, 1961, p. 9-11.
85. *Ibid.*, p. 11.
86. NEWBIGIN, *The Gospel in a Pluralist Society*, London, SPCK, 1989, p. 39.

religion. La vision scientifique du monde opère sous deux formes : orientale et occidentale. Newbigin affirme : « Partout dans le monde, elle pénètre et perturbe les anciens systèmes religieux avec "l'acide" de la modernité[87]. » L'auteur pense que dans ces régions, les chrétiens non-occidentaux constituent une terre fertile où l'Évangile continue de marquer sa pertinence. Par contre, face à la culture occidentale moderne, partout ailleurs l'Église est en retrait ; elle est à son déclin[88].

D'après le constat fait par l'auteur, dans les Iles Pacifiques toute la communauté accepte le christianisme, tandis qu'en Inde, c'est une minorité qui accepte la foi chrétienne. La vie religieuse n'est plus la préoccupation des individus en Inde. Les services sociaux et l'éducation autrefois tenus par l'Église passent aux mains de l'État ; les anciennes formes de discipline ecclésiastique sont rejetées par les gens ; partout c'est la revendication des libertés. Dans ces pays du monde, les domaines tels que l'éducation, la santé et d'autres services sociaux deviennent de plus en plus sécularisés. Les travailleurs de ces secteurs s'affranchissent de plus en plus du contrôle de l'Église et des institutions traditionnelles[89]. Il s'agit ici de l'émancipation des secteurs de la société et des individus.

Selon Newbigin, la sécularisation est pour les Africains et les Asiatiques une sorte de libération, tandis que pour les chrétiens de l'Europe elle apparaît comme une nouveauté qui menace les vestiges de la société sacrée de la chrétienté. Il soutient comme Berger l'idée selon laquelle la dynamique de la foi alors vécue en communauté se disloque sous l'effet de la modernité, parce que la foi chrétienne et la vie de disciple deviennent de plus en plus une question de décision personnelle[90]. Cette situation est observée sous différentes formes.

2. *Les manifestations de la sécularisation*

L'expérience de l'Inde comparée avec celle de l'Europe donne du souci à l'auteur. Newbigin identifie parmi les Européens un syncrétisme dans leurs

---

87. NEWBIGIN, *A Word in Season: Perspectives on Christian World Missions*, Grand Rapids : Eerdmans, 1994, p. 67.
88. *Ibid.*
89. NEWBIGIN, *Trinitarian Doctrine for Today's Mission*, Carlisle, Paternoster Press, 1998, p. 58.
90. *Ibid.*, p. 59.

affirmations théologiques et la sécularisation de la société et de la culture. Il souligne que, depuis son retrait de l'Angleterre pour la mission à l'étranger, il constate que la théologie anglaise a glissé dans un syncrétisme[91]. Dans son analyse du champ religieux occidental, l'auteur conclut que la culture post-lumière a complètement modelé la vie de l'Église. Ses dogmes et affirmations n'ont plus la même autorité que dans les décennies passées. Pourtant, sa foi en Dieu comme créateur d'un monde à la fois rationnel et contingent a rendu possible l'émergence de la science moderne. Newbigin pense que l'Église a perdu son autorité sur ses membres et sur la société. D'après l'auteur, le grand danger commun aux Occidentaux est le scepticisme total au sujet de toute possibilité de connaître la vérité[92]. Le scepticisme menace la foi des générations montantes de l'Europe. La tranche d'âge la plus concernée est la jeunesse qui rejette toute affirmation de la vérité[93]. Newbigin estime que ce scepticisme est généralisé en sorte que même les chrétiens sont encouragés à penser leur foi comme seulement une option parmi de multiples options disponibles pour un choix personnel[94].

Comparativement à l'expérience occidentale, l'auteur trouve chez les Indiens l'impertinence de l'Évangile ; bien plus il relève les éléments du syncrétisme dans le christianisme. Dans la ligne de sa comparaison, Newbigin pense que le syncrétisme observé dans le christianisme indien s'enracine dans les religions traditionnelles.

S'agissant de l'Afrique, l'influence de l'Église diminue au fur et à mesure que l'accélération de la sécularisation s'observe dans le domaine de l'éducation, de la médecine et du service social. La crainte de l'autorité de Dieu et de sa Parole n'est plus que symbolique ; aussi le respect de l'autorité qui incarne le pouvoir divin dans les structures sociales s'effrite[95]. Il s'agit de la diminution de l'importance sociale de la religion déjà relevée par les auteurs africains discutés. Le constat de Newbigin est confirmé par les opinions des enquêtés de N'Djaména. Un interlocuteur rapporte sa propre expérience : « La religion a quand même une influence, sauf que

---

91. Newbigin, *A Word in Season*, p. 67.
92. *Ibid.*, p. 72.
93. *Ibid.*
94. *Ibid.*
95. *Ibid.*, p. 59.

la confrontation entre les contraintes religieuses et les contraintes sociales, voire les contraintes mondaines, a fait qu'à un certain moment il y a eu une cassure, je n'arrive plus[96] ! » Une quarantenaire fait comprendre qu'elle a subi la rigidité des parents dans son éducation religieuse ; mais à présent, elle prend sa liberté : « Au début, aller à l'église, je le faisais sous l'influence des parents. Pas d'excuses si tu n'y viens pas. Après mon mariage, je me suis séparée des parents, j'étais dans un autre milieu, alors je commence à décroître dans ma vie spirituelle[97]. » Une telle perte de la fonction sociale de la religion est observée par van den Toren : « Les forces sécularisantes dans l'Afrique contemporaine affaiblissent grandement le témoignage et la présence des églises[98]. » La vie religieuse en Afrique est ici et là affectée par le syncrétisme ; elle connaît l'influence de la sécularisation. Toutefois, selon l'auteur, la diminution de l'autorité de la religion en Afrique peut aussi être le résultat d'un retour radical ou partiel aux religions traditionnelles ou à l'islam[99]. Cette interprétation vaut surtout pour le christianisme.

Ce regard sur la sécularisation dans plus d'un continent permet à Newbigin d'apprécier théologiquement le phénomène.

B. Appréciation théologique de la sécularisation

Pour Newbigin, considérer le cadre dans lequel le langage de la sécularisation est tenu explique le ton du débat. Le contexte du discours sur la sécularisation est la confrontation de la religion avec la modernité en Europe dans un contexte complexe[100]. Dans le sillage de Gogarten et Cox, Newbigin attribue à la religion chrétienne l'origine de la sécularisation, tout en affirmant que cette dernière n'accepte pas l'autorité de la religion ni celle de Dieu.

---

96. Interview n° 33 du 07 janvier 2010 à 14h33.
97. Interview n° 10 du 29 septembre 2009 à 9h40.
98. Van den Toren, « Secularisation in Africa », p. 4. [Notre traduction]
99. *Ibid.*, p. 17-18.
100. Newbigin, *Foolishness to the Greeks: the Gospel and the Western Culture*, London, Society for Promoting Christian Knowledge, 1996, p. 42.

1. Dieu, l'auteur du désenchantement du monde

D'après Newbigin, le processus de la sécularisation prend sa source en Dieu lui-même. C'est à la lumière de la compréhension biblique de l'histoire humaine que le processus de la sécularisation peut être pensé. Sur le plan théologique, l'auteur affirme que le désenchantement du monde est l'œuvre de Dieu en ce sens qu'en Jésus-Christ il a livré en spectacle les forces qui règnent sur le monde naturel. Dieu a ainsi choisi d'intégrer l'histoire de l'homme par la révélation spéciale en Jésus-Christ jusqu'à la croix. Par la croix, il a désacralisé la nature et l'a prédisposée comme cadre de développement de la science et de la technologie. L'auteur affirme que dans la Bible, cette désacralisation est attribuée à ce que Dieu a fait en Jésus-Christ[101]. D'après Newbigin, la croix et la résurrection de Christ démontrent la toute-puissance et la victoire de Dieu sur les ennemis de l'homme.

Le but de l'auto-révélation de Dieu en Jésus-Christ est de libérer l'homme afin de lui donner un nouveau statut, un nouveau mode d'existence dans son environnement ou son espace d'épanouissement, et une nouvelle orientation de sa vie dans le monde. L'incarnation de Dieu en Jésus-Christ modifie le caractère sacré de la religion de l'antique Israël ; avec l'œuvre du Christ, la ville et la nation sont sécularisées. Newbigin pense qu'aucune religion ancienne ou aucun pouvoir traditionnel ne peut détruire cette liberté apportée à l'homme par la croix[102]. Et il affirme que Jésus-Christ est la révélation unique et décisive de Dieu pour le salut du monde. Il présume que le pluralisme religieux dénie l'unicité de Jésus-Christ et présuppose d'autres possibilités de libération de l'homme.

Par ailleurs, Newbigin fait comprendre le lien entre le développement de la science et la Bible[103]. Bien avant Newbigin, Weber a affirmé que les affinités électives entre l'éthique protestante et l'esprit du capitalisme ont produit une science économique très élaborée en Europe[104]. Berger lui aussi défend l'idée selon laquelle les racines de la science se trouvent depuis les origines dans la religion. Son émergence dans le monde moderne en tant

---

101. NEWBIGIN, *Honest Religion for Secular Man*, p. 33.
102. *Ibid.*
103. *Ibid.*, p. 32.
104. WEBER, *L'éthique protestante*, p. 103-104.

que discipline autonome est bien l'œuvre de la religion[105]. Cox a affirmé que le désenchantement du monde enclenché par la création crée un cadre pour le développement de la science naturelle[106]. Dans une certaine mesure, Newbigin emboîte le pas aux autres en affirmant que la science moderne s'enracine dans une société où la place de l'homme est influencée par la Bible. L'auteur précise que vouloir développer la science indépendamment de la religion n'est qu'une prétention. Il écrit : « Il a été débattu de manière très plausible que le facteur décisif se trouve dans la vision biblique du monde à la fois rationnelle et contingente[107]. » Mais il met l'accent sur la rationalité, la régularité et la contingence du monde créé.

À la différence de cette compréhension chrétienne du désenchantement et pour les négateurs de la crédibilité de la religion, les questions métaphysiques et les symboles de la Bible doivent être abandonnés. C'est pourquoi Newbigin définit ainsi la sécularisation : « La sécularisation est la forme présente du processus par laquelle la forme ontocratique de la société s'estompe, et les hommes doivent prendre leurs propres décisions par rapport aux croyances et à la conduite[108]. » La forme ontocratique de la société est celle dont le pouvoir géré par les humains incarne l'autorité des êtres spirituels ; ce pouvoir revêt un caractère sacré.

L'expression « forme ontocratique » peut avoir deux interprétations : elle peut renvoyer à l'Être suprême dont l'autorité soumet l'homme et l'empêche de prendre une décision personnelle par rapport à la religion. Elle peut aussi renvoyer aux esprits des ancêtres au sujet desquels les hommes croient qu'ils investissent le monde des vivants. Souvent l'on prend le pouvoir politique pour mystique. Toutefois, le contexte permet de retenir le second sens. La société des humains est liée par la pensée de la présence des esprits qu'il faut vénérer et servir et surtout craindre. D'après Newbigin, la sécularisation est à la fois la désacralisation du pouvoir traditionnel et la libération de l'homme de l'autorité de cette ontocratie[109]. Croire ou ne pas croire en Dieu dépend de sa volonté. D'après l'auteur, la sécularisation

---

105. BERGER, *The Social Reality of Religion*, p. 113.
106. COX, *The Secular City*, p. 23.
107. NEWBIGIN, *Foolishness to the Greeks*, p. 70. [Notre traduction].
108. NEWBIGIN, *Honest Religion for Secular Man*, p. 76.
109. *Ibid.*, p. 43.

apporte à l'homme la liberté et lui confère une responsabilité vis-à-vis de lui-même.

2. *L'émancipation de l'homme*

En commentant l'apôtre Paul (Col 2.14-15), Newbigin soutient qu'en Christ Dieu a libéré l'homme des liens des puissances de ce monde et lui a conféré le statut d'adulte. Ceci est un langage identique à celui de Cox[110]. L'auteur écrit : « C'est une délivrance de la peur païenne des puissances mystérieuses du cosmos. C'est une désacralisation du monde naturel qui rend l'homme libre d'investiguer, d'expérimenter et de contrôler[111]. »

Cette affirmation fait comprendre que selon Newbigin, Dieu a choisi de libérer l'humanité par le processus de la sécularisation au moyen de la croix. Il le libère de l'enveloppement total des formes sacrées de la société afin qu'il prenne des décisions indépendantes et personnelles et qu'il s'épanouisse librement[112]. Citant l'exemple de l'Inde et celui de l'Afrique, l'auteur affirme que les missionnaires ont enseigné aux peuples les notions de dignité humaine, de justice sociale, l'importance de l'histoire humaine et d'autres valeurs. L'effet de ces idées dans les esprits et les actes des élites de ces peuples se manifeste sous la forme de dévoilement des éléments protégés par la religion traditionnelle. L'auteur appelle donc les premiers communicateurs de l'Évangile à reconnaître qu'ils ont été les instruments positifs de la sécularisation[113]. La désacralisation du monde initié par Dieu apporte à l'homme la liberté et lui ouvre la voie au développement d'une science et d'une technologie vigoureuse[114].

Malheureusement, cette ouverture rendue possible par Dieu est mal exploitée par l'homme au point qu'il rejette l'autorité du créateur. L'homme se sert de la raison scientifique pour critiquer l'Écriture. Plus que cela, Newbigin soutient que dans son nouvel essor pour la vie, l'homme considère l'Église comme opprimant sa liberté[115]. Il s'émancipe de l'autorité de la

---

110. Cox, *The Secular City*, p. 35-40.
111. NEWBIGIN, *Honest Religion for Secular Man*, p. 32. [Notre traduction].
112. *Ibid.*, p. 68.
113. *Ibid.*, p. 19-20.
114. *Ibid.*, p. 33.
115. NEWBIGIN, *Truth and Authority in Modernity*, Pennsylvania, Trinity Press International, 1996, p. 64.

religion et de celle de Dieu. L'écho de la révélation divine par l'incarnation n'est pas ce que Dieu attend de l'homme. Un arrière-plan athéiste explique l'attitude moderne vis-à-vis de l'Écriture et de la religion. Newbigin cite Laplace : « Je n'ai aucun besoin pour cette hypothèse[116]. » Le mot « hypothèse » dans cette citation renvoie à Dieu. La citation dénote une indifférence vis-à-vis de Dieu qui devient une hypothèse à vérifier au laboratoire de la raison scientifique. Cette attitude continue d'influencer la pensée populaire occidentale. Nous comprenons pourquoi la sécularisation revendiquée ou refusée est d'abord un enjeu religieux et théologique[117].

C'est ainsi que l'auteur propose à l'Église une démarche autre que celle dont elle fait montre jusqu'à présent. Car, Newbigin considère que l'Église a toujours eu une attitude réservée ou défavorable vis-à-vis de l'évolution de la société. Cette remarque déterminera sa réponse à la sécularisation.

C. Proposition de réponse à la sécularisation

1. Remarques d'ordre général

Une des questions posées au début de cette partie porte sur la position du chrétien par rapport à la sécularisation. Newbigin y répond en se situant à la frontière de deux attitudes contemporaines vis-à-vis de la sécularisation pour encourager l'Église à une attitude responsable dans ce contexte. Il n'accueille pas entièrement et ne rejette pas totalement la sécularisation. Au-delà de ce qui se produit en Europe, en Asie et en Afrique, Newbigin remonte un peu l'histoire jusqu'aux premiers siècles de l'Église et soutient que la sécularisation n'est pas un ennemi pour le christianisme. Pour lui, les chrétiens sont souvent tentés de mettre une frontière entre la religion et le séculier. Il soutient l'idée selon laquelle la Bible est un livre séculier au sens où elle traite des événements séculiers, tels que les guerres, révolutions, esclavages et libérations, migrants et réfugiés, famines et épidémies[118]. Lorsque l'on prend la Bible dans sa dimension narrative et séculière, il est possible de comprendre qu'elle est principalement le dessein d'une histoire universelle. Elle est l'interprétation de l'histoire humaine comme un tout,

---

116. Newbigin, *Foolishness to the Greeks*, p. 65. [Notre traduction].
117. Voir Danièle Hervieu-Léger et Françoise Champion, *Vers un nouveau christianisme ?*, coll. Sciences Humaines et religions, Paris, Cerf, 1986, p. 192.
118. Newbigin, *Truth and Authority in Modernity*, p. 64.

commençant par la saga de la création et se terminant par la vision du rassemblement de toutes les nations et de la consommation du but de Dieu pour l'humanité. Cette histoire situe l'origine de la sécularisation dans la religion biblique, et le christianisme en assume simplement le relais dans l'histoire[119].

L'auteur indique clairement sa position vis-à-vis de la sécularisation. D'après Newbigin, le processus de la sécularisation est compris à la lumière de la compréhension biblique de la nature de l'homme. La sécularisation apporte de nouvelles possibilités pour la liberté de l'homme et en même temps de nouvelles possibilités d'esclavage[120]. Dans le même ordre d'idées, Paulo Barrera déclare que la sécularisation est un mouvement à double sens. Elle correspond à l'émergence de l'individu et constitue une source d'ennuis pour lui[121].

Newbigin reconnaît ainsi les avantages et les inconvénients de la sécularisation. L'auteur défend l'idée selon laquelle le fondement de l'attitude et de l'action de l'Église devant la sécularisation est la révélation de Dieu lui-même en Jésus-Christ. Il ajoute que la foi en Dieu rend capable de comprendre, à la lumière de la révélation de Dieu en Jésus-Christ, ce que signifie le processus de la sécularisation et de trouver les voies par lesquelles témoigner en faveur de son but[122]. Par cette attitude, Newbigin diffère de Cox qui recommande fortement à l'homme l'accueil de la sécularisation et un investissement radical dans le monde au bénéfice de ses semblables. Selon Newbigin, l'appel de Dieu adressé à l'homme vise l'exercice de son rôle dans le plan de Dieu pour le salut de l'humanité[123]. Il en appelle à la responsabilité individuelle et à la responsabilité communautaire.

2. *La responsabilité individuelle*

À la lumière de son expérience transculturelle, Newbigin s'adresse avant tout aux missionnaires. Il précise : « Tout engagement missionnaire doit

---

119. NEWBIGIN, *Honest Religion for Secular Man*, p. 20.
120. *Ibid.*, p. 41.
121. Paulo BARRERA, « Sécularisation, mouvement à double sens », in Sébastien FATH, sous dir., *Le protestantisme évangélique, un christianisme de conversion*, Turnhout, Brepols, 2004, p. 246-247.
122. NEWBIGIN, *Honest Religion for Secular Man*, p. 42.
123. *Ibid.*, p. 44.

trouver la voie entre ces deux dangers : l'impertinence et le syncrétisme[124]. » Entre l'impertinence de l'Évangile et le syncrétisme, tout ouvrier dans le ministère de Dieu est appelé à trouver un point de contact dans la culture pour la communication du message de l'Évangile. Cela est si délicat qu'en le faisant, il faut éviter de créer une opportunité pour le syncrétisme[125].

En considération de cette recommandation aux missionnaires, Newbigin fait remarquer que deux camps se dessinent vis-à-vis de la sécularisation : l'un est favorable à ce phénomène, l'autre défavorable. C'est pourquoi il écrit : « Le chrétien doit voir le processus de la sécularisation ni avec peur et hostilité, ni avec un enthousiasme sans réserves, mais avec une compréhension sobre fondée sur la foi biblique[126]. » L'homme est appelé à s'inspirer de la manière dont Dieu entre en action dans le monde soit par des interventions concrètes, soit par les échecs dans la vie d'un groupe ou peuple. Au terme de son analyse de cette évolution véhiculée par la modernité, Newbigin tire ses conclusions en deux points majeurs :

Premièrement, Dieu appelle l'homme à participer à son dessein pour l'humanité qu'il considère comme un tout ; cependant il faut éviter de tomber dans l'humanisme marqué par un existentialisme outré. Car ce n'est pas un appel à l'individualisme qui a caractérisé l'Europe pendant quelques siècles : « C'est pour l'accomplissement de son rôle dans le plan de Dieu pour le salut de l'humanité. C'est un appel à une participation responsable dans les événements qui sont la clé de l'histoire du monde[127]. »

Deuxièmement, l'homme ne peut pas capturer Dieu dans sa grille culturelle en l'amenant à adhérer à sa vision, parce qu'il est le Tout Autre : « Les tentatives courantes de réexposer l'Évangile dans les termes séculiers essaient de traduire le message biblique dans les termes qui éliminent l'idée du "Tout Autre" qui est "au-delà"[128]. » La transcendance et l'altérité absolues de Dieu ne permettent pas à l'être humain de comprendre tout le plan de Dieu en dehors de ce qu'il a lui-même révélé. Newbigin critique Cox

---

124. NEWBIGIN, *A Word in Season,* p. 67.
125. *Ibid.*
126. NEWBIGIN, *Honest Religion for Secular Man,* p. 41.
127. *Ibid.,* p. 45. [Notre traduction].
128. *Ibid.,* p. 43. L'auteur critique largement les deux positions dans les pages 44-76 de cet ouvrage.

sur son langage au sujet de la nature de Dieu. Yahvé, le Dieu de l'alliance au Sinaï, est le Dieu tout-autre[129]. L'être humain qui est seulement l'image de ce Dieu ne peut pas se le représenter.

À cause de cette inquiétude, Newbigin montre dans sa critique de Cox que la foi chrétienne dans le contexte de la modernité ne laisse pas une option possible pour un secteur privé, mais elle engage l'homme à l'action. Il écrit : « Nous ne pouvons plus vivre nos vies dans deux mondes différent[130]. » Pour Newbigin, sans méconnaître l'utilité et les services de la modernité avec sa science et sa technologie, le chrétien a le devoir de reconnaître à Dieu son autorité sur sa propre vie et sur toutes choses. À ce niveau, Newbigin diffère de Cox qui éloigne Dieu de toute entreprise humaine sous prétexte que l'homme est assez mûr pour diriger le cours de sa vie sans se référer à Dieu. Pour Cox, l'autonomie humaine est totale, tandis que pour Newbigin elle est relative et limitée par la toute-puissance et la souveraineté de Dieu. L'auteur assigne aussi à l'Église une double responsabilité : la proclamation du kérygme et l'engagement social.

3. *La responsabilité communautaire*

Newbigin attire l'attention de l'Église sur ses jugements marqués soit par le rejet ou la stigmatisation de la sécularisation, soit par l'accueil et l'acceptation de ce phénomène sans discernement ni sagesse. Il définit le rôle de l'Église dans le monde sous deux aspects.

a) **Rôle prophétique**

Cox recommande à l'Église la proclamation de la liberté de l'humanité en vertu de la victoire du Christ sur les puissances du mal à la croix. Dans le même sillage, Newbigin réalise le même besoin de la communication du kérygme dans la société séculière. Il suggère à l'intention des communautés d'annoncer la voix de Dieu afin d'orienter le monde : « Une société séculière dans laquelle l'autorité traditionnelle des formes sociales est effacée n'a ni plus ni moins besoin de l'esprit prophétique qui connaît la voix du Dieu vivant[131]. » Car pour Nexbigin, par la sécularisation les croyances

---

129. Voir Cox, *The Secular City*, p. 32.
130. Newbigin, *Foolishness to the Greeks*, p. 79.
131. Newbigin, *Honest Religion for Secular Man*, p. 76.

religieuses traditionnelles et les standards moraux perdent leur autorité sur les hommes. Ces derniers sont désormais appelés à prendre leurs propres décisions[132]. Il incombe à l'Église de rendre visible la présence de Dieu dans les sociétés sécularisées. Toutefois, Newbigin fait observer que la mission de la théologie est hypothéquée par ses propres tendances et son contexte[133]. Car leurs affirmations baignent dans les tendances de la modernité.

Par ailleurs, Newbigin croit que le rôle de la théologie demeure de dialoguer avec la science de manière à amener celle-ci à identifier sa place : servante de l'homme mais pas sa maîtresse. Ce dialogue vise à relever les limites et les incapacités de la science devant les réalités métaphysiques[134]. Le message de la théologie à adresser au monde est celui de l'amour constant du Dieu trinitaire, le Dieu mis en question par la pensée scientifique. À ce niveau, le langage de Newbigin s'oppose à celui de Cox pour qui l'être humain est absolument libéré de toute tutelle en sorte qu'il n'a plus besoin de se référer à une autorité, fût-elle celle de Dieu. Newbigin soutient que l'homme est créé à l'image de Dieu qui, en Jésus-Christ, a partagé sa nature. À cause de cette relation, il ne peut pas se libérer de la dépendance de Dieu[135].

C'est pourquoi, estime Newbigin, la formulation du message de l'Église doit inclure l'appel à reconnaître la suprématie et la place de Dieu comme cause première et finale de toutes choses[136]. Ce message vise à faire comprendre au monde que l'Église existe pour témoigner de cette vérité. L'auteur relève, pour illustration, le cas des magistrats de ce monde qui font des affaires sur le dos des justiciables contre la déontologie de leur métier. Il affirme que la tâche de l'Église dans ce contexte sécularisé et matérialiste est de faire comprendre que Dieu est le magistrat absolu qui contrôle les actes de tous les magistrats séculiers. Sans la reconnaissance de l'autorité du magistrat suprême derrière ceux qui sont visibles, l'exercice de cette fonction est une perversion de la justice et une invalidation de la loi[137]. C'est

---

132. *Ibid.*, p. 136.
133. NEWBIGIN, *Truth and Authority in Modernity*, p. 81.
134. NEWBIGIN, *Foolishness to the Greeks*, p. 87.
135. *Ibid.*, p. 89.
136. *Ibid.*, p. 94.
137. NEWBIGIN, *Honest Religion for Secular Man*, p. 130.

pourquoi le contenu du message de l'Église repose sur l'œuvre du Dieu trinitaire[138]. Toutefois, Newbigin relève que le processus de la sécularisation implique des modèles de conduite à adopter. Il estime que l'éthique de la société séculière doit reposer sur la victoire de la croix[139].

b) Engagement social

Newbigin considère qu'en créant le monde, Dieu l'a disposé dans les conditions lui permettant de gérer une autonomie au sein des contingences. Et à l'homme, il donne dès l'origine la liberté de faire ses expériences et de chercher à découvrir la manière dont les choses sont organisées[140]. L'auteur croit que l'Église doit également dialoguer avec tous les domaines publics de la vie : politique, économie, et société. Car, ajoute-t-il, contre toutes assertions des chrétiens selon lesquelles l'Église n'a pas à s'impliquer dans la vie publique et terrestre, l'Église a une mission à assumer au sein de ce monde visible et tangible[141]. Newbigin souligne que les chrétiens sont appelés à s'engager dans ce monde, parce que le but de Dieu devrait être accompli parmi les vivants et leurs descendants ici sur la terre, non dans un monde au-delà de la tombe[142].

D'après Newbigin, le mode d'engagement de l'Église dans la société séculière doit s'inspirer de l'incarnation de Dieu. Dans le domaine de l'éducation, par exemple, l'auteur estime que l'Église peut former et équiper les chrétiens dignes d'assumer des rôles dans le système éducatif en vue d'y apporter une réforme suivant la norme biblique[143]. L'objectif de l'auteur est de pouvoir communiquer aux jeunes la vision chrétienne du monde en sorte que cela modèle leur vie devant Dieu et leur manière de vivre au sein de leur société.

La différence avec Cox ici porte sur le niveau d'engagement de l'individu et de l'Église. Pour Cox, en raison de la désacralisation du monde, du pouvoir et de la relativisation des valeurs par Dieu lui-même, il n'y a plus de distinction entre religion et séculier, entre sacré et profane. Dieu a

---

138. *Ibid.*, p. 136.
139. *Ibid.*, p. 138-146.
140. *Ibid.*, p. 89.
141. *Ibid.*, p. 97.
142. *Ibid.*.
143. *Ibid.*, p. 131.

déjà tout sécularisé et livré au pouvoir de l'être humain. Il reste à celui-ci de prendre ses responsabilités vis-à-vis de lui-même et vis-à-vis du monde. L'Église, quant à elle, a la mission de poursuivre dans le monde l'œuvre déjà entamée par Dieu. Pour Newbigin, le monde est désenchanté, certes, mais il demeure sous le contrôle de son créateur. Ainsi, l'être humain libéré des puissances du mal par Dieu devient sujet du royaume dont Dieu est le souverain. L'engagement individuel ou communautaire dans le monde doit se conformer au modèle de Dieu. En clair, l'enseignement de toute la Bible, les instructions et l'amour de Dieu pour son peuple concernent toute la vie des personnes, des familles et des nations[144]. Cela veut dire que Newbigin ne croit pas, comme Cox, à la déconsécration des valeurs.

En somme, l'auteur est convaincu que prétendre résister au processus de la sécularisation ou s'engager à inverser l'ordre de cette évolution des sociétés sera une action contre la foi biblique[145]. Il conclut que seule la foi en Dieu le Seigneur de l'histoire peut aider à comprendre le sens du processus de sécularisation à la lumière de la révélation. Dans une telle disposition d'esprit, l'on peut trouver la voie par laquelle le témoignage chrétien peut atteindre son objectif. « Notre point de départ est la révélation de Dieu de lui-même en Jésus-Christ, tel que c'est attesté dans la Bible[146]. » L'auteur défend l'idée selon laquelle l'Église n'a pas à se tenir hors de l'univers pour créer un nouvel ordre politique[147]. La mission chrétienne doit agir Bible en main. L'enjeu de cette attitude est de se servir de la religion pour un but purement séculier, négligeant son but ultime, celui de rapprocher l'homme de son créateur, le Dieu vrai et vivant. En d'autres termes, il est possible pour l'Église de fonctionner comme un secouriste circonstanciel dans le monde en oubliant son cahier des charges permanent vis-à-vis de ce monde.

La contribution de Newbigin au progrès du débat a tout son mérite. Cependant, elle a ses limites par rapport au contexte de l'Afrique en général et du Tchad en particulier. Newbigin considère que les puissances spirituelles sont toutes vaincues une fois pour toutes en Christ et la valeur de cette victoire demeure dans la réalité de tous les jours pour l'enfant de

---

144. *Ibid.*, p. 97.
145. *Ibid.*, p. 41.
146. *Ibid.*, p. 42.
147. *Ibid.*, p. 100.

Dieu. Il considère qu'en effet l'homme est libéré de la peur païenne et des puissances mystérieuses du monde. Or, aux yeux de l'Africain traditionnel, il y a une interaction entre le monde visible et le monde invisible. L'homme vit dans la soumission à l'autorité des esprits considérés comme la présence ou l'incarnation des ancêtres. En effet, sa prospérité, sa sécurité et sa liberté dépendent de l'harmonie qu'il développe avec les ancêtres et les puissances spirituelles au travers de ses actions et de sa conduite. Certains fonctionnaires tchadiens ont le sentiment que ces ancêtres protègent mieux et immédiatement contre les forces du mal qui exercent le contrôle sur leur monde. L'opinion d'un enquêté à N'Djaména sous-tend cette idée : « Dans les réalités, en plus de leur attachement à Dieu, les religieux (comme nous) cherchent à avoir des protections auprès des marabouts, ils se lancent dans les pratiques traditionnelles pour avoir la protection de leurs ancêtres[148]. » D'après cette opinion, même les Africains chrétiens croient à la réalité des forces du mal et certains tremblent devant elles au point de chercher en dehors de Dieu la protection contre elles. La réponse que Newbigin propose peut aider le christianisme au Tchad à amender le style de son expression au sein de sociétés sous l'influence de la sécularisation.

En considération de ce qui précède, quelques questions méritent d'être posées à l'auteur. (1) Comment comprendre l'attitude et le comportement des hommes et des femmes qui, tout en professant la puissance du nom de Jésus-Christ, portent sur eux des substituts de Dieu dans certains milieux réputés envoûtés ou hantés par les forces du mal ? (2) Comment l'auteur explique-t-il les cas de possession démoniaque parmi les chrétiens, alors que toutes les puissances spirituelles et les forces du mal sont vaincues par Jésus-Christ ?

Le dernier auteur en liste, B. J. van der Walt, intervient dans le débat avec une nouvelle approche du sujet, c'est-à-dire sous l'angle de vision du monde et une autre perspective.

---

148. Interview n° 07 du 22 septembre 2009 à 17h15.

III. Bennie J. van der Walt (1939-) : une troisième vision du monde

Van der Walt est choisi pour sa double identité : Européen de sang et de culture, Africain de naissance, donc témoin des manifestations de la sécularisation dans cette partie du continent. Blanc sud-africain dont la formation a largement suivi le modèle occidental, cet auteur a une connaissance des deux continents et de leurs différentes visions du monde. Van der Walt se fait remarquer dans le débat sur la sécularisation par sa manière d'observer et d'analyser deux visions du monde différentes. Cependant, ces deux visions se retrouvent dans le même espace géographique de vie de plusieurs peuples de différentes traditions. D'après la recension faite par Bradshaw de *The Liberating Message : A Christian Worldview for Africa* de van der Walt, il s'agit spécifiquement de l'Afrique du Sud[149]. L'auteur porte son regard sur le processus de la sécularisation en tant que philosophe euro-africain et sur le sol africain où la sécularisation se manifeste depuis plusieurs décennies. Il adopte la méthode d'analyse comparative des visions du monde dans le cadre de la cohabitation de deux cultures. Son approche diffère totalement de celle des deux autres auteurs ; par conséquent, son langage s'écarte du leur.

Les approches de Cox et de Newbigin sont historiques, diachroniques et théologiques. Ils affirment respectivement que la création, l'exode, l'alliance, la croix ont initié le processus de la sécularisation. La religion judéo-chrétienne a assuré le relais de Dieu dans l'expansion de la sécularisation du monde. Par rapport à ses prédécesseurs, l'approche de van der Walt est comparative, c'est-à-dire synchronique, mais aussi théologique et philosophique. Il estime que ce qui a causé la sécularisation en Afrique du Sud est la rencontre de deux visions du monde, notamment la vision occidentale et la vision africaine traditionnelle du monde. L'auteur de confrontation est le christianisme. Par sa méthode de confrontation, van der Walt vise à proposer aux deux peuples une appréciation juste de leur attitude l'un vis-à-vis de la culture de l'autre.

---

149. Bruce Bradshaw, Recension de van der Walt, « The Liberating Message : A Christian Worldview for Africa », Book Reviews, *Pro Rege* Vol. 23 n° 3, 1995, p. 30-31.

La mission de cette section consiste à faire comprendre comment la pression sociale et le changement culturel peuvent influencer la vision du monde d'un peuple. Sous la plume de van der Walt, la sécularisation est décrite en termes de pluralisation, de privatisation et de déclin de la religion, alors qu'ailleurs il parle du sécularisme manifeste dans la société sud-africaine. Par cette approche anthropologique et philosophique influencée par le calvinisme réformé, Van der Walt examine la problématique de la sécularisation, donne son appréciation et propose des réponses à ce qu'il observe.

A. Appréciation théologique de la sécularisation

1. Problématique de la sécularisation

a) Crise des visions du monde

D'après van der Walt, les colonisateurs ont maltraité les autochtones pendant la période coloniale. Ces abus ont entraîné une crise des visions du monde. L'auteur écrit :

> Les colonisateurs n'ont pas caché leur sens de supériorité. La vision africaine du monde était considérée comme puérile, et c'est pourquoi elle devait être corrigée et élevée au même niveau que celle de l'Occident. L'Europe et les USA regardaient l'Afrique comme le symbole du barbarisme et du manque de civilisation. Ils considéraient la vision du monde de l'Africain comme primitive, pré-logique et sans intelligence[150].

Cette critique de l'attitude occidentale dépend de l'expérience de l'auteur du fait de sa double identité : occidentale et africaine. La volonté des Occidentaux de transformer radicalement la vision africaine du monde a nécessité l'usage de la violence. L'auteur précise : « Par souci de "modernisation", les visions du monde et les valeurs occidentales, qui étaient souvent en conflit direct avec les valeurs traditionnelles africaines, ont été forcées sur les habitants du continent[151]. »

Selon l'auteur, l'arrière-plan socio-politique de la situation sud-africaine est la colonisation hollandaise qui a duré presqu'une centaine d'années.

---

150. Van der WALT, *The Liberating Message. A Christian Worldview for Africa*, Potchefstroom, Potchefstroom University for Christian Higher Education, 1994, p. 10.
151. *Ibid.*

La sous-estimation du Noir ne s'applique pas seulement à son aspect biologique mais aussi à son développement culturel. Le rejet des uns par les autres constitue un handicap au développement de secteurs variés de la vie[152]. Van der Walt souligne les différences culturelles en Afrique du Sud et la réaction des uns et des autres à ces différences culturelles[153]. Ces réactions ont aussi une portée religieuse.

Sur le plan religieux, Van der Walt pense que la vision du monde communiquée aux Africains par les missionnaires n'a pas été celle de la Bible. C'était un genre de piétisme, un christianisme de la négation du monde. Par conséquent, le message de l'Evangile n'a pas touché tous les domaines de la vie de l'individu et du peuple. Les enquêtes de N'Djaména de toutes les confessions religieuses relèvent que la mission chrétienne n'a pas pris en compte les réalités sociales et culturelles ; c'est ce qui rend inefficace l'Évangile dans la vie des fonctionnaires. Van der Walt estime que la religion, au lieu de s'occuper du service de Dieu, devient une question privée qui n'a aucune influence sur les sphères sociales, politiques et économiques[154]. Selon l'auteur, la privatisation de la religion comme un aspect de la sécularisation est un signe du déclin de la religion sur le continent. Van der Walt élargit son appréciation de la vision du monde à tout le continent. Il pense que plusieurs Africains de nos jours vivent entre deux mondes : le monde traditionnel et le monde chrétien. Il écrit : « Une vision du monde détermine l'identité personnelle, de même une crise de vision du monde individuelle implique une crise d'identité[155]. » En vivant entre deux mondes, les gens expérimentent une double crise : crise de vision du monde et crise d'identité[156].

b) Crise d'identité

Sur le plan culturel, Van der Walt observe dans les relations deux visions du monde opposées, deux conceptions du temps, deux manières de penser ; le tout influence négativement les différents domaines de la vie. Il précise :

---

152. Van den Walt, *Afrocentric or Eurocentric ? Our Task in a Multicultural South Africa*, Potchefstroomse, Potschfstrooms Universiteit, 1997, p. 5.
153. *Ibid.*, p. 1-7.
154. Van der Walt, *The Liberating Message*, p. 20.
155. *Ibid.*, p. 17-18.
156. *Ibid.*, p. 7-10.

« En Afrique du Sud les différences entre la culture (noire) africaine et la culture (blanche) occidentale résultent du déficit de communication ou même des conflits[157]. » Raison pour laquelle l'auteur affirme que la manière de stigmatiser les Africains était inacceptable. La personnalité africaine a été traitée comme sans dignité, sans valeur par rapport à celle d'autres peuples, sans droits ni liberté. « Les Africains étaient considérés comme primitifs dans leur culture, sauvages et sans histoire ou civilisation avec seulement des formes élémentaires de la religion et de l'organisation sociétale[158]. » Les Africains réagissent de façon variable à l'attitude occidentale. D'après Van der Walt, certains Africains ont accepté leur infériorité sans changer leur culture. D'autres toutefois, ont voulu dominer leur infériorité 'noire'[159].

Selon l'auteur, les deux visions du monde impliquent les cultures et bien des considérations identitaires[160]. D'après l'auteur, le sentiment de supériorité qui anime les Occidentaux vis-à-vis des Africains, le comportement exclusiviste des Blancs Sud-Africains et la réaction des Noirs Sud-Africains marquée par la révolte ne favorisent pas la cohabitation des cultures. Il rapporte des propos populaires dans le contexte sud-africain : « Les peuples occidentaux sont culturellement nés pour être maîtres et les Africains sont nés inférieurs et sont destinés à demeurer esclaves. Le Blanc est considéré comme civilisé, bon, beau, intelligent et rationnel. Le Noir est considéré comme primitif, mauvais, vilain, sans intelligence et irrationnel[161]. » Du côté des Blancs, quoique minoritaires, il y a un sentiment fort de supériorité, donc de domination qui croît dans les esprits face aux Noirs. En retour, les Noirs sont frustrés face aux Blancs, et ils haïssent. Chaque peuple a une image figée de l'autre et développe une attitude de mépris à son endroit.

Par ailleurs, van der Walt souligne que certains Africains s'adaptent à la culture et au style de vie des Occidentaux sans renier leur africanité. Sous la bannière du mouvement de libération, d'autres développent une conscience culturelle et déclare que l'homme noir doit contribuer au développement

---

157. Van der WALT, *Transformed by the Renewing of your Mind: Shaping a Biblical Worldview and a Christian Perspective on Scholarship*, Potchefstroom, The Institute for Contemporary Christianity in Africa, 2001, p. 1. [Notre traduction].
158. Van der WALT, *The liberating Message*, p. 27. [Notre traduction].
159. Van den WALT, *Afrocentric or Eurocentric ?*, p. 6.
160. *Ibid.*, p. 10.
161. *Ibid.*, p. 5. [Notre traduction].

et à l'histoire de l'humanité. Van der Walt écrit : « Les gens qui avaient dirigé la réaction ont visé à montrer ce qui suit : (1) les Africains ont une dignité, valeur et honneur ; (2) les Africains ont une histoire, une culture civilisée, des structures sociétales ; (3) les Africains sont capables de devenir scientifiques, savants, administrateurs, etc.[162] » Hormis ces deux types de réaction, deux autres sont aussi enregistrées dans le contexte de l'Afrique : l'exclusivisme et la conscience transculturelle[163], c'est-à-dire le rejet absolu des uns par les autres et la banalisation des différences culturelles. Ce que van der Walt appelle conscience transculturelle est un processus parallèle à ce que d'autres auteurs appellent émancipation ou liberté individuelle.

Jusqu'ici, l'auteur s'est concentré sur la nature et les répercussions de la sécularisation. Il poursuit son analyse en donnant une appréciation théologique de la situation.

2. Appréciation théologique de la sécularisation

a) Le rôle du christianisme dans le processus de la sécularisation

À la lumière des résultats de son analyse, van der Walt entend par sécularisation un processus complexe de la vie qui chevauche péniblement deux visions du monde opposées[164]. Il affirme que le christianisme est à l'origine de cette évolution des sociétés :

> Le processus de la sécularisation [. . .] toutefois a commencé très tôt dans l'histoire du Christianisme. Ce n'est pas le monde qui est coupable de cela en première place. Le christianisme en soi a semé les semences. Le sécularisme moderne est simplement la récolte qui a été produite par les semences infectées[165].

Les différences des approches de la sécularisation chez Cox, Newbigin et van der Walt expliquent la divergence de leurs idées sur l'origine et sur l'évaluation théologique de cette évolution des sociétés. Ils ne tiennent pas le même langage sur la sécularisation. La participation du christianisme au processus de cette évolution, mentionnée par Cox et Newbigin n'a pas la

---

162. Van der WALT, *The liberating Message*, p. 27. [Notre traduction].
163. Van der WALT, *Eurocentric or Afrocentric ?*, p. 5-7.
164. *Ibid.*, 10 ; Van der WALT, *The Liberating Message*, p. 10.
165. Van den WALT, *Afrocentric or Eurocentric ?* p. 20. [Notre traduction].

même appréciation chez van der Walt. Pour les deux premiers, le judaïsme et le christianisme apporte aux hommes la lumière sur leur statut, leurs privilèges et devoirs dans le monde. Pour le troisième, le rayonnement du christianisme en Afrique présente une facette corrompue, une image négative de Dieu dans les esprits des Sud-Africains. C'est dire que du côté des Occidentaux, Dieu apparaît comme le Dieu d'amour et de paix, mais du côté des Africains le même Dieu est perçu comme malfaiteur au travers de l'attitude et des actes de ses messagers. En effet, le christianisme alimente le sécularisme dans cette région.

Hormis Shorter, Onyancha et Messi Metogo, tous les autres auteurs, notamment Weber, Berger, Dopanu, Tshimbulu, dont les idées sont analysées dans ce travail, désignent la religion ou le christianisme comme une des causes de la sécularisation. Les enquêtés de N'Djaména appuient cette affirmation. Van der Walt de même affirme que la sécularisation et le sécularisme en Afrique du Sud sont le résultat de ce que le christianisme a semé et entretenu depuis des siècles. Comme Shorter, Onyancha, Messi Metogo et Cox, certes avec quelques nuances, van der Walt distingue entre la sécularisation et le sécularisme. D'après lui, la sécularisation consiste dans le fait que les hommes vivent sans référence à Dieu. Ceci est clairement l'affirmation de l'émancipation. Les gens sont religieux, mais ils ne se soumettent pas aux injonctions de cette religion. Le sécularisme, quant à lui, rejette toute relation avec la transcendance, refuse tout rapport avec la religion[166].

L'auteur pense que la sécularisation et le sécularisme résultent de l'œuvre du christianisme qui n'a pas pris en compte la vision du monde et la culture des peuples dans son mode de communication de l'Évangile. Il a transporté en Afrique un Évangile imprégné de la vision occidentale du monde. La confrontation des deux visions du monde engendre une sécularisation manifeste dans cette partie de l'Afrique. Alors que pour le monde occidental le sécularisme n'existe pas en Afrique, van der Walt affirme : « Dans ce continent, nous voyons et expérimentons quotidiennement les effets dévastateurs de la sécularisation et le mode de la vie. Les valeurs traditionnelles et

---

166. Van der WALT, *The Liberating Message*, p. 21.

chrétiennes sont toutes détruites quand les gens vivent et meurent comme "si Dieu n'existait pas ou n'importait pas"[167]. »

Il ressort de cette idée l'affirmation de la présence de la sécularisation dont les effets sont manifestes dans la vie quotidienne, et finalement du sécularisme dans l'Afrique contemporaine. Tout cela, pour l'auteur, est engendré par la diversité culturelle qui, loin d'offrir des possibilités valables pour un enrichissement interculturel, occasionne plutôt des conflits et des tensions entre les peuples et les écarte de la présence de Dieu[168]. Selon l'auteur, les conflits et les tensions résultant de la diversité culturelle entraînent les uns et les autres à chercher des possibilités d'auto-défense. Par conséquent, ils affectent leur relation avec leur religion, et finalement avec Dieu.

Van der Walt pense que le vrai problème réside dans la considération des valeurs culturelles sans référence au statut de tout homme créé à l'image de Dieu. Les Occidentaux et les Africains adoptent une attitude de mépris et de rejet de la personne et de la culture les uns des autres. C'est pourquoi, en vue d'une acceptation mutuelle dans le même environnement, l'auteur pense que les deux peuples doivent réaliser que toute culture a sa valeur, parce qu'elle vient de la même source divine[169]. La reconnaissance de l'image de Dieu en l'autre reste encore un pas à faire par les uns et les autres.

b) Le rôle de la vision séculière du monde dans le processus de la sécularisation

Les attitudes qui sous-tendent les comportements et les actions de chaque peuple sont formées par sa vision du monde. Parlant de la vision du monde, Van der Walt la définit comme suit :

> Une vision du monde est notre perspective sur la réalité créée, une indication de notre place dans le monde où nous avons à remplir notre devoir culturel [...] Une vision du monde fonctionne comme une carte, indiquant l'orientation ; comme une

---

167. Van der WALT, « Secularism : The Most Dangerous Enemy of Christianity », *Orientation*, n° 50-51, 1988, p. 171-182. [Notre traduction].
168. Van der WALT, *When African and Western Cultures Meet. From Confrontation to Appreciation*, Potchefstroom, The Institute for Contemporary Christianity in Africa, 2006, p. 158.
169. Van der WALT, *The Liberating Message*, p. 182-190.

boussole, elle montre la direction à partir d'un engagement religieux profond[170].

D'après cette définition, la fonction de la vision du monde est fondamentale. Elle conduit à l'action et détermine les valeurs et les choix de l'homme. Elle détermine le niveau d'engagement de l'homme avec Dieu. En effet, la sécularisation de la culture inspire aux Sud-Africains une nouvelle manière de se voir, de voir l'univers et Dieu. Van der Walt compare la vision occidentale du monde et la vision africaine du monde :

> L'animisme de l'Afrique est contrasté avec le matérialisme de l'Occident . . . Pour les Africains, le monde spirituel détermine le monde physique – tout événement visible a une cause spirituelle. Pour les Occidentaux sécularisés, l'existence du monde spirituel est une superstition ; c'est pourquoi ils se concentrent seulement sur la réalité visible[171].

La confrontation des deux visions du monde engendre des tensions dans les relations. La crise des visions du monde affecte l'identité profonde de chacun des peuples. Mais l'appréciation que donne l'auteur de la vision du monde enlève à chacun des peuples en Afrique du Sud, la possibilité de se prévaloir. Car ni l'eurocentrisme, ni l'afrocentrisme n'ouvrent l'homme à Dieu le créateur, moins encore au salut éternel. Par conséquent, l'eurocentrisme, l'afrocentrisme[172] et les traditions religieuses ne contribuent pas au rapprochement des hommes en vue du dialogue. Les défenseurs de ces idéologies et des traditions ne défendent pas l'intégrité de ce qu'ils croient.

Malgré la description des aspects négatifs de la sécularisation et de la critique qu'il en fait, l'auteur relève ses côtés positifs. Contrairement aux fonctionnaires de N'Djaména qui voient dans l'école, l'hôpital et le développement économique les causes de la sécularisation, Van der Walt affirme que le christianisme a amélioré certains secteurs de la vie de la société sud-africaine. Il cite notamment la contribution du christianisme dans le

---

170. Van der WALT, *When African and Western Cultures Meet*, p. 58.
171. *Ibid.*, p. 58. [Notre traduction].
172. Van der WALT, *The Liberating Message*, p. 27.

domaine de l'éducation au travers des milliers d'écoles et de la santé par la création des hôpitaux dans tout le continent[173].

À la fin de sa description des indicateurs de la sécularisation, van der Walt juge utile d'apporter une réponse théologique appropriée afin de bâtir une Afrique du Sud nouvelle.

B. Proposition de réponse à la sécularisation de l'Afrique

1. Une troisième vision du monde

a) Nécessité du choix de la vision biblique

Van der Walt appuie l'idée biblique selon laquelle Dieu a créé tout être humain à son image, doué de prédispositions culturelles que chacun est appelé à développer dans son environnement. Il estime que les Occidentaux et les Africains ont besoin d'une interaction entre leurs cultures[174]. Car il ne suffit pas de penser du point de vue de l'eurocentrisme ou de l'afrocentrisme, ou encore d'adhérer au point de vue selon lequel chacune des deux visions du monde est vraie et juste à sa manière. L'auteur ne partage ni avec les Blancs leur attitude vis-à-vis des Noirs, ni avec les Noirs leur haine ou leur rejet des Blancs. Il se fraye une troisième vision capable de donner un nouveau sens et une nouvelle valeur à la vie individuelle et à la vie en communauté. Il la considère comme idéale et la recommande à tous. Van der Walt estime que, pour affirmer sa pertinence sur le continent, le christianisme africain doit faire un choix : un retour à la vision biblique du monde. Cette option paraît originale pour l'auteur ; elle détermine la direction spirituelle de la vie de l'homme[175].

Dans son analyse de la situation de l'Afrique, l'auteur observe que la crise due à la transformation de l'Afrique est fondamentalement une crise de vision du monde[176]. C'est pourquoi il déclare qu'une troisième vision du monde est possible pour les Blancs et les Noirs. Elle ne peut être trouvée que dans l'Écriture où Dieu fixe sa pensée pour régir les relations des hommes avec lui et leurs relations entre eux. En dehors de ce cadre idéal, le

---

173. *Ibid.*, p. 12-13.
174. Van der WALT, *Transformed by the Renewing of your Mind*, p. 54-55.
175. Van der WALT, *The Liberating Message*, p. 25.
176. *Ibid.*

péché affecte la dignité et la valeur de l'homme aux yeux de son prochain. De fait, la vision occidentale et la vision africaine du monde sont marquées par le péché qui modifie leurs relations. Dans ce contexte, seul le retour de tous à la norme biblique des relations humaines est le remède aux conflits qui sévissent entre les humains.

L'auteur souligne que dans la vision biblique du monde, le concept du royaume de Dieu est central. Ce concept renferme trois idées cohérentes ouvertes sur une perspective heureuse. Il s'agit de la royauté de Dieu, de la sphère de sa domination et des fruits de sa souveraineté[177]. Cette idée dénote la beauté des relations au sein du royaume dont Dieu est le roi et où tous les sujets sont frères et sœurs sur la base de la rédemption, preuve de l'amour impartial de Dieu pour tous.

b) Besoin de la vision chrétienne du monde

Van der Walt reconnaît la valeur des efforts humains pour rapprocher les cœurs par le pardon et la réconciliation. Cependant, en plus de la vision biblique du monde, il considère que l'Afrique a vraiment besoin d'une vision chrétienne du monde si elle veut résoudre le problème de la culture et de l'identité personnelle[178]. À la lumière de cette vision du monde, chaque peuple pourra accepter sa place aux côtés d'autres humains et reconnaître leur dignité. L'auteur indique la nécessité de la vision chrétienne du monde en ces termes : elle établit un rapport entre la foi chrétienne et la vie[179].

Par cette description, l'auteur dégage pour le lecteur la nuance entre la vision biblique et la vision chrétienne du monde. Du point de vue de l'auteur, la nuance réside dans le contexte où se vit chaque vision.

La vision biblique est celle qui affirme à la fois la transcendance de Dieu et son immanence dans la création. Elle atteste la souveraineté de Dieu sur toute créature et son amour pour tous les êtres humains. Elle déclare Dieu la lumière qui brille dans les ténèbres dans la personne de Jésus-Christ, la justice qui vient corriger l'injustice, l'amour qui chasse la haine dans les cœurs et dans le monde[180]. C'est par ce témoignage que l'être humain ap-

---

177. *Ibid.*
178. *Ibid.*, p. 33.
179. *Ibid.*
180. *Ibid.*, p. 57-88.

prend à connaître le caractère de Dieu qui efface les transgressions des êtres humains par égard pour lui-même (Cf. Es 43.25). D'après van der Walt, la vision biblique considère tous les êtres humains comme des créatures, et chacun comme l'image du même Dieu. Elle établit l'égalité entre eux sur le plan créationnel, elle atteste la dignité de chaque être devant Dieu. La vision biblique du monde réclame de tout le monde la soumission à l'autorité de Dieu, le seul souverain.

La vision biblique du monde sert de fondement à la vision chrétienne du monde ; elle valorise essentiellement le rapport de l'homme à Dieu. La vision chrétienne du monde, quant à elle, s'assigne la tâche d'améliorer les relations entre les hommes déjà affectées par le péché ; elle met l'accent sur les relations humaines. Cette tâche, estime van der Walt, consiste aussi à enseigner l'amour et le pardon dans les relations selon la pensée du créateur. L'auteur poursuit : « Une réelle vision chrétienne du monde basée sur la Parole de Dieu est une vision du monde totale, intégrale et radicale. C'est un médicament réel pour la maladie du christianisme africain[181]. » Cette vision inclut les éléments du contexte (culturel, social, politique, économique) dans lequel vivent les humains. Selon van der Walt, la vision chrétienne peut s'appeler chrétienne si et seulement si elle prend son point de départ à partir de la révélation de Dieu[182]. Cox et Newbigin font aussi appel à l'Église pour s'inspirer de la révélation de Dieu par la création, l'incarnation et sa présence dans l'histoire[183].

C'est pourquoi l'auteur oriente son public vers ce qui peut être digne d'approbation. Van der Walt souligne la nécessité d'identifier ce qui est bien dans chaque culture à la lumière de la Parole de Dieu, et simultanément de critiquer le mal[184]. Une telle recommandation requiert deux éléments complémentaires : une attitude et une action. Il s'agit respectivement de la compréhension et la communication.

---

181. Van der WALT, *The Liberating Message*, p. 25. [Notre traduction].
182. *Ibid.*, p. 89.
183. COX, *The Secular City*, p. 145-148 et NEWBIGIN, *Foolishness to the Greeks*, p. 89.
184. Van der WALT, *When African and Western Cultures Meet*, p. 175.

2. Comprendre et respecter chaque culture et vision du monde

Prétendre trouver la solution aux frustrations et tensions, voire conflits dus aux différences culturelles en Afrique en dehors de la Bible est impensable. Selon l'auteur, le fondement d'une vie de disciple dans la société ou au sein d'une communauté à la gloire de Dieu repose sur la vision biblique et la vision chrétienne du monde. Tout ministère chrétien, toute mission chrétienne et toute théologie chrétienne sont appelés à prendre leur point de départ sur cette base. Car, d'après van der Walt, pour répondre adéquatement à la sécularisation dans le contexte africain, il importe de comprendre chaque culture telle qu'elle se manifeste. Dans cette entreprise, il faut d'abord relever les caractéristiques majeures de ces cultures ; ensuite identifier leurs orientations, et chercher à les comprendre dans leur contexte.

De fait, l'auteur décrit les Occidentaux comme des individualistes et les Africains des communautaristes. L'individualisme est l'attitude d'esprit favorisant l'initiative et la réflexion individuelle, une tendance à ne vivre que pour soi[185]. Elle soustrait la pensée et la vie de l'homme à l'influence de la religion et réclame l'autonomie sur la base de laquelle l'être humain se comporte. Un tel comportement apparaît comme un des résultats à long terme de la sécularisation. Franc Rodé affirme : « A mesure qu'avance le processus de la sécularisation, la conscience de l'homme occidental change ; de religieuse, elle devient séculière[186]. » À l'opposé de l'individualisme occidental, le communautarisme africain est le système social fondé sur le principe de la suppression de la propriété privée au profit de la propriété collective[187]. En d'autres termes, c'est le mode d'être et de vivre en communauté des sociétés africaines.

Pour réussir une mission chrétienne en Occident, il est important de comprendre le fonctionnement de l'individualisme occidental[188]. Au nom de cet individualisme, le sens de la communauté se dissipe. L'Église ne fonctionne plus comme une communauté de foi, comme un seul corps de

---

185. Josette Rey-Debove et Alain Rey, sous dir., *Le Petit Robert 2011*, p. 1316.
186. Franc Rodé, « Sécularisation et sécularisme », in Paul Poupard, sous dir., *Dictionnaire des religions L-Z*, Paris, Presses Universitaires de France, 1984, p. 1855-1856.
187. *Ibid.*, p. 483.
188. Van der Walt, *The liberating Message*, p. 247-248.

Christ au sein duquel le Saint-Esprit opère[189]. Dans sa critique de l'individualisme occidental, l'auteur fait remarquer que la liberté, par exemple, est considérée comme la plus grande valeur américaine. Un accent est mis sur la liberté de l'homme à tous égards, sur son autonomie[190]. D'après van der Walt, les valeurs louées par les Occidentaux ne laissent de place ni pour le prochain, ni pour Dieu dans leur vie et dans leurs jugements de valeur. Toute l'orientation de l'homme se tourne vers lui-même et plus vers son avenir personnel, sans considération de son passé et de son présent[191]. Une telle attitude est blâmée en Afrique où c'est plutôt le communautarisme qui est loué.

De même, pour réussir une mission chrétienne en Afrique, selon l'auteur, il est nécessaire de comprendre comment fonctionne le communautarisme dans les sociétés africaines. Pour l'Africain, le groupe ou la communauté vient en priorité, ensuite l'individu. La pression du groupe sur l'individu est telle que l'initiative personnelle n'est pas bien appréciée. En fait, les Africains ont leur mode d'être en société, différent de celui des Occidentaux[192]. Le cadre dans lequel la personne peut affirmer son identité est le groupe ou la communauté. Aux yeux de l'Africain, certaines vertus telles que la générosité, l'hospitalité, la compassion, le travail, la discipline personnelle, savoir vivre en société, sont célébrées[193]. La raison en est que la valeur de l'individu et l'honneur qu'il reçoit dépendent de son rapport à son groupe. Toutefois, l'Afrique n'accorde pas autant de place au sens de la beauté et à la dignité de la personne humaine, surtout de la femme[194]. Cette attitude est une négligence de la créature que Dieu a lui-même appréciée à l'origine. Dans sa critique de ces visions du monde, Van der Walt souligne que le communautarisme africain et l'individualisme occidental conduisent les peuples à prendre leurs distances par rapport au Dieu

---

189. *Ibid.*, p. 248.
190. Van der Walt, *Afrocentric or Eurocentric ?*, p. 43.
191. *Ibid.*
192. Van der Walt, *When African and Western Cultures Meet*, p. 170-171 ; Van der Walt, *Afrocentric or Eurocentric ?*, p. 29-32.
193. Marguerite Kraft, *Worldview and the Communication of the Gospel : A Nigeria Case Study*, Pasadena, William Carey Library, 1978, cité par Van der Walt, *Afrocentric or Eurocentric ?*, p. 35 et *When African and Western Cultures Meet*, p. 175.
194. *Ibid.*, p. 42.

créateur, à l'écarter du centre de leur vie[195]. Et pourtant, Dieu veut que sa Parole soit entendue dans chaque culture.

3. Communiquer le message évangélique du point de vue de la vision chrétienne du monde

L'émancipation des Africains et des Occidentaux de l'autorité de la religion résulte d'une mauvaise communication de l'Évangile, laquelle engendre une vision du monde erronée et une culture affectée par le péché. C'est pourquoi la vision chrétienne peut entrer en dialogue avec les deux peuples afin de leur communiquer la vision du monde du point de vue de Dieu.

a) La vision chrétienne en dialogue avec les idéologies d'un peuple

Fondée sur la révélation de Dieu dans l'histoire, la vision chrétienne du monde peut entrer en dialogue avec les deux visions du monde extrémistes. Cox recommande à l'Église un engagement total dans le monde afin de lui apporter les provisions nécessaires à son développement. Newbigin, quant à lui, propose une lecture de l'action de Dieu dans le monde et son imitation afin de résoudre les problèmes de ce monde, tandis que pour van der Walt, il ne convient pas de se positionner entre les deux visions du monde étudiées. Si l'on veut appliquer une philosophie chrétienne à la société, il faut choisir la vision chrétienne du monde. La raison en est qu'aucune des visions du monde étudiées ne présente une piste d'espoir du salut. Selon les termes de l'auteur, « Toutes deux sont cul-de-sacs[196] ».

L'individualiste se met au centre de ses propres préoccupations et ne vit que pour lui-même. Vu sous cet angle, l'individualisme s'apparente à l'athéisme, voire au sécularisme. De fait, ni Dieu le créateur ni le prochain n'ont de place dans le cœur ou dans le projet de vie de l'individualiste. L'importance du prochain tient à son efficacité et à sa productivité. L'individualiste refuse à son prochain le privilège de partager la vie séculière et la vie divine avec lui, tant lui-même méconnaît cette grâce divine. En effet, l'homme oublie sa vocation ultime à participer à la vie divine en termes de perspective eschatologique. Toutefois, nous faisons remarquer

---

195. Van der Walt, *Afrocentric or Eurocentric ?*, p. 44.
196. Van der Walt, *The Liberating Message*, p. 259.

que dans une certaine mesure, l'individualiste peut faire profession de foi en Dieu, mais n'a que peu d'égard ou même pas du tout pour son prochain.

Le communautarisme africain, quant à lui, met le groupe ou la communauté au centre de ses préoccupations et de tous ses projets. L'homme ne vit que pour le bien et la satisfaction du groupe, non pour la gloire de Dieu le créateur. Tout son investissement dans ce monde vise à honorer les attentes de la communauté à laquelle il appartient. Dieu n'a pas de place ou de voix dans le cœur de la personne ainsi déployée. Seule la voix du groupe ou de la communauté est autoritaire dans la vie de l'individu. Cette attitude explique largement l'attachement de l'Africain aux traditions des anciens, espérant que son équilibre moral, son bien-être social et sa bonne réputation en dépendent. La perspective eschatologique de la vie est aussi absente dans son cœur et dans ses prévisions.

En somme, le communautarisme et l'individualisme sont tous les deux en crise d'amour pour le créateur. En raison de cette impasse, van der Walt juge utile de suggérer une troisième voie, Il écrit : « La tentation de continuer de penser dans les catégories individualistes ou communautarisme devra être forte. Toutefois en tant que pionniers, nous devrons frayer une nouvelle route[197]. » L'auteur souligne la nécessité pour la vision chrétienne de dialoguer avec les deux modes d'être au monde de ces peuples.

b) Contenu du dialogue

Selon van der Walt, ce dialogue peut porter sur ce qu'il appelle la philosophie chrétienne de la société avec deux idées majeures.

Il est nécessaire de prendre le départ du dialogue sur l'homme comme image de Dieu ; ceci est une présupposition chrétienne. L'influence du péché sur l'homme l'empêche d'accepter son statut d'image : il veut être lui-même comme Dieu. Le péché détourne son regard de Dieu et le porte sur lui-même. L'homme devient ainsi l'objet de sa propre vénération, rejetant Dieu et négligeant la société dans laquelle il vit[198]. Cet individualisme exclut toute autorité en dehors de soi. Il en va de même pour le communautarisme africain, conséquence du péché, qui ne reconnaît que l'autorité du groupe auquel il appartient.

---

197. *Ibid.*
198. *Ibid.*, p. 260.

En second lieu, l'amour est le fondement de tout ce qui précède. D'après l'appréciation théologique de la sécularisation chez van der Walt, cette évolution des sociétés est une preuve d'un manque d'amour de l'être humain pour son Dieu et pour son prochain. Ce manque d'amour entraîne une vie centrée sur l'homme avec ses intérêts à l'exclusion de Dieu et du prochain. L'auteur estime que l'amour est la base et la caractéristique du règne de Dieu. Sur ce modèle, l'amour doit être le lien qui unit les êtres humains créés à l'image de Dieu. Van der Walt affirme : « C'est l'unique voie pour atteindre le réel bonheur individuellement et en société dans le sens large[199]. »

L'auteur prend acte des échecs du christianisme qui ont provoqué la sécularisation en Afrique du Sud. Il considère que la révélation de Dieu à l'humanité entière doit servir de point de départ pour l'évaluation de toute vision du monde dans tout contexte, fût-il celui de l'Afrique sécularisée. Car le Dieu créateur de la race humaine est le même Dieu qui a permis la diversité des cultures[200]. Sa révélation sous ses multiples facettes et dans ses différentes étapes est le fondement d'une vision chrétienne du monde pour chaque peuple.

C'est pourquoi, van der Walt déclare qu'il ne faut pas fuir la culture séculière, ni s'y conformer, mais la transformer[201], ce qui implique une présence effective, active et différente au sein de la culture. Son langage recoupe celui de van den Toren qui rejette toute neutralité et de Newbigin pour qui l'engagement de l'homme et de l'Église doit suivre le plan de Dieu.

La contribution de Van der Walt au débat sur l'évolution des sociétés se confirme dans l'analyse des deux visions du monde comme approche de la sécularisation. Dans son analyse de l'évolution des sociétés, il relève des problèmes d'ordre culturel, moral et théologique. La vision du monde de l'Africain et celle de l'Occidental n'orientent pas l'homme vers Dieu ; elles sont plus anthropocentriques. Le retour à la vision biblique, soutient l'auteur, l'adoption de la vision chrétienne et de la philosophie chrétienne sont des voies idéales pour construire une nouvelle humanité selon le plan

---

199. *Ibid.*, p. 264.
200. *Ibid.*, p. 54-85 et Van der WALT, *Afrocentric or Eurocentric ?*, p. 12-17, 158-180. [Notre traduction].
201. Van der WALT, *Transformed by the Renewing of your Mind*, p. 110.

de Dieu au sein des sociétés sécularisées. La critique que van der Walt porte sur les deux visions du monde s'applique aux opinions de Cox qui propose à l'homme un anthropocentrisme radical. Elle interpelle la position de Newbigin qui n'est pas claire, c'est-à-dire qu'elle n'accueille pas entièrement et ne rejette pas totalement la sécularisation. La différence entre van der Walt et les deux autres auteurs réside dans l'orientation de leur réponse à la sécularisation. Pour Cox et Newbigin, la responsabilité de l'homme dans le contexte de la sécularisation le porte vers l'extérieur, vers le monde ou la collectivité. Mais pour le troisième auteur, c'est le mouvement inverse qui vaut et qui portera son fruit dans le monde. Van der Walt estime que si la crise de la vision du monde au niveau individuel est résolue à la lumière de la révélation, alors le déficit d'amour en l'homme trouvera aussi sa solution.

La contribution de van der Walt a du mérite pour son originalité dans l'approche philosophique du sujet avec une portée théologique. Cependant, elle ne peut pas fonctionner positivement au Tchad à cause de la différence historique et contextuelle. Sur le plan historique, l'Afrique du Sud est un pays qui sort à peine de l'apartheid et continue de porter les stigmates de ce régime. Le Tchad a été colonisé, certes, mais n'a pas connu une dictature pareille à l'apartheid au point d'engendrer des conflits dans la société. Les conflits armés ayant entraîné des guerres civiles dans ce pays autour des années 80 s'expliquent par les divergences politiques et non culturelles. Sur le plan culturel, le peuple sud-africain est composé de Blancs et de Noirs dont les visions du monde ne sont pas les mêmes et les cultures différentes. Le public cible de notre étude est quasiment formé dans la même école républicaine, excepté quelques rares personnes ayant étudié dans les pays arabes. Les fonctionnaires de N'Djaména, en raison de leur diversité tribale, sont tous de la même nationalité ; ce qui les distingue est leur appartenance religieuse. C'est pourquoi nous disons que les catégories d'analyse de van der Walt ne valent pas pour le cas du Tchad. Toutefois, il est possible que dans les cœurs et les esprits des gens du même groupe ou bien entre les fonctionnaires et la masse de la population il y ait deux visions du monde différentes.

Par contre, la réponse proposée par van der Walt, à savoir l'interpellation pour une troisième vision du monde apparaît comme une interpellation pour un retour à la vision biblique du monde qui transcende toutes les cultures. Cette réponse peut s'appliquer à chaque fonctionnaire et à l'Église au Tchad pour le dialogue inter religieux.

Nous posons une question à l'auteur avant la fin de l'exposé de ces idées. Nous comprenons et soutenons avec Michel Despland le mot « religion » comme un ensemble de lois, de croyances, de pratiques extérieures, codifiées et visibles[202]. Cette idée fait comprendre que la religion repose sur une forme rituelle ou liturgique déterminée par un recueil de croyances. À la vérité, l'auteur peut-il convaincre sur le statut et les croyances fondamentales du sécularisme lorsqu'il stipule que c'est une religion alternative ?

Ces appréciations témoignent que, malgré le réenchantement du monde observé par les différents auteurs, les sociétés humaines en général aspirent à la liberté par rapport à la religion et à ceux qui incarnent son autorité. Ces constats méritent d'être pris en compte par l'Église au Tchad et le christianisme en Afrique lorsque nous considérons les différentes attitudes des enquêtés dans le chapitre précédent.

En considération de ce qui précède, il convient d'évaluer leurs appréciations afin de relever les enjeux théologiques qu'elles comportent pour l'Église au Tchad.

IV. Évaluation des trois appreciations

Nous faisons remarquer que des trois auteurs dont les positionnements viennent d'être discutés, Cox est radicalement favorable pour la sécularisation. Grenz et Olson font la même remarque à son sujet. Ils écrivent : « Harvey Cox, par exemple, a résumé le style de la cité séculière en termes de pragmatisme et de profanité[203]. » Comme certains interlocuteurs de N'Djaména, Newbigin n'est ni pour ni contre la sécularisation, ce qui pourrait suggérer qu'il est neutre alors qu'il ne l'est pas. Toutefois, il propose une piste pour la gestion de l'évolution des sociétés : suivre l'action de Dieu dans le monde. Influencé par son arrière-plan néo-calviniste néerlandais et sa formation en sciences humaines, van der Walt paraît l'opposé

---

202. Michel Despland, « Religion », in *Dictionnaires des religions L-Z*, p. 1686 (1684-1689).

203. Stanley J. Grenz et Roger E. Olson, *20th Century Theology: God & the World in a Transitional Age*, Downers Grove, InterVarsity Press, 1992, p. 164-165.

de Cox. Il ne souscrit à aucune des deux positions ; il prend simplement acte de la présence de la sécularisation. Plutôt, il propose une nouveauté : le choix de la troisième vision du monde. Il nous appartient, à notre tour, d'évaluer leurs appréciations en ayant à l'esprit les questions posées au début de cette partie auxquelles les uns et les autres ont répondu.

A. Sur l'appréciation théologique de la sécularisation
1. Argumentation
Par leur approche théologique et missiologique, Cox et Newbigin soulignent respectivement les racines bibliques et théologiques de la sécularisation. Pour ces deux auteurs, la sécularisation est le versant humain du mandat accordé par Dieu à l'homme. En d'autres termes, elle est la réception par l'homme du mandat délégué par Dieu ; un processus par lequel l'homme assume sans Dieu sa responsabilité dans le monde où il vit. Van der Walt ne fait pas remonter l'origine de la sécularisation à la création ; cependant, il la situe historiquement dans la forme du christianisme au cours de son voyage de l'Occident en Afrique. Bien plus, il dénonce le cœur humain avide de domination et marqué par l'égoïsme.

Pour Cox, croire à la création est un acte de désenchantement, donc le point de départ de la sécularisation du monde. À ce niveau, son langage n'est pas clair sur la nature du désenchantement. L'exode et l'alliance du Sinaï sont, d'après lui, la continuité du processus lancé depuis la création. Selon Cox, l'homme pré-séculier ou tribal vit dans un environnement envoûté, une forêt enchantée[204]. La particularité de Cox apparaît dans sa mention de la désacralisation du pouvoir à l'occasion de l'exode d'Israël et de l'alliance du Sinaï comme deux événements par lesquels Dieu a investi son peuple du pouvoir de vivre indépendant des institutions existantes.

Du point de vue de Newbigin, l'incarnation de Dieu en Jésus-Christ et la croix sont les indicateurs majeurs de la sécularisation du monde. Par la première, Dieu s'est spécialement révélé en s'identifiant à l'homme dans sa nature et par la seconde il s'est réconcilié avec ce monde. Par cette auto-révélation, Dieu lui-même apporte à l'homme une liberté exclusive et lui confère une responsabilité vis-à-vis de lui-même, la liberté d'organiser

---
204. Cox, *The Secular City*, p. 21.

personnellement sa vie et son mode d'être dans l'univers. Il lui offre des possibilités de réussir sa vie et de s'assujettir les forces de la nature en fonction de ses besoins et selon ses capacités. La particularité de Newbigin est observée dans son accent sur le déploiement de Dieu dans l'histoire générale à laquelle l'Église participe, par la mission chrétienne, en œuvrant à la promotion de la sécularisation.

Selon Cox et Newbigin, à l'instar de Dieu toujours présent dans le monde, l'homme est désormais rendu responsable dans un monde ouvert parce qu'il est libéré des mythes et des puissances de l'univers que Dieu a vaincues à la croix. Les racines théologiques et religieuses de la sécularisation légitiment ainsi le processus de l'émancipation de l'homme vis-à-vis de la religion avec Dieu comme objet d'adoration et des institutions religieuses. L'Evangile est ce qui libère l'homme afin qu'il décide par lui-même de son propre sort.

Dans un certain sens, Cox et Newbigin ont une attitude et un jugement positifs vis-à-vis de la sécularisation. Ils partagent la compréhension de l'émancipation de l'être humain : l'autonomie de l'homme l'isole et le détourne de Dieu. La différence majeure entre les deux réside au niveau de l'aboutissement de la liberté de l'homme. Chez Cox, l'individu décide de son sort, organise sa vie et s'érige en responsable de tous ses actes, faisant ainsi de son existence dans la société un moyen pour réaliser son propre bien-être. Dans cet élan du cœur, la soif de l'indépendance personnelle sous-tend les attitudes et les types d'actions posés. Les uns estiment être arrivés au stade de l'autonomie sans restriction, les autres redoublent d'ardeur pour atteindre cette autonomie sur tous les plans.

Par contre, chez Newbigin, la liberté de l'homme n'a de sens et de valeur que dans l'obéissance à Dieu. Il écrit : « L'homme est invité, s'il le voulait, à devenir fils et héritier de Dieu, et à avoir la liberté en tant que sujet d'obéir au Père[205]. » Le caractère infini de la liberté est généralement la cause de l'erreur que commet l'être humain dans ses décisions et la cause des déviations dans ses actions. C'est dans ce sens que, rapportant les propos de la conférence missionnaire tenue au Mexique sur « Witness in Six Continents »

---

205. NEWBIGIN, *Honest Religion for Secular Man*, p. 32. [Notre traduction]

en 1963[206], Newbigin affirme que c'est le moment de dire l'appréciation positive de la sécularisation et des formulations non religieuses de la foi et de l'action chrétiennes, en particulier en Occident[207]. Dans l'esprit de cette conférence, l'auteur soutient qu'il n'y a pas de doute que la sécularisation crée un monde dans lequel il est facile d'oublier Dieu, d'abandonner toutes les pratiques religieuses traditionnelles, et en même temps de perdre tout sens de l'importance et du but de la vie[208]. L'insatisfaction du cœur de l'homme et le constat des pressions qui limitent son épanouissement l'amènent à rechercher librement d'autres valeurs qui lui conviennent, et cela sans référence à une quelconque autorité. Newbigin critique l'élan de l'homme qui le porte vers la recherche de son salut loin de la source de la vie. C'est ainsi que certains principes sont à l'honneur dans cette collectivité planétaire. Il s'agit entre autres, de la liberté de conscience, de la liberté et de la responsabilité de chaque personne dans sa recherche de la vérité, du sens de la vie et de l'acceptation mutuelle.

Cox et Newbigin focalisent leur analyse sur la liberté et la responsabilité de l'être humain dans le monde. À la différence des deux, Van der Walt analyse deux visions du monde et deux cultures en confrontation. Son appréciation de ces visions du monde à la lumière de l'Écriture reste une contribution particulière à ce débat. Newbigin porte son attention sur la rencontre de la religion avec la culture occidentale dite moderne qui critique l'Écriture. Van der Walt, quant à lui, se laisse interpeller par les influences réciproques de deux visions du monde et de deux cultures, occidentale et africaine, qui provoquent des tensions et des conflits et écartent les hommes des normes chrétiennes. Il se préoccupe des questions identitaires des peuples. Pour lui, il y a crise d'identité des deux peuples. Les Blancs cherchent à conquérir les Africains par l'autorité imposée, tandis que les Africains réagissent à l'attitude dominatrice des Blancs. Van der

---

206. Geoffrey WAINWRIGHT, *Lesslie Newbigin*, p. 174. Il s'agit de la Conférence Missionnaire Internationale tenue en Mexico en 1963.
207. World Council of Churches, « History of World Mission and Evangelism ». [Consulté le 25 Juillet 2001]. En ligne : http://www.oikoumene.org/en/who-are-we/organization-structure/consultative-bodies/world-mission-and-evangelism/history.h... (1963)
208. NEWBIGIN, *Honest Religion for Secular Man*, p. 19. La conférence missionnaire en Mexique déclare que l'Église n'est ni optimiste ni pessimiste au sujet du processus de la sécularisation en tant que tel.

Walt observe le déclin de la religion dans les secteurs politiques, économiques et au sein de la société.

Comparativement aux deux autres, van der Walt estime que la sécularisation est la conséquence logique de l'œuvre du christianisme dans un contexte qu'il n'a pas bien exploré : la confrontation de deux visions du monde. La gestion du principe de la liberté soutenue par Cox et Newbigin n'a pas tenu compte du droit des Africains à la liberté. Les missionnaires les ont brutalisés sans tenir compte de leur culture. Au cours de cette rencontre des deux visions du monde, les Africains ont tiré bénéfice de l'apport de la culture occidentale, notamment la transformation des mentalités et de la société et l'affirmation de l'identité culturelle. Le lien avec la sécularisation est observé dans la revendication de l'autonomie dans l'espace culturel. Lamine Sanneh observe un même résultat de l'approche missionnaire dans certains pays d'Afrique de l'Est, sauf que dans sa zone d'étude, le processus de l'inculturation n'a pas les mêmes caractéristiques qu'en Afrique du Sud[209]. Ce qui ressort sous la plume de Sanneh, c'est que les Africains, parvenus au stade de l'auto-découverte, s'activent pour une autonomie radicale vis-à-vis de Dieu[210].

Notons que l'évaluation théologique de la sécularisation chez Cox et Newbigin met l'accent sur les avantages de l'évolution pour l'homme. Chez van der Walt, l'accent porte plus sur les inconvénients de cette évolution que sur ses avantages.

2. Évaluation

a) De la compréhension de la liberté par Newbigin

D'une part, l'auteur affirme que la liberté apportée par la victoire de la croix ne peut être effective pour l'homme que s'il reconnaît sa valeur et y répond comme preuve de son obéissance à Dieu. Newbigin défend l'idée selon laquelle la sécularisation libère l'homme de l'autorité de l'ontocratie. Il indique ailleurs les avantages et les inconvénients de la sécularisation : liberté et esclavage. Il propose à l'homme une troisième voie : la liberté dans l'obéissance à Dieu. D'autre part, il défend l'idée selon laquelle par le

---

209. Lamin SANNEH, *West African Christianity: the Religious Impact*, London, C. Hurst & Company, 1983, p. 123-128.
210. Van der WALT, « Secularism », p. 171-182.

processus de la sécularisation, les conditions de la vie humaine seront radicalement améliorées par rapport aux conceptions animistes et sacralisantes de la nature et du pouvoir politique[211]. Nous soutenons avec lui la vérité de la victoire de la croix comme fait décisif de la liberté de l'homme selon les Écritures. Cependant, nous pensons qu'en dehors de la vie de disciple dans l'obéissance à Dieu, il est impossible pour l'homme de vivre la plénitude de sa vie sur cette terre où règne le péché. La liberté de l'être humain et le critère de sa vie paisible et prospère se trouvent dans sa communion avec Dieu.

S'agissant de la liberté, au concile de Vatican II, le droit à la liberté religieuse a été déclaré non seulement au sujet de l'expression des convictions religieuses, mais aussi elle souligne la liberté de ces convictions. La liberté religieuse ici s'inscrit dans la logique de la laïcité revendiquée ou acquise à la suite de la rupture entre la religion et le séculier dans la modernité. Le concile déclare que la personne humaine doit jouir de la liberté religieuse, laquelle consiste en ce que « les hommes ne soient ni forcés d'agir contre leur conscience ni empêchés d'agir, dans les justes limites, selon leur conscience[212] ». La justification que le concile apporte pour soutenir cette déclaration est la dignité de la personne humaine, sa personnalité et son sens de responsabilité. Ces éléments permettent à l'homme de chercher la vérité, d'y adhérer sans pression et de régler toute sa vie selon les exigences de cette vérité. Somme écrit : « La vérité une fois connue, c'est par un assentiment personnel qu'il faut y adhérer fermement[213]. »

Au nom de cette déclaration ajoutée à la Déclaration universelle des droits de l'homme, nous assistons à une prolifération des mouvances, groupes, réseaux spirituels plus ou moins visibles dans l'espace social. Les nouvelles idées démocratiques et libérales gagnent la plupart des adeptes fervents. Cette évolution est observée par Ratzinger en Europe : « La liberté individuelle sans substance dissout dans la nullité [...] Nous pourrions dire

---

211. NEWBIGIN, *Honest Religion for Secular man*, p. 26.
212. Luc-Thomas SOMME, « Liberté de pensée, point de vue théologique », *Bulletin de Littérature Ecclésiastique*, tome CVII/4, 2006, p. 373.
213. *Ibid.*

que la liberté comporte l'habileté de la conscience de percevoir la valeur fondamentale de l'humanité, une valeur qui concerne chaque individu[214]. »

Dans les constitutions de plusieurs pays africains, du moins ceux qui ne sont pas islamiques, figure les lois relatives aux libertés individuelles. C'est le cas du Tchad dont la constitution, dans son article 27, stipule : « les libertés d'opinion et d'expression, de communication, de conscience, de religion, de presse, d'association, de réunion, de circulation, de manifestations et de cortèges sont garanties à tous[215]. » Une liberté qui ne permet pas de comprendre la base morale comme une obligation publique et commune est une liberté négative. Dans l'antiquité, la liberté est définie comme une action volontaire aussi longtemps que celui qui l'accomplit n'est pas sous une contrainte externe et qu'il est conscient de ce qu'il fait. L'individu est alors la cause de son action. Au centre de cette discussion est la liberté d'action et la liberté de choix. De la liberté de choix des biens et de l'action, l'homme est finalement passé à la liberté de décision fondamentale de la conduite en général[216].

b) De la proposition du respect de chaque culture

Van der Walt pense que pour répondre adéquatement à la sécularisation, il faut respecter chaque culture dans son contexte pour ce qu'elle est[217]. En effet, aux trois auteurs qui mentionnent tous le rôle du judéo-christianisme et plus tard du protestantisme dans le processus de la sécularisation, nous disons que ce rôle s'inscrit dans la logique de la mission divine au travers du peuple d'Israël et de l'Église. Depuis l'Ancien Testament, Dieu ordonne à Israël de faire connaître sa loi aux nations du monde afin qu'elles marchent dans ses voies. Dans le Nouveau Testament, Jésus-Christ a également ordonné aux disciples, et partant, à son Église, d'enseigner aux nations d'observer toutes ses prescriptions. Si la sécularisation est assimilée à

---

214. Joseph Ratzinger, *Values in a Time of Upheaval*, p. 48. L'auteur dit : « Freedom requires a communal substance, which we could define as the guaranteeing of human rights. » [Notre traduction].

215. Centre d'Etude et de Formation pour le Développement, « Constitution de la République du Tchad de 1996 » révisée en 2005. En ligne : http://www.cefod.org/ Fichiers%20web/Constitution%20Tchadienne.h. [Consulté le 6 Novembre 2010].

216. Heinz Eduard Todt, « Freedom », *The Encyclopedia of Christianity*, Vol. 2, sous dir. G. W. Bromiley, Grand Rapids, Eerdmans, 2001, p. 349.

217. Van der Walt, *When African and Western Cultures Meet*, p. 168-169, 181.

l'action missionnaire du christianisme, alors ce dernier ne fait que remplir son cahier des charges en apportant aux nations l'éducation, l'instruction et le développement socio-économique. Le rôle de la mission chrétienne dans les aspects positifs de la sécularisation consiste à faire une lecture informée de l'évolution des sociétés contemporaines afin de leur apporter les réponses appropriées à leurs besoins existentiels. Pour les aspects négatifs de la sécularisation, par exemple lorsque les autorités oppriment le peuple, le rôle du christianisme consiste dans la proclamation du message de la vérité. Cette proclamation peut aussi s'adresser à tous les sécularistes.

B. Sur la réponse à la sécularisation

1. Argumentation

Comme réponse à la sécularisation, Cox invite l'homme à s'investir de toutes ses forces pour la réussite de sa vie. Cet homme engagé dans le processus de son accomplissement a aussi vis-à-vis de sa société une responsabilité à assumer en mettant tous ses talents à l'œuvre pour le bien communautaire. De même, Cox et Newbigin proposent que l'Église s'engage dans le monde considéré comme cadre de son épanouissement et qu'elle intègre ce monde désenchanté. Ils invitent le peuple de Dieu en tant que communauté à travailler à l'accomplissement plénier de l'être humain et à la transformation du monde. La différence entre les deux auteurs porte sur le degré d'engagement de l'Église. Pour Cox, cet engagement doit être total et sans restriction, tandis que pour Newbigin, l'Église doit suivre le mode d'action de Dieu. À cause des aspects positifs de la sécularisation, Newbigin considère que la sécularisation ne doit pas être stigmatisée ni rejetée, mais non plus acceptée sans distance critique. Comme Cox, Newbigin situe la responsabilité vis-à-vis de la sécularisation à deux niveaux : individuelle et communautaire.

Van der Walt, quant à lui, met l'accent sur la dimension individuelle de l'engagement pour la transformation du monde. Un travail en profondeur à la lumière de la révélation doit être fait par l'individu. Il propose à l'homme de choisir la vision chrétienne du monde comme réponse théologique à la sécularisation. Il soutient le principe de la contextualisation de l'Évangile en sorte que la finalité confirme l'identité de l'homme dans son milieu et l'ouvre à Dieu, son Créateur et son Sauveur[218].

2. Objections

Chacun des deux premiers auteurs penche pour l'imitation de Dieu dans sa manière de gérer le monde qu'il a créé. Cependant, le processus et l'aboutissement de cette imitation ne s'inscrivent pas dans la logique de Dieu pour l'humanité. Pour Cox, l'intervention de Dieu dans l'histoire donne comme résultat l'émancipation radicale de l'homme de l'autorité de Dieu et confère à l'homme le statut de fils majeur, donc capable de se prendre en charge. Contrairement à Cox, Newbigin pense que l'émancipation de l'homme doit tenir compte de l'autorité de Dieu, mais il ne pousse pas plus loin son idée.

Lors de l'enquête au Tchad, une des questions posées était la suivante : « Pensez-vous que Dieu vous limite dans vos pensées, actions ou qu'il vous déçoit en restreignant votre espace de liberté ? ». Un interlocuteur musulman donne son opinion en définissant la relation qui doit exister entre l'homme et Dieu : « Je pense qu'il n'y a pas de liberté en tant que telle si vous êtes conforme à la religion. Cette liberté est dictée et se comprend comme la relation entre l'esclave et son maître. Pour que l'esclave bénéficie de la compassion de son maître, il faudra qu'il respecte les vœux de son maître[219]. » En évoquant ce type de relation, l'enquêté veut faire comprendre que la liberté du croyant est conditionné par la bonne volonté de Dieu et son appréciation du service de son serviteur. Cette opinion reflète clairement le contraste profond entre la perception musulmane de l'homme et l'idée chrétienne de la liberté des enfants de Dieu. C'est dans ce sens que l'apôtre Paul décrit la nature de la liberté que Christ apporte à l'homme dans Galates 5.1s. Elle est une liberté fondée sur celle du Christ en vertu de sa victoire à la croix. À la lumière de la théologie de Paul et de cette opinion de l'enquête, il importe de souligner à l'intention de Cox et Newbigin que la liberté dont jouit l'homme n'est pas sans restriction. C'est la liberté d'un fils dans la maison de son père ; un fils n'est pas esclave, et

---

218. Cf. WIHER, « Contextualisation », (cours dispensé à la FATEB en 2010). Notes PDF, p. 5-6.
219. Interview n° 48 du 13 janvier 2010 à 10h05.

ne rejette pas non plus l'autorité de son père. Le bien-fondé de la liberté du fils se trouve dans le respect de l'autorité de son père, en conformité avec sa volonté. Ainsi en est-il du croyant qui ne peut jouir de la liberté que dans la présence de Dieu à la condition d'obéir aux exigences de Dieu.

À Cox au sujet de l'engagement de l'Église, nous disons que l'Église en tant qu'institution divine et corps du Christ a des limites à observer par rapport à sa nature et à sa vocation. Elle peut s'engager dans certains secteurs la vie de la société mais dans le respect de son éthique et en priorisant l'intérêt de Dieu, c'est-à-dire le royaume et la gloire de Dieu (Ph 2.21). La vocation de l'Église consiste à annoncer les vertus de Dieu et son amour en Jésus-Christ afin d'accroître le royaume de Dieu et promouvoir la gloire de Dieu. L'enjeu de son engagement dans tous les secteurs de la vie sociale est la probabilité de la compromission avec le monde contre sa vocation, affectant son témoignage.

Jusqu'à ce niveau du débat, il convient de retenir que Weber, Berger, Dopanu, Tshimbulu et les enquêtés de N'Djaména ont affirmé que la responsabilité de la sécularisation incombe largement au judéo-christianisme. Les trois auteurs principaux dans cette partie mentionnent également le christianisme ou la religion judéo-chrétienne comme agent diffuseur de la sécularisation dans le monde à travers l'histoire. Van der Walt souligne clairement que le christianisme ne fait que cueillir le fruit de ce qu'il a semé dans les cœurs et dans le monde.

Jusqu'ici, nous avons évalué sous forme de synthèse les appréciations de la sécularisation chez Cox, Newbigin et van der Walt. Les terminologies sociologiques utilisées par les trois auteurs sont déjà relevées par l'enquête de N'Djaména. Cox et Newbigin utilisent la même terminologie dans leur grille d'analyse, à savoir le désenchantement du monde, la désacralisation de l'autorité et du pouvoir, l'émancipation de l'homme et la pluralisation.

Cox ne mentionne pas clairement l'indifférence dans son appréciation théologique de la sécularisation, parce qu'il estime que l'homme est effectivement rendu à sa propre responsabilité vis-à-vis de lui-même. Toutefois, il exprime autrement l'indifférence de l'homme vis-à-vis de Dieu en termes de prise en charge individuelle de la responsabilité de sa propre vie ou de libération absolue. Il met plus l'accent sur le désenchantement du monde par l'acte de la création, et sur la désacralisation du pouvoir initiée par

Dieu. Il met aussi l'accent sur l'émancipation comme conséquence de ce qui précède et sur la privatisation et la pluralisation comme indicateurs du réenchantement du monde.

Par rapport à Cox, Newbigin met faiblement l'accent sur le désenchantement, mais plus sur la désacralisation comme acte libérateur opéré à la croix. Il met aussi l'accent sur l'émancipation comme conséquence de la désacralisation et sur l'indifférence de l'homme comme signe de la mauvaise gestion de sa liberté au stade de sa maturité. L'auteur passe sous silence la privatisation parce qu'il considère que la liberté de l'homme ne doit pas l'écarter de Dieu son créateur et son rédempteur en Christ. Dans *The Gospel in the Pluralist Society*, Newbigin traite de la pluralisation de manière élaborée en mettant l'accent sur l'unicité de Jésus-Christ, le seul libérateur de l'humanité.

Le troisième auteur, Van der Walt, ne désigne pas explicitement le désenchantement dans son analyse des deux visions du monde. Cependant, il met l'accent sur le rôle désacralisant du christianisme qui engendre l'émancipation en Afrique du Sud. Sous sa plume, l'émancipation des Sud-africains est un signe de leur rejet de l'autorité de la religion et de celle de Dieu. La privatisation de la religion témoigne de leur aspiration à la liberté et au choix individuel de la religion. La présence du sécularisme dans ce pays est la preuve de la pluralisation et de l'indifférence des hommes vis-à-vis de Dieu au regard des faits historiques et culturels susmentionnés.

Les appréciations théologiques de la sécularisation chez ces auteurs trouvent partiellement leur écho à N'Djaména. Nous l'avons déjà relevé dans nos critiques. Nous avons aussi affirmé dans nos critiques que l'application de leurs réponses rencontre des opinions partagées chez les fonctionnaires de N'Djaména. Ces derniers ne sont pas unanimes sur leur conception et leur appréciation du séculier, ni sur leur responsabilité vis-à-vis de ce séculier.

Il importe de retenir que la notion de désenchantement chez les sociologues et les théologiens étudiés désigne un rapport au monde qui refoule la magie et la religion hors du champ de la perception rationnelle du monde. Les tenants de ce concept remplacent magie et religion par les techniques rationnelles fondées non sur le salut, mais sur la prévision scientifique et les techniques du bonheur. Les croyances religieuses et magiques perdent leur fonction, et désormais la rationalité scientifique présente l'explication du monde et des phénomènes. En regard de cette considération, les auteurs étudiés estiment que le judéo-christianisme apporte une contribution décisive à la rationalisation du monde. Cox loue Dieu pour le don du désenchantement qui rend possible le changement d'orientation de l'homme. Or, Dieu lui-même dispose d'un plan bienveillant pour toute l'humanité et agit conformément à ce plan pour son salut et son bonheur.

Au sujet de la désacralisation, Cox, Newbigin et van der Walt discutent longuement. Le désenchantement du monde peut aussi être appelé la désacralisation de la nature. La notion de désacralisation, sous la plume des sociologues et théologiens étudiés ici, se rapporte à l'autorité estimée par les hommes comme sacrée, et transmissible au sein d'une caste. Par l'exode et la croix, Dieu dénonce les pouvoirs humains et spirituels qui confisquent cette autorité et libère les hommes de leur emprise. L'autorité humaine étant désacralisée, l'être humain trouve de l'espace pour expérimenter son autonomie, ce qui est une désacralisation positive. Cependant, la désacralisation de l'autorité divine et de l'Écriture est négative, car elle conduit les humains à l'autonomie par rapport à la religion et aux symboles.

Van den Walt partage avec Cox et Newbigin l'aspect émancipation, toutefois il va plus loin qu'eux dans son analyse de la portée de l'émancipation en Afrique. Il s'agit d'une émancipation qui conduit une grande partie de la population sud-africaine dans le sécularisme. En fait, c'est une forme d'incroyance que seul Messi Metogo mentionne ; cette attitude, dans une certaine mesure, prône aussi l'indifférence. La position de Cox sur la liberté totale de l'homme traduit la même réalité appelée sécularisme par van der Walt ou indifférence religieuse par Messi Metogo, mais chacun en donne une évaluation théologique radicalement différente. Tous les auteurs étudiés dans ce travail notent l'émancipation dans leur analyse de l'évolution des sociétés contemporaines ; l'enquête à N'Djaména le confirme.

Notons que dans sa réponse à la sécularisation, Cox ne voit pas l'homme et le monde soumis à Dieu. Il n'indique pas le niveau d'engagement de l'Église dans le séculier. Newbigin, par contre, déclare qu'il faut suivre l'action de Dieu dans l'histoire. C'est dans ce sens que Van den Toren suggère la nécessité de comprendre ce qui, dans l'engagement du chrétien ou de l'Église dans le séculier, glorifie Dieu et contribue au bien-être de sa créature[220]. Les deux réfèrent l'homme ou l'Église à Dieu. Van den Toren souligne que le séculier appartient à Dieu qui y exerce sa souveraineté ; c'est pourquoi il faut le prendre positivement. Chez van der Walt, la responsabilité de l'homme est engagée vis-à-vis de son Dieu en ce sens qu'il doit se mettre du point de vue de Dieu pour voir le monde, et voir son prochain comme son répondant égal à lui.

Fort de ce qui précède, nous donnerons notre appréciation théologique de la sécularisation en bâtissant sur les idées de nos prédécesseurs. Nous nous laisserons conduire par la manière dont le Dieu trinitaire gère et soutient la création à travers l'histoire. Cox et Newbigin ont fait référence, non à la Trinité, mais à Dieu dans leur appréciation de la sécularisation, sans conduire le lecteur dans les profondeurs du bien-fondé de cette approche.

Chez Cox, Dieu apparaît comme distant de la création et non interventionniste dans la condition de l'homme. Il ressort des idées de Newbigin que Dieu agit dans sa création et la contrôle au point de combattre victorieusement les ennemis en faveur de l'homme. Dieu laisse à ce dernier un espace de liberté tout en lui réclamant la reconnaissance de sa paternité. Le plaidoyer de van der Walt, à son tour, appelle les êtres humains à reconnaître leur statut d'images de Dieu et à respecter la dignité de leurs semblables en vertu de leur statut commun. L'auteur met l'accent sur la nécessité de faire une lecture positive de la création de Dieu afin d'y apprendre à aimer Dieu et son œuvre. Les idées de Newbigin et van der Walt laissent voir leur reconnaissance de la souveraineté de Dieu dans la création. Elles suggèrent également l'existence dans la vie de l'homme contemporain des tensions entretenues par la sécularisation. Cependant, ces idées n'expriment pas en profondeur et clairement la nature et les manifestations de ces tensions.

En considération de ce qui précède, le lecteur peut nous demander s'il y a une nécessité pour nous d'aller plus loin que ces auteurs. En réponse, nous pensons approfondir la doctrine trinitaire pour faire comprendre les enjeux théologiques de la sécularisation et des différentes appréciations exposées. Nous pensons aussi aller plus loin pour montrer à l'Église de Dieu dans le monde que l'approche trinitaire de la sécularisation permet de comprendre la volonté de Dieu pour sa création en général et pour l'être

---

220. Van den Toren, « Secularisation in Africa », p. 21.

humain en particulier. Elle nous permettra de faire comprendre que Dieu est à la fois distinct de sa création et présent au sein de cette création dans la personne du Fils et du Saint-Esprit. Car, il ressort de la position et de l'attitude de certains auteurs une conception du séculier et de l'homme qui revêt un enjeu théologique important. Au regard de ces conceptions et positions, nous posons quatre questions : (1) Comment l'homme créé par Dieu peut-il se passer de Dieu tout en vivant dans la création de Dieu, et réussir sa vie ? (2) Comment l'homme peut-il vivre sa vocation sur la terre en la conciliant avec sa vocation à la destinée eschatologique au milieu des tensions que suscite son environnement et sans référence à Dieu ? (3) Est-il possible pour les fonctionnaires tchadiens d'échapper à l'alternative entre l'extrémisme religieux et la privatisation de la religion qui caractérisent l'humanité contemporaine ? (4) Enfin, comment le christianisme africain peut-il affirmer la pertinence de son message en même temps que son authentique présence dans une société qui s'affranchit de la tutelle religieuse ? Ces questions justifient l'approche trinitaire de la sécularisation, objet de notre analyse dans la première section du prochain chapitre. Elles trouveront aussi des réponses dans les autres sections du même chapitre et dans le dernier chapitre.

CHAPITRE CINQUIÈME

La sécularisation à la lumière du Dieu trinitaire

À la lumière de la compréhension sociologique de la sécularisation, nous avons interrogé Cox, Newbigin et van der Walt sur leur appréciation théologique. Dans leurs différentes appréciations que nous venons de présenter, les trois auteurs reconnaissent la positivité de la sécularisation, certes, avec des nuances qui témoignent de la spécificité de chacun. Les questions posées au début de cette partie ont été couvertes par les différentes contributions des trois auteurs au cours de la discussion de leurs positionnements.

C'est pourquoi nous pensons que dans ce chapitre, notre appréciation sera éclairée par un principe à trois aspects que nous développerons dans la section suivante. Il s'agit de Dieu devenu homme dans la personne du Fils dans l'histoire. Les sociologues se concentrent sur l'analyse des faits sociaux, notamment sur le comportement de l'être humain dans le monde. Les théologiens interrogés focalisent leur analyse sur les responsabilités de l'individu et celles de la société des hommes dans le monde. L'être humain est la créature à l'image de Dieu. En raison de cette vérité, la nécessité de l'approche trinitaire s'explique par le fait qu'elle nous permettra de rendre compte autant que possible de l'œuvre du Dieu trinitaire dans le monde en général et dans la vie de l'homme en particulier. Dieu ne se comporte pas à l'endroit de l'homme et du monde à la manière du Dieu des déistes, ni comme le dieu de l'islam qui détermine toutes choses. Le Dieu de la Bible développe une relation spécifique avec l'homme et prend le monde entier comme objet de ses soins. Il est écrit : « La parole a été faite chair, et elle a habité parmi nous pleine de grâce et de vérité, et nous avons contemplé sa gloire » (Jn 1.14). C'est pourquoi cette approche peut aider à comprendre les multiples facettes de sa relation avec sa création.

Dans ce chapitre également, la deuxième section envisage de mettre en relief les aspects positifs et les aspects négatifs de la sécularisation. Enfin, dans la troisième section, nous analyserons les différents niveaux de tension que développe la sécularisation dans la vie des fonctionnaires tchadiens. Car dans les discussions, la plupart de nos interlocuteurs mentionnent la difficulté pour l'homme de vivre de façon intègre la vie de disciple dans le contexte de la sécularisation. À la lumière du modèle du Dieu trinitaire, cette analyse permettra de maîtriser cette tension dans la sécularisation.

I. Approche trinitaire de la sécularisation

Nous signalons qu'en plus de nos auteurs principaux, nous ferons intervenir dans l'argumentation d'autres auteurs. Parmi les théologiens contemporains, Barth est celui qui fonde toute sa théologie sur la christologie. D'après lui, toutes les autres disciplines sont comprises à la lumière de la christologie. Athanase a lui aussi développé au IVe siècle, contre les hérétiques, une christologie descendante dans la ligne théologique de l'Église d'Alexandrie. D'après lui, l'incarnation du Fils est la manifestation corporelle du Dieu trinitaire parmi les hommes, dans le monde. Elle signifie que, malgré l'émancipation humaine, Dieu ne cesse pas de s'adresser aux hommes et de les soutenir. Il veut être plus proche d'eux pour leur manifester son amour, et qu'en reconnaissant cet amour ils aient la vie éternelle. Pour ces raisons, nous estimons utile leur apport dans le débat sur l'approche trinitaire de la sécularisation.

A. L'amour du Dieu transcendant

La théorie de la sécularisation chez les sociologues stipule que l'être humain, les secteurs de la vie des sociétés, les sociétés et la culture s'émancipent de l'autorité de la religion et de celle de tous ceux qui l'incarnent. Cette théorie fait comprendre également que la liberté de l'être humain obtenue par le processus du désenchantement et de la désacralisation fait de lui une personne mature, donc capable de bâtir sa vie sans lien avec Dieu. Cela peut être compris comme si Dieu s'était désintéressé de la création et s'en était dessaisi. Et pourtant, le créateur n'oublie ni n'abandonne ses créatures (Es 49.15). La chute justifie la colère de Dieu contre la race humaine, mais Dieu traite autrement la création à cause de son nom (Es 48.9).

C'est pourquoi nous pensons que le cycle création-chute-rédemption, une démarche proprement évangélique, comme outil d'analyse du rapport de l'homme à Dieu nous maintiendra dans les généralités par rapport à l'objet de notre étude. Pour mieux développer les caractéristiques positives de la sécularisation, nous préférons bâtir notre argumentation sur une autre approche de ce cycle, à savoir Homme, Israël et Église. Nous estimons que Dieu s'est concentré sur l'être humain en tant qu'individu et sur un peuple précis à partir duquel il fait rayonner ses actions parmi les nations et dans le monde. Nous signalons que dans cette sous-section, nous nous concentrerons autant sur la transcendance de Dieu que sur son immanence et sur sa relation avec l'homme comme créature privilégiée.

1. La relation de Dieu avec l'homme

La question que l'on peut poser ici porte sur la motivation principale de cette implication du Dieu trinitaire dans la vie de l'homme. Barth répond à notre préoccupation, se faisant l'écho des paroles de Jean 3.16 et de Romains 5.8 : « Dieu aime d'abord. La créature ne peut que se laisser aimer, pour l'aimer elle-même en retour, dans le meilleur des cas. Dieu aime par essence : comme Père, Fils et Saint-Esprit, il est amour en soi et par soi, et c'est en vertu de la surabondance de cet amour qu'il aime la créature[1]. » Une telle affirmation se trouve chez Origène dans son commentaire du livre d'Ezéchiel, longtemps avant Barth. D'après lui, l'amour est le mobile de l'action de Dieu dans le monde. Il écrit : « Il s'occupe des affaires humaines [. . .] Dieu prend donc sur lui nos manières d'être, comme le Fils de Dieu prend nos passions [. . .] et il se met dans une condition incompatible avec la grandeur de sa nature et pour nous prend sur lui les passions humaines[2]. »

---

1. BARTH, *Dogmatique, vol. III : La doctrine de la création*, tome troisième, 1re partie, Genève, Labor et Fides, 1962, p. 104.
2. ORIGÈNE, *Homélies sur Ezéchiel*, VI, 6, trad. Marcel BORET, coll. SC n° 252, Paris, Cerf, 1989, p. 229-231. Les propos d'Origène s'inscrivent dans le contexte de l'apologie au sujet de la souffrance de Dieu.

D'après ces auteurs, Dieu le Père contrôle et suit l'histoire de l'humanité parce qu'il est amour ; son amour est caractérisé par la compassion, la pitié. En vertu de cet amour, il assume la condition de l'homme et ressent ses besoins fondamentaux. Cette disposition de Dieu vis-à-vis de l'être humain s'oppose à l'attitude des Africains et de certains fonctionnaires tchadiens qui cherchent des secours alternatifs ou recourent à Dieu seulement après avoir échoué ailleurs.

Il importe de considérer que l'amour du Dieu transcendant et distinct de sa création fait qu'il se rend aussi immanent à sa création (Ep 4.6). C'est à ce propos que Barth argumente : « La gloire de Dieu est son amour éternel, tourné vers la créature. Et cet amour se manifeste en ce que Dieu n'abandonne pas la créature à elle-même et à sa propre fin, en ce qu'il la conduit à lui comme à sa fin véritable[3]. » Dieu se manifeste en Christ jusqu'au sacrifice à la croix pour donner à l'homme la possibilité d'accéder à lui. C'est pourquoi il s'occupe des affaires humaines. Il n'a pas libéré l'homme de ses passions pour qu'il s'émancipe de lui comme l'affirme Cox, ainsi que Newbigin.

La chute a fait perdre à l'homme la face de Dieu parce qu'il a mal géré sa liberté et n'a pas dominé sur son environnement. Toutefois, Dieu prend sur lui le sort de l'homme, se met dans sa condition et s'occupe de sa situation. « De toute éternité, comme au centre du temps, Dieu a voulu se mettre à notre portée, afin que nous puissions lui appartenir et avoir part à sa gloire », affirme Barth[4]. Dieu a recherché l'homme dans sa bassesse ; car, son honneur est aussi le salut et la gloire de cette créature, et la gloire de la créature consiste à servir son Créateur pour le glorifier[5]. Cette idée s'oppose à celle de Cox pour qui l'homme est appelé à se prendre en charge sans égard à Dieu. Dieu ne veut pas laisser l'homme prendre sa liberté absolue vis-à-vis de lui[6].

---

3. Karl BARTH, *Dogmatique, vol. III : La doctrine de la création*, tome troisième, 1re partie, p. 181.
4. Karl BARTH, *Dogmatique, vol. II : Doctrine de Dieu*, tome deuxième, 2e partie, Genève, Labor et Fides, 1959, p. 125.
5. Karl BARTH, *Dogmatique, vol. II : La doctrine de la création*, tome troisième, 1e partie, Genève, Labor et Fides, 1958, p. 153, 163.
6. *Ibid.*, p. 140.

De fait, le Dieu tout-puissant et pleinement suffisant a décidé librement de créer l'univers qu'il couronne par la création de l'homme. Il prend au sérieux l'homme, créature distincte du reste de la création : « Je t'instruirai et te montrerai la voie que tu dois suivre ; je te conseillerai, j'aurai le regard sur toi », dit-il (Ps 32.8). Barth explique : « Dieu veut maintenir sa créature dans sa réalité et que cette réalité signifie changement, il l'accompagne dans les transformations qu'il subit[7]. » Le plan de Dieu pour l'homme s'accomplit en Christ, le Fils bien-aimé du Père. Barth soutient cette idée en affirmant que l'homme a été et demeure l'objet de l'action de Dieu dans tous les aspects de sa vie à travers l'histoire de l'alliance et du salut[8].

Cox indique la responsabilité de l'individu et de la communauté dans l'organisation de la vie sur la terre comme si Dieu ne s'intéressait plus aux humains. Newbigin par contre relie les hommes libérés et l'Église à Dieu. Plusieurs fonctionnaires de N'Djaména pensent prendre en main l'organisation de leur vie sans référence à Dieu. En effet, la présence du Dieu transcendant et saint dans la vie de l'homme vise à diriger le cours de sa vie, bien sûr sans approuver ses vices. C'est dans cette disposition que Dieu se choisit un peuple dans la vie duquel il exprime son amour et sa bonté pour davantage marquer sa présence dans l'histoire de l'humanité entière.

2. La relation de Dieu avec Israël

Contrairement à l'orientation des hommes sécularisés qui ne tient pas compte de Dieu dans leur vie, l'Éternel démontre dans l'histoire que la création entière et les hommes restent liés à lui et sont les objets de sa sollicitude. Par une déclaration solennelle, Dieu élit une nation parmi tant d'autres : « Je suis l'Éternel, ton Dieu, qui t'ai fait sortir du pays d'Egypte, de la maison de servitude » (Ex 20.2)[9]. Cette déclaration signifie que Dieu réprouve la prétention non seulement d'Israël mais de la race humaine à l'autonomie (Gn 11.1-9). Conduits hors du contexte de la servitude et de la dictature, les Israélites peuvent être tentés d'oublier Dieu en pensant que leur libération est le fruit de leurs propres efforts. Sous la plume du

---

7. *Ibid.*, p. 106.
8. *Ibid.*, p. 143.
9. BARNES, *Barnes'Notes on the O.T. and N.T.*, Theophilos CD-ROOM, International Bible Translators 1997-2004.

prophète Esaïe, Dieu dénonce cette attitude chez Ephraïm qui l'oublie (Os 13.4-6).

Par ces paroles, Dieu rappelle au souvenir du peuple d'Israël sa condition passée et sa condition présente, ce qui implique que son bien-être sur la terre dépend de Dieu. K. A. Mathews écrit : « Leur but architectural d'atteindre les cieux (v.4), symbolisant leur penchant pour la puissance autonome, était contrecarré par Dieu qui est descendu sur terre (v.5) ; pourtant eux-mêmes avaient arrêté de construire à cause de leur incompétence[10]. » L'humanité s'encourageait à se construire une cité avec une tour dont le sommet pourra toucher le ciel afin de se mettre désormais à l'abri d'un prochain déluge. Mais Dieu est descendu dans leur cité – figure de la culture humaine – sans que rien ne l'en empêche et il a confondu le langage des humains. Cela prouve à suffisance que la tendance de l'humanité sécularisée à se libérer de la dépendance de Dieu l'expose plutôt au risque de la confusion ou peut provoquer la colère de Dieu.

C'est pourquoi le fait que Dieu descende pour confondre le langage des hommes peut aussi être compris dans le sens où Dieu réprouve toute idolâtrie, qu'elle soit matérielle ou idéologique, à cause de sa sainteté, de son unicité et de sa souveraineté. En vertu de sa souveraineté, il prend une nation comme son partenaire, comme son porte-parole et témoin de son amour auprès des nations de la terre. « Par cet événement, Dieu crée l'histoire d'Israël, et dans tout ce qui le suit, il la dirige et l'accomplit. Comment le fait-il ? En séparant ce peuple des autres nations et en le réservant pour son service[11]. » La motivation de l'élection d'Israël n'est pas pour relativiser les valeurs des nations comme l'affirme Cox, mais pour la rédemption de l'homme. Au travers de la loi remise à Israël, certes, Dieu met à la place des valeurs des nations ses propres valeurs. Dieu veut qu'Israël soit un peuple de rois, de prêtres et de communicateurs du message du salut de l'humanité, une lumière pour les nations. La rédemption justifie l'alliance de Dieu

---

10. Kenneth A MATHEWS, *The New American Commentary: An Exegtical and Theological Exposition of Holy Spirit Genesis 1-11.26,* Nashville, Broadman and Holman Publishers, 1996, p. 469.
11. Karl BARTH, *Dogmatique, vol. III : La doctrine de la création,* tome troisième, 1re partie, p. 173.

avec Abraham, Isaac et Jacob. L'élection est la preuve de la liberté et de la souveraineté de Dieu dans l'histoire du salut de l'humanité.

Loin de laisser Israël prendre sa liberté par rapport à sa vocation, Dieu s'autoproclame roi de cette nation. Il gouverne par l'entremise des rois délégués et entourés des sacrificateurs et des prophètes au moyen de la loi remise entre leurs mains. Les trois offices, sans être hiérarchisés, ont convergé vers le Christ. Barth appuie : « Gouverner veut dire mettre de l'ordre, ce qui ne signifie pas seulement maintenir ce qui est, mais agir conformément à un plan précis, informer et conduire les événements qui se produisent, à travers des situations et des étapes toujours nouvelles[12]. » Ce plan indique clairement la volonté souveraine de Dieu pour l'humanité entière, alors que Cox prétend conférer à l'homme et à la communauté un cahier des charges sans y inclure Dieu qui a le plan directeur de l'univers entier entre ses mains.

En outre, dans cette relation de Père assumant aussi la fonction de roi de son peuple, Dieu s'occupe des affaires des individus, les interpelle en cas de désobéissance, et juge entre eux. Il s'occupe en même temps des affaires des tribus ou de la nation. Là-dessus, Barth pense que Dieu confirme constamment son élection, sa volonté et son amour par son action dans l'histoire de ce peuple, par son appel royal et son exhortation : « Écoute, Israël[13] ! » Le concept du règne de Dieu sur Israël apparaît comme un programme divin qui a commencé dans l'Ancien Testament et se poursuit dans le Nouveau, tout comme l'immanence de Dieu l'est dans les deux Testaments. Dieu manifeste sa présence au sein de ce peuple, et partant dans le monde, par le temple à Jérusalem et l'arche qui y est installée. C'est dans cette optique que Thierry Huser voit le temple de Jérusalem. D'après Huser, le temple exprime le lien unique entre Dieu et son peuple ; l'arche dans le temple est le signe de la présence de Dieu au sein de son peuple, marque de son attention portée sur le peuple[14]. Dieu lui-même confirme sa présence par ces mots : « Maintenant, je choisis et je sanctifie cette maison pour que

---

12. *Ibid.*, p. 158-159.
13. *Ibid.*, p. 175.
14. Thierry HUSER, « Le culte et le temple de Dieu en Israël ». [Consulté le 16 Novembre 2010]. En ligne : http ://www.eglisedutabernacle.fr/.../le-culte-et-le-temple-de-dieu-en-israel/. L'auteur pense que c'est l'occasion de formuler une théologie de la « présence de Dieu » parmi son peuple.

mon nom y réside à jamais, et j'aurai toujours là mes yeux et mon cœur »
(2 Chr 7.16). Dieu porte son attention sur la vie du peuple d'Israël afin de
le maintenir dans la ligne de sa vocation et de le diriger dans son royaume
éternel. Le projet divin est de prendre auprès de Dieu pour l'éternité l'humanité rachetée et soumise à son autorité (Jn 14.3). À cause de ce projet,
Dieu se choisit une nouvelle communauté multiculturelle afin qu'elle soit
une lumière pour les nations. Par la présence de cette communauté, il veut
inviter le monde à répondre à son amour.

3. La relation de Dieu avec l'Église

Dieu a visité les païens et en a choisi une poignée dont il constitue son peuple consacré à sa propre cause[15]. C'est par ce peuple que Dieu assure la continuité de son règne parmi les hommes. L'apôtre Paul le souligne clairement en disant que Dieu (dans la personne de Jésus-Christ) s'est acquis l'Église par son sang (Ac 20.28). Dupont fait remarquer que, dans la pensée biblique, Dieu s'acquiert un peuple plutôt qu'une assemblée qui est normalement un rassemblement sur convocation[16]. Cette désignation de l'Église en rapport avec Dieu s'enracine dans la tradition hébraïque où l'assemblée constituée appartient à l'Éternel (Dt 23.2-9, 2 Ch 28.8).

Dans le Nouveau Testament, le gouvernement de Dieu dans l'Église se fait par sa présence personnelle et effective dans la personne de son Fils. Sous la plume de l'apôtre Jean, Nathanaël rend ce témoignage : « Tu es le Fils de Dieu, tu es le roi d'Israël » (Jn 1.49). Le Seigneur Jésus a solennellement déclaré sa volonté de se bâtir l'Église contre toutes les manœuvres de l'ennemi (Mt 16.18). Ailleurs, l'évangéliste Luc témoigne que Dieu est à l'origine du choix de ce peuple multiracial, et que lui seul connaît le critère de son choix. Ce peuple est caractérisé par son appartenance exclusive à Dieu, et chacun de ses membres expérimente l'accompagnement et la direction du Seigneur qui attend de lui une vie responsable. Barth soutient l'idée : « Le gouvernement de Dieu, son pouvoir et son commandement

---

15. Analyse faite par R. L. OMANSON, « The Church », *Evangelical Dictionary of Theology*, p. 231. *e)kklhsia* désigne Eglise, *a(gioi* désigne les saints, *pisqeuontev* est traduit par les croyants, *maqhtai* rendu en français par les disciples et *a)defoi* se traduit par les frères. Voir Ac 15.14 cf. 3.23.

16. Jacques DUPONT, *Le discours de Millet*, coll. Lectio Divina n° 32, Paris, Cerf, 1962, p. 173.

sont immédiats à chaque créature particulière comme telle[17]. » Le sentiment de la transcendance absolue de Dieu amène quelques fonctionnaires tchadiens à s'orienter vers la terre afin d'organiser eux-mêmes leur vie. Nous signalons que dans cette section, l'aspect qui retiendra plus notre attention est l'émancipation de l'être humain de l'autorité de Dieu le créateur, et de celle de l'Église.

Le but que Dieu se fixe par l'acquisition d'une communauté nouvelle en Christ à la suite de celle d'Israël est de l'envoyer annoncer ses vertus et son amour aux nations (1 P 2.9). Du point de vue de Cox, les hommes sont appelés à se bâtir un royaume sur la terre désenchanté et à construire leur cité. Bien plus, selon les théologiens de la sécularisation, le rôle de l'Église n'est pas d'attirer des personnes vers elle. Les hommes doivent plutôt s'engager dans une bataille commune pour une meilleure vie sur la terre. Mais Dieu veut qu'ils acceptent de marcher avec lui en vue de participer à sa vie dans l'éternité. Car, se choisir un peuple et l'enrôler dans le programme du salut de tous les hommes est la preuve de l'amour de Dieu depuis l'alliance avec Abraham et sa descendance jusqu'à nos jours, dans l'Église. La tâche de l'Église consiste à annoncer aux nations cet amour et à le reconnaître en l'acceptant. C'est ainsi que dans son énoncé des présuppositions de la révélation du Christ, Newbigin affirme que l'action en Christ est la manifestation d'un plan dont l'exécution a commencé par le choix d'un peuple qui lui appartienne en propre, et pour être ses témoins auprès des nations[18].

Dieu a son plan directeur pour l'humanité et pour la cité dans laquelle elle vit. Même si celle-ci est passée aux mains des hommes selon Cox, elle reste toujours sous le contrôle de son créateur. Ni l'être humain ni une communauté, ni même une puissance dans ce monde ne peut annuler la paternité de Dieu sur sa création. Les humains veulent rompre leur dépendance de Dieu leur créateur ; ou bien ils lui associent d'autres dieux qu'ils veulent toucher au quotidien. Mais Dieu recherche leur communion parce qu'il veut leur bonheur intégral. À cause de cette vérité, tout être humain est appelé à se considérer comme vivant sous le règne de Dieu. Le créateur envoie dans ce monde une personne de la Trinité afin de sauver ceux qui

---

17. Karl BARTH, *Dogmatique, vol. III : La doctrine de la création*, tome premier, 1ʳᵉ partie, p. 164.
18. NEWBIGIN, *A Faith for This One World*, p. 61.

reconnaissent et acceptent sa paternité dans leur vie et de contrôler son fonctionnement. L'incarnation s'inscrit dans cette logique.

B. L'incarnation de Dieu le fils

Selon la Genèse, toutes les pensées du cœur humain se portent uniquement vers le mal (Gn 6.5), confirmant ainsi la culpabilité universelle affirmée par l'apôtre Paul (Rm 3.23). Aux premiers siècles de l'Église, Athanase d'Alexandrie a souligné cette attitude des humains qui gardent leurs yeux fixés en bas[19]. À la lumière de la compréhension sociologique de la sécularisation, l'on peut retenir que les hommes prétendent construire leur vie et maîtriser la création sans référence à Dieu. Aussi, en Afrique comme ailleurs, les croyances au départ des dieux du milieu des humains et d'un monde désenchanté soutient cette prétention. Et pourtant, leur émancipation par rapport à leur religion et à Dieu les conduit plutôt à se détourner de la contemplation du Dieu vivant et vrai. Le lien avec la problématique de la sécularisation est relevé dans le refus des hommes de regarder dans la direction du Dieu créateur. Une telle attitude les empêche de reconnaître sa présence dans le monde en la personne de son Fils. Certains enquêtés (musulmans) de N'Djaména déclarent que Dieu n'a pas de Fils parce qu'il ne peut pas engendrer. Au regard de ces déclarations, il importe de souligner que Dieu prend le genre humain en pitié, en raison de sa bonté, et vient à son secours dans la personne de son Fils qui assume le sort de tous les humains[20].

1. La nécessité de l'incarnation

À la lumière de la déclaration de Jésus-Christ dans Luc 19.10, nous pouvons affirmer que l'incarnation de Dieu dans la personne de Christ est causée par le péché avec ses conséquences sur l'humanité et sur la création. Elle est son initiative personnelle et libre. Athanase commente ce mouvement de Dieu du ciel sur la terre en ces termes :

---

19. ATHANASE d'Alexandrie, *Sur l'incarnation du Verbe*, coll. SC n° 199, Paris, Cerf, 1973, p. 303-305.
20. *Ibid.*, p. 339.

Le péché des premiers hommes pourra désormais être présenté, conformément à l'Ecriture, comme la transgression d'une loi ; et la juste application de celle-ci permettra de rendre compte, par ailleurs, du retard avec lequel le Verbe créateur vint finalement au secours des hommes voués à la mort et à une corruption sans fin depuis la faute des origines[21].

Contrairement à la position de Cox d'après laquelle l'homme, libéré, a la responsabilité de prendre sa vie entre ses mains, l'Écriture commentée par cette citation le déclare voué à la condamnation dans la géhenne. Retenons de la pensée d'Athanase trois idées : (1) la transgression d'une loi met la créature humaine en mauvaise posture devant le Dieu saint ; (2) un temps de luttes personnelles pour le salut n'ayant pas abouti ; (3) le Verbe créateur épris de compassion pour sa créature vient libérer l'homme de sa condition et le mettre à l'abri de la mort. En clair, la faute de l'homme a nécessité l'incarnation du Fils de Dieu. L'auteur décrit la situation de l'homme en ces termes : « L'âme humaine [...] a été faite pour voir Dieu et pour être éclairée par lui ; mais au lieu de voir Dieu, ce sont les choses corruptibles et les ténèbres qu'elle a recherchées[22]. »

Pour répondre à Cox, l'émancipation de l'homme de l'autorité de Dieu son créateur le conduit dans une impasse, finalement à un point de non-retour. Tous les efforts humains pour se sauver de la dramatique conséquence du péché et de la mort éternelle, depuis la chute jusqu'à l'incarnation du Fils de Dieu, sont voués à l'échec. Cela rappelle les paroles de l'Écriture selon lesquelles les sacrifices des bêtes n'ont pas suffi pour satisfaire la justice divine. Encore une fois, le don du seul agneau de Dieu couvre le péché de l'humanité entière (Jn 1.29).

L'incarnation vise à restaurer les hommes dans leur état initial malgré la chute. Il s'agit de l'intervention personnelle et parfaite de Dieu le créateur dans l'histoire humaine dans la personne visible et historique de Jésus-Christ parmi les hommes. L'incarnation est décrite par l'apôtre Paul en termes d'abaissement et de dépouillement (Ph 2.5-7)[23].

---

21. *Ibid.*, p. 81.
22. *Ibid.*, p. 82-83.
23. Wolfhart PANNENBERG, *Systematic Theology*, Vol. 2, trad. Geoffrey W. BROMILEY, Edinburgh, T & T Clark 1994, p. 389-390.

Il y a une disposition essentielle, une décision interne à la trinité qui a motivé cette intervention sans vider Dieu de son essence ni le ciel de son trône. Jésus lui-même l'a exprimé aux disciples : « Le Fils de l'homme est venu chercher et sauver ce qui était perdu » (Lc 19.10). Athanase précise : « Le Verbe de Dieu est venu lui-même, afin d'être en mesure, lui qui est l'Image du Père, de restaurer l'être-selon l'Image des hommes[24]. » Mais sans renoncer à sa nature essentielle, Dieu est devenu un membre de notre race, assumant tous ses caractères, sans commettre le péché, afin de briser la fatale autonomie de l'homme engendrée et alimentée par le péché. Par lui-même, l'homme est incapable de mettre un terme au drame du péché et d'en corriger les conséquences en lui. Mais par l'incarnation, Dieu prend sur lui la condition humaine pour la résoudre, et par l'opprobre de la croix, il a mis fin à cette tragédie. Cette action vise essentiellement le rétablissement de la paix entre Dieu et l'homme. L'incarnation signifie ainsi pour Dieu devenir homme et s'identifier à ce dernier.

2. Identification et différence

La naissance du Christ dans la nature humaine peut être comprise comme un nouveau mode d'être au monde afin d'accomplir le plan divin pour l'humanité. L'évangéliste Jean déclare : « La parole a été faite chair, et elle a habité parmi nous, pleine de grâce et de vérité » (Jn 1.14). Le Fils de Dieu a revêtu la nature humaine afin de mieux assumer sa condition. Athanase affirme cette vérité : « Lui qui demeure auprès du Père se rend présent en s'abaissant pour nous secourir par sa philanthropie envers nous et sa manifestation[25]. » Cette opinion signifie que Jésus a pris la nature humaine sans se confondre avec le monde. Comparativement à la théorie du retrait de Dieu du monde ou de sa transcendance absolue, l'intervention de Dieu en Jésus-Christ signifie qu'il est présent dans le monde mais distinct de sa création. Par sa vie divine dans son humanité, Christ a brillé parmi les ténèbres afin que par sa lumière le monde soit éclairé. Et par cette vie distincte, il a vécu notre humanité corrompue par le péché mais sans participer au péché ; il en a subi les effets dans sa chair et dans son âme mais il en a triomphé. Par cette victoire, Christ a conclu l'alliance entre Dieu et les

---

24. ATHANASE d'Alexandrie, *Sur l'incarnation du Verbe*, p. 85.
25. *Ibid.*, p. 291.

hommes. Cette vie parfaite devant Dieu et devant les hommes, en plus de sa victoire en Golgotha, lui vaut le titre de Seigneur. « Il est Seigneur en vertu de sa divinité et de son rôle dans la création », affirme Jacques Blocher[26].

Weber affirme que la science apporte aux Occidentaux des méthodes de penser, elle contribue à une œuvre de clarté[27]. À sa suite, Berger et Cox soutiennent la thèse du désenchantement du monde par la science, la technologie et la rationalisation de la vie et clament la libération de l'homme. Mais aux yeux de Dieu, ce monde est sous le règne des ténèbres et les êtres humains sont affectés par le péché. Seule la lumière divine dissipe les ténèbres qui obscurcissent l'environnement mental, moral et spirituel des hommes et les éclaire par rapport au sens de la vie. De même, seule la croix du Christ a vaincu les puissances spirituelles pour libérer leurs victimes.

La sainteté de la vie de Jésus a justifié sa victoire sur le mal et établi sa fonction de médiateur entre Dieu et les hommes. Bien plus, Christ a marqué la différence dans sa vie humaine sans être indifférent aux questions existentielles que lui posaient ses interlocuteurs. Par sa sainteté, il a marqué la différence dans un monde corrompu, mais sans en dégager Satan qui est l'instigateur des hommes à la corruption. À chaque circonstance possible, il saisit l'occasion pour glorifier son Père en triomphant du pouvoir de Satan sans l'exclure du cours de l'histoire. Christ a ramené les morts à la vie, par exemple Lazare et la fille du centenier romain, mais il n'a pas détruit le pouvoir de la mort au sein de l'humanité parce qu'il se réserve cette part pour la fin des temps. Conscient du désagrément que cause la faim dans la vie de ses auditeurs, Christ a pourvu à la nourriture à satiété aux hommes selon les circonstances, mais il n'a pas éradiqué la faim de l'histoire. Cox soutient que Dieu a poussé Israël à une insurrection dans le palais royal en Egypte ; et pourtant, Jésus a encouragé ses disciples à s'acquitter de leur droit civique vis-à-vis de l'autorité publique (Mt 22.21 et Mc 12.17). Mais il n'a pas libéré Israël de l'oppression romaine par un coup contre le pouvoir en place. Il a encouragé les disciples à travailler pendant qu'il fait jour en vue de devenir productifs et utiles. Toutefois, pendant sa mission sur la terre, il

---

26. Jacques Blocher, « La seigneurie du Christ sur la société laïque », in Jacques Buchhold, sous dir., *Laïcités : enjeux théologiques et pratiques*, coll. Terre Nouvelle, Cléon d'Andran/Vaux-sur-Seine, Excelsis/Edifac, 2002, p. 77.
27. Weber, *Le savant et le politique*, p. 98.

n'a pas éradiqué la pauvreté, il n'a pas libéré Israël de l'oppression romaine, il n'a pas aussi éliminé la mortalité humaine quoiqu'il en ait le pouvoir. Il s'est réservé cette prérogative pour la phase du dénouement final de l'histoire. Cette attitude du Christ a une implication pour la compréhension de la sécularisation. Il s'agit pour le chrétien de respecter l'autorité établie et de s'engager dans le monde mais dans les limites de l'éthique chrétienne et dans la dépendance de Dieu le tout-puissant. Christ a résolu les problèmes de santé des hommes en les guérissant des maladies, mais il n'a pas annulé le pouvoir de la maladie ni éradiqué les épidémies dans le monde. La vie du Christ elle-même était lumière pour le monde. Barth appuie cette idée en ces termes : « Jésus-Christ est la seule, l'unique lumière de la vie[28]. »

L'objectif de Jésus-Christ au travers de ses multiples interventions est d'amener l'homme à croire à la victoire eschatologique sur tous les ennemis de l'homme et à aspirer à la vie en Dieu par Jésus-Christ. Athanase l'exprime ainsi : « Demeurer dans la béatitude, en vivant dans le paradis la vraie vie, celle même des saints[29]. » La pérennisation de la religion chez Weber, le réenchantement du monde chez Berger et la persistance de la religion dans la cité chez Cox sont dus aux déceptions des hommes par rapport à la modernité. Ils démontrent la temporalité de la science et la technologie ainsi que les limites de la rationalisation. Comparativement à la vie dans la cité des hommes caractérisée par des maux et des déceptions, l'affirmation d'Athanase exprime l'espérance de la vie plénière dans le royaume de Dieu.

Il convient de souligner que l'émancipation de l'homme l'a égaré par rapport à la voie qui conduit à la béatitude dans la présence de Dieu. C'est pourquoi la vision de Jésus-Christ était de restaurer l'humanité dans sa relation avec Dieu et son but de promouvoir l'homme dans sa destinée éternelle. Le Père réserve la révélation de la plénitude de la vie des saints et de la gloire du Fils à la fin des temps. Pour atteindre cet objectif, le Fils de Dieu a subi le drame de la souffrance jusqu'à la mort. Cela est une preuve ultime de l'amour de Dieu pour l'humanité.

---

28. BARTH, *Dogmatique*, vol. *IV : La doctrine de la réconciliation*, tome troisième, 1re partie, p. 92.
29. ATHANASE d'Alexandrie, *Sur l'incarnation du Verbe*, p. 273.

3. La passion et la résurrection comme finalité de l'incarnation

Comprendre l'importance de la mort du Christ sur la croix dépasse toute rationalité humaine ; mais la passion du Christ est comprise comme la preuve de l'amour de Dieu pour les hommes. « Il effaça par l'offrande de son propre corps la mort qui s'attacha à eux, il corrigea leur négligence par son enseignement, il restaura toute la condition des hommes par sa puissance[30] », affirme Athanase. En raison de sa sainteté et de sa justice, c'est bien par la croix du Christ que Dieu veut expier les péchés des hommes. La passion du Christ vise non seulement la satisfaction de Dieu, mais aussi et surtout la victoire de la croix sur les puissances spirituelles en vue de la libération de l'humanité. Ainsi, le but de la passion du Christ est la rédemption de l'humanité.

Les effets universels de son œuvre sont la désacralisation de la politique et la victoire sur les pouvoirs, les puissances et les autorités de ce monde, aspect relevé par quelques auteurs dans ce travail. Athanase appuie dans son apologie contre les hérétiques que l'incarnation a invalidé dans le monde entier le culte superstitieux des idoles, la divination, les illusions des hommes, le règne des démons, la magie et la sagesse humaine[31]. À la différence d'Athanase, Weber défend l'idée selon laquelle la modernité avec la rationalisation comme la marque principale met en cause la crédibilité et l'utilité de la magie et de la tradition[32]. D'après lui, la science et la technologie comme bras de la modernité ont désenchanté le monde. Or, l'Écriture atteste que c'est la croix du Christ qui a désenchanté le monde en dépouillant les principautés de leur puissance. Seul le don du corps saint à la croix a libéré l'homme de la loi de la corruption, de la condamnation et finalement de la mort éternelle, selon l'Écriture (Col 2.14-15). Dans le même ordre d'idée, comme nous avons relevé dans les pages précédentes, Newbigin a souligné dans son appréciation de la sécularisation que la victoire et la résurrection du Christ constituent le gage de la liberté radicale apportée à l'humanité.

Fort de ce qui précède, Newbigin recommande à l'Église une attitude responsable vis-à-vis de la sécularisation, c'est-à-dire de ne pas la rejeter, ni

---

30. *Ibid.*, p. 299.
31. *Ibid.*, p. 435.
32. WEBER, *L'éthique protestante*, p. 105.

l'accueillir sans discernement. Dans le même sillage, face à l'indifférence des Africains sous ses multiples formes, Messi Metogo propose à l'Église de l'affronter théologiquement[33], c'est-à-dire lui opposer une réponse inspirée par la révélation de Dieu au monde. En son temps, Jésus-Christ en a donné l'exemple par son incarnation. En tant que Verbe créateur, selon l'expression d'Athanase, il n'a pas rejeté le monde à cause de sa corruption ; il n'a pas non plus vécu dans le monde une vie de compromission. Ce modèle de vie est celui que van der Walt recommande aux enfants de Dieu lorsqu'il déclare la valorisation de la vision biblique et la vision chrétienne du monde dans les relations humaines multiculturelles. Par sa vie dont la lumière a éclairé le monde, Christ a inspiré à ses auditeurs la joie de vivre déjà le royaume. Il a ainsi provoqué en eux la soif du royaume sans toutefois l'établir sur la terre à cause de la corruption et du péché. Ceux qui partagent la vie et la vision de Jésus-Christ partagent ainsi l'amour de Dieu en action ; car elle est la vie contre l'individualisme et le communautarisme souligné par van der Walt. Sous cet angle, l'incarnation de Dieu le Fils fonde la nécessité de l'engagement de l'Église dans le séculier pour le travailler de l'intérieur.

Sur la base de l'incarnation, le fonctionnaire chrétien a la possibilité de concilier sa vocation séculière avec sa vocation à la destinée eschatologique malgré les tensions. Sur la même base, le christianisme peut affirmer la pertinence de son message et sa présence efficiente au sein de sa société. Après l'incarnation qui aboutit à la passion du Fils, mission dans laquelle est impliquée toute la Trinité, Dieu maintient toujours sa présence au sein du séculier par l'envoi de la troisième personne de la Trinité. Cette attitude de Dieu reste un principe pour l'Église qui est appelée à œuvrer pour la transformation des sociétés humaines à partir de l'intérieur. Alors que la modernité prétend éjecter Dieu de sa création, Dieu manifeste sa souveraineté sur la création par l'envoi du Saint-Esprit.

C. La présence de Dieu le Saint-Esprit dans le monde

Sous la plume de Weber et Berger, le développement de la science, la technologie et la rationalisation des secteurs de la société et de la culture

---

33. Messi Metogo, *Dieu peut-il mourir en Afrique ?*, p. 215.

réduisent la fonction sociale de la religion dans l'espace public. Ce langage dénote l'autonomie des hommes par rapport à Dieu parce qu'ils sont déjà outillés et mûrs pour donner sens à leur vie. Et pourtant, Dieu demeure la source absolue de la science, le créateur de la raison humaine. Cox, à son tour, soutient que le monde désenchanté est le devoir et le domaine de la responsabilité de l'être humain qui est appelé à l'organiser en fonction de ses besoins. Il fait ainsi comprendre que Dieu est absent de l'univers et que l'homme peut en disposer à loisir. Cependant, connaissant bien les limites et l'orientation de l'homme, Dieu lui témoigne toujours son amour par la présence de son Esprit qui a la mission de le guider.

Retenons que la création de l'humanité déchue est l'œuvre du Dieu trinitaire, le Dieu amour. C'est pourquoi la mission du Saint-Esprit dans le monde est comme l'espoir en action parmi les humains. Sa présence dans le séculier indique la volonté divine de contrôler l'évolution de la création dans la mesure où Dieu est le commencement et la fin de l'histoire. L'Esprit est venu attester la souveraineté et la seigneurie de Dieu sur la création, convaincre le monde de reconnaître la messianité de Jésus comme Fils du Père éternel. Aucune partie de l'univers n'est en dehors de son royaume. Son amour couvre le sacré comme le profane, le religieux comme le séculier. En plus de la participation du Saint-Esprit à la création, il est présent dans la vie de l'homme, dans l'Église et dans la mission chrétienne.

1. Rôle du Saint-Esprit dans la vie de l'homme

Le Dieu trinitaire s'est déclaré Conseiller de l'homme : « Le conseil et la raison m'appartiennent » (Pr 8.4). Dieu le Fils qui devait naître dans la chair humaine est annoncé par le prophète Esaïe sous le nom de Conseiller (Es 9.6). Le Saint-Esprit qui venait assurer la continuité de l'œuvre du Fils auprès des disciples a été déjà annoncé par le Fils sous le titre d'instructeur et de Conseiller. Et ce n'est pas en gardant ses distances par rapport à l'humanité, mais c'est dans la proximité que Dieu instruit l'homme, le dirige et le conseille. La présence du Saint-Esprit indique la présence de toute la Trinité dans la vie de l'être humain[34]. Par la coopération des trois personnes, l'action prend forme comme celle du seul Dieu.

---

34. Voir ATHANASE d'Alexandrie, *Sur l'incarnation du Verbe*, p. 469.

Dieu opère des transformations réelles dans la vie de l'homme et en lui par l'œuvre de l'Esprit Saint[35]. La mission de l'Esprit dans la vie du disciple est de demeurer éternellement avec lui, d'être son consolateur, de lui enseigner toutes choses et de lui rappeler les paroles de Jésus. Sa mission auprès de l'homme dans ce monde est de le convaincre de péché, de justice, et de jugement ; de maintenir la paix dans le monde (Jn 14.16, 26-27). Par la présence de l'Esprit dans la vie de l'homme, « tout ce qui se passe entre Dieu et l'homme reste caractérisé par une entière liberté – celle de l'Esprit », soutient Barth. C'est par l'action de son Esprit que Dieu rend sa parole compréhensible à l'homme. L'Esprit donne à ce dernier la clé de l'interprétation de la pensée divine et lui accorde la grâce de l'appliquer à sa vie. Dans cette logique aussi, l'Esprit organise la croissance de la nouvelle communauté, l'Église annoncée par Jésus-Christ et qu'il a formée.

2. *Rôle du Saint-Esprit dans l'Église*

Dans son commentaire du « Notre Père », Cyprien de Carthage (IIIe s.) évoque la constitution divine de l'Église par ces mots que cite *Lumen Gentium* 4 : « Un peuple uni de l'unité du Père, du Fils et de l'Esprit Saint[36]. » Selon Cyprien, le mystère de l'unité de l'Église relève de l'union des trois personnes divines, ce qui en constitue la plus haute expression. Cette idée souligne clairement le lien étroit qui existe entre l'Église et le Dieu trinitaire. Chaque personne contribue dans la collaboration avec les autres au développement de cette Église. Karl Barth attribue au Saint-Esprit le rôle de la formation de l'Église de Dieu. Il écrit : « L'Église est la convocation du peuple de Dieu, de ce peuple créé par le Christ sur la base de l'alliance établie entre Dieu et les hommes, de ce peuple de la foi suscité

---

35. Voir Jacques de SENARCLENS, *Héritiers de la réformation,* tome II, Nouvelle série théologique, Genève, Labor et Fides, 1959, p. 89. Senarclens écrit : « Pour que la révélation soit un fait décisif, il est indispensable que Dieu soit le même dans sa proximité comme dans son éloignement. Au surplus, la Trinité postule qu'au moment où Dieu vient en nous pour nous ouvrir à sa présence en Jésus, c'est encore lui qui agit et réside en nous, à savoir le Saint-Esprit ».

36. O. P. Michel PHILIPON, « La très sainte Trinité et l'Eglise » in Vatican II, *L'Église de Vatican II,* Tome II, Commentaires, Paris, Cerf, 1966. Un extrait de la Constitution Dogmatique *Lumem Gentium* sur l'Eglise, publié le 21 Novembre 1964. Voir FREPPEL, *Saint Cyprien et l'Église d'Afrique au IIIe siècle,* Paris, Retaux-Bray & Librairie Editeur, 1890, p. 241.

par l'Esprit-Saint[37]. » L'Esprit est ainsi à la base de la foi comme essence de l'Église depuis le jour de la Pentecôte. Au travers de son œuvre, le Christ bâtit son Église (Mt 16.18) ; il est en même temps le lien et le gage de sa paix dans le monde.

Cette vérité de la présence du Dieu trinitaire dans le monde par l'Esprit s'oppose à toute conception du monde comme délaissé par Dieu. Elle invalide aussi la thèse déiste occidentale du retrait de Dieu hors du monde[38] et du mythe africain de l'éloignement de Dieu exposé par Messi Metogo. Dieu gouverne souverainement l'univers matériel et immatériel, et par son Esprit il est présent dans le cosmos en dépit des attitudes négatives et des agissements des êtres humains. Sa présence imprègne l'Église.

L'Esprit a été activement présent dans la création. C'est encore lui qui était intervenu au moment de la conception de Jésus ; il était descendu sur les disciples de Jésus et avait agit dans l'Église (Ac 2.14-21). L'Esprit Saint a constitué l'Église, corps du Christ, avec les premiers disciples. L'Église constituée à partir de ce jour dépend du Saint-Esprit qui l'anime, la sanctifie et l'oriente dans les voies du Seigneur pour que sa vie reflète celle du Christ. L'Esprit assure son unité et organise sa croissance dans le monde par sa puissance en tout temps et en tous lieux. Dans l'Église visible, le Saint-Esprit développe la communication avec les hommes et par eux. Il équipe les hommes et les rend capables de différents ministères par les dons qu'il leur accorde. La diversité des dons spirituels est son opération.

À la lumière de cette vérité au sujet de l'action de l'Esprit, la soif du religieux notée par Weber, la dynamique du réenchantement du monde soulignée par Berger et la persistance de la religion dans la cité mentionnée par Cox suscitent une interrogation. L'esprit qui anime le mouvement pentecôtiste, le mouvement charismatique et les New Charismatic Churches ces dernières décennies relève-t-il à tous égards de l'opération de l'Esprit

---

37. Karl BARTH, *L'Église,* Genève : Labor et Fides, 1964, p. 40.
38. Peter BERNE, *Natural Religion and the Nature of Religion,* London/New York : Routledge, 1950, p. 207-209. Il s'agit des Anglais Edward Herbert, John Toland, John Locke, David Hume pour la religion naturelle; voir BERNE, « Deism » in Alister E. MCGRATH, sous dir., *The Blackwell Encyclopedia of Modern Christian Thought,* Oxford, Blackwell, 1993, p. 103-105. L'auteur désigne Voltaire en France, Reimarus et Emmanuel Kant en Allemagne, Benjamin Franklin, Thomas Jefferson en Amérique comme ténors du déisme.

Saint ? Une autre question analogue est de savoir si ces mouvements s'inscrivent tous dans le plan divin du salut.

Le constat de l'évolution de ces mouvements charismatiques au Tchad permet de dire qu'ils révèlent des côtés positifs et des côtés négatifs dans leur déploiement. Sur le plan positif, le mouvement pentecôtiste considère que s'occuper des besoins concrets de l'homme et du monde est une de ses priorités ou sa responsabilité importante. Il développe le don de la compassion en répondant pratiquement aux revendications des gens et leur promet le changement de leur condition, même s'il n'a pas la capacité de s'attaquer à leurs besoins existentiels. Il marque sa présence aux côtés des nécessiteux comme le recommandent Cox et Newbigin. Sur le plan négatif, le mouvement pentecôtiste privatise le Saint-Esprit, négligeant ainsi les deux autres personnes de la Trinité. Cela est une forme de sécularisation : s'émanciper d'une partie de la Trinité et faire un suremploi de l'autre à des buts humanitaires. L'Esprit Saint est Dieu, le Dieu tout autre que l'homme ne peut pas manipuler. Il agit dans la vie de l'homme, dans l'Église et dans le monde en collaboration avec les deux autres membres de la Trinité. Par cette attitude vis-à-vis du Saint-Esprit, le pentecôtisme démontre la privatisation d'une des trois personnes de la Trinité. Le constat de cette pratique donne à relever une forme de pluralisation interne au christianisme. Cela veut dire que, hormis la mouvance pentecôtiste qui donne la prépondérance au seul Dieu le Saint-Esprit, certaines congrégations mettent plus l'accent sur Dieu le Père en raison de son amour ; d'autres privilégient Dieu le Fils pour son œuvre rédemptrice.

Nous reconnaissons la puissance et la valeur de la prière à Dieu par le Saint-Esprit dans toutes les circonstances. Cependant la prière n'annule pas la responsabilité de l'être humain devant les exigences de son corps et celles de sa société. C'est dire que d'après la vision du Dieu trinitaire, la prière n'annule pas le devoir de l'homme de travailler pour subvenir à ses besoins, de soigner son corps malade, d'éteindre un incendie qui détruit une maison ou une voiture. Le Seigneur Jésus a accompagné plusieurs fois sa prière d'une action conséquente (Jn 5.1-12, 6.1-13, 11.39-44).

3. Rôle du Saint-Esprit dans la mission chrétienne

La présence de l'Esprit dans l'Église est la manifestation de la force active du Dieu trinitaire au sein de la communauté chrétienne. Il convainc et envoie les hommes en mission dans le monde, il conduit le cours de la mission chrétienne dans le monde et participe à l'accomplissement de cette tâche. David Bosch affirme : « C'est le Jésus qui cheminait avec ses disciples, qui vit en Esprit dans son Église[39]. » Aussi, l'événement de la Pentecôte concrétise la promesse et inaugure ce programme de la mission chrétienne dans le monde. Le sens de cette mission pour chaque génération de serviteurs et pour l'Église en relation avec le contexte particulier est mis en lumière par l'Esprit qui veille à sa conformité avec le dessein de Dieu. C'est ce que David Bosch fait observer lorsqu'il soutient qu'en dépit des différences multiples et importantes entre les théologiens de chaque époque, tous partagent des points de vue presque identiques sur Dieu, l'humanité et le salut de ce monde[40]. L'Esprit inspire toujours à l'Église la réponse à l'angoisse de l'humanité dans son contexte.

En somme, l'objectif que le Dieu trinitaire se fixe au travers de la mission du Saint-Esprit est de faire connaître le Christ à l'humanité entière et de conduire cette dernière dans la présence de Dieu. Bosch ajoute dans le même sens : « Dans notre mission, nous annonçons le Christ incarné, crucifié, ressuscité et monté au ciel, présent parmi nous par l'Esprit et nous entraînant vers l'avenir "dans son cortège triomphal"[41]. » Dieu accomplit cette mission dans le contexte séculier en général par le biais de l'Église et auprès de l'homme en particulier. Tandis que Cox envoie l'Église de Dieu pareille à un pur humaniste dans le monde, donc sans Dieu, Newbigin voit l'Église dans le monde accomplissant des actions humanistes suivant le modèle de Dieu. Le cahier des charges assigné par Cox et Newbigin à l'Église dans le monde vise à travailler à sa transformation. Mais Dieu lui-même envoie son Esprit dans le monde au nom du Fils et se sert de son Église pour le transformer.

---

39. David Bosch, *Dynamique de la mission chrétienne; Histoire et avenir des modèles missionnaires*, Lomé/Paris/Genève, Haho/Karthala/Labor et Fides, 1995, p. 692.
40. *Ibid.*, p. 255.
41. *Ibid.*, p. 692.

D. Implications pour la compréhension de la sécularisation

Quoique cette section ne représente pas une nouveauté dans l'approche adoptée, nous estimons utile de poser le fondement de notre argumentation sur ces vérités.

1. Approche trinitaire, principe pour l'engagement du chrétien dans le monde

Le monde comme création de Dieu a du prix à ses yeux. Que l'homme accapare le séculier en rejetant le créateur ne retranche pas la création du contrôle de Dieu. Et l'homme et le monde comme domaine séculier sont créés par Dieu qui y exerce son règne et y marque sa présence de différentes manières malgré le règne du péché et la présence de son ennemi, le diable. En clair, la disposition du cœur de Dieu ne change pas quelle que soit la condition dans laquelle se trouve la créature humaine. Il aime et il aime toujours de la même manière ; c'est plutôt la réception de cet amour par les hommes qui est variable. C'est pourquoi il est ému à la vue des hommes dans leur condition d'errance. En effet, dans la personne de son Fils, il a pris sur lui les manières de se conduire des hommes sans compromettre ou corrompre ni sa nature, ni sa mission dans l'histoire. Lors de son déploiement dans cette histoire, Dieu a témoigné de plusieurs manières à l'homme en tant qu'individu, à Israël en tant que nation, à l'Église en tant que corps de Christ dans le monde, la constance de son amour. La présence du Saint-Esprit dans le monde est toujours la suite logique de son plan salutaire pour le monde en général et pour l'homme en particulier. Sa présence dans le monde, dans la vie de la nation et dans la vie de son Église par Dieu le Fils et Dieu le Saint-Esprit confirme cet amour.

Il convient de retenir qu'en s'impliquant dans l'histoire, le Dieu trinitaire ne néglige aucun domaine de la vie de l'humanité. Car pour Dieu, être roi d'un peuple, c'est-à-dire le gouverner, le garder, l'accompagner et le diriger ou le conseiller, couvre à la fois les domaines physique, social, moral, mental, politique, économique, écologique et spirituel. À la différence des programmes sécularistes qui sont sectoriels et temporaires, l'action de Dieu dans le monde et dans la vie de l'être humain, voire sa relation avec le monde a une dimension holistique et une portée eschatologique (Rm 8.19-24). En outre, la relation de Dieu avec l'homme en Christ, son choix d'un peuple qui lui appartient en propre et l'acquisition d'une Église préparée pour vivre en sa présence dans le monde à venir confirment cette dimension holistique et la portée eschatologique de l'action de Dieu dans le monde.

Les différents ministres et ressources humaines chargés de l'exécution de ce programme témoignent de l'importance que Dieu accorde à l'humanité. Wolfhart Pannenberg apprécie l'action du Dieu trinitaire dans le monde sous le même angle. Il écrit :

> Le but de l'action de Dieu au moyen de l'œuvre du Père, Fils et Saint Esprit est double. Premièrement c'est la création d'une réalité qui est distincte de Dieu, et c'est sa consommation dans la rencontre avec le Créateur. Deuxièmement, c'est la révélation de la divinité de Dieu en tant que créateur du monde[42].

Dieu manifeste ainsi son éternelle relation avec le monde qu'il a créé ; il vise ultimement à amener l'homme à participer en tant qu'image de Dieu à la plénitude de la vie divine. Et sa présence dans le monde ne crée un déficit ni dans sa déité ni dans son être éternel. Contrairement à la tendance des hommes à s'affranchir de la dépendance de Dieu, tout le déploiement de Dieu dans l'histoire humaine témoigne de sa souveraineté sur sa création. Le prophète Jérémie a compris cette limite de l'homme et témoigne de la souveraineté de Dieu : « La voie de l'homme n'est pas en son pouvoir ; ce n'est pas à l'homme quand il marche, à diriger ses pas » (Jr 10.23). Ce déploiement de Dieu dans l'histoire témoigne clairement qu'il a des projets bienveillants pour l'humanité entière et pour chaque personne (Jr 29.11). En effet, la rencontre de Dieu avec l'homme dans son milieu naturel, dans sa culture et dans sa situation provoque des changements salutaires, des transformations observables et durables.

2. Approche trinitaire, modèle pour l'engagement du chrétien dans le monde

La manière dont le Dieu trinitaire gère l'homme, Israël et l'Église dans le monde marqué par le péché demeure une règle pour ses enfants et son Église qui vivent dans ce monde. Pour le fonctionnaire chrétien, il y a la

---

42. Wolfhart PANNENBERG, *Systematic Theology*, Vol. 1, trad. Geoffrey W. BROMILEY, Edinburgh, T & T Clark, 1991, p. 389. [Notre traduction].

nécessité de reconnaître l'autorité absolue de Dieu en Christ qui nous libère des pouvoirs et puissances de ce monde. Cependant, cette liberté n'est pas absolue, elle est une liberté dans la dépendance de Dieu. À cause de cela, il ne suffit pas de vivre dans le monde et d'être indifférent à sa réalité. Il ne suffit pas de se mettre à l'intersection de deux mondes comme le public de van der Walt. Il n'est pas non plus question de s'engager dans ce monde de manière à compromettre son identité. La position du fonctionnaire chrétien consiste donc en son implication responsable dans le séculier en tant que sel afin de donner saveur et valeur à la vie dans ce monde.

Cette idée est exprimée par Bediako au sujet de la mission du christianisme en Afrique. Bediako estime qu'aujourd'hui, dans le contexte des démocraties multipartites en Afrique, le christianisme peut dénoncer les croyances africaines au sujet du pouvoir, de l'autorité et sur sa perception de l'opposition. À l'avenir, Bediako estime que le christianisme peut contribuer au désenchantement du pouvoir africain : « J'aimerai suggérer que la religion africaine aussi peut donner un signal à la politique africaine, et que le christianisme africain peut avoir un rôle important à jouer dans la forme des nouveaux modèles politiques et idéaux[43]. » Bediako pense que du dehors, l'Église ne pourra pas exercer cette influence sur les peuples. Il suggère que le christianisme s'implique dans la politique en Afrique afin d'apporter une transformation des mentalités au sujet de l'autorité et de la succession[44]. L'auteur estime que par cette implication, le christianisme pourra inculquer dans les esprits la conception juste de l'autorité, non pour chasser de l'Afrique tous les esprits, mais pour apporter une nouvelle considération de l'autorité. C'est pour cela que le christianisme fonctionne comme une force à part entière pour désacraliser le pouvoir politique dans les sociétés africaines[45].

Dans le même sillage, van den Toren soutient l'idée selon laquelle le désenchantement du monde désacralise l'autorité. Cette désacralisation des autorités politiques, selon l'auteur, a des implications éthiques pour le chrétien vis-à-vis des rois dont l'histoire se trouve dans l'Écriture. Il écrit :

---

43. Bediako, *Christianity in Africa, the Renewal of a Non-Western Religion*, Edinburgh, Edinburgh University Press, 1995, p. 180. [Notre traduction].
44. *Ibid.*
45. *Ibid.*, p. 248.

« Contre la tendance parmi les rois d'usurper les fonctions cultuelles, les prophètes et sacrificateurs devraient faire de constants efforts pour conserver leur indépendance en tant que représentants de Dieu vis-à-vis de la monarchie[46]. » La désacralisation de l'autorité fait comprendre que ce monde n'est pas la propriété des hommes. L'auteur affirme que, désormais l'homme est libéré du contrôle absolu des autorités politiques dans la mesure où celles-ci sont simplement des administrateurs délégués par Dieu, l'autorité suprême. Tout cela requiert de lui l'application des couples « identification-différence » et « présence-identité » à l'instar de Jésus-Christ qui a partagé la nature humaine et triomphé sur toutes les tensions et les pressions de son environnement. En vivant de cette manière, le fonctionnaire tchadien pourra inspirer aux autres personnes influencées par la sécularisation la soif d'appartenir à la famille de Dieu et de lui obéir.

En guise de conclusion de ce qui précède, nous chercherons à retenir de la sécularisation ce qui contribue au développement de l'homme ou de la société, et d'indiquer ce qui y constitue des dangers pour le chrétien.

II. Aspects positifs et négatifs de la sécularisation

A. Aspects positifs de la sécularisation

1. La libération de l'homme

La révélation de Dieu par la création et par l'incarnation apporte à l'homme la lumière, l'orientation et le sens de sa vie. L'identification de Jésus à la nature humaine tout en étant différent par la lumière et la sainteté de sa vie demeure aussi un principe pour son Église. Elle est appelée à se placer résolument sous l'horizon de la modernité », comme le suggère Messi Metogo[47]. C'est dire que le chrétien peut regarder le monde du point de vue de la modernité afin de mieux le comprendre et y opérer positivement du point de vue chrétien. En se mettant dans cette position, estime l'auteur, l'Église en Afrique comprendra mieux les besoins réels et légitimes

---

46. Van den Toren, « The Christian God and the Human Authority », *AJET* Vol. 23/2, 2004, p. 167. [Notre traduction].
47. Messi Metogo, *Dieu peut-il mourir en Afrique ?*, p. 205.

de son public. Une telle position l'aidera aussi à prendre en compte dans la formulation de sa théologie toutes les dimensions de l'expérience humaine, en particulier les questions économiques, socio-politiques, et scientifico-techniques jusqu'alors peu explorées[48].

En considération de ce qui précède, la sécularisation peut être comprise comme une libération de l'homme de l'ignorance de son origine, de son statut et de sa nature, de ses devoirs et droits, de ses limites et aptitudes. Elle est la désacralisation de l'autorité et du pouvoir. Nous entendons par pouvoir celui de Dieu qu'il a librement concédé à l'homme, à Adam (Cf. Gn 1.26, 28 ; 2.19). À ce titre, elle est le point de départ du processus de l'épanouissement de l'homme car, dans ce contexte il est appelé à développer ses aptitudes naturelles. En concédant à l'homme son autorité sur les autres créatures, Dieu n'envisage pas son autonomie comme l'homme contemporain le comprend, mais son accomplissement sous l'autorité du créateur.

2. *La désacralisation du pouvoir*

Dans la ligne d'argumentation de Cox par rapport à l'Exode, nous pouvons soutenir que la sécularisation est aussi une désacralisation du pouvoir, absolument sacralisé. Dieu veut faire comprendre au roi païen que le pouvoir absolu lui appartient et que les hommes ne jouissent sous son contrôle que d'une autorité déléguée. Par la même occasion, il éduque Moïse et tout le peuple d'Israël dans la voie de la foi et de la confiance en lui.

Par ailleurs, dans le sillage de nos prédécesseurs, notons que le rôle du judéo-christianisme dans le processus de la sécularisation s'inscrit dans la logique de la mission divine. Il s'agit d'apporter aux nations l'éducation, l'instruction et le développement socio-économique. En parlant des Igbo au Nigeria, Okorocha affirme que l'avènement du christianisme chez les Igbo leur a apporté ce que leur esprit a considéré comme un nouvel âge, c'est-à-dire l'éducation, les hôpitaux et le commerce[49]. Dans ce contexte, il convient de les appeler des produits de la sécularisation. En outre, un des aspects positifs de la sécularisation est la communication, ce qui n'est que

---

48. *Ibid.*, p. 208.

49. Cyril Okorocha, *The Meaning of Religious Conversion in Africa: The Case of Igbo of Nigeria*, Aldershot/Hampshire : Avebury-Gower/Gower Publishing Company, 1987, p. 234.

la conséquence de l'instruction. Dieu a toujours déployé ses prophètes, ses apôtres et l'Église dans le monde pour communiquer sa volonté aux nations. Le christianisme remplit cette fonction d'instructeur des peuples avec les services des médias pour le compte de Dieu.

En somme, il convient de souligner que l'école, l'hôpital et le commerce peuvent largement favoriser l'évolution des sociétés, mais ils n'en sont pas les résultats, ni positifs ni négatifs. Ces éléments positifs que nous venons d'énumérer ne voilent pas les aspects négatifs de la sécularisation.

B. Aspects négatifs de la sécularisation

À en croire le sens juridique du terme sécularisation, le premier aspect négatif que cette étude révèle est l'émancipation. Toutefois, il importe de souligner que toute émancipation n'est pas négative. La désacralisation des autorités quasi-religieuses usurpant la place de Dieu pour donner aux hommes la liberté de s'épanouir devant Dieu est une émancipation positive. Par exemple, le cas des jeunes Hébreux en Babylonie (Dn 3.16-19 ; 6.1-22) et celui des apôtres Pierre et Jean devant le sanhédrin (Ac 4.19) illustrent une émancipation positive. Car ces hommes ont rejeté l'autorité humaine pour la gloire de Dieu, pour une cause digne de louange. L'émancipation de la femme qui partage les responsabilités sociales ou politiques n'est pas négative. Celle du jeune homme qui quitte son père et sa mère pour s'attacher à sa femme et se prendre en charge dans son propre foyer n'est pas négative.

1. Le rejet de la tutelle de Dieu

Le terme « émancipation » apparaît dans l'étude de Weber, Berger et Cox comme le contraire de l'épanouissement de l'homme voulu par Dieu[50]. L'homme en tant que créature prend l'initiative de s'émanciper de l'autorité de son créateur. Cela implique le refus de sa dépendance et de la tutelle de Dieu. L'inclination de son cœur l'oriente dans les voies de l'autonomie. Ses acquis matériels et intellectuels nourrissent en lui la pensée d'une autosuffisance, donc de vivre sans référence à Dieu. Weber et Berger constatent cette aspiration dans leur analyse de la sécularisation, tandis que

---

50. Cf. Chapitre premier, section II, sous-section 2.

Cox la recommande fermement sous prétexte que Dieu lui-même a libéré l'homme de toutes les forces de la nature qui le retenaient captif. D'après Cox, non seulement l'homme doit s'émanciper de la religion, mais aussi il doit arracher son travail au contrôle de la religion pour que sa liberté soit totale vis-à-vis de la tradition, et partant de Dieu[51]. Il estime que la nouvelle cité émancipée dispose des techniques appropriées pouvant aider l'homme à se libérer de la tutelle de la religion et de toute contrainte extérieure.

2. *La préséance de la raison scientifique*

Le second aspect négatif de la sécularisation est la préséance de la raison scientifique sur la foi. « La science apporte aux Occidentaux ce qui est rare, notamment "des méthodes de penser", c'est-à-dire des instruments et une discipline. Elle contribue à une œuvre de clarté » soutient Weber[52]. L'homme n'a pas acquis la raison à travers l'évolution et par lui-même. La raison est cette faculté propre à l'homme par laquelle il peut penser et la science est le produit de la raison développée ou appliquée. Cette raison fait partie de l'homme en tant que créature de Dieu. Dieu en a pourvu tout être humain avec les facultés intellectuelles nécessaires pour son épanouissement à la gloire du créateur[53]. Malgré cette vérité, les hommes veulent s'affranchir de la dépendance de Dieu pour se laisser conduire par la seule raison scientifique. Et pourtant, il y a une seule révélation de l'amour de Dieu en Jésus-Christ pour le monde entier, un seul Evangile et une seule foi qui sauve. Newbigin l'affirme : « Jésus est lui-même l'autorité ultime pour l'humanité, une autorité qui ne nécessite pas d'être ratifiée par une autre[54]. » La justification et l'autorité de la foi reposent sur Jésus-Christ, le ressuscité. Ce qui mérite d'être fait est que la raison avec toutes ses aptitudes se soumette à l'autorité de la foi, qu'elle laisse la foi l'orienter vers sa source ; en retour, que la foi se serve des facultés de la raison pour s'adresser au public et se nourrir de la raison.

---

51. Cox, *The Secular City*, p. 183.
52. Weber, *Le savant et le politique*, p. 98.
53. Voir l'histoire du roi païen Nebucadnetsar dans le livre de Daniel 4.28-38.
54. Newbigin, *A Faith for This One World*, p. 57 [Notre traduction].

3. La recherche du salut concret

Le troisième aspect négatif de la sécularisation est l'investissement et la concentration sur le besoin du salut concret et immédiat au mépris de la réalité et de la plénitude du salut eschatologique. Paul Moser fait le même constat de la préoccupation du cœur humain. D'après lui, l'humanité cherche sa sécurité ultime et sa satisfaction auprès des choses créées plutôt qu'auprès de Dieu[55].

Retenons que le christianisme part du principe que la nature humaine est affectée et corrompue par le péché et a besoin de guérison par une intervention divine. Son postulat est la sainteté absolue de Dieu, la chute de l'homme et la compassion de Dieu manifestée dans le plan de rédemption. L'homme a besoin du salut dans ses deux dimensions : immédiate et eschatologique. Le salut auquel tout homme aspire par son effort quotidien apparaît toujours impossible en dehors de Jésus-Christ, l'unique médiateur entre Dieu et les hommes et l'unique voie d'accès à Dieu. Le rejet de Dieu implique le rejet du Sauveur et donc de la vérité du salut. Or, il n'y a de salut que dans le nom de Jésus, selon Actes 4.12[56].

4. Le conflit d'identité et de personnalité

L'investissement de l'homme dans le projet du salut immédiat face à celui qui est eschatologique et plénier révèle le quatrième aspect négatif de la sécularisation : le conflit d'identité et de personnalité en l'homme. L'insatisfaction du cœur verse l'homme dans un conflit quotidien avec lui-même et avec son environnement. Emancipé, il n'arrive pas à atteindre le statut voulu ni celui d'un dieu, il refuse aussi de demeurer homme. En effet, l'on observe un genre d'« hybridisme » identitaire dans le mode d'être de cet homme. Cet hybridisme est également observé dans la culture et dans la vie sociale.

En raison de cette appréciation, nous pouvons dire que la sécularisation revêt des enjeux et des dangers.

---

55. Paul K. Moser, « Religious Skepticism » in John Greco, sous dir., *The Oxford Handbook of Skepticism*, Oxford, Oxford University Press, 2008, p. 200-224.
56. Voir Newbigin, *The Gospel in a Pluralist Society*, p. 155-170 pour la discussion au sujet de l'unicité de Jésus-Christ, comparativement aux prétentions d'autres religions.

C. Enjeux et dangers de la sécularisation

La nuance entre enjeu et danger dans cette étude porte sur le caractère latent ou patent de l'un ou l'autre. D'après le Petit Robert, l'enjeu est ce que l'on peut gagner ou perdre dans une compétition ou entreprise. Le danger, par contre, est ce qui menace ou compromet la sûreté, l'existence de quelque chose[57]. Un enjeu est aussi ce qui est contraire à la raison, au sens commun[58]. À cause de ces définitions, l'enjeu de la sécularisation est ce qui, dans son processus, peut contribuer à faire perdre au christianisme ou à la foi chrétienne sa pertinence et son intégrité. Le danger, quant à lui, désigne ce qui est perceptible et déjà fonctionnel concomitamment aux enjeux dans le processus de la sécularisation par rapport à l'épanouissement de la foi chrétienne. Par extension, l'on peut dire que l'indifférence représente un danger réel, et le sécularisme un enjeu dans le processus de la sécularisation. Le danger et l'enjeu, les deux se retrouvent dans les caractéristiques de l'évolution des sociétés contemporaines.

1. Enjeux de la sécularisation

Nous voulons présenter en trois points ce que nous considérons comme enjeux de la sécularisation.

a) Le syncrétisme religieux

Le premier enjeu de la sécularisation est le syncrétisme religieux qui se développe au sein des religions historiques. La rationalisation de l'éthique et de la religion conduit déjà certaines personnes et en conduira d'autres dans un syncrétisme non avoué. L'explication en est qu'en voulant rationaliser tous les aspects de la vie sans racine biblique solide, ils adoptent souvent des attitudes et posent des actions sécularisantes. Influencés par la culture de la modernité, par la portée des mythes locaux et par les normes traditionnelles, plusieurs fonctionnaires ont de la peine à distinguer entre la réalité et l'illusion, entre la vraie doctrine et la fausse doctrine. Le reflet de cette limite spirituelle peut s'observer dans un mélange des croyances et pratiques traditionnelles avec les pratiques chrétiennes. Un évangélique soutient cette idée : « De nos jours, plusieurs personnes pensent que la

---

57. Paul ROBERT, *Le Petit Robert 2011*, Paris, Le Robert, 2011), p. 614, 876.
58. Dictionnaire universelle Larousse 2009, CD-ROOM.

Parole de Dieu est une chose abstraite ; elles se tournent donc souvent vers les pratiques traditionnelles pour répondre au besoin de santé, au besoin matériel, au besoin économique[59]. » Par conséquent, le rôle du Saint-Esprit est rendu moins pertinent pour l'homme. D'autres voix plus actives et autoritaires trouvent place dans les cœurs et déterminent la conduite humaine. Aussi, le concept du péché n'est plus qu'une préoccupation morale pour celui qui n'est pas fort d'esprit.

b) L'indifférence religieuse

Le deuxième enjeu de la sécularisation est l'indifférence religieuse. L'indifférence est définie comme « un état d'une personne qui n'éprouve ni douleur, ni plaisir, ni crainte, ni désir ; détachement à l'égard d'une chose, d'un événement ; une absence d'intérêt à l'égard d'un être[60] ». Les trois formes d'indifférence religieuse mentionnées par Messi Metogo[61], sont évidentes à N'Djaména. (1) La forme du relativisme est notée dans les opinions des enquêtés. Un enquêté catholique affirme : « Nous cherchons tous le même Seigneur, si non nous adorons tous le même Dieu[62]. » Un interlocuteur musulman renchérit : « Nous avons aussi au Tchad un christianisme africain ou tchadien ; nous avons aussi l'islam africain ou tchadien. En tout cas qu'importe son origine, mais toute religion est une religion à part entière[63]. » Ces opinions indiquent la théorie populaire selon laquelle toutes les religions se valent. (2) Il y a la forme d'indifférence qui consiste à estimer que la religion ne joue que peu de rôle ou aucun dans les relations humaines, la vie professionnelle et le développement. D'après cette forme, la religion perd son autorité dans certains secteurs de la société comme l'économie, la politique, et dans quelques aspects de la vie individuelle tels que l'éducation, la santé, le bien-être. Le danger de cette forme d'indifférence est la double vie sans référence nécessaire à Dieu (3) La troisième forme d'indifférence est celle de la contestation religieuse. Parmi les enquêtés, quelques-uns trouvent que certains dogmes auraient pu être changés ou

---

59. Interview n° 11 du 30 septembre 2009 à 9h20.
60. Robert, *Le petit Robert 2011*, p. 1313.
61. Pour plus de détails sur les différentes formes de l'indifférence, voir Messi Metogo, *Dieu peut-il mourir en Afrique ?*, p. 106, 116, 118.
62. Interview n° 30 du 06 janvier 2010 à 11h43.
63. Interview n° 48 du 13 janvier 2010 à 10h05.

modifiés à cause du changement du contexte. Un interlocuteur musulman déclare : « Par rapport au rythme de cette vie, il faut ménager les situations, il faut harmoniser vraiment les règles qui étaient dogmatiques hier. Au temps de Jésus, du prophète Mohammed, et autres, on a toujours revu les lois pour les adapter au comportement des gens[64]. » Cet enjeu peut à la longue conduire l'être humain à rejeter Dieu et à perdre le privilège de voir sa face.

c) Le doute

Le troisième enjeu de la sécularisation est le doute qu'elle véhicule au sujet de la perspective eschatologique du salut et de la trinité. Comme l'enquête l'a relevé, certains fonctionnaires n'ont pas l'assurance du salut. Bien plus, les deux natures de Jésus-Christ continuent d'être objet de débats parmi les élites et les étudiants de certains pays ouest-africains influencés par les idéologies marxistes et humanistes après les indépendances. La confrontation du christianisme avec les mentalités ou structures du monde noir provoque aussi chez quelques fonctionnaires tchadiens un questionnement sur la crédibilité du dogme de la double nature de Jésus-Christ. Les propos de certains enquêtés sont déterminés par leurs traditions religieuses, tel cet interlocuteur évangélique qui exprime son doute sur la double nature de Jésus-Christ : « Je ne comprends pas pourquoi Jésus-Christ est venu dans ce monde. Je ne comprends pas quel est le sens de sa mort et je me demande s'il est ressuscité le troisième jour, monté au ciel[65]. » Le fond du débat demeure la compréhension traditionnelle de toute jonction possible entre les deux ordres de réalité substantiellement opposés. En fait, la double nature de Jésus échappe à la rationalité humaine.

L'Africain est appelé néanmoins à croire à l'invérifiable humainement parlant. Mais il est possible de trouver des équivalents dynamiques dans les catégories africaines pour traduire cette notion de double nature de Jésus. Cependant, seul le concept « nature » n'aura pas de répondant dans les catégories de pensée africaines ; des explications peuvent rendre compte de son sens et faire comprendre la notion d'unité de la personne de Jésus-Christ. Isaac Zokoué affirme cette possibilité : « L'idée d'unité de la personne est

---

64. Interview n° 43 du 12 janvier 2010 à 8h00.
65. Interview n° 11 du 30 septembre 2009 à 9h20.

également présente dans la pensée africaine. L'unité de la personne est traduite par les notions d'équilibre et d'harmonie[66]. »

De la difficulté d'accepter ces notions découle le doute sur la divinité de Jésus-Christ, et partant, sur la valeur substitutive de son sacrifice. La contestation de la vérité de l'incarnation peut amener certaines personnes à prendre en main le processus de leur salut et se perdre loin de la voie qui conduit à la source de la vie. La raison paraît trop subjective : le sacrifice accompli par Christ à la croix est trop lointain pour encore expier les péchés actuels, il est trop abstrait pour convaincre de la justification par la foi. Cette négation de la trinité implique un danger dans la sécularisation.

2. Dangers de la sécularisation

Le danger désigne ce qui est perceptible et déjà actif dans le processus de la sécularisation par rapport à l'épanouissement de la foi chrétienne.

Le premier danger de la sécularisation est le glissement de l'homme vers le sécularisme, étant entendu qu'il désigne une idéologie caractérisée par une nouvelle vision du monde apparentée à l'athéisme. Le sécularisme est un phénomène d'évolution de la pensée qui efface progressivement Dieu de la conscience humaine et le remplace par l'amour du monde supposé résoudre le problème existentiel crucial de l'homme. C'est un syndrome de la vulgarité du sentiment irréligieux. Une mauvaise présentation de la doctrine biblique peut induire un rejet de la foi chrétienne. Van der Walt observe cela sur le continent africain : « Ceci s'est déjà passé dans plusieurs pays avec l'absorption des idéologies séculières occidentales, tels que le socialisme, mélangé avec le communautarisme traditionnel Africain, ou plus encore le Marxisme radical[67]. » La quête de l'autonomie et de l'espace pour l'accomplissement plénier peut conduire l'homme à la rupture totale de sa relation avec Dieu. Ses choix des valeurs en lien avec les questions religieuses, et ses luttes pour répondre à la fois aux exigences de sa religion et à celles de la modernité en sont des preuves. Quelques fonctionnaires se présentent aux yeux du public avec l'étiquette de religieux, mais ils vivent sans Dieu, sans Christ, sans Esprit. L'esprit qui prévaut dans leur conduite

---

66. Issac ZOKOUÉ, *Jésus-Christ; le mystère de la double nature, perspective africaine*, Yaoundé, CLE, 2004, p. 182.
67. Van der WALT, *The Liberating Message*, p. 23. [Notre traduction].

est celui du monde[68]. Dans un certain sens, l'on peut dire que c'est la marginalisation de la religion, donc une forme de l'indifférence. Car l'indifférence religieuse peut se mesurer à la baisse de la pratique. Cependant, il importe de retenir que son évaluation ne permet pas de mesurer la persistance réelle du sentiment religieux, ni le contenu des croyances. Par rapport à la personne sécularisée, l'indifférent n'est pas hostile à la religion, sinon rarement. Il est généralement passif, parfois curieux des choses religieuses à la faveur de certains événements[69]. Cependant dans le présent contexte, il s'agit du sécularisme non avoué dans la mesure où Dieu est absent de la vie de ces fonctionnaires. Une telle attitude est un conformisme saisonnier, ou mieux encore un opportunisme.

Le second danger de la sécularisation est le refus du sursaut de la foi dans la ligne de la destinée eschatologique prévue par Dieu au profit de la vocation au travail séculier ou à la vie séculière. Pour une personne émancipée dans le contexte de la sécularisation, le salut devient un concept presque creux, sans pertinence. Il n'engage pas une décision fondamentale ou primordiale de sa part. La pensée chrétienne du salut n'a pas de poids dans son cœur. Heinz Zahrnt observe la même attitude lors de ses recherches en Allemagne, lorsqu'il écrit : « La question du salut aujourd'hui représente beaucoup plus qu'un sujet de réflexion pour les religions. Elle est une forme motrice, en dehors même de toute forme de piété. De nos jours, nombre de gens aspirent à la guérison, à l'auto libération et à une humanité digne d'être vécue[70]. » Dans son analyse du phénomène de la conversion parmi le peuple Igbo au Nigeria, Cyril Okorocha relève une telle attitude : « Le salut, donc, concerne un homme dans sa rencontre avec le cosmos dans sa situation existentielle ici et maintenant[71]. » Ces affirmations font comprendre que plusieurs personnes dans les sociétés sécularisées méconnaissent le salut eschatologique. Okorocha commente davantage : « Le salut futur apparaît comme un problème, évidemment, à ceux qui ont eux-mêmes gagné le

---

68. Cf. OKOROCHA, *Meaning of Religious Conversion in Africa*, p. 78-79.
69. Marcel NEUSCH, « Indifférence religieuse », in Paul POUPARD, sous dir., *Dictionnaire des religions A-K,* Paris, PUF, 1993, p. 933-936.
70. Heinz ZAHRNT, « Entre combat, témoignage, tolérance et indifférence; être chrétien aujourd'hui au milieu des religions », *Positions Luthériennes*, tome 40/3, 1992, p. 225.
71. OKOROCHA, *Meaning of Religious Conversion in Africa*, p. 79. [Notre traduction].

salut présent par leur rectitude[72]. » En outre, Bediako traite longuement de la conception du salut dans la perspective africaine : « Le salut, dans la vision africaine du monde implique, une certaine vue du domaine de la puissance spirituelle et son effet sur les dimensions physiques et spirituelles de l'existence humaine[73]. » L'auteur fait comprendre que la préoccupation de l'Africain déterminée par sa vision du monde porte sur le bien-être social et l'harmonie de la vie en conformité avec le monde invisible.

Toutes ces idées montrent la difficulté pour plusieurs personnes dans les sociétés africaines de décider pour la foi en Dieu en vue du salut eschatologique. Dans les RTA, le salut n'est pas eschatologique ; c'est le bien-être social au quotidien et la pérennisation de la famille. Cette attitude se retrouve dans la sécularisation qui rend impertinent le salut eschatologique et valorise la recherche du salut immédiat.

3. Appréciation partielle

Jusqu'ici nous rappelons au souvenir du lecteur le bien-fondé de l'approche trinitaire qui a guidé notre appréciation de cette évolution des sociétés. La présence de Dieu dans le séculier démontre qu'il contrôle la création. Sa présence aux côtés des hommes dans le monde n'est pas le signe que le trône divin est vide. Dieu désacralise la vie sur terre pour permettre aux hommes de se découvrir et de percevoir leur condition à la lumière de la gloire divine, et pour qu'ils cherchent à lui ressembler comme au commencement. C'est dans cette ligne d'argumentation que van den Toren estime qu'il faut trouver la vérité entre les deux attitudes extrêmes vis-à-vis de la sécularisation[74].

En outre, Dieu manifeste aux humains le même amour suivant les multiples facettes de sa pédagogie. En dépit de la permanence de cet amour, certains fonctionnaires de N'Djaména se laissent entraîner dans une crise de confiance en Dieu tout-puissant. Leurs réponses au plan de Dieu et la direction qu'ils se donnent dans leur univers sécularisé interpellent la

---

72. *Ibid.*, p. 162.
73. BEDIAKO, *Jesus and the Gospel in Africa. History and Experience*, Maryknoll, Orbis Books, 2004, p. 22 et « Jesus in African Culture », *Evangelical Review of Theology*, vol. 17/1, 1993, p. 55. [Notre traduction].
74. Van den TOREN, « Secularisation in Africa », p. 21.

théologie à repenser son mode de communication de la vérité évangélique. Raison pour laquelle nous avons souligné que les tensions entretenues par la sécularisation dans la vie des fonctionnaires s'expliquent largement par le manque d'impact de l'Évangile dans leur vie et par la promotion des valeurs séculières. Toutefois, elles peuvent être surmontées et maîtrisées par les interlocuteurs s'ils s'inspirent de l'incarnation et s'engagent à imiter Dieu et à se soumettre à lui. L'imitation de Dieu peut les préserver de tout glissement vers les extrémismes religieux et de la privatisation de la religion. Elle peut aussi aider l'être humain à comprendre que les domaines de sa vie et les secteurs de la société libérés font partie de la création de Dieu et sont soumis à son contrôle.

Nous avons aussi montré que, positivement, la sécularisation élargit l'horizon culturel de l'homme et constitue le contexte de son épanouissement. Négativement, la sécularisation inspire à l'être humain le sentiment d'auto-appartenance et d'autosuffisance. Elle crée une distance entre la créature et le créateur. La sécularisation entretient dans les sociétés occidentales l'individualisme, tandis qu'elle entraîne dans les RTA le communautarisme caractéristique des sociétés africaines. Les deux idéologies sont la marque d'un anthropocentrisme qui rejette la dépendance de Dieu. Enfin, nous avons montré qu'elle couve des dangers pour l'être humain par rapport à sa foi et à sa destinée eschatologique. C'est le cas de certains interlocuteurs de N'Djaména qui, en privatisant la religion, délibérément ou sans discernement, tombent dans le filet des micros entrepreneurs religieux, faisant ainsi naufrage par rapport à leur foi. La lecture du mode de fonctionnement du Dieu trinitaire avec l'homme, Israël et l'Église dans le séculier a permis de relever les aspects positifs et négatifs de la sécularisation. Nous avons aussi annoncé qu'elle développe des tensions de l'âme.

III. Vivre les tensions

Dans son analyse de la sécularisation en Europe, Weber a relevé dans la vie de son public allemand, surtout des intellectuels et de la jeunesse, une tension entretenue par la rencontre de la nouvelle évolution de la société avec les traditions religieuses. Berger également a souligné cet élément par des expressions telles que l'anomie et l'anxiété existentielle[75], voire la crise identitaire, la crise des structures de crédibilité et la crise culturelle[76]. Messi Metogo a observé chez ses enquêtés, adultes et jeunes, la même tension qui les amène plutôt à considérer les croyances traditionnelles comme superstitieuses[77]. L'enquête a permis d'observer également cette tension dans la vie des fonctionnaires de N'Djaména. Newbigin a relevé cette réalité d'un ordre plus ou moins différent dans son affirmation des deux aspects de la sécularisation : libération et esclavage. Van der Walt a souligné l'existence d'une tension dans la vie de son public[78], tension qui les entraîne dans le développement d'une double vie[79]. De fait, la sécularisation développe des tensions : tension entre la relation de l'homme avec Dieu et la création dans laquelle il vit, tension entre le présent et l'avenir, tension entre l'idéal selon Dieu et la réalité du monde. Dans cette sous-section, nous tâcherons de montrer la réalité de ces tensions et la manière dont les fonctionnaires tchadiens les vivent sous différentes formes.

A. Tension entre la relation avec Dieu et la vie dans la création

Les opinions de deux enquêtés témoignent de la tension que développe la sécularisation dans la vie des fonctionnaires tchadiens. Le premier déclare : « Moi, je dis que c'est deux choses différentes. Il n'y a pas d'alliage entre une pierre et un métal, ce n'est pas possible[80]. » Le second appuie qu'il y a une ligne de démarcation entre sa vie religieuse et sa vie professionnelle, qu'il n'y a aucune interaction entre les deux domaines :

> Je crois que ma conviction ne peut avoir une influence dans ma vie professionnelle. D'emblée, il faut dire que nous sommes dans un milieu professionnel ; et dans mon lieu d'exercice,

---

75. BERGER, *The Sacred Canopy*, p. 35-36.
76. BERGER, « Affrontés à la modernité », *ASSR*, vol. 51/2, 1981, p. 207-208 [Consulté le 25 Mars 2011]. En ligne : http://www.persee.fr/web/revues/home/prescript/article/assr_0335-5985_1981_num_51_2_2549_t1_0207_0000_1.
77. MESSI METOGO, *Dieu peut-il mourir en Afrique ?*, p. 195.
78. Van der WALT, *When African and Western Cultures Meet*, p. 158.
79. Van der WALT, *The Liberating Message*, p. 17-18.
80. Interview n° 28 du 05 janvier 2010 à 12h05.

certainement nous sommes appelés à collaborer en tant que collègues de travail et comme frères croyants[81].

La vocation ultime de l'être humain est de voir Dieu, d'expérimenter la vie dans son sens plénier en sa présence, selon les Écritures. Le salut de l'être humain prévu par Dieu est holistique du point de vue biblique et sa portée est eschatologique ; car la plénitude de ce salut sera expérimentée dans le royaume de Dieu. Entre temps, il vit dans le monde créé pour la gloire de Dieu, et il doit y vivre. C'est là qu'il est appelé à s'épanouir aux côtés d'autres êtres humains, à vivre en tant qu'administrateur des biens de Dieu et à servir ses semblables. Cette tension se situe à plusieurs niveaux : personnel, familial, professionnel et social. Elle embrasse tous les domaines de la vie de l'être humain.

Dans ce contexte, Newbigin estime que l'enfant de Dieu peut s'inspirer de la manière dont Dieu entre en action dans différentes circonstances pour apporter du nouveau, l'espoir et le changement positif[82]. Cela implique une lecture constante des événements et des changements qui se produisent dans la société afin d'y découvrir les besoins et d'y répondre. C'est pourquoi Blaser s'interroge sur la manière concrète pour l'Église d'affirmer sa présence en construisant une communauté humaine motivée par l'espérance du Royaume eschatologique dans la présence de Dieu[83]. Le critère d'évaluation de la vie des chrétiens individuellement et de toute l'Église est le critère spirituel. Ramachandra renchérit : « L'engagement des chrétiens n'est pas évalué par rapport à la fréquence de leur participation aux programmes de l'Église, mais à leur fidélité aux exigences du Royaume vécue dans leur lieu de travail et leur voisinage[84]. »

Dans l'Ancien Testament, l'alliance de Dieu avec Abraham est fondée sur l'ordre de dominer l'évidente tension entre sa relation avec Dieu et sa relation avec la création. Au lieu de vivre sa vie comme *Etsi Deus non daretur*, l'Éternel précède Abraham en lui intimant de vivre *coram deo*, ce qui se

---

81. Interview n° 12 du 03 octobre 2009 à 7h23.
82. Newbigin, *Honest Religion for Secular Man*, p. 41.
83. Klauspeter Blaser, *Théologie au XXe siècle : Histoire - Défis – Enjeux*, Lausanne, L'Age d'Homme, 1995, p. 212.
84. Vinoth Ramachandra, « Learning from European Secularism », *European Journal of Theology*, vol. XII/1, 2003, p. 44. [Notre traduction].

traduit par face à face, en présence de ou devant Dieu[85] : « Marche devant ma face » ou encore « Marche en ma présence » (Gn 17.1). Cet ordre revêt le caractère d'un mandat missionnaire donné par Dieu à Abraham. Ceci implique sa vie de sanctification, d'obéissance à l'ordre de Dieu, et sa soumission à l'autorité de Dieu.

Par ailleurs, l'interrogation des disciples : « Est-il permis, ou non, de payer le tribut à César ? » (Mt 22.21, Mc 12.17) adressée à Jésus résulte de leur expérience de la tension entre la relation avec Dieu et la création. Dans sa réponse à ses interlocuteurs au sujet du devoir civique, le Seigneur Jésus-Christ a levé l'équivoque sur la confusion de la double citoyenneté du chrétien : « Rendez donc à César ce qui est à César, et à Dieu ce qui est à Dieu ». Le nom « César » est ici une métaphore qui désigne le profane ou le séculier. L'effigie de César sur la pièce est la marque de son autorité matérialisée, tandis que l'image de Dieu en l'homme est la marque de son autorité sur ce dernier. Toutefois, Pannenberg affirme que l'image est distincte de la réalité, c'est-à-dire que Dieu est au-dessus de l'ordre créé[86]. Le Seigneur reconnaît l'autorité de César qui est distincte et soumise à celle de Dieu. Il sépare le pouvoir religieux du pouvoir séculier et fait comprendre que chaque pouvoir a ses exigences vis-à-vis de ses sujets. Il signifie ainsi que l'homme a des devoirs vis-à-vis du pouvoir séculier et vis-à-vis du pouvoir divin parce que tous les pouvoirs dans ce monde appartiennent à Dieu. La valeur de cette parole pour l'enfant de Dieu, le fonctionnaire tchadien, est l'appel à remplir ses devoirs civiques, ce qui est légal, mais en donnant la priorité au domaine spirituel, donc la part de Dieu. La raison en est que tout homme est créé à l'image de Dieu (Gn 2.26-27). Mais c'est Jésus-Christ l'image parfaite ou exacte de Dieu parmi les humains (Col 1.15, Jn 1.18). L'image de Dieu en l'homme corrompue par le péché est restaurée par le sacrifice et la résurrection de Christ, la véritable image de Dieu. En effet, l'homme est appelé à tendre vers la ressemblance à Christ, vers sa stature parfaite. Selon Solignac, Augustin voit dans l'image la nature rationnelle et intellectuelle de l'homme, en particulier son immortalité. Il précise que l'homme est image par participation à la fois semblable

---

85. P. G. W. Glare, *Oxford Latin Dictionary*, Oxford, Oxford University Press, 1982, p. 444.
86. Pannenberg, *Systematic Theology Vol. 1*, p. 389.

et dissemblable ; tandis que le Fils est l'image par essence[87]. Cet homme, porteur de l'image de Dieu en lui, vit dans le séculier sous le règne de César. Le séculier et le religieux sont contrôlés par la souveraineté de Dieu. Le contrôle du monde est constamment médiatisé par un membre de la Trinité en sorte que les autorités humaines sont sous son contrôle.

Nous venons de montrer la possibilité pour l'enfant de Dieu de concilier dans sa personne les ressources positives de sa religion et celles de la modernité. Nous voulons par là dire que sa motivation dans toutes ses activités est de servir le Seigneur. L'éthique du royaume doit prévaloir dans les relations verticale et horizontale. Le couple « identité et présence » interpelle les fonctionnaires chrétiens du Tchad à plus d'un niveau. L'Église n'est pas du monde, mais elle est dans le monde. De même, le chrétien n'est pas du monde mais il est et vit dans le monde créé par Dieu. C'est aussi à ce niveau que la tension entre son présent et son futur s'avère certaine.

B. Tension entre le présent et la perspective eschatologique

La sécularisation entretient dans la vie du chrétien ou de la chrétienne une tension entre sa vocation séculière et sa destinée eschatologique. Weber a perçu cette tension dans la vie de son public lorsqu'il affirme : « L'ardeur de la quête du royaume de Dieu commençait à se diluer graduellement dans la froide vertu professionnelle ; la racine religieuse dépérissait, cédant place à la sécularisation utilitaire[88]. » Selon Weber, le principe de l'ascétisme s'oppose à toute aspiration à l'acquisition des biens temporels. Il a observé un contraste entre l'attitude et même l'éthique des catholiques et celles des protestants. Pour les premiers, le souci de gagner le ciel les arrache au monde présent et les conduit dans les monastères et les couvents afin d'éviter toute corruption susceptible de compromettre leur accès au ciel. Les autres se préoccupent beaucoup de la réussite de la vie dans le monde, d'où le développement de l'esprit capitaliste et l'investissement dans les secteurs sociaux[89]. Berger appuie l'analyse de Weber en spécifiant que les protestants rompent avec la transcendance afin de mieux s'investir sur la

---

87. Aimé SOLIGNAC, « Image et ressemblance : Pères de l'Eglise », in M. VILLER, sous dir., *Dictionnaire de spiritualité*, tome VII, Paris, Beauchesne, 1971, col. 418-425.
88. WEBER, *L'éthique protestante*, p. 217.
89. *Ibid.*, p. 136-137, 143-144.

terre. Il écrit : « Le Protestantisme a aboli la plupart de ces médiations. Il rompt la continuité, coupe le cordon ombilical entre le ciel et la terre, de cette façon, renvoie l'homme sur lui-même dans une manière historique sans précédent[90]. » Cette idée suggère que l'individu vit une tension entre ses convictions, les pratiques religieuses et sa vocation au travail professionnel dans le monde.

Une telle tension se vit également parmi les fonctionnaires tchadiens, mais avec quelques accents différents de ceux notés par Weber et Berger. L'enquête a relevé chez les catholiques un souci du développement holistique observé au travers des investissements dans les secteurs clés et importants de la société. Ils construisent et meublent la vie immédiate de manière responsable et pertinente. Leur projection dans l'avenir au-delà de l'histoire concrète semble occuper la deuxième position. À la différence des catholiques, les évangéliques manquent de souci et de sérieux pour l'aspect social de l'Évangile. Ils s'imaginent déjà dans le ciel et négligent ou relèguent au second rang les préoccupations terrestres. Les gros investissements des Églises depuis plus d'une décennie sont orientés vers le domaine spirituel, la proclamation de l'Évangile. Ainsi, l'on peut constater un déséquilibre entre les deux aspects de l'Évangile, à savoir aspect spirituel et aspect social.

Par ailleurs, la même personne qui a été libérée de l'esclavage du péché et de Satan et transportée dans le royaume de Dieu continue de vivre sa nouvelle vie dans le monde, domaine où Satan règne mais soumis à l'autorité de Jésus. Cependant, son nouveau maître est Jésus et son éthique est celle de Jésus. En fait, l'enfant de Dieu est mis au défi de faire valoir sa double vocation : vocation au travail séculier et vocation à la destinée eschatologique. Ces deux pressions développent dans l'âme une tension, en sorte que la préoccupation pour la vie courante est confrontée à la voie de la conscience sous l'influence du Saint-Esprit.

Toutefois, selon van der Walt, le choix de la vision biblique et de la vision chrétienne du monde permettra de vivre une vie de disciple[91]. L'application de la vision biblique aide à considérer la vie présente comme temporelle, le corps même comme une tente ou une réalité précaire, mais objet du

---

90. BERGER, *The social Reality of Religion*, p. 118. [Notre traduction].
91. Van der WALT, *The Liberating Message*, p. 25, 33.

soin de Dieu. Ce n'est pas pour dire que le corps doit être négligé ; il est le temple du Saint-Esprit (1 Co 6.13). Toutefois, la vision biblique du monde aide à envisager la perspective d'avenir avec beaucoup d'enthousiasme et d'assurance sans négliger l'équipement de la vie présente. Car, le présent et l'avenir sont tous deux contrôlés par Dieu qui règne sur le présent et étend son règne sur l'avenir. C'est pourquoi l'adoption et l'application de la vision chrétienne du monde permettent de donner sens et orientation à la vie présente.

De fait, la tension entre le présent et le futur marque le contexte de la vie chrétienne. Très souvent, l'engagement de certains Africains et Tchadiens dans les questions séculières les conduit à l'autre extrême, à un humanisme outré. Souvent aussi la mauvaise conception du monde arrache l'individu à son monde et le conduit dans un spiritualisme ou au puritanisme au mépris même de sa vie présente. Pour éviter de se rendre victime de cette tension, Newbigin conseille de suivre l'action de Dieu dans le monde[92]. Malgré les pressions soit de l'État soit des systèmes mis en place, soit encore des circonstances adverses, il est possible pour tout enfant de Dieu de vivre sa foi chrétienne dans toutes les sphères de la vie publique de sa nation. Outre ces deux niveaux de tension, il y a un troisième niveau développé par la sécularisation.

C. Tension entre la volonté de Dieu et la réalité du monde

La double vocation des enfants de Dieu les met sous une tension interne en raison de leur présence dans le monde et de leur vocation à participer à la vie divine. Par sa vocation à participer à la vie divine, l'individu est appelé à marquer la différence dans sa manière de vivre dans le monde. Le cas de l'Occident analysé par Gauchet est une illustration de cette tension que vit l'homme en général. Dans le processus de la sécularisation, les Occidentaux n'ont pas pu conserver leur idéal culturel. D'un côté, il y a ceux qui, au nom de la foi à l'Absolu, sont strictement soumis aux exigences de l'autre monde au-delà de l'ordre sensible et visible. Ils sont dépendants des principes du royaume auquel ils appartiennent. De l'autre côté, il y a ceux qui, au nom du retrait absolu de Dieu hors de ce monde, sont absolument liés

---

92. NEWBIGIN, *Honest Religion for Secular Man*, p. 45.

par leur engagement envers le monde de César. Ceux-là estiment qu'ils sont libérés de l'irrationalité de la religion pour s'épanouir dans un autre contexte. À l'intersection de ces deux royaumes, le christianisme sécularisé tente de s'installer[93]. Gauchet écrit :

> Le croyant absolument seul devant un Dieu absolument hors de ce monde, le citoyen seul et libre devant l'incarnation dans l'Etat souverain de l'autonomie humaine : mutation du rapport à l'autre monde et révolution du rapport entre les créatures de ce monde, deux figures complémentaires du mouvement religieux occidental à son terme[94].

L'auteur affirme que nombre de ceux qui sont à l'intersection des deux royaumes font le choix des valeurs favorites ; et en cela le principe prioritaire est la tolérance. Ils estiment que c'est dans la vie concrète en ce monde que se trouve la réalisation personnelle ; l'idéal est de profiter de la vie en la prenant d'un bon côté. Et pourtant, le chrétien contemporain est mis au défi de faire valoir l'éthique du royaume de son Dieu dans le monde. La réussite de sa mission dépend de l'angle sous lequel il se place et de l'intensité de la lumière de Dieu dont il est illuminé. Cox utilise un langage imagé pour décrire sa fonction dans le monde, un distributeur de service ou une tige de fleur dans un bouquet[95]. La fonction de cette image consiste à faire comprendre que l'être humain, vivant dans son environnement, est appelé à remplir totalement sa vocation séculière. L'enfant de Dieu peut assumer sa tâche conformément à sa vocation à la destinée eschatologique afin de donner sens et valeur au cadre terrestre dans lequel il vit. Dans la mise en application de cette éthique, l'enfant de Dieu est appelé à faire face aux défis d'ordre culturel, politique, social, moral et religieux. Ces défis interpellent sa foi qui doit être vécue sans compromission dans le contexte séculier. À ce propos, Newbigin cite Guardini : « Une fois de plus, le christianisme aura besoin de montrer délibérément sa foi comme un foi qui n'est pas auto-évidente[96]. »

---

93. GAUCHET, *Le désenchantement du monde*, p. 76-80.
94. *Ibid.*
95. Cox, *The Secular City*, p. 49-54.
96. NEWBIGIN, *Truth to Tell*, p. 65. [Notre traduction].

Sur le plan culturel, l'obligation pour les chrétiens d'être excellents est le caractère même de leur Dieu. Le Dieu suprême et créateur de l'être humain est le Dieu de l'excellence. Toute sagesse vient de lui, l'intelligence lui appartient (Job 28.20-23). Il accorde du succès à ceux qui le cherchent avec dévouement et dans l'intégrité morale. Les facultés intellectuelles dont Dieu a pourvu l'homme sont disponibles en tout temps pour celui qui veut montrer au monde que les enfants de Dieu ne sont pas des arriérés.

Au niveau politique, les enfants de Dieu ont des principes et des modèles de vie sans compromission dans l'Écriture pour s'en inspirer. Les valeurs et les vertus que les Africains cherchent à voir chez les enfants de Dieu sont entre autres, l'intégrité dans l'application du programme politique du gouvernement et la justice dans l'application des textes de loi aux circonstances appropriées. À l'intégrité s'ajoute la fidélité aux exigences de l'éthique du travail (cf. Dn 6.4-5), le franc-parler ou mieux la vérité à tous égards dans leurs relations (Mc 6.18). Très souvent, la peur de perdre la face, de perdre ses intérêts empêchent les enfants de Dieu impliqués dans les rouages administratifs et politiques de dire la vérité.

S'agissant du domaine socio-professionnel, plusieurs prédicateurs contemporains mettent trop d'accent sur l'exposé des questions politiques et des programmes sociaux qu'ils ne maîtrisent souvent pas bien. Dans le contexte de la sécularisation, les paroissiens ont plutôt soif d'écouter la Parole de Dieu sur des questions existentielles[97]. Ils ont besoin d'être instruits sur les valeurs et les vertus chrétiennes pouvant les aider dans leur manière de servir la société et de gérer la chose publique en tant qu'enfants de Dieu.

L'action et la présence du Dieu trinitaire dans le monde peuvent servir de principe pour l'engagement de l'Église en général et du chrétien individuellement dans le séculier avec une conscience informée et une conviction nette. Car, il ne s'agit ni d'accommodation, ni de compromission, ni encore d'assimilation, ni même de résistance à la sécularisation. L'incarnation de Dieu le Fils a été entièrement vécue dans ce monde, mais de manière différente et sans compromission. Il en va de même pour le don du Saint-Esprit aux hommes ; l'Esprit a confirmé et confirme la présence et la souveraineté

---

97. *Ibid.*, p. 66.

de Dieu dans le monde. Ces exemples demeurent normatifs pour le chrétien individuellement et pour l'Église en tant que communauté d'amour envoyée en mission. L'image et l'Esprit de Dieu en l'homme sont le gage de son appartenance à Dieu dans le monde à la transformation duquel il est appelé à travailler. Au point où l'on se trouve, il ne sied pas de refuser la sécularisation, ou de prendre congé du christianisme parce que Dieu ne peut rien pour l'humanité. Le Dieu trinitaire, transcendant et distinct de sa création, n'est pas allé à l'encontre de l'histoire, mais il suit son cours. L'identification de Dieu le Fils à l'être humain dans sa nature et sa condition et sa vie différente de celle de ce dernier constituent des principes et des modèles pour le disciple de Christ. À la lumière de l'action de Dieu, l'Église en général et le chrétien en particulier sont appelés à aller non en amont, mais en aval de la sécularisation. C'est alors qu'ils pourront la comprendre en ce qu'elle est et y apporter une réponse adéquate du point de vue de l'Écriture.

À cause de toutes ces tensions dans sa vie, le fonctionnaire tchadien est appelé à honorer sa double citoyenneté : citoyen du ciel et citoyen de la terre. Car vivre dans le monde en tant que citoyen du ciel requiert de l'enfant de Dieu la mise en valeur des vertus et qualités recommandées dans l'Écriture : intégrité et fidélité devant Dieu, miséricorde et justice devant les hommes et dans les relations humaines (Mi 6.8). Il y a la nécessité pour l'homme de trouver un équilibre entre les obligations liées à son statut d'image de Dieu et les obligations liées à sa responsabilité en tant que gérant de la terre. La dimension verticale de sa responsabilité exige une reconnaissance de l'autorité de Dieu sur tous les aspects de la vie et l'obéissance à ses injonctions. La dimension horizontale de sa responsabilité exige également la reconnaissance de son appartenance à Dieu. En cela, la tension est inévitable.

Si la sécularisation entretient des tensions dans la vie de l'être humain engagé avec Dieu, ce n'est pas une manière de dire qu'elle est totalement positive ou totalement négative. En considération de ce qui précède, il importe à présent de proposer dans le dernier chapitre de cette étude des jalons d'une théologie propre au contexte de l'Afrique et du Tchad sous l'influence de la sécularisation.

CHAPITRE SIXIÈME

Jalons d'une théologie contextuelle pour l'Afrique en voie de sécularisation

Nous avons exposé trois appréciations théologiques différentes de la sécularisation et trois modèles de réponse qui lui sont proposés dans le chapitre 4. Nous venons de présenter dans le chapitre 5 notre appréciation de la sécularisation basée sur le principe inspiré par l'approche trinitaire. Les conclusions qui en découlent soulignent que le désenchantement du monde désacralise le pouvoir et apporte la liberté à l'être humain. Elles mentionnent également l'évidence des tensions entretenues par la sécularisation et soulignent en même temps les aspects positifs et les aspects négatifs de cette évolution des sociétés. L'analyse de l'approche trinitaire, en particulier l'incarnation, a montré qu'il est possible de vivre dans la présence de Dieu au milieu des tensions caractéristiques de la sécularisation. Il est aussi possible de tirer le meilleur de la modernité pour l'épanouissement de la foi chrétienne.

Cependant, plusieurs fonctionnaires de N'Djaména affirment leur difficulté de vivre la foi chrétienne dans le séculier de manière intègre à cause des pesanteurs sociales et culturelles. La cause est indiquée par la totalité des confessions religieuses interrogées : l'inadéquation de l'approche missionnaire et donc l'inefficacité de l'Évangile dans la vie des fonctionnaires tchadiens. Une autre cause est le fait que les écrits théologiques contemporains accordent très peu d'attention à la situation présente des adeptes. Ils sont plus orientés vers les traditions du passé, négligeant le présent où vivent les auditeurs contemporains. Pour nos interlocuteurs, les missionnaires n'ont pas fait un travail en amont de la vision tchadienne du monde à l'aide de l'Évangile. C'est pourquoi le christianisme est perçu par les fonctionnaires tchadiens comme une religion d'emprunt. En effet, la survivance ou la pérennisation des pratiques traditionnelles dans leur vie trouvent leur explication dans ce contexte. Plusieurs fonctionnaires veulent honorer la mémoire de la tradition de leurs anciens. En effet, ils accueillent l'Évangile sans soumettre leur culture à son autorité. Leur émancipation de l'autorité de la religion dans les circonstances variées de leur vie en est la preuve.

En considération de ce qui précède, répondre à cette émancipation des mentalités, à l'évolution de l'éthique des fonctionnaires et à celle de toute la société tchadienne est une nécessité. C'est pourquoi la présente étape consiste à repenser la fonction de la théologie et le mode de communication de l'Évangile aux Tchadiens émancipés. D'une part, ces derniers sont emportés par le progrès scientifique ; d'autre part, ils sont déçus par les illusions de la modernité. La raison de cette approche est fondée sur le caractère transculturel de l'Évangile.

Nous pensons qu'une théologie contextuelle vise à communiquer le message évangélique de manière à ce qu'il rencontre l'auditeur dans sa réalité existentielle. Autrement dit, il est difficile de dire Dieu à une population dont l'essor de la liberté par rapport à l'autorité de la religion tend vers l'indifférence. C'est aussi difficile de dire Dieu à cette population vivant sous une tension permanente et dont le contenu du croire est altéré. La théologie contextuelle prendra en compte l'orientation du fonctionnaire tchadien en raison de sa vision du monde. Pour atteindre cet objectif, le présent chapitre est structuré en deux sections : la vocation du christianisme sur le continent en voie de sécularisation, et son ouverture au dialogue avec d'autres religions dans le même espace géographique. Par ces sections, nous voulons suggérer au christianisme comment il peut aider les chrétiens africains en général et les fonctionnaires tchadiens en particulier à vivre leur vie de disciples du Christ dans l'exercice de leur profession et dans leur société. Nous voulons aussi exposer la nécessité pour le christianisme de considérer sa relation avec d'autres religions en vue de leur faire comprendre la spécificité de l'attitude chrétienne vis-à-vis de la sécularisation.

I. Vocation du christianisme

Bediako, van den Toren et van der Walt ont porté une attention particulière sur le rôle de la culture dans le processus de la contextualisation de l'Évangile en Afrique. Il convient de souligner que le rôle du christianisme sur ce continent en voie de sécularisation est de formuler et de présenter un message contextuel. Sans perdre de vue la ligne de cette étude ni se perdre dans les généralités de la vision du monde des fonctionnaires tchadiens, cette section se focalisera sur un seul élément, à savoir les valeurs de la génération montante de ces fonctionnaires. Ces valeurs ressortent des résultats de l'enquête et des discussions précédentes. Mais auparavant, il n'est pas superflu de souligner l'importance de la théologie contextuelle.

A. Bien-fondé de la contextualisation

Il importe de noter que des critiques sont formulées à l'endroit du concept de « contextualisation[1] » comme nouvelle approche de la théologie. Le terme théologique « contextualisation » est souvent confondu ou mis en comparaison avec adaptation, accommodation, indigénisation, inculturation ou incarnation. Nous rendrons compte seulement de l'inculturation et de l'indigénisation[2]. L'objectif que se fixe la « contextualisation » et ces termes apparentés est le même, cependant les nuances résident au niveau du mécanisme de transmission du message. Gener fait comprendre que le terme « inculturation » est le processus de la proclamation et de l'explication de l'Évangile dans la langue particulière d'un peuple. L'inculturation désigne aussi le processus par lequel une église locale s'insère dans une culture donnée de manière transformationnelle[3]. D'après John Waliggo, l'inculturation signifie l'insertion de nouvelles valeurs dans une vision du monde et une culture données[4]. A. Scott Moreau, quant à lui, défi-

---
1. Joel B. GREEN, « Context », in Kevin VANHOOZER, sous dir., *Theological Dictionary Interpretation of the Bible*, Grand Rapids, Baker Academic, 2005, p. 130-133.
2. Voir Dean GILLILAND, « Contextualization », in A. Scott MOREAU, sous dir., *Evangelical Dictionary of World Missions*, Grand Rapids, Baker Books, 2000, p. 225-227 pour le sens des autres termes apparentés à contextualisation.
3. T. D. GENER, « Contextualization », in W. A. DYRNESS et Veli-Matti KÄRKKÄINEN, sous dir., *Global Dictionary of Theology*, Downers Grove/Nottingham : IVP, 2008, p. 192-196.
4. John WALIGGO, « Inculturation », in Nicholas LOSSKY et al., sous dir., *Dictionary of the Ecumenical Movement*, London, WCC, 1991, p. 506-507.

nit l'inculturation comme l'incarnation de la vie chrétienne et du message chrétien dans un contexte culturel particulier. Et cela se fait de telle manière que cette expérience, non seulement trouve son expression au travers des éléments de la culture en question, mais aussi devienne un principe qui anime la culture, la dirige et l'unifie en la transformant pour qu'elle soit une nouvelle création[5].

Tandis que l'inculturation vise la culture dans sa globalité comme cadre dans lequel l'Évangile doit être introduit, l'indigénisation, quant à elle, désigne l'action de traduire la foi chrétienne universelle dans les formes et symboles des cultures particulières du monde[6]. En d'autres termes, l'indigénisation est l'action de trouver aux réalités bibliques historiques et théologiques des correspondances dans une culture locale donnée. Nous tâcherons de clarifier le sens du terme « contextualisation » afin de le distinguer des deux premiers termes.

1. Sens du mot « contextualisation »

Il importe de préciser d'abord le sens du mot « contextualisation » qui dérive du terme « contextuel ». La racine même de ces mots est « contexte ». « Contextualisation », selon Dean Gilliland, est décrit comme la capacité de répondre de façon significative à l'Évangile au sein d'une situation donnée[7]. Il précise que l'expression « théologie contextuelle » résulte d'une consultation tenue à Bossey en Suisse en août 1971 et qu'elle a été très vite vulgarisée par le Conseil Œcuménique des Églises. L'idée de la consultation est que la contextualisation est une nécessité théologique exigée par la nature incarnationnelle de la parole[8].

---

5. A. Scott MOREAU, « Inculturation », in A. Scott MOREAU, sous dir., *Evangelical Dictionary of World Missions,* Grand Rapids, Baker Books, 2000, p. 475-476.
6. Harvie M. CONN, « Indigenization », in A. Scott MOREAU, sous dir., *Evangelical Dictionary of World Missions,* Grand Rapids, Baker Books, 2000, p. 481-482.
7. GILLILAND, « Contextualization », p. 225-227. D'après l'auteur, le mot contextualisation est nouveau en théologie. Il apparaît pour la première fois en 1972 dans un document intitulé *Ministry in Context.* Cette information est confirmée par D. J. HESSELGRAVE, « Contextualization of Theology », in Walter A. ELWELL, sous dir., *Evangelical Dictionary of Theology,* Carlisle/Grand Rapids, Paternoster/Baker Books, 1995, p. 271-272. Hesselgrave ajoute que les racines de la théologie contextualisée peuvent être trouvées dans le dialogue chrétien-marxiste.
8. GILLILAND, « Contextualization », p. 225-227.

D'après Gilliland, le but de la contextualisation définit bien ce qu'elle est. Son but est de rendre possible, tant que cela dépend des capacités humaines, une compréhension de ce que signifie Jésus-Christ est la Parole, et que cette vérité soit expérimentée dans toute et chaque situation humaine. L'auteur écrit : « Contextualisation signifie que la parole doit demeurer parmi toutes les familles de l'humanité aujourd'hui comme, en vérité, Jésus a vécu parmi les siens[9]. » Selon Gilliland, l'Évangile est la Bonne Nouvelle lorsqu'elle donne une réponse à un peuple particulier vivant dans un endroit particulier et à un moment particulier. Cela implique que la vision du monde de ce peuple offre un cadre pour la communication. Les outils culturels de ce peuple deviennent le moyen d'expression. Le principe de la contextualisation est applicable dans divers domaines qui impliquent les dimensions de la vie religieuse, à savoir la structure locale de l'église, l'adoration, la prédication, le leadership, les symboles, les rites. Le contexte embrasse les différentes réalités et expériences humaines. « Ces différences sont en rapport avec les histoires culturelles, les situations sociétales, économiques, politiques et idéologiques[10]. »

Dans le même ordre d'idées, T. D. Gener pense que la contextualisation signifie communiquer la foi biblique dans les termes locaux, c'est-à-dire en utilisant les termes vernaculaires et en prenant en compte les problèmes et préoccupations locales[11].

La théologie contextuelle est une théologie qui, informée de l'enjeu de la vision du monde et de la culture d'un peuple, cherche à pénétrer la culture avec la puissance et la lumière de l'Évangile. La contextualisation est appropriée parce qu'elle se focalise sur les ressources disponibles à l'intérieur du contexte même. L'inculturation, l'indigénisation et la contextualisation visent toutes à communiquer efficacement l'Évangile de Jésus-Christ dans une culture donnée. Prise ensemble avec le discours de la contextualisation des messages, Selim Abou pense que l'inculturation est l'insertion du « message évangélique dans les diverses cultures c'est-à-dire en quelque sorte de

---

9. *Ibid.* [Notre traduction].
10. *Ibid.*
11. T. D. Gener, « Contextualization », p. 192-196.

son indigénisation[12] ». L'ambigüité relevée dans cette citation porte sur le sens de l'inculturation qui définit l'indigénisation. Selon Bosch, l'indigénisation comme un des grands types de théologie contextuelle se présente soit sous le mode de la traduction soit sous le mode de l'inculturation[13]. Ce dernier terme désigne le type de théologie contextuelle qui « englobe la totalité du contexte : social, économique, religieux, pédagogique[14] ». Distincte de l'inculturation, d'après Bosch, la contextualisation évoque la nature expérimentale et contingente de toute théologie. En d'autres termes, elle maintient un dialogue continu entre texte et contexte afin de d'indiquer la volonté de Dieu comme réponse à l'homme dans sa situation précise[15]. B. J. Nicholls renchérit : « La contextualisation est un processus dynamique de la réflexion de l'Église [...] sur l'interaction du texte comme la parole de Dieu et le contexte comme une situation humaine spécifique[16]. » Nous estimons que la contextualisation vise à toucher le cœur de l'être humain de manière à y opérer une transformation. Cette transformation du cœur gagné à la cause de l'Évangile influence les éléments extérieurs à la personne, tels que la forme et les symboles de sa culture.

2. Importance de la théologie contextuelle

Hesselgrave indique que les racines de la théologie contextualisée peuvent être trouvées dans une succession de phénomènes historiques, sociopolitiques, socio économiques et religieux sur quelques décennies dans le monde[17]. L'importance de la contextualisation de la théologie résulte de l'évaluation faite par les chrétiens du Tiers-Monde du fait que la théologie importée par les Occidentaux de toutes origines recoupe difficilement leurs expériences et leurs situations. La théologie ne doit pas seulement être enracinée dans l'histoire biblique, mais aussi engager les réalités concrètes

---

12. Sélim Abou, *Retour au Parana. Chronique de deux villages guaranis,* Paris, Hachette, 1993, p. 48. Voir Leorelationniste, « Une lecture anthropo-sémiotique de l'inculturation publicitaire en contexte camerounais » [Consulté le 16 Septembre 2011]. En ligne : http://leorelationniste.over-blog.com/article-33784800.html
13. Bosch, *Dynamique de la mission chrétienne,* p. 565.
14. *Ibid.,* p. 607.
15. *Ibid.,* p. 577.
16. B. J. Nicholls, « Contextualization », in Sinclair B. Ferguson et al., sous dir., *New Dictionary of Theology,* Leicester/Downers Grove, IVP, 1988, p. 164-166. [Notre traduction].
17. Hesselgrave, « Contextualization of Theology », p. 271-272.

dans lesquelles vivent les chrétiens eux-mêmes[18]. Cela implique le rôle de la culture dans l'incarnation de l'Évangile. La compréhension et l'appropriation de l'Évangile constituent le but de la théologie contextuelle. Ses objectifs sont, entre autres, formuler le message évangélique dans les catégories culturelles locales, communiquer ce message de manière à ce que l'Évangile rencontre les gens dans leurs situations concrètes.

Dans cette étude, l'importance de la théologie contextuelle repose sur les principes inspirés par la pédagogie du Dieu trinitaire dans sa relation avec la création développée dans le chapitre précédent. Ceci est confirmé par van den Toren lorsqu'il soutient le bien-fondé de la contextualisation de la doctrine chrétienne. Il mentionne la relation entre création et rédemption, l'identité chrétienne et l'intégrité de la conversion, la seigneurie de Christ et l'exemple normatif de l'incarnation[19]. Van den Toren pense que Christ en tant que médiateur de la nouvelle création est venu racheter l'homme qu'il a créé. Dans la vie de cet être racheté, il y a une continuité de sa personne avant et après sa conversion en même temps qu'un renouveau radical de toute sa vie. L'auteur estime que la seigneurie de Christ, objet de la confession néotestamentaire, et l'unicité de Dieu fondent la nécessité de la contextualisation qui s'opère dans une tension entre la discontinuité et la continuité. La contextualisation implique une discontinuité radicale entre l'Évangile et les convictions antérieures de ceux qui l'écoutent. Elle implique aussi une certaine continuité dans la mesure où la contextualisation de l'Évangile suppose la mise en cause des concepts de « dieu » et de « seigneur » dans les cultures. Selon l'auteur, l'action de Dieu en Christ demeure un modèle de comportement pour tous ceux qui s'engagent avec lui et pour lui[20].

David Bosch appuie la nécessité d'une théologie contextuelle : « Nous vivons, à proprement parler, dans un monde totalement différent de celui du XIXe siècle, sans parler des époques antérieures. Cette nouvelle situation constitue à tous égards un défi, à commencer par celui de trouver des

---

18. Gener, « Contextualization », p. 192.
19. Benno van den Toren, « La contextualité de l'Evangile et de la doctrine chrétienne » Hokhma, n° 28, 2010, p. 61-67.
20. *Ibid.*

réponses adaptées à notre temps[21]. » Newbigin voit sous le même angle l'importance de la contextualisation lorsqu'il affirme qu'elle place l'Évangile dans le contexte total d'une culture à un moment particulier, un moment qui est déterminé par le passé et regarde l'avenir[22]. Ces auteurs expliquent davantage la nécessité de contextualiser la théologie afin de mieux répondre aux besoins d'un peuple.

Nous pensons que les valeurs africaines, faisant partie intégrante de la culture, ont aussi un rôle à jouer dans le processus de la contextualisation de l'Évangile. Notons qu'entre les traditions africaines et le présent sécularisé il y a un conflit ouvert qui tend vers l'exclusion mutuelle. C'est pourquoi nous estimons utile de proposer au christianisme d'identifier les valeurs influencées par la sécularisation et de leur apporter une réponse chrétienne.

B. Réappropriation des valeurs de l'Afrique contemporaine

La compréhension et le respect des valeurs d'un peuple font partie des stratégies pour la formulation d'une théologie dynamique en vue de la communication efficiente de l'Évangile. En soi, le mot « valeur » désigne une notion très vaste et sa définition dépend du champ dans lequel l'on se place. Entendons par « valeurs » tout ce qui est posé comme bien selon des critères personnels ou sociaux et qui peut être considéré comme une référence. Ces critères incluent les principes moraux d'une société[23]. Aussi, les valeurs d'une société déterminent les choix individuels. Il est important d'identifier dans chaque culture des valeurs virtuelles (potentielles ou apparentes) et des valeurs réelles mais variables avec la fluctuation du temps afin de mieux travailler dans le sens de l'établissement du règne de Dieu. Van der Walt voit sous le même angle la tâche de l'Église appelée à pénétrer dans la culture d'un peuple pour la comprendre et respecter ses valeurs[24]. Dans le contexte de cette étude, il est nécessaire de souligner que les fonctionnaires tchadiens en voie de sécularisation revalorisent les valeurs présentes dans la tradition africaine, à savoir le bien-être, la vie, la liberté, la tolérance sur lesquelles la modernité met l'accent. Le travail ici consiste, dans un premier

---

21. BOSCH, *Dynamique de la mission chrétienne*, p. 252.
22. NEWBIGIN, *Foolishness to the Greeks*, p. 2.
23. *Grand Larousse Encyclopédique*, vol. 10, Paris, Librairie Larousse, 1964.
24. Van der WALT, *When African and Western Cultures Meet*, p. 168-169, 181.

temps, à les identifier et à les analyser, dans un second temps à les évaluer à la lumière de l'Écriture en les comparant avec les vraies valeurs selon la vision chrétienne.

1. *Bien-être*

Le concept tchadien du bien-être mentionné parmi les valeurs par les enquêtés est influencé par la sécularisation. Pourtant, il a son importance au sein des sociétés tchadiennes pré-séculières comme dans celles qui sont en voie de sécularisation. Dans la réalité actuelle de la vie sociale au Tchad, cette valeur subit une altération au plan de son contenu ; son importance se dissipe.

a) Une valeur en voie de disparition

Idéalement, le bien-être est une condition de vie améliorée dans laquelle la personne qui l'atteint ne dépend pas d'autrui ; c'est un signe de son autosuffisance, de son autonomie. La prospérité matérielle en est l'indicateur. En général, les sociétés tchadiennes ont toujours accordé beaucoup d'importance et de respect à celui qui travaille de ses propres mains et se nourrit du fruit de son labeur. Car la grandeur sociale de l'individu lui est reconnue par la communauté au regard de ses réalisations et de son importance sociale. Les sociétés tchadiennes respectent et louent aussi les personnes dont l'accroissement de la richesse repose sur des bases justes et crédibles. Un ministère dans le gouvernement tchadien assume le rôle de la moralisation afin de promouvoir cette valeur. C'est à ce ministère qu'un enquêté se réfère parce qu'il observe des déviances : « Il faut que le service de la moralisation essaie de pousser son travail un peu plus loin ; pas seulement s'arrêter sur les panneaux qu'il affiche en pleine rue pour moraliser les gens, mais il faut qu'il descende dans les familles et dans les écoles pour faire la morale aux enseignants[25]. » Il convient de noter que l'image de Dieu en l'homme lui donne la possibilité de se comporter d'une manière sensée, responsable et louable même sans référence à la religion.

En effet, l'honneur accordé aux gens qui travaillent dans leur milieu dépend de leur intégrité et de leur constance dans la morale du travail, et du bénéfice dont jouit la communauté. L'intégrité et la valeur du travail

---

25. Interview n° 46 du 12 janvier 2010 à 12h15.

poussent les hommes et les femmes à s'efforcer de conquérir le respect de leur communauté par le dévouement au travail selon les qualités communément admises. C'est dans cet esprit que l'hymne national du Tchad s'ouvre par cette interpellation : « Peuple tchadien, debout et à l'ouvrage ! Tu as conquis ta terre et ton droit. Ta liberté naîtra de ton courage[26]. »

Cette appréciation et cette interpellation solennelle demeurent valables. Mais à présent, le bien-être est une valeur communautaire influencée par la sécularisation au Tchad. Celle-ci vient mettre en cause le modèle traditionnel du processus du bien-être et de l'enrichissement. Le développement de la consommation aboutit à une société marchande gouvernée par l'amour de l'argent et du profit à tout prix. Nous faisons remarquer que la moralisation des comportements peut aussi avoir des fondements non religieux. En fait, l'évolution des sociétés contemporaines inspire au fonctionnaire tchadien une nouvelle conception de la prospérité : atteindre un seuil de grandeur sociale sans aucun effort à fournir. Au cours de l'enquête, une voix parmi des dizaines d'autres confirme ce changement d'attitude et de comportement :

> Notre petite société dans laquelle nous vivons génère certaines valeurs qui font que certaines personnes ont du mal à rester vraiment intègres. On peut mettre tout cela sous la bannière de deux choses : la pauvreté et la richesse. Pour être riche, il y a aussi des étapes à suivre. Donc si le chrétien fonctionnaire veut être riche, il est obligé de suivre les mêmes étapes qu'un homme du monde séculier suit ; or, ce chemin n'est pas évident pour un chrétien. Et il y a aussi la pauvreté. On est tellement pauvre que devant certaines situations, on perd nos valeurs intérieures[27].

Deux couples d'opposition se dégagent de cette opinion : pauvreté et richesse, certaines valeurs et nos valeurs. Certains fonctionnaires veulent vivre au-dessus de leur niveau et au rythme de l'évolution de la société sans disposer des moyens personnels légitimes et honorables. Aussi

---

26. COLLECTIF, « Hymne national et le drapeau du Tchad ». [Consulté le 28 Juillet 2011]. En ligne : http://www.tchad.org/recherche/drapeau.html.
27. Interview n° 20 du 05 octobre 2009 à 20h20.

s'imposent-ils de faire fi du bon sens afin de pouvoir atteindre cet idéal de bonheur envisagé. Yves Lambert observe un phénomène pareil dans le contexte européen. Il affirme que les gens essaient de concilier « Il ne faut pas attendre les récompenses du bien dans l'au-delà » et « Soyez bons et les temps seront bons[28] » afin de trouver une synthèse qui leur donne les possibilités d'investir uniquement dans ce monde.

S'agissant des valeurs, « certaines valeurs » désignent celles que la sécularisation a générées ; l'expression « nos valeurs » indique celles qui sont inculquées par la tradition et qui régissent la vie sociale. À plus d'un niveau, l'observation du climat socio-professionnel révèle qu'il y a une déviation de la trajectoire de l'éthique du travail sous l'égide de la sécularisation. « Chacun veut s'enrichir et par tous les moyens », affirme un enquêté[29]. Indira Devi a fait le même constat dans les sociétés indiennes. Il témoigne que les variables se multiplient selon le temps et l'espace ; cependant, un élément demeure constant, c'est la quête humaine pour le bonheur en dehors du cadre idéal originel[30]. Les fonctionnaires influencés par la sécularisation sont pour la plupart en quête de ce bonheur. Un sexagénaire le confirme : « Avec l'évolution, les gens ne sont là que pour convoiter voitures et maisons les uns des autres. Ils ne sont pas contents de leur niveau ; ils pensent passer par ce chemin-là pour s'enrichir[31]. » Pourtant, le chemin du bonheur idéal n'est pas tortueux.

b) Le bonheur idéal

Le christianisme peut racheter cette valeur mal orientée afin de la corriger par la vérité biblique et de la réorienter selon la conception chrétienne du bonheur. D'après l'Écriture, le bien-être est une bénédiction de Dieu. Il n'est pas la récompense d'un mérite devant Dieu. Dans une certaine mesure, la lecture de quelques textes comme Psaumes 1.1-3 ; 112.1-9 ; 128.1-6, permet de comprendre que le bien-être est le fruit de la piété. S'il en était ainsi, l'on dirait que Dieu a agi injustement à l'endroit de la veuve qui

---

28. Yves LAMBERT, « Attitudes sécularistes et fondamentalistes en France et dans divers pays occidentaux », *Social Compass* Vol. 48/1, 2001, p. 218.
29. Interview n° 12 du 1er octobre à 7h23.
30. Indira V. DEVI, *Secularization of Secular Mind*, Jaipur/New Delhi, Rawat Publications, 2002, p. 13.
31. Interview n° 41 du 11 janvier 2010 à 14h02.

était intérieurement riche mais n'avait apporté à son Dieu qu'un quart de sou (Mc 12.41-44). Il est humainement difficile de concilier la pauvreté de la veuve dévote et la richesse de ceux dont le degré de piété n'a pas retenu l'attention de Jésus. Le seul Dieu accorde aux uns et aux autres différents types de richesses selon sa bienveillance. C'est pour cela qu'il importe de retenir que le bien-être social est purement l'expression de la grâce divine dans la mesure où l'initiative vient de Dieu. L'Éternel déclare à Israël : « Je donne la prospérité » (Es 45.9, 14). Dès lors que l'âme humaine reconnaît à Dieu la source du bien-être matériel, elle peut se confier en cette vérité. Ceci est une valeur chrétienne à rechercher : « Cherchez premièrement le royaume de Dieu » (Mt 6.33).

À la lumière de ces vérités bibliques, retenons que le bien-être est un état, le *shalom* de Dieu dans lequel l'homme est placé en vertu de ce qu'il est justifié en Christ (Rm 5.1s). Il consiste à connaître le seul vrai Dieu et son Messie (Jn 17.3), à vivre une vie dans laquelle Dieu est au centre. Toutefois, le *shalom* biblique a aussi des aspects matériels et communautaires (Ps 112.1-3). Le christianisme peut ainsi inviter le fonctionnaire tchadien à rechercher cette valeur en marchant devant la face de son Dieu qui, selon sa puissance, s'occupe de ses besoins et de ceux de la communauté.

2. Vie en communauté

Dieu a créé l'homme sociable. Il lui a donné la vie et le privilège de vivre cette vie en communauté. Cette dimension communautaire de la vie au Tchad est une autre valeur influencée par la sécularisation au profit d'une émancipation du contrôle de la communauté et de la structure sociale. C'est une émancipation qui conduit les gens dans l'individualisme et dévalue la vie humaine.

a) Sacralité de la vie et dynamique de la vie en communauté

La vie humaine est inaliénable. Vu ce caractère de la vie, les constitutions des nations et les lois internationales des droits humains s'ouvrent par des dispositions relatives à la vie. Par exemple, la constitution du Tchad au Titre 2, Chapitre I, article 17 stipule : « La personne humaine est sacrée et inviolable. Tout individu a droit à la vie, à l'intégrité de sa personne, à la sécurité, à la liberté, à la protection de sa vie privée et de ses biens[32]. » Dans un contexte plus large, ayant à l'esprit la relation entre la tradition et le présent sécularisé, Mulago affirme que la vie fait l'objet de toutes les préoccupations des Africains : « La vie dont il s'agit est une vie intégrale, individuelle en tant que reçue dans chaque existant, et communautaire, collective, en tant que participée d'une même et unique source. Pour les Négro-Africains, vivre, c'est exister au sein d'une communauté, c'est participer à la vie sacrée[33]. »

Dans les sociétés tchadiennes, la vie de l'être humain a sa valeur au sein de la communauté. Le fonctionnaire tchadien de la période qui précède l'ère de la sécularisation était appelé à libérer ses potentialités dans sa communauté. Cela consistait à participer à l'épanouissement de celle-ci, à combattre de toutes ses forces contre les maux qui menacent la vie communautaire et à servir de façon désintéressée. Cette valeur demeure dans les normes de la vie sociale contemporaine.

Cependant, la vie sociale actuelle au Tchad en général et à N'Djaména en particulier montre une banalisation de la vie humaine et une atrophie de la vie communautaire. La bureaucratie, l'activisme, la précarité de la vie socio-économique et la lutte pour la survie déstabilisent la société, la famille et les relations humaines. L'influence de la sécularisation engendre dans les cœurs une nouvelle manière de concevoir la vie dans ses deux dimensions : verticale et horizontale. Il y a un individualisme et un matérialisme prononcés qui s'installent dans les comportements, les relations et le service. La quasi-totalité des enquêtes déplore la perte de l'éthique du travail et l'effritement de l'esprit de service dans la sous-population des fonctionnaires. « À l'époque, vous n'avez pas besoin de venir au bureau comme aujourd'hui les gens courent derrière le dossier avec l'argent à l'appui », témoigne un sexagénaire[34].

---

32. Centre de Formation pour le Développement (CEFOD), « Constitution de la République du Tchad de 1996 », révisée en 2005. [Consulté le 6 Novembre 2010]. En ligne : http://www.cefod.org/Fichiers%20web/Constitution%20Tchadienne.h.
33. Mulago gwa M. Cikala, *La religion traditionnelle des Bantu et leur vision du monde*, 2ᵉ éd., Bibliothèque du Centre d'Etudes des Religions Africaines, Kinshasa, Faculté de Théologie Catholique, 1980, p. 134.
34. Interview n° 41 du 11 janvier 2010 à 14h02.

Par ailleurs, « la qualité des relations n'est plus comme avant », s'exclame un interlocuteur[35]. Cette appréciation est une indication d'un manque d'égard pour le prochain et pour son choix ou une indifférence vis-à-vis de ce qui le concerne. À propos du choix du prochain, une autre voix africaine, celle de Félix Houphouet-Boigny rapportée par A. H. Bâ, déclare : « Exposons-lui notre manière de voir, mais laissons-lui l'initiative de choisir son chemin[36]. » Cela veut dire que chacun se gère selon sa conscience en prenant la direction de sa vie, sans nécessairement s'occuper du reste. Ce manque de soin pour le prochain est également observé chez les fonctionnaires de N'Djaména vis-à-vis de l'intérêt public et des besoins communautaires. L'insouciance caractérise les individus et les leaders vis-à-vis des intérêts et de l'avenir de la communauté ou de l'institution qui paie à l'agent son salaire. La valeur de la vie se dissipe et la communauté se détériore.

b) La vie selon l'idéal de Dieu

Une société se disloque à cause de l'influence de la modernité et ses membres sont exaspérés par le changement négatif de la vie, mais assistent impuissants à son évolution dégradante. C'est pourquoi le christianisme peut apporter aux sociétés tchadiennes l'espérance en leur communiquant la vision chrétienne de la vie selon l'idéal de Dieu. La proposition de van der Walt est valable ici pour orienter la vie vers l'idéal chrétien[37]. D'un côté, le socialisme reconnu à l'Afrique est marqué par l'exclusion de ceux qui n'appartiennent pas au même groupe tribal. Et pourtant, toutes les tribus sont voulues par Dieu ; elles sont sous le regard de leur créateur et ont le même droit à la vie et à l'amour fraternel. Elles ont toutes la même vocation à participer à la vie divine. D'un autre côté, l'individualisme reconnu aux Occidentaux ou sa variante constatée au sein des sociétés tchadiennes sécularisées ou chez des personnes émancipées est aussi marqué par l'exclusion du prochain.

---

35. Interview n° 23 du 7 janvier 2010 à 13h30.
36. Amadou Hampâté Bâ, *Jésus vu par le musulman*, Abidjan/Vanves Cedex, Nouvelles Editions Ivoiriennes/Edicef, 2009, p. 77.
37. Van der Walt, *The Liberating Message*, p. 259.

Dans une société sécularisée et de plus en plus pluraliste, il convient de distinguer entre l'individualisme et l'individualisation. Le premier terme désigne la conséquence de la sécularisation. Il consiste à mettre l'homme au centre de sa vie à l'exclusion de son prochain et de son créateur. L'individualisation est l'action de rendre individuel un acte, une décision, un engagement ou une chose. Par exemple, elle est la caractéristique de la pénalité infligée par Dieu au coupable (Ez 18.20), du salut offert par Dieu (Jn 3.16) ou de l'engagement avec Dieu (Lc 9.23). C'est sur l'individualisme que nous mettrons l'accent dans notre analyse.

Contrairement à ces valeurs (communautarisme, individualisme) affectées par le péché et influencées par la sécularisation, l'Écriture enseigne la valeur selon l'idéal de Dieu : l'amour qui imprègne la notion de « frère »[38]. Cette valeur a été valorisée dans l'assemblée d'Israël et demeure normative pour l'Église. L'herméneutique de ce mot est extensible. Le mot « frère » peut s'appliquer à toute la descendance d'Adam, donc à l'humanité entière ; il peut s'appliquer aux gens de même couleur, aux populations d'un seul continent, au peuple d'une seule patrie, aux membres d'une tribu, d'un clan ou d'une famille. Dans le Nouveau Testament, la notion de « frère » fréquente dans la littérature de Luc dénote l'idée de liens consanguins dont l'origine remonte à l'Ancien Testament[39]. Les chrétiens sont qualifiés de frères. À la différence de la pratique traditionnelle, Jésus lui-même a employé le mot « frères » pour identifier les disciples à lui et les lier à sa personne (Mt 28.10 cf. Jn 20.17). Il a fait du concept « prochain » l'équivalent de « frère » et du sens de l'affection fraternelle une obligation essentielle et vitale au christianisme.

Dans la théologie de Paul, le mot « frère » désigne les membres de la famille de Dieu ; le Fils de Dieu est « l'aîné d'une multitude de frères » (Rm

---

38. Pour plus d'informations sur la notion de « frère », voir Edouard LIPINSKI, sous dir., « Frère, sœur », in *Dictionnaire encyclopédique de la Bible*, 3ᵉ éd. revue et augmentée, Turnhout, Brepols Publishers, 2002, p. 522.

39. Elle est considérée comme un lien légitime entre les personnes issues de la même souche familiale ou généalogique (Gn 4.2, Ex 2.11, Ps 22.22). Elles sont régies par le même principe : respect de la tradition à laquelle elles ont cru, obéissance aux prescriptions de l'Éternel. Tous les membres de cette entité expriment un sentiment d'appartenance mutuelle, de solidarité à tous égards et de communion. En un sens plus large, on appelle « frères » des membres plus lointains de la parenté, des gens de la même tribu, voire d'une tribu voisine. Voir Gn 13.8, 14.14, Lv 21.10, Dt 2.4,8, 23.8.

8.29). Le statut de frère introduit ces personnes dans une relation intime avec Dieu au point de l'appeler « Père ». « Cette désignation laisse voir que l'Église est une famille dont Dieu est le Père et implique du coup un rôle éthique », affirme Reidar Aasgaard[40]. Ce terme « frère » évoque la marque principale, l'amour qui distingue les personnes ayant reconnu et accepté Jésus-Christ en vertu de ce qu'elles partagent la même foi, ont le même Sauveur et le même Seigneur. Par conséquent, elles partagent la même expérience du salut, la même condition de disciple ; elles ont la même éthique et la même destinée (Ac 11.29, cf. 1 Co 5.11). Nous pensons que les fonctionnaires de la même confession sont des frères, et que tous les Tchadiens sont des frères et sœurs puisqu'ils sont de la même patrie et régis par la même loi constitutionnelle. Par conséquent, ils peuvent ensemble lutter contre l'individualisme afin de redonner à la vie communautaire son sens.

C'est pourquoi le christianisme peut travailler à la transformation des mentalités, attitudes et comportements entretenus par la conception traditionnelle de l'autorité et du pouvoir, et plus encore influencés par la sécularisation. Son succès sera le gage de la libération du peuple tchadien de contraintes érigées en système.

3. Liberté individuelle

La compréhension grecque de la liberté influence les sociétés contemporaines. Dans la culture grecque, le mot *eleutheria* traduit par liberté signifie l'indépendance individuelle, l'autonomie ou la liberté totale par rapport à l'esclave dans le sens que l'individu n'est pas sous la contrainte ou la domination d'autrui[41]. Cette liberté est comprise dans l'ère moderne comme un état où l'individu s'appartient à lui-même et n'a aucune référence à une institution ou à une structure donnée. Les réclamations contemporaines de la démocratie partent de ce concept. Dans le contexte de la polémique socio-politique, Engelbert Mveng renchérit en soutenant qu'il faut sortir l'individu africain de son aliénation actuelle afin qu'il se libère, se réalise

---

40. Reidar Aasgaard, « Role Ethics in Paul : the Significance of the Sibling Role for Paul's Ethical Thinking », *New Testament Studies* Vol. 48/4, 2002, p. 513-530.
41. Heinrich Schlier Marburg, « ἐλεύθερος; ἐλευθερόω; ἐλευθερος; ἀπελεύθερος », in Gerhard Kittel, sous dir., *Theological Dictionary of the New Testament*, Vol. II, Grand Rapids, Eerdmans, 1964-1974, p. 487-502.

et s'assume dans les différentes branches de la pensée et de la créativité[42]. L'influence de cette compréhension grecque de la liberté est observée dans les aspirations des fonctionnaires tchadiens interrogés. L'opinion de cet interlocuteur musulman appuie l'idée :

> Si je suis en Afrique, j'ai plus de problème parce qu'en Afrique, il n'y a pas la liberté de la personnalité, c'est la crainte des autres. Tu n'as pas la liberté et tu es obligé de t'y mettre pour plaire aux autres, mais non pour plaire à Dieu. En Afrique, la plupart des gens ne cherchent qu'à plaire aux autres alors qu'en Occident, les gens ont la totale liberté de réfléchir, de voir les choses à leur manière. Cela les aide beaucoup[43].

Cet enquêté résume le vœu de plusieurs fonctionnaires qui réclament la liberté vis-à-vis de leur institution religieuse ; d'ailleurs, ils se donnent des libertés relatives dans l'expérience de leur vie religieuse. Ils auraient aimé que la religion leur laisse la liberté de vivre selon les demandes de leur contexte en fonction de leurs besoins. C'est ce qui explique leur participation aux activités organisées par d'autres formations religieuses en dépit des restrictions de leur religion respective. En effet, la disposition à cohabiter selon les aspirations individuelles engendre l'émergence d'idéologies, de paradigmes politiques, éthiques ou structurels et la pluralité religieuse. Cette mentalité qui se traduit par une nouvelle éthique revêt un caractère de libéralisme[44].

a) Liberté religieuse au Tchad

D'après l'article 27 de la constitution fondant la laïcité du pays, la liberté religieuse est un fait acquis. Cette loi recoupe la Déclaration du concile Vatican II sur la liberté religieuse dans *Dignitatis Humanae* du 7 Décembre

---

42. Engelbert MVENG et B. L. LIPAWING, *Théologie, libération et cultures africaines*, Paris/Yaoundé, Présences Aricaines/CLE, 1996, p. 141.
43. Interview n° 43 du 12 janvier 2010 à 8h00.
44. L. Bazin, « Libéralisme » in *Encyclopaedia Universalis*, vol. 9, 973-976. Le libéralisme est à la fois une doctrine et un mouvement social qui combattait les pouvoirs et les systèmes ayant subordonné à leurs propres finalités l'épanouissement de l'individu. Il se donne la mission de développer les techniques de croissance et de rentabilité en vue de satisfaire les besoins de tous les hommes. Le libéralisme n'accepte ni le dépérissement de l'État ni sa déification.

1965. D'après cette déclaration, le droit à la liberté religieuse est fondé sur la dignité de la personne humaine créée à l'image de Dieu et douée de la raison. Cependant, la question de la liberté religieuse au Tchad demeure une préoccupation dans la mesure où cet article est compris et appliqué différemment par les citoyens tchadiens. Dans les faits, il y a de part et d'autre une certaine négligence ou discrimination par rapport au respect de la laïcité stipulée dans la constitution. Les religieux de différentes confessions comprennent chacun à sa manière cette liberté.

Dans les RTA, parler de la liberté religieuse semble discutable étant donné que la religion est héritée des parents et revêt un caractère d'obligation[45]. Elle consiste à honorer le patrimoine culturel transmis de génération en génération. Aux yeux des défenseurs du patrimoine culturel, la sécularisation comme synonyme de la civilisation occidentale contribue à l'émancipation de la tradition et des structures sociales. Elle crée une génération d'hommes sans valeurs et légers aux yeux de leur société traditionnelle. Pour preuve, la politique de retour aux sources sous le premier président du Tchad (1973-1975) illustre ce regret de voir les fonctionnaires s'émanciper de la tradition à la faveur de la modernité, un point que nous reprendrons ailleurs[46]. De nos jours encore, des menaces sont proférées par des dépositaires du pouvoir traditionnel, parfois à main armée, contre les adeptes d'autres religions[47]. La volonté commune du peuple traditionnel est de soumettre tous ses membres, de toutes les générations, aux traditions des anciens.

Concernant l'islam, le principe qui se dégage de l'essence du message de l'islam primitif stipule : « la religion est un problème de conviction, une affaire de cœur. La conscience de chaque être humain doit être absolument libre. Croire ou ne pas croire, choisir sa croyance, c'est la zone d'intimité strictement individuelle où personne n'a le droit d'intervenir.

---

45. Voir MESSI METOGO, *Dieu peut-il mourir en Afrique ?*, p. 54-61 où l'auteur décrit en quelques points les objectifs des initiations dans les sociétés traditionnelles en Afrique.

46. Il s'agit du Mouvement National pour la Révolution Culturelle et Sociale (MNRCS), parti politique qui a succédé immédiatement au PPT, sous le strict contrôle du président Ngarta Tombalbaye, premier président de l'indépendance.

47. Nous faisons allusions ici aux sessions initiatiques périodiquement organisées dans le sud du pays où chaque fois les conflits interreligieux sont traités jusqu'au niveau des autorités administratives.

Toute contrainte est ici contre nature[48]. » D'ailleurs, la sourate 2 le verset 148 l'affirme : « Point de contrainte en matière de religion » ; en d'autres termes, « à chacun une orientation vers laquelle il se tourne », selon les traductions. Cependant, dans l'islam tardif en général, contrairement à la prédication du prophète dans les sourates mecquoises pour une religion de paix, de fraternité, d'amour, de liberté, il y a contrainte[49]. La charia est, dans son principe et dans sa teneur, contre la liberté de conscience, donc contre la liberté religieuse[50]. Dans sa critique du traditionalisme et du radicalisme de l'islam primitif, et citant la sourate 5, Charfi écrit : « Par plusieurs de ses aspects, la charia a été construite par les hommes, contre les principes coraniques[51]. » Sa critique peut paraître très radicale aux yeux d'autres musulmans modérés comme lui. Ailleurs, l'auteur souligne : « La liberté religieuse pour les légistes est une liberté à sens unique : liberté d'entrer, interdiction de sortir[52]. »

Les attitudes et les positions dans cette religion au Tchad sont héritées des prédécesseurs dans la foi musulmane. Les anciennes générations des musulmans défendaient un déterminisme divin universel et soutenaient que l'homme n'a aucune part dans les actes qu'il pose, car c'est Dieu qui les accomplit tous en lui, qu'ils soient bons ou mauvais. La théologie de l'islam moderne insiste sur la liberté humaine, la responsabilité morale, et sur la prédestination divine[53]. En effet, certains enquêtés de la nouvelle génération des musulmans du Tchad témoignent de cette vérité ; cependant ils soulignent la rigueur de leur religion. D'ailleurs, la génération montante des musulmans tchadiens exprime son aspiration globale à la liberté. Un interlocuteur déclare :

---

48. Mohamed CHARFI, *Islam et liberté ; le malentendu historique*, Paris, Albin Michel, 1998, p. 152.
49. *Ibid.*, p. 148-150.
50. *Ibid.*, p. 73-90.
51. *Ibid.*, p. 75. L'auteur interprète la sourate 5 qui dit : « Ceux qui croient (les musulmans), les juifs, les Sabéens, les chrétiens, tous ceux qui croient en Dieu et au Jour dernier seront à l'abri de toute crainte et ne seront point affligés ».
52. CHARFI, *Islam et liberté.* p. 79.
53. Adel Theodor KHOURY, « Liberté et libre arbitre », in A. KHOURY, sous dir., *Dictionnaire de l'islam*, Bruxelles, Brepols, 1995, p. 225-227.

> J'ai trouvé qu'en Occident, les gens ont la totale liberté de réfléchir, de voir les choses à leur manière. Mais en Afrique, et plus précisément dans nos quartiers au nord par exemple, c'est très compliqué dans la mesure où vous ne pouvez pas faire volontairement ce que vous voulez faire, mais on vous le dicte. Il faut fuir d'un milieu à un autre milieu pour agir librement[54].

Cette aspiration dénote que certains réfléchissent aux conditions de l'auto-réalisation et de la promotion de la liberté par rapport au dogmatisme de l'islam et à la rigueur communautaire. Le Groupe de recherches islamo-chrétien renchérit : « La conscience contemporaine exige de plus en plus nettement la liberté de choix en matière de religion[55]. » Ce plaidoyer apparaît comme le cri du musulman de la nouvelle génération pour un retour au principe initial de l'islam selon lequel la liberté de conscience et de religion doit être respectée[56].

b) Réponse du christianisme aux aspirations contemporaines à la liberté

À cause des aspirations de la société, l'Église est appelée à formuler sa théologie en mettant l'accent sur ce qui fait la différence par rapport à la modernité et à d'autres religions. La dignité, la personnalité, la liberté et le droit sont des valeurs intrinsèques à l'être humain lorsque l'on considère le statut de l'homme créé à l'image de Dieu. Cependant théologiquement, elles sont renversées quant à leur destination au nom des principes de la sécularisation. En fait, le droit de l'homme à la liberté est un acquis de la part du créateur de l'homme. Le droit à la liberté constitue pour l'homme une immunité contre toute contrainte dans ses relations avec les groupes humains. Cependant, l'être humain jouit de sa liberté soit dans la présence de Dieu et sous son contrôle, soit loin de la présence de Dieu mais sous son

---

54. Interview n° 43 du 12 janvier 2011 à 8h27.
55. Groupe de recherches islamo-chrétien, *Pluralité et laïcité; chrétiens et musulmans proposent*, Paris, Bayard/Centurion, 1996, p. 237.
56. L. Hagemann, « Islam », in *Dictionnaire de l'islam : histoires*, p. 209. L. Hagemann écrit, « La théologie musulmane contemporaine a cependant tendance à assigner davantage de liberté à l'homme dans la conception et l'exécution de ses actes ».

regard. Disons avec Newbigin que la liberté de l'homme est constructive et louable si elle est inscrite en Christ et soumise à l'autorité du Christ[57].

Les fonctionnaires tchadiens en témoignent. Les uns et les autres ont la liberté d'adhérer au groupe religieux choisi ou de participer aux activités organisées par un autre groupe religieux. Cependant, ils affirment n'avoir pas de liberté vis-à-vis de Dieu, c'est-à-dire que Dieu les limite dans certaines actions. Il convient d'avouer que c'est lorsque l'homme valorise sa dignité et exerce sa responsabilité conformément à la volonté divine qu'il jouit d'une liberté efficiente et salutaire. Car, une conscience claire de ses devoirs vis-à-vis de la vérité à laquelle elle adhère impose l'attitude et les actions conséquentes.

Pour le christianisme au Tchad, la compréhension de la liberté diffère de celle de l'islam et des RTA sur trois points.

Premièrement, la liberté de l'homme est fondée par l'action libre de Dieu au travers de son libre don aux hommes[58]. Le Seigneur Jésus-Christ lui-même l'atteste : « L'esprit du Seigneur [...] m'a envoyé pour proclamer aux captifs leur libération » (Lc 4.17-19, cf. Ga 5.1). Par sa résurrection d'entre les morts, Christ a libéré les hommes de l'esclavage du péché et de la domination des forces du mal pour la liberté. Karl Barth renchérit : « Nous n'avons pas le choix : la liberté chrétienne est en fait la liberté de confesser Jésus-Christ comme le seul et unique prophète, comme la seule et unique lumière de la vie, comme la seule et unique Parole de Dieu[59]. » Le chrétien a le devoir de ne pas la passer sous silence ou la rendre inoffensive, quoique la tendance contemporaine soit la tolérance.

En second lieu, le christianisme comprend la liberté comme la condition de l'homme orientée vers la perspective eschatologique en vue d'expérimenter la liberté plénière et définitive. La liberté dans la société en général est contextuelle, temporelle et sectorielle, voire conditionnée par le péché. Dans l'islam orthodoxe, la liberté est proscrite ; tout est obligation. Dans l'islam contemporain, la liberté est objet d'aspiration des adeptes mais soumise à la peur de la réaction de la communauté. Dans les RTA, la liberté

---

57. NEWBIGIN, *Honest Religion for Secular Man*, p. 32.
58. BARTH, *Dogmatique, vol. IV : La doctrine de la réconciliation*, tome troisième, 1re partie, p. 250.
59. *Ibid.*, p. 96.

est mitigée, c'est-à-dire qu'elle dépend de la satisfaction des ancêtres et des esprits vénérés, voire de la satisfaction de la communauté par rapport à ses traditions. À la différence des autres religions au monde, le christianisme affirme que Christ seul rend l'homme libre, de façon fondamentale, pour la vie éternelle (Jn 8.31-36).

En troisième lieu, si le christianisme soutient la liberté religieuse, son attitude s'inscrit dans la logique de sa vocation à la lumière de l'attitude de Dieu. L'Éternel laisse à Adam la liberté de lui obéir ou de lui désobéir. Adam a choisi de désobéir à Dieu, mais il n'a pas évité de subir la conséquence de son choix. Toutefois Dieu, en tant que créateur et Père, vient à son secours. Dans la même logique, Jésus-Christ a laissé partir les foules qui le suivaient pour différentes raisons. Il a même demandé à ses disciples s'ils ne voulaient pas partir eux aussi (Jn 6.67). Fort de cette attitude de Dieu, le christianisme respecte la liberté des gens, il leur permet de le quitter ou de rester, comme le père agit à l'endroit du fils prodigue (Lc 15.11-32).

En somme, la question théologique qui demeure est de savoir si les fonctionnaires tchadiens, par leur émancipation, peuvent contribuer à tracer leur propre existence. Le Nouveau Testament enseigne qu'au fond de sa conscience, l'homme n'est pas libre. Il y a en lui-même une force menaçante qui le retient esclave : le péché. C'est pourquoi il a besoin de se laisser libérer par Jésus-Christ pour qu'il atteigne la vraie liberté. C'est à cette condition qu'il sera réellement libre du péché, du pouvoir de la loi et de la seconde mort. Le Seigneur Jésus déclare devant ses interlocuteurs : « Si vous demeurez dans ma parole [. . .], vous connaitrez la vérité et la vérité vous affranchira » (Jn 8.31 cf. Mt 11. 28-30 et Ga 5.1).

L'obligation pour le christianisme de prêcher la liberté chrétienne est motivée par la liberté acquise par Jésus-Christ sur la croix en faveur des hommes. Une telle liberté est radicale et sa portée ne fait pas de place à la tolérance sur la question de la destinée eschatologique. Toutefois, la nature du christianisme et sa mission l'empêchent d'imposer à ses interlocuteurs ses convictions. Pourtant, parmi toutes les valeurs susmentionnées, la valeur de tolérance occupe une place importante dans les choix moraux.

4. Tolérance religieuse

D'après les dictionnaires consultés[60], le mot tolérance signifie une disposition personnelle à accepter, même contre son gré, une situation qui se présente. Elle consiste à accorder un respect sympathique aux croyances d'autrui, en tant qu'on les considère comme une contribution à la connaissance générale[61]. Elle est la reconnaissance du principe qu'une communauté peut permettre le pluralisme religieux et en être enrichie. En tant qu'idée moderne, la tolérance est une valeur considérée dans les sociétés qui rejettent l'autorité ultime de l'État ou de l'Église[62]. Le terme tolérance couvre à la fois la coexistence universelle de sociétés autonomes et la liberté d'opinion sans s'enquérir des origines spirituelles, religieuses, raciales et idéologiques des personnes. Dans le même fil d'idée, Geoffrey Parrinder écrit : « La caractéristique majeure de la religion africaine est la tolérance générale. L'Afrique est aujourd'hui un champ de l'activité multi religieuse qui inclut les tolérances de différentes manières et les croyances[63]. » Dans cette citation, l'auteur parle de la tolérance caractéristique des religions africaines, alors que dans les faits la liberté est conditionnée à l'intérieur même de ces religions. Le mot « tolérance » est un terme juridico-politique à portée éthique qui apparaît comme un aboutissement du processus de la sécularisation. Il est compris de diverses manières selon les religions et les idéologies, y compris la modernité et le sécularisme. Le cas du Tchad est éclairant.

---

60. Pour le sens du mot tolérance voir BAILLY, *Dictionnaire grec-français*, Paris, Hachette, 1963, p. 1219. Le mot tolérance est traduit du grec *makrothumia* qui revêt le sens de longanimité, patience. Sa forme verbale *makrotumeô* signifie prendre patience avec quelqu'un. Il s'avère que dans l'antiquité grecque, ce mot désigne la résignation; F. GAFFIOT, *Dictionnaire latin-français*, Paris, Hachette, 1994, p. 1580. Le Dictionnaire latin-français rapporte que le mot *tolero* traduit par « tolérance » a un sens double : d'une part il signifie porter, supporter, endurer (un poids, un fardeau ou des fatigues dues au labeur); d'autre part il a le sens de soutenir, maintenir, entretenir (une action, une relation) ou garder le silence ; *Grand Larousse Encyclopédique*, vol. 10, Paris, Librairie Larousse, 1964. Le Grand Larousse définit l'expression « tolérance religieuse » comme le respect de la liberté des consciences et des corps de ceux qui professent telle ou telle opinion en matière de religion.
61. André LALANDE, *Vocabulaire technique et critique de la philosophie*, Société Française de Philosophie, Paris : PUF, 1980, p. 1135.
62. I. BREWARD, « Toleration », in Sinclair B. FERGUSON et al., sous dir., *New Dictionary of Theology*, Nottingham/Downers Grove : IVP, 1988, p. 689-690.
63. PARRINDER, *Africa's Three Religions*, p. 235. [Notre traduction].

a) La tolérance religieuse au Tchad

Deux grands courants coexistent au Tchad, un troisième se manifeste faiblement sur le terrain. Il s'agit du courant islamique contre ses sectes intégristes, des RTA vis-à-vis des autres religions, et du christianisme plus ou moins réfractaire aux doctrines sectaires.

Selon la tradition islamique, parler de la tolérance est un problème mal posé. La laïcité en tant que revendication visant à la séparation des sphères publique et religieuse est incompatible avec l'islam aux yeux duquel l'ordre global du monde est voulu par Dieu[64]. C'est dans le domaine de la politique que l'inégalité des citoyens en fonction de leur appartenance religieuse se révèle avec le plus de netteté. En vertu de l'ordre voulu par Dieu, il y a deux classes de citoyens : les musulmans et les non-musulmans. Dans un État islamique, les citoyens de ces deux classes ne jouissent pas des mêmes droits au sein de l'État[65]. Dans un contexte large, Khoury témoigne qu'une telle conduite a permis la survie des Églises chrétiennes en Orient et favorisé une coexistence supportable à certaines époques[66]. D'ailleurs, l'islam a une longue tradition de tolérance relative vis-à-vis des minorités d'autres religions, telles les religions du Livre, mais non envers les religions dites païennes.

En tant qu'éducateur et musulman modéré, Charfi va plus loin que Khoury. Pour lui, non seulement les religions doivent être tolérantes les unes envers les autres, mais aussi les êtres humains doivent être tolérants dans le respect des uns et des autres. Et pour gagner ce peuple tolérant à l'avenir, Charfi propose un investissement dans la jeunesse. Il estime qu'il faut investir dans la jeunesse par une éducation basée sur les principes fondamentaux d'égalité et de non-discrimination entre les êtres humains, les libertés individuelles et collectives, les principes de la démocratie et les droits de l'homme[67]. Cette proposition fait comprendre le souci majeur de l'auteur qui résume l'opinion de plusieurs musulmans contemporains. Il

---

64. P. Heine, « Laïcité » in A. Khoury, sous dir., *Dictionnaire de l'islam*, Bruxelles, Brepols, 1995, p. 224.
65. Khoury, « Tolérance » in A. Khoury, sous dir., *Dictionnaire de l'islam*, p. 334-336.
66. *Ibid.*
67. Charfi, *Islam et liberté*, p. 234-236.

s'agit de bâtir une nouvelle nation marquée par la valeur de tolérance sur le plan religieux[68].

S'agissant des RTA, un regard sur le passé instruit mieux sur l'histoire de la tolérance au Tchad. Au nom de la supériorité des religions traditionnelles, selon l'ancien président Ngarta Tombalbaye, il y a eu une confusion de pratique religieuse de 1973 à 1975, en dépit de la laïcité de l'État stipulée dans la constitution du pays. Par ordonnance du président de la République du 27 octobre 1973 créant le Mouvement National pour la Révolution Culturelle et Sociale, le chef de l'État avait soumis tous les Tchadiens à la pratique de l'initiation appelée *yondo*. Le but de cette révolution culturelle par le retour aux pratiques traditionnelles était de réprimer les chrétiens et les musulmans qui n'acceptaient pas d'honorer les traditions prônées par le chef de l'État[69]. Cette politique anti-laïcité a conduit aux tortures, à la persécution des religieux et à l'enterrement d'hommes vivants pour assouvir la colère du chef qui voyait ses citoyens s'émanciper de son autorité en raison de sa dictature. Une telle pratique marquée de violence et d'intolérance était le contraire de la pratique traditionnelle comme facteur de cohésion sociale dans la nature des RTA. Suite à l'institutionnalisation temporaire de cette pratique, chaque session d'initiation dans le sud était caractérisée par la contrainte par tous les moyens, la saisie de certains biens des chrétiens, des menaces ou des arrestations à main armée de ceux qui résistaient.

Bien que la persistance de la tradition s'observe dans le sud du Tchad, l'actualité de la tolérance est plus médiatisée. Comme outil de diffusion rapide et libre d'informations, les médias jouent en faveur de ce principe de tolérance dans la société moderne. Les enquêtes témoignent du changement

---

68. Voir Groupe de Recherches Islamo-Chrétien, *Pluralisme et laïcité*; chrétiens et musulmans proposent, 210 pour une proposition de solution par Arkoun. Ce dernier propose deux niveaux de rupture pour une cohabitation pacifique. (1) Il faut poser la question de la sécularisation ou de la laïcité dans un cadre transreligieux. Au lieu de parler d'islam et laïcité ou de christianisme et laïcité, on parlera de religion et laïcité. (2) Il faut décloisonner les aires du monothéisme, qui cèdent la place à un seul espace : celui des sociétés du livre. La première rupture vise alors à rapprocher les deux religions sur la base de leur monothéisme; la seconde rupture permet de considérer les musulmans et les chrétiens comme ayant la même identité religieuse ou spirituelle. La problématique de la compromission est ici éliminée par Arkoun au profit du fait que la sécularisation a créé un nouveau cadre de coopération.

69. Dmitri Georges LAVROFF, *Les systèmes constitutionnels en Afrique Noire : les Etats francophones*, coll. Bibliothèque Institut d'Etudes Politiques de Bordeaux, Paris, A. Pedone, 1976, p. 377.

observé dans la collaboration des religieux contemporains autour des intérêts communs. Messi Metogo relève cette tolérance entre les religions dans son champ de recheches. Il affirme qu'il se développe une tolérance qui s'observe dans les relations et dans les faits[70].

b) Position chrétienne vis-à-vis de la tolérance

Le christianisme est reconnu par d'autres religions et observateurs pour son exclusivisme au regard de son histoire. Toutefois, c'est une religion tolérante depuis son origine dans la mesure où son Seigneur l'a démontré dans son ministère vis-à-vis de son auditoire. Il n'a pas amené les foules à lui obéir par la violence. Dans la pratique, les Églises chrétiennes et leurs leaders devraient constater la présence non chrétienne dans leur champ d'expression[71].

Par ailleurs, Messi Metogo fait observer un rapprochement entre les RTA, l'islam et le christianisme en termes de tolérance :

> L'attitude fondamentale de liberté et de tolérance de la religion traditionnelle [. . .] se retrouve chez des musulmans et des chrétiens convaincus, dans des matières aussi importantes, aux yeux de leurs responsables religieux, que les mariages mixtes, l'éducation religieuse des enfants, le changement de religion, le développement de la communauté religieuse[72].

Au Tchad, cette attitude de tolérance est observée, certes, mais pas à tous égards ; elle est manifeste seulement à un certain niveau. Il y a tolérance, par exemple, dans le domaine de l'éducation où les parents inscrivent leurs enfants dans les écoles confessionnelles autres que les leurs pour leur instruction. Comme le souligne Messi Metogo, la tolérance est aussi observée dans le domaine des mariages mixtes. À l'intérieur du christianisme, le mariage entre protestants et catholiques n'est pas encouragé mais il est toléré quand les intéressés s'y engagent. Cependant, entre le christianisme et l'islam, il y a interdiction. Mais très souvent les musulmans se marient aux filles d'autres religions (christianisme et RTA) pour

---

70. Messi Metogo, *Dieu peut-il mourir en Afrique ?*, p. 93.
71. Cross, *The Oxford Dictionary of the Christian Church*, p. 1629.
72. Messi Metogo, *Dieu peut-il mourir en Afrique ?*, p. 93.

les islamiser sans accepter le contraire. La tolérance apparaît finalement comme synonyme de la liberté religieuse[73]. Cette forme de tolérance est observée parmi les fonctionnaires de N'Djaména en République du Tchad. Elle apparaît comme synonyme de compréhension.

Au-delà de son sens juridico-politique ou séculier, la tolérance revêt un sens éthique dans les sociétés modernes ou sécularisées ; elle dénote la liberté d'adoption d'une éthique individuelle. La preuve en est qu'au Tchad par exemple, les conduites et les comportements autrefois réprouvés par les traditions et la religion à cause de leur caractère scandaleux sont de nos jours acceptés et même loués par le public. À l'heure des sociétés démocratiques et face aux défis du multiculturalisme, les gens s'imposent de surmonter les différences et d'accepter de vivre ensemble. C'est le cas des mariages inter-religieux. Les garde-fous établis par certaines confessions religieuses n'empêchent pas leurs membres de s'engager individuellement dans l'union mixte au nom de la liberté de conscience et d'action.

En considération de ce qui précède, la tolérance est un des principes caractéristiques de la sécularisation. Elle requiert des uns et des autres la nécessité de dépendre des autres. Cette idée signifie que la pression de la société sécularisée et pluraliste amène l'individu à relativiser son opinion afin de considérer aussi les attitudes d'autres religions et les idéologies ambiantes. En retour, l'individu choisit, sans contrainte aucune, de reproduire les méthodes et les résultats de la réflexion d'autrui, ainsi que son savoir et ses techniques pour l'intérêt commun ou général. La tolérance est, depuis bientôt un siècle, une des valeurs de l'œcuménisme.

c) Base théologique de la tolérance religieuse

Sur le plan théologique, la tolérance trouve des indices dans le judéo-christianisme lorsqu'on considère l'attitude de Jésus-Christ vis-à-vis de Judas qu'il savait pouvoir le trahir un jour. Elle apparaît non comme une invention moderne, mais elle est présente dans l'attitude même de Dieu qui tolère la présence des mercenaires ou de l'ivraie à côté du blé dans son champ. En cela, le Dieu du christianisme ne ressemble pas aux divinités d'autres religions du monde. Car en même temps qu'il siège sur son trône

---

73. R. Dean HUDGENS, sous dir., *Religion Index One : Periodical RIO,* Vol. 7-9, Evanston, American Theological Library Association, 1993, p. 621-622.

au-dessus de tous, il est présent dans sa création, parmi les hommes contrôlant leurs actions au point de distinguer l'ivraie du blé dans son champ. De fait, Dieu ne tolère ni le péché, ni l'incroyance, ni l'indifférence, ni la compromission. Il use simplement de patience pour que tous parviennent à son salut (2 P 3.9). Cette attitude de Dieu implique que sur le plan social, les différentes tribus, nations et races majoritaires ou minoritaires sont appelées à travailler activement pour la cohabitation paisible.

Pour le christianisme, la tolérance religieuse est comprise de quatre manières. (1) Honorer sa vocation qui consiste à ne pas forcer une personne à devenir enfant de Dieu, à faire la volonté de Dieu ou à le servir. (2) Prendre acte de la présence d'autres religions à ses côtés et de leurs enseignements parallèles ou contradictoires. (3) S'élever au-dessus de certaines considérations afin de collaborer avec d'autres religions autour des questions d'ordre social, politique et économique. Mario Turchetti appuie la troisième compréhension de ce mot. Pour lui, la tolérance est une attitude « des garants de l'orthodoxie qui permettent, sans l'approuver pour autant, la profession d'une religion différente de la leur, pourvu que celle-ci respecte les points fondamentaux de la foi[74] ». (4) Accepter la séparation entre l'Église et l'État comme deux domaines d'autorité et de pouvoir distincts tout en reconnaissant que les deux ordres évoluent dans la création sur laquelle Dieu exerce son contrôle. Blocher affirme que la sécularisation et l'idéologie séculariste prétendent soustraire le monde au règne du Christ, alors que les deux réalités sont sous la Seigneurie du Christ[75].

Le christianisme en Afrique peut récupérer cette valeur de la société contemporaine pour annoncer à sa société que l'attitude de Dieu vise plutôt la repentance du pécheur. Le christianisme au Tchad peut également se réapproprier cette valeur, la réorienter dans la ligne chrétienne afin d'aider les différentes communautés religieuses et tribales à s'investir dans la culture de la paix. Il peut s'en servir pour travailler à la transformation des consciences des fonctionnaires en vue de les aider à vivre en paix sans être

---

74. Turchetti, « Tolérance » in *Encyclopédie du protestantisme*, p. 1569-1571. Sur le plan psychologique, l'auteur ainsi définit ce mot : « Attitude de condescendance de la part de ceux qui, sur le plan doctrinal et disciplinaire, sont disposés à faire des concessions pour parvenir à un accord; sentiment de ceux qui prônaient la modération dans les peines infligées aux hérétiques ».

75. Blocher, « La seigneurie du Christ sur la société laïque », p. 77.

indifférents envers les autres et envers leur religion. Cela nécessite que le christianisme initie le dialogue avec d'autres religions dont les membres sont dans les rouages de l'État ou du secteur privé. Le but de ce dialogue est de produire pour ses interlocuteurs une meilleure compréhension de la spécificité de son attitude et de sa position.

II. Pour une meilleure compréhension de la spécificité de l'attitude et de la position chrétiennes

La nécessité de cette section repose sur les résultats de l'enquête menée auprès des fonctionnaires tchadiens à N'Djaména. Rappelons que les enquêtés sont des musulmans et des chrétiens catholiques et évangéliques. Cette enquête a révélé différentes compréhensions de la religion et du séculier, du sacré et du profane en même temps que différentes perceptions de l'ici-bas et de l'au-delà. Ce sont des thèmes théologiques aux implications éthiques importantes qui méritent un regard de la part de l'Église. La conduite des fonctionnaires de N'Djaména, leurs valeurs et leur orientation sont déterminées par leur compréhension d'un de ces thèmes. La compréhension de ces réalités justifie l'importance du dialogue.

En effet, l'Église est appelée à développer un dialogue avec les RTA et les autres religions monothéistes, singulièrement avec l'islam, sur des questions d'intérêt commun. Ces questions peuvent se diviser en deux grandes catégories. Il s'agit (1) des questions proprement religieuses telles que le salut, le sacré, l'au-delà ; (2) des questions de société telles que la corruption, le matérialisme, l'individualisme, la désagrégation de la famille. L'Église a la responsabilité d'exposer aux autres religions les éléments de la foi chrétienne comme un tout cohérent fondé sur les présupposés théologiques. Cela signifie que l'Église peut communiquer les affirmations de l'Évangile dans un langage contemporain. Cette communication doit tenir compte des valeurs sécularisées dans la situation des auditeurs. Van der Walt écrit : « Le Christianisme n'existe jamais dans un vide culturel. On expérimente une religion à l'intérieur et non en-dehors de sa propre culture[76]. » La communication des affirmations théologiques peut être faite dans un langage

---

76. Van der WALT, *The Liberating Message*, p. 13. [Notre traduction].

qui prend en compte aussi bien les inégalités sociales réelles et les désespoirs des défavorisés que les illusions des élites émancipées. Le christianisme au Tchad est appelé à communiquer l'Évangile de manière à redonner valeur et sens à la vocation du fonctionnaire chrétien dans son milieu sécularisé.

Le but du dialogue avec l'islam, les RTA et la modernité est de clarifier davantage la spécificité de la position du christianisme par rapport à la vie dans un monde sécularisé. L'intérêt de ce dialogue s'explique par le fait qu'il est facile pour les fonctionnaires chrétiens d'être influencés par l'attitude des RTA, par l'islam et par la modernité vis-à-vis de la sécularisation.

A. Contenu du dialogue

La tâche de cette sous-section est double. Dans un premier temps, nous évaluerons théologiquement les aspects sociologiques dans l'islam et les RTA. Dans un second temps, nous apprécierons théologiquement la compréhension des thèmes théologiques par l'islam, les RTA et la modernité.

1. Évaluation théologique des aspects sociologiques de la sécularisation

a) Dans l'islam

Par rapport au désenchantement du monde, le Coran déclare que Dieu est créateur de toutes choses (Sourate 13, v.16) ; il est l'initiateur absolu. Il crée par son commandement (Sourate 36, v.82). De son propre gré, il a créé l'homme et l'a placé dans le jardin d'Eden pour faire la volonté du Dieu tout-puissant. Tenir le monde comme ayant été enchanté apparaît comme un sacrilège. Pour l'islam, en particulier les *ash'arites*, la création n'est pas un processus, mais un acte instantané. Et « les mutations que l'histoire naturelle et humaine implique forment les révélations successives de cet acte dans le temps, qui, avec la dimension physique, le nombre et d'autres conditions, existent pour l'homme, non pour Dieu[77]. » Cette croyance en la création instantanée et en la révélation successive rejette la théorie du désenchantement du monde émise par les sociologues[78].

---

77. ANONYME, « Kalam », in Cyril GLASSÉ, sous dir., *Dictionnaire encyclopédique de l'islam*, Paris, Bordas, 1991, p. 218.
78. *Ibid.*

La même croyance en la création instantanée rejette la théorie de la désacralisation, étant donné que la Réalité divine dans toute sa majesté dépasse la simple analyse intellectuelle[79]. Pour l'islam, l'autorité absolue appartient au Dieu miséricordieux. Il l'exerce sur l'univers entier, sur l'être humain en particulier. En clair, la conception musulmane considère l'autorité comme sacrée. L'homme n'est que l'incarnation de l'autorité de Dieu.

Au sujet de l'émancipation, selon la *Jabariyyah*, les actions de l'homme sont totalement déterminées à l'avance. En vertu de ce déterminisme, la théologie islamique, du point de vue des *ash'arites*, ne considère pas que l'émancipation de l'être humain modifie quelque chose en Dieu. Le créateur, sait d'avance ce qui adviendra. D'ailleurs, Dieu est le créateur des actes humains, quels qu'ils soient, donc l'action est acquise par la créature[80]. À la fin du siècle dernier, Badjūrī écrivait : « L'homme est un être contraint dans le moule d'un être libre[81]. » C'est pourquoi, l'homme doit simplement se préparer à répondre de son action[82]. Son aspiration à l'autonomie ou sa revendication de la liberté est un acte de rébellion. Ce n'est autre que la trahison du nom même de l'islam qui signifie soumission.

Concernant l'indifférence religieuse, les Sourates les plus anciennes proclament la seigneurie sans limite de Dieu sur la créature, spécialement sur sa créature humaine (Sourates 116, 132, v.17-19). D'une manière fondamentale, l'islam n'est pas ouvert à l'indifférence. C'est pourquoi d'après l'islam, trois péchés sont considérés comme graves. Il s'agit de la révolte de l'homme, de son incroyance et de son indifférence. Ces péchés peuvent lui faire perdre sa qualité d'humain et le conduire à la damnation. Car cette conduite est considérée comme un abandon pur et simple de la responsabilité d'être l'« adjoint » (*khalifah*) de Dieu sur terre[83]. Ce statut confère à l'homme une dignité spéciale parmi les créatures, et Dieu n'agit pas à son égard comme un maître envers son esclave. Il traite plutôt les hommes en fonction de leurs actions individuelles.

---

79. *Ibid.*, p. 217.
80. *Ibid.*, p. 215-218.
81. Badjūrī, « Hāṣhiya'alā l-Djawhara », Caire 1352/1934, p. 62, cité par L. Gardet, « Allāh », in *Encyclopédie de l'islam*, tome 1, Leiden, E. J. Brill, 1975, p. 425.
82. Anonyme, « Kalam », p. 218.
83. *Ibid.*, p. 118.

En raison de cette attitude de Dieu, les aspects de la sécularisation tels que la privatisation de la religion et la pluralisation sont des déviances par rapport aux normes de l'islam. Ces croyances de l'islam ne recoupent pas celles des RTA.

b) Dans les RTA

Comme dans l'islam, les RTA ne considèrent pas la réalité du désenchantement du monde. Pour elles, tout l'univers est toujours enchanté à cause des intermédiaires invisibles entre les hommes et la divinité suprême et à cause de la présence des ancêtres. C'est pour cela que les traditionalistes opposent à la modernité une résistance en vue de conserver leurs acquis. En dépit de cette résistance, les jeunes générations sans distinction aucune entrent tout naturellement dans un univers où la tradition est simplement ignorée. En effet, la fragmentation sociale due à l'urbanisation, à la rationalité nouvelle enseignée à l'école et aux prestations des médias, constitue le vecteur de la conception moderne du monde.

D'après les RTA, la désacralisation de l'autorité est comme une insurrection contre les normes traditionnelles. Elle est mal jugée par les tenants du pouvoir traditionnel, qu'il s'agisse du sacré magique ou du sacré religieux. Mais l'urbanisation conjuguée avec l'exode rural et l'avènement du christianisme désacralisent les domaines, les lieux et les paroles autrefois sacrés. Et les RTA assistent impuissantes au changement en leur sein ou du moins elles tolèrent ce changement. Le problème est qu'avec l'exode rural, certaines personnes perdent leurs acquis, leur identité, leurs valeurs ; d'autres améliorent leur vision du monde, leurs manières de voir les réalités environnementales et acquièrent de nouvelles valeurs.

S'agissant de l'émancipation, les RTA blâment toute émancipation de la religion et de l'autorité des anciens. Chaque membre de la communauté est tenu de respecter les normes sociales et traditionnelles sous peine de sanction communautaire. Le cas du Tchad mentionné dans les sections précédentes en est une illustration. Malgré cette disposition correctionnelle toujours en vigueur au Tchad, la recherche de la liberté par la nouvelle génération, en particulier dans les milieux urbains, met les traditions au défi d'être tolérantes à cause du changement du contexte.

Dans une certaine mesure, les RTA sont favorables à la pluralisation et à la privatisation de la religion. D'une manière générale, d'après les RTA, tout membre de la communauté doit vénérer la divinité de son clan ou de sa tribu. Toutefois, elles tolèrent qu'au niveau individuel l'on aille consulter un sorcier, un marabout ou un féticheur au sujet de l'avenir ou de la situation de l'individu.

Nous pensons que la compréhension de quelques thèmes théologiques par l'islam, les RTA et la modernité sous-tend le comportement sociologique des enquêtés et détermine leur choix des valeurs sécularisées.

2. *Appréciation théologique de la compréhension des thèmes théologiques*

a) La religion et le séculier dans l'islam

Hagemann affirme que l'islam, en tant que religion de l'orthopraxie, entend toucher l'homme dans son intégralité, dans tous les domaines de son existence, et le diriger par des prescriptions et des modèles de comportements[84] : « Communauté religieuse et communauté politique sont donc confondues : la nation est le peuple de Dieu et la loi religieuse (*chari'a*), la loi de l'Etat. Religion, éthique et politique sont inextricablement liées, et c'est cette imbrication qui fait qualifier l'Etat musulman de théocratie[85]. » À ce titre, poursuit l'auteur, le Coran ne prévoit pas une forme particulière de l'État à appliquer ; l'essentiel est de respecter dûment la Loi coranique et les dispositions prescrites par la Tradition. D'ailleurs dans le Coran, « tout parle de Dieu mais la nature s'efface devant lui à l'instant même où elle déclare son unicité, sa puissance, sa sagesse, sa bonté miséricordieuse[86] ». Dans sa description des voies et lignes forces de l'islam contemporain, Clinton Bennett déclare que toute forme de gouvernance, y compris la démocratie, qui n'est pas sous l'autorité du Coran est une conspiration, au mieux une imposition coloniale ou un néo-colonialisme[87].

Ainsi, la distinction entre la religion et le séculier dans l'islam pose un problème qui requiert une attention particulière. Car dans le contexte large

---

84. Hagemann, « Islam » in *Dictionnaire de l'islam*, p. 206.
85. *Ibid.*, p. 209.
86. Jacques Jomier, *Dieu et l'homme dans le Coran*, Le Patrimoines Islam, Paris, Cerf, 1996, p. 39.
87. Clinton Bennett, *Muslims and Modernity : An Introduction to the Issues and Debates*, London, Continuum, 2005, p. 40-61.

de l'islam englobant le Tchad, il y a deux groupes, à savoir l'islam orthodoxe ou conservateur et l'islam populaire. Pour l'islam orthodoxe selon Rachid Rida, il n'y a pas de distinction entre la religion et le séculier. Toute séparation entre le pouvoir (politique) et la religion est une copie de la laïcisation véhiculée par l'Occident ; elle conduit à l'aliénation (*ightirâb*)[88]. Elle est comme une perte de l'identité musulmane :

> L'islam ne peut connaître un mode d'organisation où l'action religieuse et l'action politique seraient disjointes, car le monde n'existe pas sans la volonté de Dieu. Les musulmans tiennent pour pernicieuse la division bipartite du monde entre une sphère religieuse et une sphère profane, telle qu'elle s'est développée en Europe[89].

Pour l'islam populaire, affirme Rida, il faut nécessairement la distinction entre la religion et la politique ; cette distinction n'annule pas la possibilité d'interaction entre les deux domaines de pouvoir. Ce deuxième groupe composé d'occidentalisants (*mutafarnidj*) manifeste le mépris à l'égard des institutions musulmanes[90].

L'islam orthodoxe refuse une telle dualité entre la religion et le séculier. « L'État musulman est une forme d'organisation voulue par Dieu ; le musulman ne pourra s'acquitter de ses devoirs envers Dieu et parvenir au paradis que s'il fait partie de cette communauté[91]. » Dans sa critique de l'islam orthodoxe, Charfi argumente en faveur de la réforme de cette conception musulmane de la religion et du séculier : « Il est possible de concilier l'islam relu et réinterprété avec les conceptions modernes du droit et de l'État[92]. » Cela signifie que le sacré, bien que distinct du profane, est conciliable avec le profane ; en d'autres termes, la religion est conciliable avec le séculier[93]. D'après Jacqueline Trincaz, le cas du Sénégal selon lequel les marabouts

---

88. Charles SAINT-PROT, *L'islam : L'avenir de la Tradition entre révolution et occidentalisation*, Paris, Editions du Rocher, 2008, p. 430.
89. P. HEINE, « Sécularisation », p. 320-322.
90. *Ibid.*, p. 431.
91. *Ibid.*, p. 320-322.
92. CHARFI, *Islam et liberté*, p. 232.
93. Janine SOURDEL et Dominique SOURDEL, *Dictionnaire historique de l'islam*, Paris, PUF, 1996, p. 245.

en appellent à la soumission des fidèles au colonisateur est éclairant : « Et l'on sait actuellement le formidable pouvoir politique que possédèrent les grands marabouts sans l'appui desquels le président de la République ne pourrait pas gouverner[94]. » Dans l'ère contemporaine aussi, un tel cumul de pouvoir peut être observé dans plus d'un pays africain où l'islam a une certaine autorité. Un interlocuteur de N'Djaména confirme cette fusion des deux domaines : « Ici au Tchad, je vois qu'il est très difficile pour nos frères musulmans de séparer la religion et la politique[95]. » La laïcité est pourtant stipulée dans la constitution du Tchad ; cela n'empêche pas les fonctionnaires musulmans de confondre religion et l'État dans la pratique.

C'est pourquoi au travers du dialogue, le christianisme peut exposer à l'intention de ses interlocuteurs sa compréhension de la religion et du séculier. Les RTA partagent certaines croyances avec l'islam et diffèrent de lui sur d'autres points.

b) Le sacré et le profane dans les RTA

L'importance du dialogue du christianisme avec les RTA s'explique par le fait que toutes les religions au Tchad cherchent leurs adeptes dans le berceau de l'animisme pour constituer une nouvelle entité. L'animisme a sa vision du monde qui détermine les croyances et les pratiques. Cet arrière-plan influence directement ou indirectement la vision du monde de ses adeptes convertis aux nouvelles religions.

La vision africaine du monde croit fortement à une influence du sacré sur le profane. Les Africains croient en une pluralité de divinités, aux êtres invisibles, tous vénérés au titre de médiateurs entre eux et l'Être Suprême. Ces êtres leur sont plus proches. Cette idée recoupe la thèse de Messi Metogo selon laquelle la plupart des Africains recourent au Dieu créateur quand tout va mal ailleurs[96]. D'après Mulago, le monde invisible est composé de Dieu, source de la vie, des fondateurs de clans, des esprits des anciens héros, des âmes désincarnées des parents défunts et des membres du clan, des génies et des forces telluriques[97]. Le monde visible par contre,

---

94. Jacqueline Trincaz, *Colonisations et religions en Afrique Noire : l'exemple de Ziguinchor*, Paris, L'Harmattan, 1981, p. 179.
95. Interview n° 23 du 12 octobre 2009 à 11h45.
96. Messi Metogo, *Dieu peut-il mourir en Afrique ?*, p. 39.
97. Mulago gwa Cikala M., *Religion traditionnelle des Bantu*, p. 138.

se compose du roi, des chefs de clans, des chefs de famille, des membres des différentes familles. Mulago précise que le cosmos, dont l'homme est le roi, est au service de celui-ci, au moins dans la mesure où il peut en tirer un accroissement de son être[98].

Une telle croyance comme socle des RTA résume la vision africaine du monde. Mulago mentionne : « L'unité de vie et la participation ; la croyance à l'accroissement, à la décroissance et à l'interaction des êtres ; le symbole, comme moyen principal de contact et d'union ; une éthique découlant de l'ontologie[99]. »

Les esprits de la nature n'ont pas une personnalité bien définie. Ils font partie des esprits de la nature que l'Africain considère comme des êtres ayant une certaine autorité sur lui. Birago Diop l'exprime dans sa poésie : « Ceux qui sont morts ne sont pas morts [...] Les morts ne sont pas sous la terre. Ils sont dans l'ombre qui frémit. Ils sont dans l'eau qui coule. Ils sont dans l'eau qui dort. Ils sont dans la case, ils sont dans la foule. Les morts ne sont pas morts[100]. » Selon Diop, les liens entre les vivants et les morts sont très forts dans toutes les sociétés africaines. Une telle anthropologie ne laisse pas d'espace exclusif pour le sacré ou pour le profane. L'imbrication de l'invisible avec le visible, du spirituel avec le matériel, du vivant avec le mort fait que l'observateur n'a que des vues parcellaires ou superficielles de la réalité religieuse africaine.

Ce qui marque la spécificité de la cosmologie africaine est que tous les éléments physiques et métaphysiques sont liés et interdépendants. Dans le même sens, Okorocha affirme que les Africains fusionnent le sacré et le profane dans un tout unifié. Dans les RTA, l'expérience de la piété et du salut est holistique[101]. Ce qu'il importe de relever est que le concept « sacré » ne désigne pas obligatoirement l'Être Suprême seul. Il y a dans la

---

98. *Ibid.*
99. *Ibid.*, p. 133. L'auteur s'explique : « Par unité de vie, nous entendons une relation d'être et de vie de chacun avec ses descendants, sa famille, ses frères et sœurs de clan, son ascendance et avec Dieu, source de toute vie ; une relation ontique analogue de chacun avec son patrimoine, son fonds, avec tout ce qu'il contient ou produit, avec ce qui y croît et y vit ».
100. Birago Diop, « Souffle » [Consulté le 22 mars 2011]. En ligne : http ://www.le-chateau.conceptforum.net/t915-les-morst-ne-sont-pas...
101. Okorocha, *Meaning of Religious Conversion*, p. 79.

vie quotidienne des Africains des lieux sacrés, des actes et des gestes sacrés, des comportements sacrés et des paroles sacrées. Au sujet des paroles sacrées, Thomas et Luneau écrivent : « La confluence du profane et du sacré au cœur de l'oralité s'exprime encore avec la donation du nom et des devises[102]. » Cela veut dire que le sacré et le profane sont mêlés et marquent certains noms et devises.

En effet, la vision africaine du monde est complexe dans sa structure fondamentale. Thomas et Luneau écrivent : « La religion négro-africaine traditionnelle repose donc sur un théisme syncrétiquement conçu[103]. » Ces auteurs affirment le fait qu'il n'y a pas de Dieu suprême dans certaines traditions religieuses ; d'autres ont la notion de ce Dieu, mais dans les faits l'on assiste à un mélange de mythes et une pluralité de médiateurs vénérés. Le nombre des interdits religieux et la diversité des rites dans ces religions le prouvent à suffisance.

Mulago, soutenant qu'une interaction marque le rapport entre les deux sphères, abonde dans le même sens : « Pour les Africains, les êtres gardent entre eux un rapport ontique intime [...] Toutes les manifestations de la vie des Africains mettent en relief cet élément de l'interaction des êtres entre eux[104]. » L'hymne national tchadien, par exemple, précise : « Joyeux et pacifique, en avant en chantant ! Fidèle à tes anciens qui te regardent[105]. » Cette pensée peut être comprise ainsi : les vivants sont supposés être sous le contrôle des ancêtres. De même l'hypothèse formulée par Elungu renforce l'idée du manque de dichotomie dans les RTA. L'auteur écrit : « Nous osons formuler l'hypothèse que le sacré de nos sagesses traditionnelles [...], est appréhendé du point de vue de la vie concrète individuelle qui est aussi essentiellement la vie du clan, en liaison immédiate avec le visible et l'invisible[106]. » Ces croyances ont une influence explicite ou implicite sur

---

102. Louis-Vincent THOMAS et René LUNEAU, *Les religions d'Afrique Noire : textes et traditions sacrés*, Paris, Stock, 1995, p. 44.

103. *Ibid.*, p. 13-15.

104. Mulago gwa CIKALA M., « Eléments fondamentaux de la religion africaine », in COLLECTIF, *Religions africaines et christianisme*, Kinshasa, Faculté de Théologie Catholique de Kinshasa, 1979, p. 53.

105. Droit francophone : Tchad. « L'hymne national et le drapeau du Tchad » [Consulté le 10 juillet 2010]. En ligne : http://droit.francophonie.org/publication.do?publicationId=2906.

106. Elungu Pene Elengu, « Religions africaines et philosophie », in COLLECTIF, *Religions africaines et christianisme*, Kinshasa, Faculté de Théologie Catholique de Kinshasa, 1979,

la vie religieuse de certains fonctionnaires de N'Djaména par ailleurs très engagés dans leur communauté.

Relevons que les croyances des RTA présentent des limites à cause de l'influence du péché qui empêche de percevoir exactement la lumière de la révélation. Il en est de même pour la modernité sur la question de l'ici-bas et de l'au-delà.

c) L'ici-bas et l'au-delà selon la modernité

Nous avons largement discuté de ces réalités chez Weber, Berger, Cox, Newbigin et les auteurs africains. Pour éviter des redites, nous précisons que la compréhension de l'ici-bas et de l'au-delà par la modernité se résume en trois points. Il s'agit de (1) l'élimination radicale du problème de la théodicée et de tout ce qui est surnaturel parce que la science et la technologie sont désormais des moyens d'explication et de maîtrise des forces de l'univers[107]. Le postulat même de la science est l'exclusion des dieux des interstices par où ils interfèrent avec le monde[108]. L'exclusion des dieux de la sphère des hommes implique (2) la méconnaissance de l'au-delà, de l'autorité de la religion et de la souveraineté de Dieu sur le monde. Elle implique aussi (3) l'adoption de l'indifférence face à ces réalités. En effet, une distance importante se crée entre Dieu et les hommes, une méconnaissance de l'au-delà se développe[109].

La relation pratique de l'homme avec le monde et sa concentration sur ses expériences dans son environnement occasionnent son émergence[110]. Sa domination sur les conditions naturelles par le travail n'exige plus de lui un recours à une réalité extérieure à son environnement, et ne nécessite plus l'espérance d'un au-delà. Désormais, la seule autorité digne d'être écoutée est la raison scientifique. Van den Toren observe la même attitude : « Le concept moderne de l'autorité, généralement, n'a pas laissé de place pour

---

p. 92.
107. WEBER, *L'éthique protestante*, p. 102-103, 124 et BERGER, *A Rumour of Angels*, p. 13.
108. DURAND, « Sécularisation et sens de Dieu », *Lumière et vie*, tome XVII, n° 89, 1968, p. 66; voir Van den TOREN, « The Christian God and Human Authority », *AJET*, Vol. 23/2, 2004, p. 173.
109. Cox, *The Secular City*, p. 66.
110. DURAND, « Sécularisation et sens de Dieu », p. 75, 82-83.

une autorité divine absolue, limitant l'être humain[111]. » Pour la modernité, il n'est plus nécessaire ni utile de penser la vie en termes de l'au-delà et de la possibilité de rencontrer Dieu.

En somme, le parcours des croyances des RTA et de l'islam permet de relever qu'entre elles et la modernité, les propos ne se recoupent pas. Une lecture attentive des pratiques de ces deux religions permet de relever une convergence apparente entre l'islam et les RTA sur la distinction entre le sacré et le profane. Cependant, pour l'islam toute la création est sous le gouvernement de Dieu, donc sacré. Pour l'islam aussi, l'autorité gouvernementale n'est pas sacrée ; elle n'est pas non plus séculière. Même si l'islam accorde de la place aux esprits et à la magie, l'islam orthodoxe conçoit la création plus désenchantée à cause de la place qu'il accorde à la souveraineté du créateur. L'islam orthodoxe tient pour pernicieuse la division entre la religion et le séculier. Tout appartient à Dieu en vertu de son unicité, de sa toute-puissance et de sa miséricorde. Tout l'univers appartient à Dieu, et l'homme comme élément de cet univers est appelé à se soumettre à Dieu. Dans sa vie quotidienne, l'homme a des devoirs vis-à-vis de son prochain qu'il faut servir pour être agréable à Dieu. Cependant, l'islam populaire acquis à la cause de la modernité revendique la séparation du religieux d'avec le séculier. Les mouvements sociaux et les conflits dans le monde arabe s'expliquent largement par cette aspiration des intellectuels et des jeunes musulmans contemporains. Cette revendication est exposée sur un ton critique contre l'islam conservateur et extrémiste par Charfi. Pour cet auteur, le contexte a changé à la faveur de la modernité. Par conséquent, il n'est plus utile de se conformer aveuglément aux règles élaborées dans un monde différent du monde actuel. Musulman lui-même, Charfi prône une laïcisation de l'enseignement dans les écoles et l'émancipation de la culture de l'autorité de la religion afin de se conformer au principe de la démocratie et aux droits de l'homme[112].

Les adeptes des religions traditionnelles africaines, quant à eux, croient fortement en une interaction et une interdépendance intime entre le monde visible et le monde invisible. La croyance dans la transcendance du

---

111. Van den Toren, « Christian God and Human Authority », p. 173. [Notre traduction].
112. Charfi, *Islam et liberté*, p. 148ss.

monde invisible n'annule pas la croyance en sa présence matérialisée. Pour les RTA, « l'Être est foncièrement un et tous les existants sont ontologiquement reliés entre eux », soutient Th. Theuws cité par Mulago[113]. Cela explique l'obligation de la participation individuelle à la vie de la communauté. C'est ce que font certains fonctionnaires de N'Djaména par leur retour aux pratiques de leur groupe tribal.

Au regard de ces différentes compréhensions, la tâche du christianisme est de répondre à chacun de ses interlocuteurs sur les points essentiels afin de les éclairer sur le sens réel de la vie pour l'homme en ce monde et face à l'au-delà.

B. Appréciation par le christianisme

1. La religion et le séculier dans l'islam

a) Les mérites de l'islam dans sa compréhension de la religion et du séculier

S'agissant des mérites, (1) la force de l'islam est sa croyance en l'existence d'un Être suprême, en sa transcendance et en sa relation étroite avec la création. D'après le résultat des enquêtes et de la discussion qui précède, (2) les musulmans croient à la liberté de Dieu qui agit selon sa volonté et peut disposer de tous les êtres humains comme il veut. (3) Ils croient et confessent la souveraineté de Dieu, sa Toute-puissance et sa liberté d'action. Tout lui est soumis et il contrôle tout ce qui se passe sur la terre. (4) Les musulmans considèrent que l'autorité est déléguée par le Dieu tout-puissant. C'est pourquoi des fonctionnaires spécialisés dans la loi islamique entourent le chef du gouvernement.

b) Nécessité de repenser sa compréhension de la religion et du séculier

De prime abord, relevons que (1) le sacré dans l'islam ne désigne nécessairement pas l'Être suprême tel que la Bible le souligne. (2) Les musulmans confondent la religion et le séculier, le monde visible et le monde invisible, sphère de la vie de Dieu selon la révélation biblique. Ils confondent la sphère religieuse et la sphère politique ou séculière. L'islam est pour le musulman

---

113. Th. Theuws, « Philosophie bantoue et philosophie occidentale », *Civilisations*, I, 1951, p. 59. Cité par Mulago, « Eléments fondamentaux de la religion africaine », p. 60.

à la fois religion et pouvoir. La force théorique de leurs croyances ne se traduit pas dans les pratiques quotidiennes. Pratiquement, l'islam prend la couleur locale à cause des rites animistes qui se mélangent avec les pratiques recommandées par le Coran. (3) Les musulmans ne reconnaissent pas de médiateur entre Dieu et les hommes ; mais dans l'islam noir, il y a des recours aux médiateurs. (4) L'islam et le christianisme sont toutes les religions monothéistes, mais l'islam ne reconnaît pas la pluralité des personnes en Dieu. L'islam met l'accent sur la transcendance de Dieu, sa souveraineté et sa toute-puissance. Mais il méconnaît la personne et l'œuvre du Fils comme preuve ultime de l'amour de Dieu. L'islam ne reconnaît pas non plus la personne et l'œuvre du Saint Esprit qui anime la création et pourvoit à son maintien. La notion même du Saint Esprit comme troisième personne de la Trinité est ignorée par l'islam.

C'est pourquoi le christianisme au Tchad est appelé à clarifier la position chrétienne pour les autres religions. À vue d'œil, le concept musulman et le concept chrétien de l'autorité ont certaines considérations en commun si bien que sans un regard attentif et critique il serait impossible de relever une différence entre eux. (1) Les deux religions reconnaissent et confessent que l'autorité absolue appartient à Dieu, donc vient de Dieu. (2) Elles reconnaissent et confessent toutes deux que Dieu est créateur et souverain sur l'univers tout entier[114]. Mais l'islam a souvent tendance à croire au fatalisme. En effet, il n'y a pas de liberté pour l'être humain dont le sort est d'avance déterminé par la transcendance.

Dans la pratique de l'autorité, l'idéal des musulmans et celui des chrétiens révèlent des différences importantes. Nous en relevons juste une seule ; les autres seront traitées dans la dernière sous-section de ce chapitre. Les leaders religieux et politiques musulmans ont tendance à imposer l'islam et la loi islamique et à confondre l'autorité politique et l'autorité religieuse, tandis qu'à un moment donné de l'histoire les chrétiens séparent l'Église de l'État et promeuvent la liberté religieuse[115].

---

114. Van den Toren, « Christian God and Human Authority », p. 175.
115. *Ibid.*

2. Le sacré et le profane dans les RTA

a) Éléments positifs dans les RTA

Les RTA partagent avec l'islam (1) la croyance en l'existence d'un Être suprême et en sa transcendance. Ce qui les distingue est que, dans les RTA, la présence de l'Être suprême est assurée par une multitude de divinités. D'après le résultat des enquêtes et des discussions qui précèdent, (2) les adeptes des RTA croient en la toute-puissance et la bonté de Dieu. Cependant, ils l'imaginent si loin des hommes qu'ils lui suppléent d'innombrables intermédiaires selon qu'ils les jugent efficaces. Les ancêtres incarnent l'autorité de la divinité si bien que celui qui est établi dans la fonction dirigeante est considéré comme le représentant de cette autorité invisible, l'ancêtre du clan ou de la tribu. (3) La notion de médiateur mérite aussi d'être relevé. Ces adeptes croient que l'efficacité des médiateurs est dérivée. La confiance en ces médiateurs se traduit par les sacrifices et les attitudes de vénération, comme preuve de leur obéissance quotidienne.

b) Concepts des RTA à repenser à la lumière de la révélation

(1) Le sacré dans les RTA ne désigne pas nécessairement le Dieu de la Bible. Car, les domaines distingués par l'Écriture tels que le sacré et le profane, le monde créé qu'habitent les humains et le monde incréé, sphère de la vie de Dieu, sont tous confondus. La nuance avec l'islam est que les RTA croient à une interaction entre les sphères visible et invisible, le sacré et le profane, tandis que l'islam les considère comme une seule entité soumise à Dieu. La croyance en la présence active des médiateurs, surtout les ancêtres, parmi les vivants et l'interaction pratique entre le monde visible et le monde invisible en sont des preuves. (2) Contrairement à la foi juive selon laquelle l'autorité est désacralisée à l'occasion de l'exode, pour les RTA l'autorité est sacrée. Bediako le souligne comme un défi pour le christianisme[116]. Van den Toren abonde dans le même sens en notant que dans les conceptions traditionnelles africaines, ceux qui exercent un certain pouvoir sont considérés comme sacrés, absolus et donc incontestables[117]. L'auteur ajoute que le comportement de plusieurs leaders séculiers et

---

116. BEDIAKO, *Christianity in Africa*, p. 246
117. Van den TOREN, « Christian God and Human Authority », p. 165.

religieux africains confirme cette thèse[118]. (3) La pluralité et la proximité des médiateurs entre l'Être suprême et les hommes corrompent les croyances et les pratiques initiales de la religion ; par conséquent toute possibilité de découvrir la lumière ou la vérité est annulée. (4) Dans les RTA, les adeptes sont facilement indifférents, non envers les pratiques religieuses, mais envers le Dieu créateur qui n'est pas adoré pour ce qu'il est, mais pour ce qu'il fait et donne. Le Dieu de la Bible n'est connu qu'au travers de ce qu'il fait et donne certes, toutefois, par l'incarnation Il a habité parmi les hommes plein de grâce et de vérité (Jn 1.14s). La confusion des deux domaines, sacré et profane, dans leur esprit et leur prétention à la vérité font d'eux des gens qui sont comme dans la caverne, tel que le pense Platon[119]. Ils sont forgés par leur foi dans ce qu'ils perçoivent et voient. Leur vision du monde est une illusion.

3. L'ici-bas et l'au-delà dans la modernité

Les principaux auteurs, Weber, Berger, Cox, Newbigin et van der Walt, avec les auteurs africains, soutiennent que le judéo-christianisme est l'un des défenseurs de la modernité. D'après eux, cette religion contribue au processus de la sécularisation. Pourtant, nous venons de montrer que la modernité rejette l'autorité de la religion. Nous observons ici un paradoxe que le judéo-christianisme est appelé à résoudre en vue de restituer la vérité dans les esprits modernes.

Sur l'élimination de la religion du champ d'expérience de la science, Blocher répond en commentant la position de Martin Luther mise en relief par T. F. Torrance : « Pour Luther, le règne de César est aussi règne de Dieu[120]. » Le règne de Dieu sur les deux ordres de réalité ne se manifeste pas comme celui d'un roi humain qui peut être absent à une région donnée. Car en son absence, affirme Athanase, « des citoyens séditieux abusant de son absence se proclament rois eux-mêmes[121] », en attendant que le roi légitime se fasse voir publiquement par ses sujets. Le règne de Dieu sur le

---

118. *Ibid.*, p. 170.
119. PLATON, *La République, Livre VII*, trad. Robert BACCOU, Paris, Garnier/Flammarion, 1963, p. 242ss.
120. BLOCHER, « La seigneurie du Christ », p. 85.
121. ATHANASE d'Alexandrie, *Sur l'incarnation du Verbe*, p. 463.

monde visible et le monde invisible est assuré par la présence permanente du Fils et du Saint-Esprit. Leur présence dans le monde réduit la puissance des forces spirituelles qui égaraient les hommes, limite la portée de la divination au point de l'invalider. Athanase l'affirme dans un style direct comme s'il s'adressait à un interlocuteur en face de lui :

> Admire fort comment depuis la venue du Sauveur non seulement l'idolâtrie ne s'est plus développée, mais ce qui en reste diminue et prend fin peu à peu. La sagesse des Grecs n'a plus fait de progrès, mais elle tend à disparaître ; les démons ne trompent plus personne avec leur fantasmagorie, leur divination et la magie ; mais dès qu'ils trouvent l'audace d'entreprendre quelque chose, ils sont confondus par le signe de la croix[122].

Cette citation souligne que la présence de Dieu dans le monde désacralise le cosmos et le soumet à son autorité.

Au sujet de la méconnaissance de l'au-delà, Blocher répond : « Outre la distinction de l'Église et du monde, si présente au regard de Paul (1 Co 5.9-13), l'Écriture cautionne encore celle de "deux ordres" ou plans de réalité, corporel et spirituel, externe et interne[123]. » La confirmation de cette affirmation se lit dans la réponse de Jésus à Pilate qui l'interrogeait s'il était le roi des juifs : « Mon royaume n'est pas de ce monde [. . .] mon royaume n'est pas d'ici-bas » (Jn 18.36-38)[124]. Jésus poursuit son apologie pour faire comprendre à ce roi que son royaume n'est pas un royaume politique, c'est plutôt le royaume de la vérité. Jésus ne méconnaît pas la réalité du royaume dans lequel il est venu, mais il veut élever le regard du cœur de son interlocuteur au-delà de sa sphère concrète et limitée. La réponse de Jésus fait comprendre qu'il y a deux mondes : le monde physique qui est de l'ordre créé et le royaume de Dieu au-delà de ce monde historique. En tant que médiateur de la création et investi du pouvoir universel par le Père en vertu de sa victoire, Jésus-Christ est le chef des royaumes, à savoir le royaume de

---

122. *Ibid.*, p. 461.
123. BLOCHER, « La seigneurie du Christ », p. 82.
124. Les questions de Pilate s'expliquent par le fait que les juifs accusent Jésus de prétendre établir un royaume sur la terre.

ce monde et le royaume de Dieu. A ce titre, l'autorité absolue lui appartient. Devant lui, toute autre autorité dans ce monde est dérivée et relative. En vertu de sa victoire sur toutes les puissances et les principautés sur la croix, Christ a le contrôle sur les deux ordres.

L'orientation des fonctionnaires de N'Djaména vers « l'ici-bas » suite au désenchantement du monde et à la désacralisation de l'autorité leur fait perdre de vue la perspective eschatologique du salut. L'utilité du travail professionnel sur la terre l'emporte sur la précarité de ce travail dans leur conscience. Or, l'Écriture atteste l'évidence de l'au-delà pour lequel Dieu prend soin de prévenir l'humanité, et le Saint-Esprit donne l'assurance au croyant qu'il est sauvé.

La tâche de l'Église est d'entrer dans la logique de Jésus pour poursuivre la présentation de la distinction entre l'ici-bas et l'au-delà. Bien plus, elle a la responsabilité de conduire ses interlocuteurs à investir dans l'au-delà, sans être insensibles ni indifférents aux besoins du corps dans ce monde. Car Dieu veut le bonheur intégral et le salut holistique de l'homme. Ailleurs, Jésus-Christ déclare aux disciples l'évidence de plusieurs demeures dans la maison du Père ; c'est là qu'il promet d'emmener les siens afin de les avoir avec lui pour toujours (Jn 14.2-3).

Pour conclure cette partie, retenons que deux idées fortes se dégagent de toutes les discussions et du dialogue au sujet de la sécularisation et qui méritent d'être retenues. La création, première idée, est l'œuvre de Dieu ; elle est l'expression de sa souveraineté et sa puissance. Mais la sécularisation prétend vider la création de son créateur ou de son auteur. L'homme que Dieu a créé et installé dans ce monde veut l'exproprier et se rendre maître de l'œuvre dont lui-même fait partie. Cela explique la conception de l'autorité et du pouvoir que l'homme attribue à la raison humaine, aux esprits et à d'autres éléments de la création de Dieu. La deuxième idée est l'affirmation de l'Écriture qui fait du ciel le trône de Dieu et la terre son marchepied (Es 66.1, Ac 7.49). Aussi, il ne reste aucun espace libre où la science et la technologie peuvent faire leur expérience de façon autonome. Il y a une autonomie relative mais non absolue. Mais contrairement au monde enchanté dans les RTA, la notion biblique de la création implique l'existence d'un espace où l'humanité est appelée à s'épanouir par l'exercice de la science. Dieu a pris sur lui de désacraliser le pouvoir et de confondre l'autorité des hommes par le miracle de l'Exode, ce que la science et la technologie sont incapables d'expliquer. D'après l'Écriture, tout l'univers avec ce qu'il renferme vit sous le regard de Dieu. Si le succès de la science et de la technologie amène les hommes à se libérer de Dieu alors qu'ils sont sous le contrôle du créateur, leur vie n'a pas d'orientation et leur perspective d'avenir est hypothéquée.

Les défis que révèlent les différentes compréhensions de la religion et du séculier, le sacré et le profane, l'ici-bas et l'au-delà sont d'ordre théologique et culturel. Il est donc nécessaire pour le christianisme d'initier un dialogue informé et objectif avec les autres religions et la modernité afin de clarifier la spécificité et l'unicité de sa position sur ces réalités et de sa vision du monde. Une telle tâche vise à donner à ses interlocuteurs la liberté de choisir d'adhérer à sa position ou de garder la leur.

C. Spécificité de la position du christianisme

Notons que toutes les croyances que nous venons d'analyser ont chacune leur importance sociale dans leur contexte. Cependant, elles n'ouvrent pas l'être humain à Dieu, créateur et source de la vie. Raison pour laquelle le christianisme a besoin d'affirmer la spécificité de sa position et de son attitude dans un monde en voie de sécularisation.

1. Affirmation du dogme de la Trinité

Les conciles de Nicée (325) et Chalcédoine (451) n'ont pas mis un terme au débat trinitaire ou christologique[125]. La preuve en est que des religions tardives, comme l'islam, continuent de remettre en cause ou de rejeter les affirmations de Chalcédoine. Les enquêtés de N'Djaména de la confession musulmane l'ont exprimé avec beaucoup de conviction. « Personnellement, je ne peux pas porter un jugement de valeur. Mais quand vous dites trois, vous fermez les yeux, vous voyez trois ou vous voyez un ? », déclare un quinquagénaire[126]. Un sexagénaire abonde dans le même sens : « Je crois en un seul Dieu. On ne peut pas avoir trois dieux[127]. » Un autre renché-

---

125. W. H. C. Frend, « The Road to Chalcedoin 398-451 » in W. H. C. Frend, sous dir., *The Rise of Christianity*, London, Darton/Longman and Todd, 1984, p. 741-785.
126. Interview n° 49 du 13 janvier 2010 à 11h40.
127. Interview n° 41 du 11 janvier 2011 à 14h02.

rit : « L'unicité de Dieu est affirmée dans l'*ihlah* : Dieu un. Il n'a jamais eu un Fils, il n'a jamais engendré, il n'a jamais été engendré. L'unique est égal à lui-même[128]. » À la différence de l'islam et des RTA, le christianisme affirme, dans l'esprit du concile de Nicée, à la fois l'unicité de Dieu et la pluralité des personnes : Père, Fils et Saint-Esprit selon les Écritures (Mt 28.19, Lc 3.21-22, Jn 14.26)[129]. Ce concile affirme que les personnes divines sont consubstantiellement éternelles. Au sujet de la double nature du Fils, Chalcédoine affirme : « Les propriétés de chacune étant sauvegardées et réunies en une seule personne et une seule hypostase[130]. » Par l'action du Fils et Saint-Esprit consubstantiels au Père, Dieu marque sa présence dans le monde et exerce ainsi son règne sur sa création entière, sur les sphères sacré et profane. Par l'action de chacune de ces personnes, il entretient des relations particulières avec l'homme. Il ne le fait pas comme le maître traite son esclave, selon la compréhension de l'islam, c'est-à-dire la relation qui implique une obéissance totale et absolue. Dieu agit en tant que Père envers son fils[131]. Dieu le Fils a manifesté cette liberté à l'endroit de ses auditeurs : « Venez à moi vous qui êtes fatigués et chargés et je vous donnerai du repos » (Mt 11.28-30). De même, le Saint-Esprit ne contraint personne à lui obéir ; sa sensibilité à la conduite de l'homme est affirmée par l'apôtre Paul dans 1 Th 5.19. Cela marque la spécificité de la position du christianisme par rapport à l'islam et aux RTA. Par l'action du Fils et du Saint-Esprit, le Dieu transcendant manifeste son immanence dans le monde et son contrôle sur la création.

2. *Transcendance et immanence de Dieu*

Le christianisme affirme avec l'islam et les RTA la transcendance de Dieu, sa souveraineté et sa liberté, le principe de sa délégation de pouvoir, et son règne sur le monde par les autorités humaines. Au nom du

---

128. Interview n° 49 du 13 janvier 2010 à 11h40.
129. Philip Schaff, *History of Christian Church* Vol III, Grand Rapids, Eerdmans, 1910, 622-632 et Stephen W. Need, *Truly Divine & Truly Human; The Story of Christ and the Seven Ecumenical Councils*, London/Massachusetts, SPCK/Hendrickson, 2008, p. 52-56.
130. Schaff, *History of Christian Church* Vol III, p. 771 et Collectif, « Le concile de Chalcédoine 8 Octobre-1er Novembre 451 ». [Consulté le 1er août 2011]. En ligne : http ://home.nordnet.fr/caparisot/html/chalcedoine.html
131. Van den Toren, « Christian God and Human Authority », p. 177.

monothéisme absolu de Dieu, l'islam n'affirme pas à sa juste valeur l'immanence de Dieu dans le monde. Pour le musulman, le contrôle de Dieu sur la création ne se fait que de manière déterministe. Mais le christianisme va plus loin que les deux religions en affirmant non seulement la relation étroite de Dieu avec la création, mais encore son immanence au sein de sa création. Sa transcendance ne lui arrache pas le contrôle sur sa création ; au contraire, il est présent dans tous les événements et soutient sa création. Son immanence est confirmée par la présence d'une personne de la Trinité et non par des médiateurs invisibles et impersonnels.

Bien plus, le christianisme distingue le royaume de Dieu d'avec celui du monde, mais affirme que ce dernier est également soumis à l'autorité de Dieu. Cette affirmation s'explique par le fait qu'à un moment de l'histoire, Moïse cumulait les deux fonctions dans sa personne. Mais plus tard, l'institution du sacerdoce et du ministère des prophètes à côté des rois sépare les deux sphères d'autorité et de pouvoir. Van den Toren précise que la différence est normative pour la tradition islamique et la tradition judéo-chrétienne[132]. Le christianisme affirme que les autorités humaines sont des instruments de Dieu pour encourager le bien et punir le mal (Rm 13.1-5). Il croit en la souveraineté absolue de Dieu par laquelle il a le contrôle sur toute la création par sa providence et sa toute-puissance. Car, affirme Pannenberg :

> Sans la seigneurie sur sa création, Dieu ne serait pas Dieu. L'acte de la création est certainement un produit de la liberté de Dieu . . . Si le Créateur était seulement l'auteur de l'existence du monde, mais ne pouvait pas y exercer sa seigneurie, nous ne pourrions pas l'appeler vraiment Dieu ou Créateur dans le sens plein du mot[133].

À la différence de l'islam qui méconnaît la médiation, le christianisme reconnaît, comme les RTA, l'office de médiateur entre Dieu et les hommes. La spécificité du christianisme par rapport aux RTA est que cet office est assuré par une personne désignée et agréée par Dieu, Jésus-Christ (1 Tm 2.5). Il est différent des esprits et divinités créés parce que seul son sacrifice

---

132. *Ibid.*, p. 176.
133. PANNENBERG, *Systematic Theology*, Vol. 2, p. 390. [Notre traduction].

sur la croix en tant qu'agneau de Dieu (Jn 1.29) répond aux exigences de la justice divine, et sa médiation est agréée par Dieu en faveur de l'humanité.

3. *Affirmation de l'altérité de Dieu*

La croyance en l'altérité de Dieu n'est pas clairement avouée dans l'islam ; elle est absente dans les RTA à cause de la croyance en sa transcendance absolue et en sa toute-puissance. Bien plus, la substitution des intermédiaires au Dieu souverain rend ambiguë cette notion dans l'islam. La spécificité du christianisme par rapport à l'islam et aux RTA, en affirmant l'altérité de Dieu, porte sur la Trinité de Dieu. Cette vérité biblique et théologique fait de l'altérité de Dieu une réalité que l'entendement de l'homme ne peut pas saisir ni comprendre. L'altérité de Dieu implique au moins deux éléments dans la nature de Dieu : sa sainteté et son amour.

Le premier élément se trouve dans les paroles de l'Écriture. « Soyez saints, car, moi, l'Éternel votre Dieu, je suis saint » (Lv 19.2). À en croire le sens propre du mot « saint », l'on peut comprendre que les concepts de « sacré » et de « profane » viennent de Dieu. L'auteur de la création se distingue de son œuvre en raison de sa sainteté absolue. Sa parole dénote la réalité distincte du séculier par rapport à sa propre nature. Dans sa comparaison des croyances fondées sur les mythes de ce monde, Van den Toren soutient que la Bible considère Dieu comme étant absolument distinct de la création, les êtres humains inclus[134]. Ces paroles indiquent la position de Dieu au-dessus de tout, y compris l'être humain. Weber le désigne sous le nom de « Dieu caché[135] ». Dans le même ordre d'idées, Cox l'appelle le Dieu non duplicable ou non reproductible[136].

Selon les Écritures, le sacré désigne avant tout l'Être suprême. Il s'agit de Dieu le créateur de l'univers. Newbigin affirme qu'il est un Autre et qu'il est au-delà de notre sphère[137]. Il est le Tout Autre, distinct de tout ce qui est de l'ordre créé. Dieu est celui qui décide souverainement de jeter les bases de l'univers entier avec tout ce qu'il renferme. « C'est moi qui ai fait la terre, et qui sur elle ai créé l'homme ; c'est moi, ce sont mes mains qui

---

134. Van den Toren, « Christian God and Human Authority », p. 166.
135. Weber, *Le savant et le politique*, p. 83-84.
136. Cox, *The Secular City*, p. 32.
137. Newbigin, *Honest Religion for Secular Man*, p. 43.

ont déployés les cieux », déclare l'Éternel (Es 45.12). Dès lors que le monde est créé par la puissance de la parole de Dieu à partir de rien, cela implique sa position absolument distincte de sa création et sa souveraineté absolue sur sa création (Es 45.7). À ce titre, il a des droits sur toute la création et particulièrement sur l'humanité composée d'hommes et de femmes qu'il a créés à son image. La sainteté de Dieu demeure le paradigme auquel tous les êtres humains sont appelés à se conformer. La base et le fil conducteur du dialogue du christianisme reposent sur cette vérité. En vertu de la vérité à laquelle il a accès en Christ, le christianisme peut fournir une explication compréhensive qui repose sur la parole de Dieu même[138]. Aussi, les fonctionnaires tchadiens chrétiens ont besoin de reconnaître que leur foi a des éléments importants à dire au sujet de la totalité de la vie humaine. Ils peuvent affirmer que la distinction entre le sacré et le profane, entre la religion et le séculier est une initiative de Dieu. Ils peuvent bien affirmer que l'ici-bas est distinct de l'au-delà ; selon la Bible, Dieu demeure le souverain sur l'ensemble de ces réalités.

Un second élément spécifique dans la nature du Dieu du christianisme se trouve également dans l'Écriture. « Dieu est amour » (Jn 3.16, 1 Jn 4.8, 16). Son amour ne répond pas à l'amour de l'homme pour lui. « Dieu prouve son amour envers nous en ce que, lorsque nous étions encore des pécheurs, Christ est mort pour nous » (Rm 5.8). Dieu aime le monde d'un amour premier : le don de son unique Fils à la croix et de son Esprit en est la démonstration. L'humanité est plongée dans le péché, certes, mais Dieu agit envers elle non comme un maître ni un tyran, mais en tant que père plein de compassion. Le Dieu du christianisme accueille celui qui lui témoigne volontairement obéissance et allégeance. Il n'emploie jamais la violence pour contraindre le choix de l'homme vis-à-vis de lui ou de sa propre destinée. Van den Toren précise : « Dieu aime l'amour des êtres humains ; les moyens indiqués pour montrer et exercer l'autorité sont la parole, la persuasion et, plus que tout, la manifestation de son amour sacrificiel[139]. » Conformément à son modèle, Dieu ordonne à l'homme de valoriser l'amour dans ses relations avec son prochain.

---

138. David K. Naugle, *Worldview: The History of a Concept*, Grand Rapids, Eerdmans, 2002, p. 4.
139. Van den Toren, « Christian God and Human Authority », p. 181. [Notre traduction].

Cet idéal revêt des qualités incarnées par la vie de Jésus et communiquées au travers de son enseignement. Le plaidoyer du Seigneur Jésus-Christ et Maître, par la parole et le modèle qu'il donne met en relief deux qualités : l'humilité et le service (Jn 13.1-17). Cela demeure normatif pour ceux qui se réclament de lui. Son leadership dans le groupe des douze disciples dénonce les rois des nations et toutes les autorités qui dominent sur leurs populations. Ils tyrannisent les citoyens et ne pensent qu'à leurs propres intérêts. Jésus utilise le mot εὐεργετής (*euergetès*) (Lc 22.24-27), traduit par mercenaire ou employé, pour montrer leur caractère violent, intéressé et leur conduite sans amour. Ils agissent comme l'*euergetès,* le mercenaire qui travaille pour un salaire[140]. Richard Cassidi commente l'attitude de Jésus : « Jesus-Christ a montré l'humilité et un esprit de service ; il a encouragé ceux qui le suivaient à mettre l'emphase sur ces qualités dans leur propre relation sociale[141]. »

La critique formulée par Jésus s'adresse aux autorités dont l'attitude de domination et d'oppression et la conduite piétinent les principes de gouvernance. Elle vise à les amener à développer les relations humaines basées sur l'humilité et le service comme signe de leur amour pour le prochain.

Fort de ce modèle divin, le christianisme au Tchad a des éléments à présenter à son public pour l'aider à vivre une vie en communauté selon l'idéal de Dieu, une vie transformée par la puissance de sa Parole et son Esprit. Il peut utiliser ce plaidoyer de Jésus traduit dans la pratique pour s'adresser aux autorités politiques, administratives et militaires qui aiment être servies au lieu de servir, en les invitant à suivre le modèle de Jésus. Tous les fonctionnaires promus aux postes de responsabilité au Tchad peuvent appliquer à leur manière de servir et à leurs relations les qualités exigées par l'Écriture afin de restaurer la paix sociale, la justice.

En guise de conclusion de cette section sur le dialogue, retenons que les éléments marquant la spécificité du christianisme au Tchad ont leur fondement dans l'Écriture. Sa mission devant l'islam et les RTA dans le pays est alors double : (1) affirmer l'existence d'une autre Réalité, Dieu mystère

---

140. Frederick Danker, « Benefactor [euergetès] in *The New Interpreter's Dictionary of the Bible*. Vol. 1 A-C, p. 425-426.
141. Richard J. Cassidi, *Jesus, Politics, and Society*, Maryknoll, Orbis Books, 1986, p. 37-40. [Notre traduction].

du monde, mystère qui se donne à connaître dans la faiblesse de la croix ; (2) affirmer la précarité du monde d'ici-bas et la réalité de l'au-delà à désirer à cause de son caractère éternel[142]. C'est aussi ce que Newbigin estime utile de proposer à la théologie : faire désirer l'ordre de vérité auquel elle appartient. Tout comme dans le rapport aux cultures, le rapport aux épistémologies doit prendre comme norme la Révélation. C'est elle qui fournit les critères pour le discernement des éléments et instruments conceptuels empruntés aux épistémologies séculières et non l'inverse[143]. Le dialogue peut orienter les regards vers le Tout Autre.

III. Conclusion de la deuxième partie

Avant de tirer la conclusion finale de ce travail, il importe de présenter l'essentiel de ce qui vient d'être discuté dans cette partie afin de fixer dans l'esprit du lecteur les points saillants. Selon Cox, Newbigin et van der Walt, le christianisme contribue au désenchantement du monde par l'instruction qu'il apporte aux peuples. Sous la plume des deux premiers, la sécularisation est la désacralisation de l'autorité initiée par Dieu. D'après Cox, la sécularisation est une libération de l'homme par rapport à sa dépendance de Dieu et de la religion. Newbigin diffère de Cox dans la mesure où il soutient que la sécularisation ne libère pas de Dieu ou de la religion mais des puissances spirituelles et des forces de la nature. Chez van der Walt, elle est la conséquence des faits sociaux et culturels historiques dans un contexte précis.

Au regard de ces appréciations, les réponses proposées par les trois auteurs sont variables et nuancées. Il s'agit de l'engagement total et radical de l'homme et de l'Église dans le monde désenchanté, en suivant l'action de Dieu dans le monde, selon la vision biblique et chrétienne du monde. C'est dans cette perspective aussi que Naugle soutient la nécessité pour l'enfant de Dieu de choisir la vision biblique et la vision chrétienne du monde[144].

---

142. Bede Ukwuijé, « La mission du théologien; un point de vue africain » [Consulté le 15 février 2011]. En ligne : http://www.afom.org/telechargement/BedeUkwuijeMissionTheologien.htm.
143. Newbigin, *Foolishness to the Greeks*, p. 127.
144. Naugle, *Worldview: The History of a Concept*, p. 290.

En considération de ces appréciations, l'approche trinitaire a permis de noter que tout fonctionnaire tchadien musulman ou chrétien a un passé marqué par la tradition de ses ancêtres. Cet arrière-plan influence sa manière de percevoir le monde et détermine le choix de ses valeurs. La vie de plusieurs fonctionnaires et leurs opinions au sujet de la religion sous l'influence de la sécularisation conjuguée à la situation économique et politique déterminent leurs attitudes vis-à-vis du salut eschatologique. Le système mondialisé les arrache aux valeurs auxquelles ils étaient attachés dans leur société et à celles de la religion. Le centre d'intérêt de la plupart d'entre eux n'est plus la foi considérée comme trop métaphysique, ni Dieu considéré comme gênant dans la vie active, mais plutôt l'effort de se réaliser dans le monde.

En raison de cette réalité des fonctionnaires sous l'influence de la sécularisation, la responsabilité du christianisme au Tchad exige une étude approfondie de la vision contemporaine du monde et de la culture ambiante. Sa responsabilité consiste à faire une lecture impartiale des prétentions des sociétés contemporaines, de leurs préoccupations majeures et de leurs valeurs sécularisées. Car, il est nécessaire plutôt d'aller dans le sens de la sécularisation afin de la comprendre et de pouvoir y apporter une réponse adéquate du point de vue de l'Écriture et de la volonté de Dieu. Il est nécessaire que le christianisme réponde adéquatement aux défis présents : défi de la prospérité contre toutes les normes, défi des systèmes actuels où l'individualisme abolit la dimension verticale et communautaire de la vie[145] ; défi des développements récents des libertés et de la tolérance dans la logique de la mondialisation. Car à présent, la question est de comprendre le rôle de Dieu dans les questions existentielles qui tourmentent la pensée des fonctionnaires tchadiens.

L'étude de la vision contemporaine du monde et la lecture de l'orientation des sociétés aideront l'Église au Tchad à articuler l'Évangile dans sa présentation. Elles aideront également l'Église dans sa communication du message de manière à rencontrer le fonctionnaire dans son cadre de vie et

---

145. BOSCH, *Dynamique de la mission chrétienne*, p. 560. L'auteur souligne que l'Évangile n'est pas individualiste. Il écrit : « L'individualisme moderne est, dans une grande mesure, une perversion de la perception par la foi chrétienne du caractère central et responsable de l'individu. »

à provoquer l'adhésion de ce dernier à l'autorité du Christ et de l'Écriture. Dès lors que cette rencontre s'opère dans le cœur de l'homme, la transformation de la mentalité s'ensuivra et sa vie en manifestera les effets en conformité avec la volonté de Dieu.

Conclusion générale

L'étude nous a permis de faire le bilan de la sécularisation au Tchad et d'indiquer la place qu'occupe la religion dans la société tchadienne contemporaine. Elle a également permis de comprendre les différentes appréciations théologiques et les réponses proposées à l'évolution contemporaine des sociétés. Il convient de rappeler au lecteur nos acquis.

I. Mise au point des acquis

Dans la première partie de ce travail, l'enquête a permis de vérifier, comme première hypothèse, la pertinence du concept de sécularisation pour analyser la situation du Tchad. Nous avons démontré que les conditions historiques constitutives de la modernité ont induit des transformations au sein de la société tchadienne traditionnelle. L'enquête a permis de démontrer que ces transformations sont manifestes dans les domaines culturel, socio-professionnel et économique. L'altération des croyances et l'émancipation individuelle en sont les conséquences.

Au sujet des spécificités de la sécularisation au Tchad, notre deuxième hypothèse, nous avons relevé que plusieurs fonctionnaires sont partagés entre les exigences de l'Évangile, les traditions des anciens et la modernité. Le champ religieux tchadien est caractérisé par la privatisation avec la concurrence entre les religions monothéistes et les religions traditionnelles. La sécularisation au Tchad se produit en même temps que se manifestent des phénomènes de réenchantement du monde par des micro-entrepreneurs religieux. Il s'agit de deux processus se déroulant simultanément.

C'est pourquoi, troisième hypothèse, nous affirmons que la sécularisation au Tchad présente un caractère différencié. Il y a sécularisation, certes, mais elle n'affecte pas tous les domaines de la vie ni toutes les couches de la population de la même manière. Les Occidentaux s'activent à soustraire leur vie et leur pensée à l'empire de la religion et finalement à Dieu, comme le souligne Weber. À la différence de l'Occident, au Tchad, les domaines médical et éducatif demeurent toujours soumis à l'influence des religions traditionnelles. Nous constatons que le processus de sécularisation au Tchad diffère de celui de l'Occident. Notre enquête a permis d'établir que les fonctionnaires et les jeunes scolarisés, en dépit de leur niveau intellectuel, continuent de revendiquer leur appartenance religieuse tout en s'émancipant de l'autorité de leurs responsables, voire de leur institution.

Le concept de sécularisation s'est donc affirmé utile pour analyser le phénomène des évolutions en cours au Tchad. Mais, le principe de neutralité axiologique énoncé par Weber mais contrarié par Berger limite la sociologie dans son jugement sur cet état de fait. Il revient donc au théologien de répondre à la question centrale que nous nous sommes posée : « Comment comprendre et apprécier théologiquement la sécularisation en Afrique sub-saharienne ? ».

Dans la deuxième partie de ce travail, les trois principaux auteurs étudiés mentionnent le phénomène de l'émancipation. À ce sujet, la thèse de la liberté de l'homme adulte chez Cox, celle de la liberté radicale proclamée à la croix chez Newbigin et la vision chrétienne du monde proposée par van der Walt ne reçoivent pas d'écho adéquat dans la vie de plusieurs fonctionnaires tchadiens. Ce manque de correspondance signifie que, pour ces derniers, la liberté qu'apporte le Christ ne répond pas à leurs besoins existentiels et à leurs attentes dans leur situation concrète. Raison pour laquelle ils recourent à d'autres sources de puissance pour leur protection, pour s'assurer leur avenir. Bien plus, leur recherche de l'autonomie totale détermine la privatisation de la religion et même la pluralisation constaté sur le terrain. C'est dire que les gens cherchent à adhérer à une religion où il y a moins ou pas de suivi de leur conduite et de leurs actions. Trop souvent, la religiosité de ces fonctionnaires est superficielle, une sorte de conformité sociale et d'opportunisme saisonnier, alors que les actions des hommes et des femmes obéissent à des motifs largement matériels.

Soulignons que le monde est la création de Dieu. L'homme fait partie de cette création et revêt une dignité particulière qui le réfère à son créateur. Il demeure l'image de Dieu, et l'image n'a ni valeur ni sens sans l'original.

Les tendances des hommes à disposer d'eux-mêmes et à gérer la création sans référence à lui n'annulent pas la paternité de Dieu sur la création. Leur émancipation mentionnée par les auteurs étudiés et leur indifférence ne les arrachent pas non plus à la souveraineté de Dieu.

Bien que les humains aspirent à l'autonomie par rapport à la religion et à Dieu, par le processus de désenchantement du monde, la religion apporte à l'homme les possibilités de se réaliser sous le regard de Dieu. De même, par la désacralisation à l'occasion de l'Exode, Dieu manifeste sa toute-puissance et sa liberté sur la base de laquelle il délègue aux autorités de ce monde une portion de sa propre autorité. Il les appelle ainsi à reconnaître sa souveraineté sur leur vie personnelle et professionnelle. Par la désacralisation à la croix et par la puissance de l'Évangile, Dieu libère les hommes de tout ce qui les retient captifs sous sa domination. Ce comportement de Dieu a des implications éthiques pour l'homme, pour l'Église et pour les autorités politiques. Il montre que Dieu est contre toute forme d'oppression de l'être humain.

La valeur et la portée de cette désacralisation demeurent normatives pour tous ceux qui détiennent une portion de pouvoir. Ces derniers sont appelés à œuvrer pour la liberté réelle et effective de tout citoyen et de tout le peuple. Elles appellent les autorités tchadiennes non seulement à réviser leur conception de l'autorité mais aussi à considérer la dignité de toute personne créée à l'image de Dieu. La désacralisation dénote la nécessité pour les fonctionnaires chrétiens de se soumettre à l'autorité du nouveau Seigneur et Sauveur, de dépendre désormais de lui pour leur vie. Car, par ces événements de l'Exode et de la croix, Dieu démontre à l'être humain son insignifiance sans Dieu.

Par ailleurs, la présence du Dieu trinitaire dans le séculier aux côtés de l'homme, singulièrement, dans la vie du peuple Israël et dans l'Église, a aussi des implications éthiques. La volonté de Dieu depuis les origines est que l'homme vive en communauté, dans l'harmonie sociale et dans la conformité avec sa volonté. L'individualisme, l'indifférence religieuse ou la privatisation sont des déviances par rapport au plan du créateur pour l'humanité. Les rois séculiers sont localisés dans un espace limité de leur territoire ; ils dirigent leurs peuples par d'autres personnes suivant un système dictatorial ou démocratique. Quel que soit leur style de gouvernance, aux yeux de Jésus-Christ, d'une manière générale (Mc 10.42), ils sont des tyrans. Jésus estime que ces rois dominent sur les nations. Leurs relations avec leurs peuples sont affectées par le péché. À la différence de ces rois, Dieu le transcendant est présent dans sa création qu'il contrôle souverainement. Tout en étant tout-puissant, il se met dans la condition des humains, partageant avec eux leur situation sans approuver leurs péchés. Il les dirige, les conseille, défend leur cause contre l'ennemi et répond à leurs besoins substantiels.

C'est pourquoi il est urgent que les Églises tchadiennes apportent des réponses aux déviances susmentionnées. Mais pour cela, elles doivent préalablement se donner les outils théologiques pour mener une réflexion approfondie.

II. Théologie du séculier

À la lumière de la vision biblique et de la vision chrétienne du monde suggérées par van der Walt, nous proposons en huit points une théologie contextuelle du séculier afin d'aider les fonctionnaires tchadiens à vivre leur vie de disciples dans une société en voie de sécularisation.

1. Le premier point consiste à comprendre que la vocation professionnelle du fonctionnaire fait partie intégrante de sa condition de disciple devant Dieu et dans la société. Tout en étant appelé à mettre sa vocation au service de sa société, le fonctionnaire chrétien est appelé à vivre sa foi dans l'imitation de Dieu et de Jésus-Christ[1]. Cela peut être compris en termes de vie de sanctification et de fidélité dans l'exercice de la vocation professionnelle (Lv 19.1-5, Ep 5.1). À l'instar de Jésus-Christ pendant son abaissement, le fonctionnaire chrétien peut vivre dans la présence de son Dieu et surmonter les tensions que suscite la sécularisation. Il ne peut plus vivre une vie double comme l'expriment ces enquêtes : « Dans ma tête, je me considère comme chrétien et j'y tiens assez fermement. Chaque fois que je peux, que je puisse rejoindre la communauté, mais pratiquement, mon ambition est loin d'être honorée[2]. » Un autre renchérit : « Je ne m'implique

---

1. Van den Toren, « Christian God and Human Authority », p. 162.
2. Interview n° 35 du 07 janvier 2010 à 17h20.

pas tellement dans les activités à l'église, mais je participe d'une manière ou d'une autre[3]. »

2. Notre second point : Dieu a donné au fonctionnaire l'autorité dans la gestion de sa profession, mais elle doit être exercée sous l'autorité de Dieu lui-même. Le Dieu souverain et autosuffisant désire la compagnie de l'être humain créé à son image, il prend soin de lui à cause de son amour (Ps 8.4-5). Bien plus, puisqu'il est amour et que l'amour ne peut pas ne pas se communiquer, Dieu descend dans la personne de son Fils au niveau des humains. Il s'identifie à eux en assumant leur condition et prend sur lui leurs besoins en les résolvant radicalement par l'offrande de sa vie à la croix. En outre, par la présence du Saint-Esprit, Dieu assure la fonction de conseiller, consolateur et instructeur de tous ceux qui acceptent de marcher avec lui. Dieu communique ainsi un principe pour tout fonctionnaire bénéficiaire de l'autorité déléguée par Dieu et pour toute personne élevée en dignité dans sa société. Ce qu'il importe de retenir est que l'autorité n'exclut pas l'esprit de service, tout comme l'humilité n'annule pas la grandeur. Le nouveau modèle de conduite dans les relations sociales et de service, c'est Jésus lui-même qui descend pour servir ses disciples (Jn 13.14). Il prouve son amour, son humilité et sa serviabilité à l'endroit de ses disciples (Jn 13.15). Cela explique la nécessité de bâtir les relations sociales sur de nouvelles valeurs : esprit de service et humilité. Sur ce point, van den Toren renchérit : « Si le Christ ressuscité est Seigneur sur toute la création, nous avons besoin de le servir dans tous les domaines de nos vies, soit dans le monde de la politique, économique et de la science, soit dans la vie privée de notre famille ou dans les intérêts personnels[4]. » En clair, la paix et l'harmonie sociale résident dans le bon exemple de gouvernance que donnent les chefs à leur peuple. Le bonheur de l'homme est attaché à son imitation de Jésus dans la mise en pratique de ces valeurs (Jn 13.17).

3. En troisième lieu, le fonctionnaire a reçu de Dieu cette autorité ; néanmoins, le but de sa vie dans ce monde va au-delà de la sphère séculière. Sa vie englobe toute sa relation avec Dieu. Il n'a pas une vie privée ou un domaine privé où la religion et Dieu n'ont pas droit de regard. La tendance

---

3. Interview n° 39 du 11 janvier 2010 à 13h13.
4. Van den Toren, « Secularisation in Africa », p. 22. [Notre traduction].

des fonctionnaires tchadiens à l'autonomie et leur indifférence religieuse peuvent être le résultat d'un mauvais départ de leur vie chrétienne. Car toute vie authentique de disciple prend son départ dans la rencontre du Dieu tout-puissant et saint (Es 6.1-8). De même, tout engagement conséquent avec Dieu et dans l'œuvre de Dieu résulte de la connaissance du Dieu vivant et vrai (1 Th 1.9). Le fonctionnaire tchadien est appelé à développer sa relation avec Dieu dans l'exercice de sa profession séculière de telle sorte qu'il soit capable de dire comme l'apôtre Paul : « Si je vis, ce n'est plus moi qui vis, c'est Christ qui vit en moi » (Ga 2.20). Une telle vie a inévitablement des implications pour le salut.

4. Le quatrième point porte sur le salut. La volonté de Dieu pour toute l'humanité est le salut dans la vie séculière et dans la perspective eschatologique. Le fonctionnaire tchadien, individuellement, peut atteindre un certain seuil de bien-être sur terre selon que les possibilités l'y conduisent. Cependant, le bien-être plénier est en Christ. La présence du Dieu trinitaire par le Saint-Esprit dans sa vie est le gage de son bien-être qui commence dès ici-bas et se poursuivra dans le royaume de Dieu (Ap 3.20). C'est pourquoi, lorsqu'un fonctionnaire s'engage dans la recherche du salut, qu'il le fasse en conformité avec la volonté du Seigneur en incluant sa perspective eschatologique. Sa mission dans sa société consiste aussi à promouvoir la perspective eschatologique de ce salut sans négliger son devoir séculier. Car le cri des enquêtés de N'Djaména reflète un déficit dans le programme de société et exprime le réel besoin du changement socio-économique. Cela implique pour les autorités la révision et la mise en route de leur politique du bien-être social et du développement économique pour la population entière.

5. Le cinquième point concerne l'identité chrétienne dans le lieu d'exercice de la vocation professionnelle. Les autorités séculières ont leur champ d'exercice du pouvoir. Le chrétien qui y travaille est tenu de vivre en sorte que les valeurs de Dieu, à savoir la justice et la compassion (Mi 6.8), soient reconnues par les autres. Le Dieu dont le fonctionnaire chrétien se réclame est ému de compassion pour les hommes et il intervient en leur faveur. Parlant de la justice, le fonctionnaire chrétien est appelé à pratiquer l'équité à l'endroit de son prochain, à le servir dans la justice et avec droiture. Jean Baptiste le signifie dans sa réponse aux soldats qui demandent la lumière

sur leur éthique : « Ne faites violence à personne, n'accusez personne à tort, et contentez-vous de votre solde » (Luc 3.14). La compassion, quant à elle, signifie être ému, avoir les entrailles remuées par la pitié en face d'une situation que vit une personne. Elle est l'opposé de l'indifférence ou de l'individualisme qui devient une nouvelle valeur sécularisée dans la société tchadienne. Au lieu d'avoir un cœur de mercenaire qui, sans amour pour ceux qu'il sert, travaille pour son propre intérêt, la mission du fonctionnaire chrétien peut refléter les qualités de son Dieu. C'est dire qu'il est appelé à comprendre et à faire comprendre ce qui est digne et bon comme acte à poser, ce qui est valable et constructif pour les structures sociales et pour la société entière à développer[5].

6. Le sixième point porte sur la liberté individuelle et la liberté religieuse comme une des valeurs sécularisées dans la vie des fonctionnaires de N'Djaména. À la différence du dieu de l'islam et des RTA qui recourt souvent à la violence pour soumettre les adeptes à son autorité, le Dieu du christianisme respecte la liberté et la décision de l'être humain de marcher ou non avec lui, de s'engager ou non avec lui. Il a pourtant la tout-puissance pour contraindre les humains à intégrer son royaume et à marcher devant sa face, mais il considère que l'homme est libre de choisir la direction de sa vie. Cette attitude de Dieu le créateur vis-à-vis de l'homme a des implications éthiques pour toutes les religions et leurs adeptes en Afrique comme au Tchad. À la lumière de l'attitude de Dieu, il y a la nécessité pour chaque fonctionnaire membre de ces religions d'être artisan de paix dans sa société (Mt 5.9) et dans le respect des libertés des autres.

7. Le septième élément concerne la valeur de tolérance. À la différence du dieu de l'islam et des RTA qui n'acceptent pas la manifestation de l'adversaire à côté de lui, le Dieu du christianisme prend acte de la présence de Satan avec ses agents dans sa maison et dans son ministère. Encore une fois, l'attitude de Dieu inspire un principe pour la bonne gouvernance dans le contexte de la démocratie multipartiste en Afrique. Les autorités politiques des pays africains en général et celles du Tchad en particulier ont beaucoup à apprendre de ce modèle. Au lieu de considérer son adversaire comme un ennemi à qui il faut nuire, ou qu'il faut éliminer par tous les moyens,

---

5. Van den Toren, « The Christian God and Human Authority », *AJET* Vol. 23/2, 2004, p. 163.

il convient de prendre plutôt les programmes politiques opposés comme objet de débat en vue du développement du pays et du bien de la nation. Cette conception requiert une réforme et une éducation de la mentalité des fonctionnaires chrétiens impliqués dans l'administration et de tous les acteurs politiques par rapport à l'essence même de la politique et des principes du multipartisme.

8. Enfin, le huitième point regarde le désenchantement du monde. Dans le monde désenchanté, Dieu confère à l'être humain l'autorité sur la création sans lui indiquer un recourt en dehors de l'Éternel. Il ne l'a pas orienté vers les forces mystiques, la magie, les fétiches, les marabouts. Le secret du bien-être de l'homme et de sa réussite dans l'administration de l'univers se trouve dans son obéissance à Dieu (Jo 1.7-8). De nouveau, le principe qui se dégage de cette idée est que les autorités africaines sont appelées à revoir les bases éthiques et l'orientation de leur pouvoir. Au lieu de soumettre le pouvoir aux forces démoniaques comme garants de la sécurité publique et de la pérennité du pouvoir, comme dans un monde enchanté, il convient de le soumettre à Dieu le tout-puissant. En outre, les fonctionnaires chrétiens sont appelés à repenser leur vision du monde afin de redonner à Dieu la place qui lui revient dans leur vie.

Cette théologie du séculier peut être valable pour toute l'Afrique subsaharienne et applicable à tous les fonctionnaires chrétiens de cette région en voie de sécularisation. Car, les expériences de Nairobi au Kenya rapportés par Shorter, celles du peuple Yoruba au Nigéria exposées par Dopanu, celle du reste de l'Afrique présentées par Messi Metogo et Tshimbulu ne sont pas moindres que l'expérience des fonctionnaires de N'Djaména au Tchad. Les mêmes causes produisent quasiment les mêmes effets observables dans la vie des agents de l'État des différents pays dont les descriptions varient selon les contextes. La désacralisation de l'autorité à l'Exode et à la croix n'a pas une réception appropriée dans les mentalités des chefs africains, dans la mesure où ici et là le pouvoir est pris par la violence et où souvent l'on abuse du peuple pour le gouverner contre les contestations. L'aspiration à la liberté mentionnée par tous les auteurs étudiés est la tendance générale de la génération montante des Africains. Au nom de cette liberté revendiquée, la religion devient de plus en plus une affaire privée ou bien une préoccupation et une activité du pauvre et de l'indigent. De ce fait, le pluralisme caractérise les sociétés africaines avec l'aide des médias.

C'est pourquoi le christianisme en Afrique est appelé à relever le défi à plusieurs niveaux : en son sein, au sein des sociétés contemporaines et à l'intérieur des structures sociales et étatiques. Cette responsabilité implique trois éléments : repenser sa méthode de communication de l'Évangile dans une Afrique en voie de sécularisation. Dans cette phase, il faut tenir compte des nouvelles orientations des peuples et de leurs problèmes concrets dans les contextes où ils se trouvent ; travailler à la transformation sociale, économique et culturelle de l'Afrique en ayant à l'esprit les nouvelles valeurs sécularisées[6] ; désacraliser, par sa proclamation, l'autorité dont le concept s'enracine dans la culture afin de donner à la politique un nouveau sens et une nouvelle valeur. Relever positivement ces différents défis requiert la collaboration des Églises de différentes dénominations sur des bases bibliques et théologiques. Cela requiert également l'utilisation des moyens modernes pour une communication contextuelle et large de l'Évangile[7].

À la lumière de ce qui précède, une des tâches du christianisme en Afrique est d'interroger la science sur ses prétentions de posséder les solutions essentielles, par exemple, aux problèmes de la souffrance, la paix sociale, les crises affectives. Car le réenchantement du monde s'observe sur le continent au travers de milliers de conversions. Ces milliers de conversions au protestantisme évangélique ces dernières décennies au Tchad et un peu partout en Afrique amènent à interroger à nouveaux frais les théories de la sécularisation. La question est de savoir si les motivations profondes de ces conversions sont entre autres, les déceptions par rapport aux limites de la modernité, le besoin de sécurisation sur terre ou du salut eschatologique, le besoin du salut holistique.

---

6. BEDIAKO, *Theology and Identity : The Impact of Culture upon Christian Thought in the Second century and Modern Africa*, Oxford, Regnum Books, 1992, p. 15-18.
7. Voir SHORTER et ONYANCHA, *Secularism in Africa*, p. 130-139.

ANNEXE A

Identification de l'enquêté(e)

Nom et prénoms : ....
Age : 20-30 ☐   31-40 ☐   41-50 ☐   51-plus ☐
Sexe : Masculin ☐   Féminin ☐
Religion : ....

Etat civil
Célibataire ☐
Marié ☐   Mariée ☐
Concubin ☐   Concubine ☐
Veuf ☐   Veuve ☐
Divorcé ☐   Divorcée ☐
Autre (à spécifier) ....

Niveau d'instruction :
Primaire ☐
Secondaire ☐
Supérieure ☐
Autre .... ☐

Catégorie socioprofessionnelle :
Catégorie ....
Échelon ....
Ministère ....
Date et lieu : ....
Durée : ....

ANNEXE B

Protocole d'entretien

Le langage populaire tient que les temps ont changé, les choses ne sont plus comme avant. Le public tchadien pense donc que l'avènement de la modernité cause des changements dans la vie des Tchadiens.

1. D'après vous, qu'est-ce que la civilisation moderne apporte dans la vie des fonctionnaires tchadiens ?
2. D'après vous, les nouvelles technologies de l'information et la communication alimentent-elles la rivalité entre les deux modèles de civilisation dans la vie des fonctionnaires tchadiens ?
3. Qu'est-ce qui justifie la survivance des pratiques traditionnelles dans la vie des fonctionnaires tchadiens alors qu'ils appartiennent à la société moderne ?
4. Dans des situations préoccupantes ou troublantes au niveau personnel, familial ou professionnel, que faites-vous d'ordinaire ?
5. Quelle est la motivation du choix de votre religion ?
6. Quel est l'objectif que vous visez en choisissant cette religion ?
7. Estimez-vous que votre appartenance religieuse exclut de participer à des cérémonies organisées par des groupes religieux autres que le vôtre ?
8. Croyez-vous au jugement dernier et à l'enfer ?
9. Croyez-vous à une vie après la mort ?
10. Vos convictions religieuses influencent-elles votre manière de servir votre pays ? Si oui, comment les autres reconnaissent-ils que vous êtes religieux ?
11. Pensez-vous que Dieu vous limite dans vos pensées, actions ou qu'il vous déçoit en restreignant votre espace de liberté ?

12. Est-il possible pour le fonctionnaire tchadien de cumuler dans sa personne les valeurs positives de la religion et les valeurs positives de la modernité pour son épanouissement ?

ANNEXE C

Registre des enquêtes

N°	DATE	SEXE	MINISTÈRE	CONFESSION
01	10/09/09	M	Education Nationale	Evangélique
02	15/09/09	M	-!!-	-!!-
03	15/09/09	M	-!!-	-!!-
04	19/09/09	M	Economie et Plan	-!!-
05	19/09/09	M	Pétrole et Energie	-!!-
06	21/09/09	M	Finances et Budget	Catholique
07	22/09/09	M	Infrastructures et Transports	Evangélique
08	22/09/09	M	Communication (ONRTV)	-!!-
09	24/09/09	M	E.S.R.S.F.P.	-!!-
10	29/09/09	F	Education Nationale	-!!-
11	30/09/09	M	Communication (ONRTV)	-!!-
12	01/10/09	M	Education Nationale	Musulman
13	01/10/09	M	-!!-	-!!-
14	01/10/09	M	-!!-	-!!-
15	01/10/09	M	Commerce et Industrie	Evangélique
16	03/10/09	M	Justices et Garde des Sceaux	-!!-
17	03/10/09	F	Santé Publique	-!!-
18	03/10/09	M	M.J.C.S.	Musulman
19	03/10/09	F	A.S.S.N.F.	Evangélique
20	05/10/09	F	-!!-	-!!-
21	06/10/09	F	Commerce et Industrie	Catholique
22	07/10/09	M	Communication (ONRTV)	Musulman

23	12/10/09	M	Economie et Plan	Catholique
24	18/10/09	M	Décentralisation	Evangélique
25	04/01/10	M	AEIACI	Catholique
26	05/01/10	M	Santé Publique	Musulman
27	05/01/10	M	Communication (ONRTV)	Catholique
28	05/01/10	M	M.P.N.T.I.C.	Musulman
29	05/01/10	M	-!!-	-!!-
30	06/01/10	F	Economie et Plan	Catholique
31	06/01/10	M	Communication (ONRTV)	-!!-
32	07/01/10	M	Santé Publique	Catholique
33	07/01/10	M	M.P.N.T.I.C.	-!!-
34	07/01/10	F	Economie et Plan	-!!-
35	07/01/10	M	-!!-	-!!-
36	08/01/10	F	Education Nationale	-!!-
37	08/01/10	F	-!!-	-!!-
38	08/01/10	M	Economie et Plan	-!!-
39	11/01/10	M	-!!-	-!!-
40	11/01/10	M	Fonction Publique et Travail	Musulman
41	11/01/10	M	-!!-	-!!-
42	11/01/10	M	Fonction Publique et Travail	Musulman
43	12/01/10	M	A.S.S.N.F.	-!!-
44	12/01/10	M	-!!-	-!!-
45	12/01/10	M	Fonction Publique et Travail	-!!-
46	12/01/10	M	M.N.P.T.I.C.	-!!-
47	13/01/10	F	Education Nationale	Catholique
48	13/01/10	M	Finances et Budget	Musulman
49	13/01/10	M	Economie et plan	-!!-
50	13/01/10	M	Finances et Budget	Musulman

Légende : A.S.S.N.F. : (Ministère de l') Action Sociale, solidarité Nationale et de la Famille

E.S.R.S.F.P. : (Ministère de l')Enseignement Supérieure, de la Recherche Scientifique et de la Formation Professionnelle

M.J.C.S. : Ministère de la Culture, de la Jeunesse et des Sports
M.P.N.T.I.C. : Ministère des Postes et Nouvelles Technologies de l'Information et de la Communication
O.N.R.T.V. : Office National de Radiodiffusion et de Télévision du Tchad
AEIACI : Affaires Etrangères, Intégration Africaine et de la Coopération Internationale

Bibliographie

Dictionnaires et encyclopédies

BAILLY, A. *Dictionnaire grec-français,* Paris, Hachette, 1963.

COLLECTIF, *The New Shorter Oxford English Dictionary,* Vol. 2, Oxford, Oxford University Press, 1993.

COLLECTIF, *Lexique de sociologie,* Paris, Dalloz, 2007.

COLLECTIF, *Grand Larousse Encyclopédique*, 10 vols, Paris, Librairie Larousse, 1960-1964.

CROSS, F. L., sous dir., *The Oxford Dictionary of the Christian Church*, 3ᵉ édition, Oxford, University of Oxford, 1997.

GAFFIOT, F., sous dir., *Dictionnaire latin-français,* Paris, Hachette, 1994.

GLARE, P. G. W., sous dir., *Oxford Latin Dictionary,* Oxford, Oxford University Press, 1982.

GRAWITZ, M., *Lexique des Sciences Sociales,* Paris, Daloz, 2000.

HUDGENS, R. Dean, sous dir., *Religion Index One : Periodical RIO,* Vol. 7-9, Evanston, American Theological Library Association, 1993.

MATHEWS, Kenneth A., *The New American Commentary : an Exegetical and Theological Exposition of Holy Spirit Genesis 1-11.26,* Nashville, Broadman and Holman Publishers, 1996.

LALANDE, André, *Vocabulaire technique et critique de la philosophie.* Société Française de Philosophie, Paris, PUF, 1980.

REY-DEBOVE, Josette, sous dir., *Le Nouveau Petit Robert. Dictionnaire alphabétique et analogique de la langue française,* Paris, Dictionnaire Le Robert, 2004.

———, *Le Petit Robert 2011,* Paris, Le Robert, 2011.

SOURDEL, Janine et Dominique, *Dictionnaire historique de l'islam,* Paris, PUF, 1996.

Articles de dictionnaires et d'encyclopédies

Anonyme, « Kalam », in Cyril Glassé, sous dir., *Dictionnaire encyclopédique de l'islam*, tome 1, Paris, Bordas, 1991, p. 218.

Badjuri, « Hāshiya'alā l-Djawhara », Caire 1352/1934, p. 62, cité par L. Gardet, « ALLĀH », *Encyclopédie de l'islam*, tome 1, Leiden, E. J. Brill, 1975, p. 418-429.

Bauberot, Jean, « La sécularisation », in Giuseppe Annoscia, sous dir., *Encyclopédie des religions*, Paris, Encyclopaedia Universalis, 2002, p. 219-222.

Bazin, L., « Libéralisme », in Vol. 9 de l'*Encyclopaedia Universalis*, 16 vols, Paris, Encyclopaedia Universalis France, 1971, p. 973-976.

Berne, Peter, « Deism », in Alister E. McGrath, sous dir., *Encyclopedia of Modern Christian Thought*, Oxford, Blackwell, 1993, p. 103-105.

Breward, I., « Toleration », in Sinclair B. Ferguson et al., sous dir., *New Dictionary of Theology*, Leicester/Downers Grove : IVP, 1988, p. 689-690.

Conn, Harvie M., « Indigenization », in A. Scott Moreau, sous dir., *Evangelical Dictionary of World Missions*, Grand Rapids, Baker Books, 2000, p. 481-482.

Danker, Frederick, « Benefactor [εὐεργετής euergetès] », in Katharine Doob Sakenfeld, sous dir., *The New Interpreter's Dictionary of the Bible*, Vol. 1 A-C, 2006-2009, Nashville, Abingdon Press, 2006, p. 425-426. 5 vol.

Despland, Michel, « Religion », in Paul Poupard, sous dir., *Dictionnaires des religions L-Z*, Paris, Presses Universitaires de France, 1984, p. 1684-1689.

Dumery, H., « Déchristianisation », in Vol. 5 de l'*Encyclopaedia Universalis*, 20 vols, Paris, Encyclopaedia Universalis France, 1970, p. 358-361.

Lipinski, Edouard, « Frère, sœur », in Centre Informatique et Bible, sous dir., *Dictionnaire encyclopédique de la Bible*, 3ᵉ édition revue et augmentée, Turnhout, Brepols Publishers, 2002, p. 522.

Gener, T. D., « Contextualization », in William A. Dyrness et Veli-Matti Karkkainen, sous dir., *Global Dictionary of Theology*, Downers Grove/Nottingham, IVP Academic, 2008, p. 192-196.

Gilliland, Dean, « Contextualization », in Scott Moreau, sous dir., *Evangelical Dictionary of Missions*, Grand Rapids, Baker Books, 2000, p. 225–227.

Green, Joel B., « Context », in Kevin Vanhoozer, sous dir., *Dictionary Theological Interpretation of the Bible*, Grand Rapids, Baker Academic, 2005, p. 130-133.

Hagemann, L., « Islam », in A. Th. Khoury, sous dir., *Dictionnaire de l'islam : histoires, idées, grandes figures*, Bruxelles, Brepols, 1995, 209.

Heine, P., « Sécularisation », in A. Th. Khoury, sous dir., *Dictionnaire de l'islam, histoire – idées – grandes figures*, Bruxelles, Brepols, 1995, p. 320.

———, « Laïcité », in A. Th. Khoury, sous dir., *Dictionnaire de l'islam histoires, idées, grandes figures*, Bruxelles, Brepols, 1995, 224.

Hervieu-Leger, Danièle, « Sécularisation », in Pierre Gisel, sous dir., *Encyclopédie du protestantisme*, Paris, PUF, 2006, 1441.

Hesselgrave, D. J., « Contextualization of Theology », in Walter A. Elwell, sous dir., *Evangelical Dictionary of Theology*, Carlisle/Grand Rapids, Paternoster/Baker Books, 1995, p. 271-272.

Khoury, Adel Théodore, « Liberté et libre arbitre », in A. Th. Khoury, sous dir., *Dictionnaire de l'islam : histoires, idées, grandes figures*, Bruxelles, Brepols, 1995, p. 225-227.

Marburg, Heinrich Schlier, « ἐλεύθερος ; ἐλευθεροώ ; ἐλεύθερος ; ἀπελεύθερος », in Gerhard Kittel, sous dir., Vol. II du *Theological Dictionary of the New Testament*, 9 vols, Traduction G. W. Bromiley, Grand Rapids, Eerdmans, 1964-1974, p. 487-502.

Moreau, Scott, « Inculturation », in A. Scott Moreau, sous dir., *Evangelical Dictionary of World Missions*, Grand Rapids, Baker Books, 2000, p. 475-476.

Moser, Paul K., « Religious Skepticism », in John Greco, sous dir., *The Oxford Handbook of Skepticism*, Oxford, Oxford University Press, 2008, p. 200-224.

Muller, Denis, « Weber, Max », in Isabelle Engammare, sous dir., *Encyclopédie du protestantisme*, Paris/Genève, Cerf/Labor et Fides, 1995, p. 1658-1660.

Neusch, Marcel, « Indifférence religieuse », in Paul Poupard, sous dir., *Dictionnaire des religions A-K*, Paris, PUF, 1993, p. 933-936.

Nicholls, B. J., « Contextualization », in Sinclair B. Ferguson et al., sous dir., *New Dictionary of Theology*, Leicester/Downers Grove, Inter-Varsity Press, 1988, p. 164-166.

Omanson, R. L., « The Church », in Walter A. Elwell, sous dir., *Evangelical Dictionary of Theology*, Cumbria/Grand Rapids, Paternoster/Baker, 1984, 231.

Rodé, Franc, « Sécularisation et sécularisme », in Paul Poupard, sous dir., *Dictionnaire des religions L-Z*, Paris, Presses Universitaires de France, 1984, p. 1855–1856.

Solignac, Aimé, « Image et ressemblance : Pères de l'Eglise », in M. Viller, sous dir., *Dictionnaire de spiritualité*, Tome VII, Paris, Beauchesne, 1971, p. 418-425.

Stevens, « Global Village », in Robert Bank et Paul Stevens, sous dir., *The Complete Book of Everyday Christianity*, Downers Grove, InterVarsity Press, 1997, p. 456-459.

Todt, Heinz Eduard, « Freedom », in G. W. Bromiley, sous dir., Vol. 2 du *The Encyclopedia of Christianity*, Grands Rapids, Eerdmans, 2001, p. 348-354.

Turchetti, Mario, « Tolérance », in Isabelle Engammare, sous dir., *Encyclopédie du protestantisme*, Paris/Genève, Cerf/Labor et Fides, 1995, p. 1569–1971.

Waliggo, John, « Inculturation », in Nicholas Lossky et al., sous dir., *Dictionary of the Ecumenical Movement*, London : WCC, 1991, p. 506-507.

Wilson, Bryan, « Secularization », in Mircea Eliade, sous dir., Vol. 13 du *The Encyclopedia of Religion*, London, MacMillan, 1987, p. 159-165.

Ouvrages

Abou, Sélim, *Retour au Parana, Chronique de deux villages guaranis*, Paris, Hachette, 1993.

Athanase d'Alexandrie, *Sur l'incarnation du Verbe*, Traduction Charles Kanneniesser, Coll. SC n°199, Paris, Cerf, 2000.

Barth, Karl, *Dogmatique, vol. II : La doctrine de la création*, tome troisième, 1re partie, Genève, Labor et Fides, 1958.

———, *Dogmatique, Vol. II : La doctrine de Dieu*, tome deuxième, 2e partie, Genève, Labor et Fides, 1959.

———, *Dogmatique, vol. III : La doctrine de la création*, tome troisième, 1re partie, Genève, Labor et Fides, 1962.

———, *L'Eglise*, Genève, Labor et Fides, 1964.

———, *Dogmatique, vol. IV : La doctrine de la réconciliation*, tome troisième, 1re partie, Genève, Labor et Fides, 1972.

Bastian, Jean-Pierre, sous dir., *La modernité religieuse en perspective comparée : Europe latine et Amérique latine*, Paris, Karthala, 2001.

Bediako, Kwame, *Theology and Identity : The Impact of Culture upon Christian Thought in the Second century and Modern Africa*, Oxford, Regnum Books, 1992.

———, *Christianity in Africa : The Renewal of a No-Western Religion*, Edinburgh, Edinburgh University Press, 1995.

———, *Jesus and the Gospel in Africa : History and Experience*, Maryknoll, Orbis Books, 2004.

BENNETT, Clinton, *Muslims and Modernity : An introduction to the Issues and Debates*, London, Continuum, 2005.
BERGER, Peter, *The Sacred Canopy, Elements of Sociological Theory of Religion*, New York, Doubleday & Company, 1967.
―――, *A Rumour of Angels, Modern Society and the Rediscovery of the Supernatural*, Middlesex, Penguin Books, 1970.
―――, *The Social Reality of Religion*, Middlesex, Penguin University Books, 1973.
BERNE, Peter, *Natural Religion and the Nature of Religion*, London/New York, Routledge, 1950.
BLASER, Klauspeter, *Théologie au XXe siècle : Histoire – Défis – Enjeux*, Lausanne, L'Age d'Homme, 1995.
BONHOEFFER, Dietrich (1909-1945), *Lebibtters and Papers from Prison*, London, SCM Press, 1953.
BOSCH, David, *Dynamique de la mission chrétienne, Histoire et avenir des modèles missionnaires*, Lomé/Paris/Genève, Haho/Karthala/Labor et Fides, 1995.
BRUCE, Steve, *Religion in the Modern World, From Cathedrals to Cults*, Oxford, Oxford University Press, 1996.
CASSIDI, Richard J., *Jesus, Politics, and Society*, Maryknoll, Orbis Books, 1986.
CHARFI, Mohamed, *Islam et liberté, Le malentendu historique*, Paris, Albin Michel, 1998.
CIKALA, Mulago gwa M., *La Religion traditionnelle des Bantu et leur vision du monde*, 2e édition, Bibliothèque du Centre d'Etudes des Religions Africaines, Kinshasa, Faculté de Théologie Catholique, 1980.
Cox, Harvey, *The Secular City*, New York, Macmillan, 1965.
―――, *Responsables de la révolution de Dieu*, Traduction Max Vega-Ritter, Paris, Epi, 1969.
―――, *Religion in the Secular City : Toward a Postmodern Theology*, New York, Simon & Schuster, 1985.
―――, *Fire from Heaven: The Rise of Pentecostal Spirituality and the Reshaping of Religion in the XXe Century*, Cambridge, Da Capo Press, 2001.
DAVIE, Grace, *Religion in Britain since 1945: Believing without Belonging*, Oxford, Blackwell, 1994.
―――, *Europe : the Exceptional Case, Parameters of Faith in the Modern World*, Coll. Sacrum Theological Lectures, London, Darton/Longman, 2002.
DENÈFLE, Sylvette, *La sociologie de la sécularisation : être sans religion en France à la fin du XXe siècle*, Coll. Logiques Sociales, Paris/Montréal, L'Harmattan, 1997.

DEVI, Indira V., *Secularization of Secular Mind*, Jaipur/New Delhi, Rawat Publications, 2002.

DUPONT, Jacques, *Le discours de Millet*, Coll. Lectio Divina n° 32, Paris, Cerf, 1962.

DUROU, Jean-Marc et LONCKLE, Sandrine, *Les Peuls Bororos nomades du Sahel*, Paris, Vilo, 2000.

EBOUSSI BOULAGA, Fabien, *Christianisme sans fétiches, révélation et domination*, Paris, Présences Africaines, 1981.

ELA, Jean-Marc, *Repenser la théologie africaine, Le Dieu qui libère*, Paris, Karthala, 2003.

ELSDON, Ron, *Bent World, Science, Bible and Environment*, Leicester, Inter-Varsity Press, 1981.

FOESSEL, Michael, sous dir., *Modernité et sécularisation : Hans Blumenberg, Karl Lowith, Carl Schmitt, Leo Strauss*, Paris, CNRS, 2007.

FREPPEL, Charles, *Saint Cyprien et l'Afrique d'Afrique au IIIe siècle*, Paris, Retaux-Bray & Librairie Editeur, 1890.

FREUND, Julien, *Etudes sur Max Weber*, Genève, Librairie Droz S.A., 1990.

GAUCHET, Marcel, *Le désenchantement du monde, Une histoire politique de la religion*, Coll. Folio Essais, Paris, Gallimard, 1985.

GIBELLINI, Rosino, *Panorama de la théologie au XXe siècle*, Traduction Jacques Mignon, Paris, Cerf, 1994.

GOGARTEN, Friedrich, *Despair and Hope for our Time*, Traduction Thomas Wieser, Philadelphia, Pilgrim Press, 1953.

GRENZ, Stanley et OLSON, Roger E., *20th Century of Theology : God & the World in a Transitional Age*, Downers Grove, InterVarsity Press, 1992.

Groupe de Recherches Islamo-Chrétien (GRIC), *Pluralité et laïcité : Chrétiens et musulmans proposent*, Paris, Bayard/Centurion, 1996.

HAMPÂTÉ BÂ, Amadou, *Jésus vu par un musulman*, Abidjan/Vanves Cedex, Nouvelles Editions Ivoiriennes/Edicef, 2009.

HERVIEU-LÉGER, Danièle et CHAMPION, Françoise, *Vers un nouveau christianisme ?: Introduction à la sociologie du christianisme occidental*, Coll. Sciences Humaines et Religions, Paris, Cerf, 2008.

HOCKEN, Peter, *The Challenges of the Pentecostal, Charismatic and Messianic Jewish Movements, The Tension of the Spirit*, Série Religion, Theology and Biblical Studies, Farham/Burlington, Ashgate, 2009.

JOMIER, Jacques, *Dieu et l'homme dans le Coran*, Coll. Le Patrimoines Islam, Paris, Cerf, 1996.

Kalu, Ogbu U., *African Pentecostalism : An Introduction*, New York, Oxford University Press, 2008.

Kraft, Marguerite, *Worldview and the Communication of the Gospel: A Nigeria Case Study*, Pasadena, William Carey Library, 1978.

Lambert, Yves, *Dieu change en Bretagne*, Paris, Cerf, 1985.

Lamennais, Félicité (de), *Parole d'un croyant* : *Essai sur l'indifférence en matière de religion* (fragments), tome I, London, J. M. Dent & Sons, 1992.

Lavroff, Dmitri Georges, *Les systèmes constitutionnels en Afrique Noire. Les Etats francophones*, Coll. Bibliothèque Institut d'Etudes Politiques de Bordeaux, Paris, A. Pedone, 1976.

Mbiti, John, *African Religion and Philosophy*, London, Heineman, 1969.

———, *Religions et philosophies africaines*, Traduction Christiane Le Fort, Yaoundé, Clé, 1972.

Messi Metogo, Eloi, *Dieu peut-il mourir en Afrique ? Essai sur l'indifférence religieuse et l'incroyance en Afrique noire*, Paris/Yaoundé, Karthala/Presses de l'UCAC, 1997.

Miegge, Mario, *Vocation et travail* : *Essai sur l'éthique puritaine*, Coll. Histoire et Société n°16, Genève, Labor et Fides, 1989.

Mveng, Engelbert et Lipawing, B. L, *Théologie, libération et cultures africaines*, Paris/Yaoundé, Présence Africaine/CLÉ, 1996.

Naugle, David K., *Worldview, The History of a Concept*, Grand Rapids, Eerdmans, 2002.

Need, Stephen W., *Truly Divine & Truly Human* : *The Story of Christ and the Seven Ecumenical Councils*, London/Massachusetts, SPCK/Hendrickson, 2008.

Newbigin, Lesslie, *A Faith for this One World*, London, SCM, 1961.

———, *Honest Religion for Secular Man*, London, SCM Press, 1966.

———, *The Gospel in a Pluralist Society*. London, SPCK, 1989.

———, *Truth to Tell* : *The Gospel as Public Truth*, London, SCPK, 1991.

———, *A Word in Season* : *Perspectives on Christian World Missions*, Grand Rapids, Eerdmans, 1994.

———, *Foolishness to the Greeks* : *the Gospel and the Western Culture*, London, Society for Promoting Christian Knowledge, 1996.

———, *Truth and Authority in Modernity*, Pennsylvania, Trinity Press International, 1996.

———, *Trinitarian Doctrine for Today's Mission*, Carlisle, Cumbria, Paternoster Press, 1998.

NGAH, Joseph, *La rencontre entre la religion africaine et le christianisme africain*, Stavanger, Tello Editions, 2002.

OKOROCHA, Cyril, *The Meaning of Religious Conversion in Africa: The Case of Igbo of Nigeria*, Aldershot/Hampshire, Avebury-Gower/Gower Publishing Company, 1987.

ORIGEN, *Homélies sur Ezéchiel, VI, 6*, Traduction Marcel Borret, Coll. SC n° 252, Paris, Cerf, 1989.

PANNENBERG, Wolfhart, *Systematic Theology*, Vol. 1 & 2, Traduction Geoffrey W. Bromiley, Edinburgh, T & T Clark, 1991-1994.

PARRINDER, Geoffrey, *Africas Three Religions*, London, Sheldon Press, 1969.

PENA-RUIZ, Henri, *Histoire de la laïcité, Genèse de l'idéal*, Coll. Culture et société, Paris, Découvertes Gallimard, 2005.

PERRAUD, Isidore, sous dir., *L'Église Catholique en Afrique Occidentale et Centrale, Le répertoire des missions catholiques*, Paris, Œuvres Pontificales Missionnaires (O.P.M.), 1995.

PLATON, *La République*, Traduction Robert Baccou, Paris, Garnier/Flammarion, 1963.

POULAT, Emile et al., *Colloque international à l'Abbaye de Senanque. La liberté religieuse dans le judaïsme, le christianisme et l'islam*, Coll. Cogitatio Fidei, Paris, Cerf, 1981.

RATZINGER, Joseph, *Christianity and the Crisis of Cultures*, Traduction Brian McNEIL, San Franscisco, Ignatus, 2006.

———, *Values in Time of Upheaval*, San Francisco, Ignatus, 2006.

SAINT-PROT, Charles, *L'islam : L'avenir de la Tradition entre révolution et occidentalisation*, Paris, Editions du Rocher, 2008.

SANNEH, Lamine, *West African Christianity : the Religious Impact*, London, Hurst & Company, 1983.

SCHAFF, Philip, *History of Christian Church*, Vol III, Grand Rapids, Eerdmans, 1910.

Secrétariat pour les non-croyants, « Sécularisation en Afrique ? » Textes présentés lors de deux réunions d'études tenues en 1972 à Kampala et en 1973 à Abidjan.

SENARCLENS, Jacques (de), *Héritiers de la réformation*, Tome II, Nouvelle série héologique, Genève, Labor et Fides, 1959.

SHORTER, Aylward, *African Culture and the Christian Church*, London, Geoffrey Chapman, 1973.

SHORTER, Aylward et ONYANCHA, Edwin, *Secularism in Africa, A Case Study : Nairobi City*, Nairobi, Paulines Publications Africa, 1997.

TAYLOR, Charles, *A Secular Age*, Cambridge, The Belknap Press of Harvard University Press, 2007.

THOMAS, Louis-Vincent et LUNEAU, René, *Les religions d'Afrique Noire, Textes et traditions sacrés*, Paris, Stock, 1995.

TRINCAZ, Jacqueline, *Colonisations et religions en Afrique Noire*, L'exemple de Ziguinchor, Paris, L'Harmattan, 1981.

TSCHANNEN, O., *Les théories de la sécularisation*, Genève/Paris, Librairie Droz, 1992.

VARKEVISSER, Corlien, PATHMANATHAN, Indra et TEMPLETON BROWNLEE, Ann, *Designing and Conducting Health Systems Research Projects, Vol. 1, Proposal Development and Fieldwork*, Amsterdam, KIT, 2003.

WAINWRIGHT, Geoffrey, *Lesslie Newbigin, A Theological life*, New York, Oxford University Press, 2000.

WALT, Bennie J. van der, *The Liberating Message, A Christian Worldview for Africa*, Potchefstroom, Potchefstromm University for Christian Higher Education, 1994.

―――, *Afrocentric or Eurocentric? Our Task in Multicultural South Africa*, Potchefstroomse, Potschfstroomse Universiteit, 1997.

―――, *Transformed by the Renewing of your Mind: Shaping a Biblical Worldview and a Christian Perspective on Scholarship*, Potchefstroom, The Institute for Contemporary Christianity in Africa, 2001.

―――, *When African and Western Cultures Meet, From Confrontation to Appreciation*, Potchefstroom, The Institute for Contemporary Christianity in Africa, 2006.

WEBER, Max, *Le savant et le politique*, Paris, Plon, 1959.

―――, *L'éthique protestante et l'esprit du capitalisme*, 2e éd. Agora n° 6, Paris, Plon, 1964.

―――, *Économie et société*, tome 1, *Les catégories de la sociologie*, Traduction Julien Freund, Agora, Paris, Plon, 2003.

ZOKOUÉ, Isaac, *Jésus-Christ : le mystère de la double nature*, Perspective africaine, Yaoundé, CLE, 2004.

Chapitres d'ouvrages collectifs

BARRERA, Paulo, « Un Pentecôtisme au Brésil : une contre-sécularisation ? », in Sebatien FATH, sous dir., *Le protestantisme évangélique, un christianisme de conversion,* Bibliothèque de l'Ecole de Hautes Etudes Sciences Religieuses 121, Turnhout, Brepols, 2004, p. 243-258.

———, « Sécularisation, mouvement à double sens », in Sebatien FATH, sous dir., *Le protestantisme évangélique, un christianisme de conversion,* Turnhout, Brepols, 2004, p. 250ss.

BERGER, L. Peter, « The Desecularization of the World : A Global Overview », in Peter L. BERGER, sous dir., *The Desecularization of the World. The Resurgent Religion and World Politics,* Grand Rapids, Eerdmans, 1999, p. 1-18.

BLOCHER, Jacques, « La seigneurie du Christ sur la société laïque », in Jacques BUCHHOLD, sous dir., *Laïcités : enjeux théologiques et pratiques,* Coll. Terre Nouvelle, Cléon d'Andran/Vaux-sur-Seine, Excelsis/Edifac, 2002, p. 73-90.

CIKALA, Mulago gwa M., « Eléments fondamentaux de la religion africaine », in Collectif, *Religions africaines et christianisme,* Kinshasa, Faculté de Théologie Catholique de Kinshasa, 1979, p. 43-63.

ELENGU, Pene, « Religions africaines et philosophie », in *Religions africaines et christianisme,* Colloque International de Kinshasa, 9-14 Janvier 1978, Vol. 1, Centre d'Études des Religions Africaines (CERA). Kinshasa, Faculté de Théologie Catholique de Kinshasa, 1979, p. 91-103.

FREND, W. H. C., « The Road to Chalcedoin 398-451 », in W. H. C. FREND, sous dir., *The Rise of Christianity,* London, Darton/Longman and Todd, 1984, p. 741-785.

MARTIN, David, « Remise en question de la théorie de sécularisation », in Grace DAVIE et Danièle HERVIEU-LÉGER, sous dir., *Identité religieuse en Europe,* Traduction Aileen Roig et Guillemette Belleteste, Paris, La Découverte, 1996, p. 25-42.

PHILLPON, Michel O. P., « La très sainte trinité et l'Eglise », in *L'Eglise de Vatican II. Tome II, Commentaires.* Un extrait de la Constitution Dogmatique *Lumem Gentium* sur l'Église, session promulguée le 21 Novembre 1964, Vatican II. Paris, Cerf, 1966, p. 275.

Articles de revues et de journaux

AASGAARD, Reidar, « Role Ethics in Paul : the Significance of the Sibling Role for Paul's Ethical Thinking », *New Testament Studies* Vol. 48/4, 2002, p. 513-530.

BERGER, Peter, « Substantive Definitions of Religion », *Journal of Scientific Study of Religion* n°13, 1974, p. 125-133.

Bruce, Bradshaw, « The Liberating Message : A Christian Worldview for Africa », Book Reviews, *Pro-Rege* Vol. 23 n° 3, 1995, p. 30-31.

Dopanu, Abiola T., « Secularization, Christianity and the African Religion in Yorubaland », *AFER* Vol. 48/3, 2006, p. 139-156.

Durand, Alain, « Sécularisation et sens de Dieu », *Lumière et vie*, vol. XVII/89, 1968, p. 60-85.

Freud, Julien, « L'éthique économique et les religions mondiales », *ASSR* vol. 26/26, 1968, p. 3-25.

Hervieu-Léger, Danièle, « Faut-il définir la religion ? », *Archive de sciences sociales des religions* vol. 63/1, 1987, p. 11-30.

Jaouen, R., « Le mythe de la retraite de 'Bumbulvun chez les Guiziga du Nord – Cameroun », *Afrique et Parole* n°35-36, 1971, 55-63.

Lambert, Yves, « Attitudes sécularistes et fondamentalistes en France et dans divers pays occidentaux », *Social Compass* Vol. 48 n° 1, 2001, p. 37-49.

Le Progrès n° 2835 du Jeudi 11 Mars 2010.

Mellor, Philip A. et Shilling, Chris, « Lorsqu'on jette de l'huile sur le feu ardent : sécularisation, homo duplex et retour du religieux », *Social Compass* Vol. 45/2, 1998, p. 297-320.

N'Djaména Bi-Hebdo n° 1265 du jeudi 11 au dimanche 14 mars 2010.

Pencak, William, « Politics and ideology in Poor Richard's Almanach », *Pennsylvania Magazine of History and Biography* Vol. 116/2, 1992, p. 183-211.

Ramachandra, Vinoth, « Learning from European Secularism », *European Journal of Theology* Vol. XII/1, 2003, p. 35-48.

Seguy, Jean, « Religion, modernité, sécularisation », *Archives des sciences sociales des religions* Vol. 61/61-2, 1986, p. 175-185.

Somme, Luc-Thomas, « Liberté de pensée, point de vue théologique », *Bulletin de Littérature Ecclésiastique,* tome CVII/4, 2006, p. 367-378.

Theuws, Th., « Philosophie bantoue et philosophie occidentale », *Civilisation*s n° I, 1951, p. 59.

Toren, Benno van den, « La contextualité de l'Evangile et de la doctrine chrétienne », vol. *Hokhma* n°28, 2010, p. 57-70.

———, « The Christian God and Human Authority : A Theological Exploration with Reference to Africa Principal Worldviews », *Africa Journal of Evangelical Theology* Vol. 23/2, 2004, p. 161-186.

———, « Secularisation in Africa : A Challenge for the Churches », *Africa Journal of Evangelical Theology* Vol. 22/1, 2003, p. 3-30.

Tshimbulu, Raphaël Ntambue. « Laicité et religion en Afrique », *Social Compass* Vol. 47/3 (2000), 329–341.

Walt, Van der, « Secularism : The Most Dangerous Enemy of Christianity », *Orientation* n°50–51, 1988, p. 171-182.

Zahrnt, Heinz, « Entre combat, témoignage, tolérance et indifférence ; être chrétien aujourd'hui au milieu des religions », *Positions Luthériennes* vol. 40/3, 1992, p. 225-237.

Sources éléctroniques

Anonyme, « Le dialogue des cultures », présenté à la Conférence à Abidjan en Décembre 1977 in *Ethiopiques,* consulté le 6 octobre 2010. En ligne : http ://www.lastrolabe.free.fr/ethiopiques/pages/axlec.htm.

Anonyme, « Les techniques d'enquêtes », consulté le 22 juillet 2009. En ligne : www.scribd.com/doc/54949513/Techniques-d-enquetes.

Berger, Peter, « Religion in a Globalizing World », consulté le 21 juillet 2010. En ligne : http ://www.pewforum.org/Politics-and.../Religion-in-a-Globalizing-World(2).aspx.

———, *Affrontés à la modernité. Réflexions sur la société, la politique, la religion* (Paris : Le Centurion, 1980). *ASSR* Vol. 51/2, 1981, p. 207-208. Consulté le 21 juillet 2010. En ligne : http ://persee.fr/.../assr_0335_5985_1981_num_51_2_2549_t1_0207_0000_1

Brock, Ted et Winnie, « Epistemological Modesty : An Interview with Peter Berger », *The Christian Century,* 1997, p. 972-978. Consulté le 21 juillet 2010. En ligne : http ://www.religion-online.org/showarticle.asp?title=240.

Centre d'Étude et de Formation pour le Développement (CEFOD), « Constitution de la République du Tchad de 1996 », révisée (2005). Consulté le 6 novembre 2010. En ligne : http ://www.cefod.org/Fichiers%20web/Constitution%20Tchadienne.h.

Clément, Olivier, « Christianisme et sécularisation », *Eglise Orthodoxe d'Esthonie*, consulté le 27 octobre 2010. En ligne : http ://www.orthodoxa.org/FR/.../secularisation.htm.

Collectif, « Hymne national et le drapeau du Tchad », consulté le 28 juillet 2011. En ligne : http ://www.tchad.org :recherche/drapeau.html

Collectif, « Hymne national et le drapeau du Tchad », consulté le 28 juillet 2011. En ligne : http ://www.tchad.org/recherche/drapeau.html.

COLLECTIF, « Le concile de Chalcédoine 8 Octobre-1er Novembre 451 », consulté le 1er août 2011. En ligne : http ://home.nordnet.fr/caparisot/html/chalcedoine.html

DIOP, Birago, « Souffle », consulté le 22 mars 2011. En ligne : http ://www.lechateau.conceptforum.net/t915-les-morst-ne-sont-pas.

Droit francophone : Tchad. « L'hymne national et le drapeau du Tchad ». Consulté le 10 juillet 2010. En ligne : http ://droit.francophonie.org/publication.do?publicationId=2906.

HUSER, Thierry, « Le culte et le temple de Dieu en Israël », consulté le 16 novembre 2010. En ligne :
http ://www.eglisedutabernacle.fr/.../le-culte-et-le-temple-de-dieu-en-israel/.

ISAMBERT, François-André, « La sécularisation interne du christianisme », *Revue française de sociologie* tome XVII/4, 1976, p. 573-589, consulté le 18 janvier 2008. En ligne :
http ://www.links.jstor.org/sici?sici=0035-2969(197610%2F12)17%3A4%3C573%3ALSIDC%3E2.0.CO%3B2-I.

Leorelationniste, « Une lecture anthropo-sémiotique de l'inculturation publicitaire en contexte camerounais », consulté le 16 septembre 2011. En ligne : http ://leorelationniste.over-blog.com/article-3784800.html.

LOWY, Michael, « Le concept de l'affinité élective chez Max Weber », *ASSC* vol. 127/3, 2004, p. 93-103, consulté le 22 septembre 2010. En ligne : http ://assr.revues.org/1055?file=1.

LUGO, Luis, « Musulmans et chrétiens à égalité en Afrique », consulté le 26 mai 2011. En ligne : http ://www.emarrakech.innfo/Musulmans-et-chretiens--egalite-en-Afrique.

REDECKER, Robert. « Le conspirationisme ou la revanche du diable ». Consulté le 19 mars 2008. En ligne : http ://www.robertredeker.net/lectures_taguieff,lafoireauxillumines..htm

SAAD, Niza (Ben), « Les déterminants relationnels et contextuels de l'externalisation des systèmes d'information », Mémoire Online, consulté le 25 août 2009. En ligne : www.memoireonline.com/05/09/2054/m_les-determinants-relationels-et-contextuels-de-l...

STARRETT, Gregory, « The varieties of Secular Experience », *Comparative Studies in Society and History* Vol. 52/3, 2010, p. 626-651, consulté le 22 juillet 2011. En ligne : http ://journals.cambridge.org/article_S0010417510000332.

UKWUIDJE, Bede, « La mission du théologien : un point de vue africain », consulté le 15 février 2011. En ligne: http ://www.afom.org/telechargement/BedeUkwuijeMissionTheologien.htm.

World Council Church, « History of World Mission and Evangelism », consulté le 25 juillet 2011. En ligne : http ://www.oikoumene.org/en/who-are-we/organization-structure/consultative-bodies/world-mission-and-evangelism/history.h...

Barnes'Notes on the O.T. and N.T., Theophilos CD-ROOM.

Le Petit Larousse 2008 Multimedia. CD-ROOM PC

Sources inédites

Recensement Général de la Population et de l'Habitat (RGPH) de 2007.

WIHER, Hannes, *Qu'est-ce que la contextualisation ? Théologie évangélique* (à paraître en 2011-2012).

———, « Contextualisation », (cours dispensé à la Faculté de Théologie Evangélique de Bangui, 2009-2010).

Sources orales

Direction du Budget au Ministère des Finances et du Budget, communication téléphonique du 25 février 2010 à 12h.

Ministère de Plan et Coopération, Tchad.

Secrétariat général de l'EEMET.

Interview n° 01 du 10 septembre 2009 à 11h35.
Interview n° 02 du 15 septembre 2009 à 8h43.
Interview n° 03 du 15 septembre 2009 à 13h45.
Interview n° 04 du 19 septembre 2010 à 9h15.
Interview n° 05 du 19 septembre 2009 à 11h05.
Interview n° 06 du 21 septembre 2009 à 8h05.
Interview n° 07 du 22 septembre 2009 à 17h15.
Interview n° 08 du 22 septembre 2009 à 17h30.
Interview n° 09 du 24 septembre 2009 à 12h50.
Interview n° 10 du 29 septembre 2009 à 9h40.
Interview n° 11 du 30 septembre 2009 à 9h20.
Interview n° 12 du 1er octobre 2009 à 7h23.

Interview n° 13 du 1er octobre 2009 à 8h23.
Interview n° 14 du 1er octobre 2009 à 9h05
Interview n° 15 du 1er octobre 2009 à 12h25.
Interview n° 16 du 03 octobre 2009 à 10h35.
Interview n° 17 du 03 octobre 2009 à 11h25.
Interview n° 18 du 03 octobre 2010 à 10h00.
Interview n° 19 du 03 octobre 2009 à 20h35.
Interview n° 20 du 05 octobre 2009 à 20h20.
Interview n° 21 du 06 octobre 2009 à 14h20.
Interview n° 22 du 07 octobre 2009 à 15h13.
Interview n° 23 du 12 octobre 2009 à 11h45.
Interview n° 24 du 18 octobre 2009 à 18h35.
Interview n° 25 du 04 janvier 2010 à 18h30.
Interview n° 26 du 05 janvier 2010 à 8h35.
Interview n° 27 du 05 janvier 2010 à 10h26.
Interview n° 28 du 05 janvier 2010 à 12h05.
Interview n° 29 du 05 janvier 2010 à 14h37.
Interview n° 30 du 06 janvier 2010 à 11h43.
Interview n° 31 du 06 janvier 2010 à 14h26.
Interview n° 32 du 07 janvier 2010 à 16h20.
Interview n° 33 du 07 janvier 2010 à 14h33.
Interview n° 34 du 07 janvier 2010 à 15h43.
Interview n° 35 du 07 janvier 2010 à 17h20.
Interview n° 36 du 08 janvier 2010 à 8h06.
Interview n° 37 du 08 janvier 2010 à 9h15.
Interview n° 38 du 08 janvier 2010 à 13h19.
Interview n° 39 du 11 janvier 2010 à 13h13.
Interview n° 40 du 11 janvier 2010 à 13h30.
Interview n° 41 du 11 janvier 2010 à 14h02.
Interview n° 42 du 11 janvier 2010 à 14h55.
Interview n° 43 du 12 janvier 2010 à 8h00.
Interview n° 44 du 12 janvier 2010 à 9h29.
Interview n° 45 du 12 janvier 2010 à 12h14.
Interview n° 46 du 12 janvier 2010 à 12h15.
Interview n° 47 du 13 janvier 2010 à 8h37.
Interview n° 48 du 13 janvier 2010 à 10h05.
Interview n° 49 du 13 janvier 2010 à 11h40.
Interview n° 50 du 13 janvier 2010 à 14h12.

Table des matières

Résumé vii
Abstract ix
Remerciements xi
Sigles et abréviations xv
Introduction générale 1
    Justification du sujet 1
    Problématique 4
    Méthodologie 5
        La recherche bibliographique en sociologie 5
        Enquête sur le terrain 5
        Recherche bibliographique en théologie 6
    Plan 8

Première partie : Analyse sociologique de la sécularisation 9

Chapitre premier 11
Compréhension sociologique de la sécularisation en Occident
    I. Max Weber : le désenchantement du monde et l'émancipation 12
        A. Aspects de la sécularisation chez Weber 14
        B. Critique wébérienne de la théorie de sécularisation 28
    II. Peter L. berger : l'émancipation et le réenchantement du monde 34
        A. Émancipation de la société et de la culture 35
        B. Désécularisation du monde 45
    III. Synthèse des discussions 50
        A. Points communs 50
        B. Divergences 50

Chapitre deuxième 53
Compréhension sociologique de la sécularisation en Afrique
    I. Revue de la littérature africaine sur la sécularisation 54
        A. Aylward Shorter et Edwin Onyancha 54
        B. Abiola Dopanu 58
        C. Eloi Messi Metogo 60
        D. Raphaël Ntambue Tshimbulu 67
    II. Le choix des fonctionnaires de N'djaména 71
        A. Justification du choix de la population des fonctionnaires 72

    B. Protocole de recherche 77
    C. Profil sociologique des enquêtés 83

Chapitre troisième 93
Analyse des résultats de l'enquête
    I. Pertinence de la sécularisation au Tchad 93
        A. Premier analyseur : la culture 94
        B. Deuxième analyseur : les techniques numériques 101
        C. Troisième analyseur : l'économie 108
    II. Spécificités de la sécularisation au Tchad 113
        A. Premier analyseur : les pratiques traditionnelles 113
        B. Deuxième analyseur : recours alternatifs 122
    III. Caractère différencié de la sécularisation au Tchad 135
        A. Premier analyseur : modalités et contenu du croire ... 136
        B. Deuxième analyseur : comportements conformes à la morale religieuse 155
    IV. Conclusion de la première partie 162

Deuxième partie: Débats théologiques sur la sécularisation.......... 171
Chapitre quatrième 177
Trois évaluations théologiques de la sécularisation
    I. Harvey Cox : légitimité de la sécularisation.................... 178
        A. Fondement biblique et théologique de la sécularisation 179
        B. Proposition de réponse à la sécularisation 188
    II. Lesslie Newbigin : Liberté relative de l'homme 197
        A. Observation générale 198
        B. Appréciation théologique de la sécularisation........... 201
        C. Proposition de réponse à la sécularisation 205
    III. Bennie J. van der Walt (1939-) : une troisième vision du monde 213
        A. Appréciation théologique de la sécularisation 214
        B. Proposition de réponse à la sécularisation de l'Afrique 221
    IV. Évaluation des trois appreciations 230
        A. Sur l'appréciation théologique de la sécularisation ... 231
        B. Sur la réponse à la sécularisation 237

Chapitre cinquième 245
La sécularisation à la lumière du Dieu trinitaire
    I. Approche trinitaire de la sécularisation 246
        A. L'amour du Dieu transcendant 246
        B. L'incarnation de Dieu le fils 254
        C. La présence de Dieu le Saint-Esprit dans le monde... 260

    D. Implications pour la compréhension de la sécularisation.....266
  II. Aspects positifs et négatifs de la sécularisation 269
    A. Aspects positifs de la sécularisation 269
    B. Aspects négatifs de la sécularisation 271
    C. Enjeux et dangers de la sécularisation...................................274
  III. Vivre les tensions 280
    A. Tension entre la relation avec Dieu et la vie dans la création...281
    B. Tension entre le présent et la perspective eschatologique......284
    C. Tension entre la volonté de Dieu et la réalité du monde 286

Chapitre sixième.. 291
Jalons d'une théologie contextuelle pour l'Afrique en voie de sécularisation
  I. Vocation du christianisme..293
    A. Bien-fondé de la contextualisation..293
    B. Réappropriation des valeurs de l'Afrique contemporaine 298
  II. Pour une meilleure compréhension de la spécificité de
  l'attitude et de la position chrétiennes...319
    A. Contenu du dialogue..320
    B. Appréciation par le christianisme 330
    C. Spécificité de la position du christianisme 336
  III. Conclusion de la deuxième partie 342

Conclusion générale 345
  I. Mise au point des acquis..345
  II. Théologie du séculier..348

Annexe A... 355
  Identification de l'enquêté(e)

Annexe B... 357
  Protocole d'entretien

Annexe C 359
  Registre des enquêtes

Bibliographie... 363

Langham Partnership est un organisme chrétien international et interdénominationnel qui poursuit la vision reçue de Dieu par son fondateur, John Stott -

promouvoir la croissance de l'église vers la maturité en Christ en relevant la qualité de la prédication et de l'enseignement de la Parole de Dieu.

Notre vision est de voir des églises équipées pour la mission, croissant en maturité en Christ, par le ministère de pasteurs et de responsables qui croient, qui enseignent et qui vivent la Parole de Dieu.

Notre mission est de renforcer le ministère de la Parole de Dieu de trois manières:
- par la mise en place de mouvements nationaux de formation à la prédication biblique
- par la rédaction et la distribution de livres évangéliques
- par la formation d'enseignants théologiques évangéliques qualifiés qui formeront ensuite des pasteurs et responsables d'églises dans leurs pays respectifs

Notre ministère

Langham Preaching collabore avec des responsables nationaux en vue de la création de mouvements de prédication biblique dirigés par les nationaux eux-mêmes. Ces mouvements, qui naissent progressivement un peu partout dans le monde, rassemblent non seulement des pasteurs mais aussi des laïcs. Nos équipes de formateurs venus de beaucoup de pays différents proposent une formation pratique qui comporte plusieurs niveaux, suivie d'une formation de facilitateurs locaux. La continuité est assurée par des groupes de prédicateurs locaux et par des réseaux régionaux et nationaux. Ainsi nous espérons bâtir des mouvements solides et dynamiques, constitués de prédicateurs entièrement consacrés à la prédication biblique.

Langham Literature fournit des livres évangéliques et des ressources électroniques par la publication et la distribution, par des subventions et des réductions à des leaders et futurs leaders, à des étudiants et bibliothèques de séminaires dans le monde majoritaire. Nous encourageons aussi la rédaction de livres évangéliques originaux dans de nombreuses langues nationales par le biais de bourses pour des écrivains, en soutenant des maisons d'éditions évangéliques locales, et en investissant dans quelques projets majeurs comme *le Commentaire Biblique Contemporain* qui est un commentaire de la Bible en un seul volume rédigé par des auteurs africains pour l'Afrique.

Langham Scholars soutient financièrement des doctorants évangéliques du monde majoritaire dans le but de les voir retourner dans leurs pays d'origine pour former des pasteurs et d'autres chrétiens nationaux en leur proposant un enseignement biblique et théologique solide. Cette branche de Langham cherche donc à équiper ceux qui en équiperont d'autres. Langham Scholars travaille aussi en partenariat avec des séminaires dans le monde majoritaire afin de renforcer l'éducation théologique évangélique sur place. De ce fait, un nombre croissant de « Langham Scholars » (le nom « Scholars » signifie « boursiers ») peut aujourd'hui suivre des programmes doctoraux de haut niveau au cœur même du monde majoritaire. Une fois leurs études terminées, ces « Langham Scholars » vont non seulement former à leur tour une nouvelle génération de pasteurs mais exercer une grande influence par leurs écrits et par leur leadership.

Pour plus d'informations, consultez notre site: langham.org

www.ingramcontent.com/pod-product-compliance
Lightning Source LLC
Chambersburg PA
CBHW061704300426
44115CB00014B/2556